iCourse · 教材 ┃ 中国大学 MOOC 教材

**全国高等师范院校中文专业联盟组编**

# 普通语言学概论

胡晓研　彭爽　主编

中国教育出版传媒集团

高等教育出版社·北京

内容提要

　　《普通语言学概论》是基于课程的教学特点、目的和要求，结合语言科学近年来的新成果，从教学对象的实际出发而编写的。本教材分为上下两编，内容和体例框架包括理论语言学的理论和应用语言学的理论两个方面。上编为理论语言学部分，包括语言的本质、语音、语义、词汇、语法、语言的起源与发展、世界的语言、文字；下编为应用语言学部分，包括应用语言学、语言教学、社会语言学、语言规划、计算语言学、心理语言学、应用语言学的其他重要领域等内容的简介。本教材编写重视交叉学科的渗透，体现语言学辐射的广度，以二维码形式链接配套相关数字资源，力求师范性、科学性和时代性相结合，强调实用性的同时，用例配合应用教学一线实践，旨在条理化、清晰化、通俗化介绍相关语言学理论与知识要点。

　　本书可供各类高等院校汉语言文学专业作为本科必修课教材使用，也可供各大专业院校和高等职业院校其他专业作为选修课教材和自学教材使用。

**图书在版编目（ＣＩＰ）数据**

普通语言学概论 / 胡晓研，彭爽主编. -- 北京：
高等教育出版社，2023.8
ISBN 978-7-04-060289-0

Ⅰ. ①普… Ⅱ. ①胡… ②彭… Ⅲ. ①普通语言学-
高等学校-教材 Ⅳ. ①H0

中国国家版本馆CIP数据核字(2023)第054995号

普 通 语 言 学 概 论
Putong Yuyanxue Gailun

| 策划编辑 | 吴　军 | 责任编辑 | 吴　军 | 封面设计 | 张　楠 | 版式设计 | 徐艳妮 |
| 责任绘图 | 易斯翔 | 责任校对 | 刘俊艳　胡美萍 | 责任印制 | 存　怡 | | |

| 出版发行 | 高等教育出版社 | 网　　址 | http://www.hep.edu.cn |
| 社　　址 | 北京市西城区德外大街 4 号 | | http://www.hep.com.cn |
| 邮政编码 | 100120 | 网上订购 | http://www.hepmall.com.cn |
| 印　　刷 | 肥城新华印刷有限公司 | | http://www.hepmall.com |
| 开　　本 | 787 mm×960 mm　1/16 | | http://www.hepmall.cn |
| 印　　张 | 26.75 | | |
| 字　　数 | 400 千字 | 版　　次 | 2023 年 8 月第 1 版 |
| 购书热线 | 010-58581118 | 印　　次 | 2023 年 8 月第 1 次印刷 |
| 咨询电话 | 400-810-0598 | 定　　价 | 65.00 元 |

本书如有缺页、倒页、脱页等质量问题，请到所购图书销售部门联系调换
版权所有　侵权必究
物 料 号　60289-00

# 目 录

# 下编 应用语言学

# 第一节　/　普通语言学是什么?

语言的本质究竟是什么? 语言是一种什么样的结构体系? 语言具有什么样的功能? 语言是怎么产生和发展起来的? 人们是如何习得语言、运用语言的? 语言和其他社会现象、自然现象之间有什么样的关系? 等等。一般来说,大多数人至少都能够学习和掌握一种语言,但他们未必都能够确切地解答出以上这些问题,也未必都能够对语言有个科学的认识。

## 一、语言学和普通语言学

传统语言学认为,语言学是专门以人类语言现象为研究对象的一门独立的学科。语言学可分为个别的语言学和一般的语言学两个组成部分。个别的语言学研究具体语言存在和发展的规律,又可分为共时的研究和历时的研究两个方面:共时的研究是对同一时期一种语言的结构进行静态的分析描写和对两种语言的特点进行对比研究。历时的研究是对不同时期一种语言的发展演变史进行研究和对有亲属关系的多种语言进行历史比较研究。一般的语言学研究人类语言的一般规律,又叫普通语言学。由于普通语言学是研究一般性理论的,是语言学的理论部门,又称理论语言学。我国的《语言文字百科全书》和英国哈特曼、斯托克的《语言与语言学词典》均持以上看法。

当代的语言学已不是传统的语文学和语言学,而是一门领先的科学,这早已成为语言学界的共识。有学者认为,"语言学已经是一个巨大的学科群,学科名目逾 70 个,研究内容涉及语言结构、语言功能、语言应用、人类语言学习、机器语言学习、语言与生理、语言与认知等七大领域。语言学的学科性质有科学、技术学、艺术学三大分野。"① 当代语言学在基础、对象、目标、性质、研究方法和表述形式等方面同传统语言学相比已表现出许多根本不同的特征:理论语言学学派林立,理论繁多,范围扩大,方法更新;应用语言学方面,研究语言应用的学科层出不穷,研究与语言学交叉的学科方兴未艾。

随着语言科学的发展,传统的语言学观需要与时俱进。人们已经认识到,语言学是专门以人类语言及其相关问题为研究对象的科学。语言学应该包括两个方面,一个方面是对人类语言的本体问题的研究,一个方面是对与语言本体相关问题的研究。对语言的本体问题的研究自然是有理论问题的,有一般规律;对与语言相关问题的研究既有理论问题,也有一般规律,两者都可以从个别中概括抽象出一般原理和规律来。

普通语言学是研究人类语言及其相关问题的一般原理和规律的科学,它把所有个别和一般相结合的各种具体语言中的一般原理和规律作为研究对象。它是对理论语言学和应用语言学的一般原理和规律、个别原理和规律进行高度抽象和概括所形成的语言学元理论②。这种元理论是研究语言理论的理论,相对于被研究的对象理论来说,它称为该对象理论的元理论,语言学元理论对理论语言学和应用语言学的课题均具有解释力。我们赞同普通语言学是具有元语言性质的科学。把普通语言学看作是一种元理论的创始人是德国语言学家保罗(H. Paul)和瑞士语言学家索绪尔(Ferdinand De Saussure),我国语言学家方光焘、

---

① 李宇明:《语言学是一个学科群》,《语言战略研究》2018 年第 1 期,第 15 页。
② 元语言理论是为解决悖论问题提出的。1933 年,波兰逻辑学家塔尔斯基(Alfred Tarski)同样用分层的方法将语言分为"对象语言""元语言""元元语言"等,这是"元语言"一词的最早来源。1934 年,美国逻辑学家卡尔纳普(R. Karnap)几乎同时提出了类似的思想,此后"元语言"和"对象语言"这两个相对的概念被引进语言学研究,"元语言"的概念不再只是"工具语言"的含义,而是指独立于常规语言的另一种语言和系统。研究元语言的学科就是元语言学,又叫"纯理语言学",是指研究用来描写自然语言的元语言的理论学科,是涵盖所有自然语言的本质特征的一般语言理论。如索绪尔的语言学元理论由一套基本的概念术语(如"句段关系""联想关系""单位""结构""范畴""价值""共时""历时"等)、一系列基本的分类原则、重要的语言模型等构成。乔姆斯基的转换生成语言学其一系列的转换生成理论和方法是建立在一整套形式化(符号 - 公式化)元语言基础上的,如"S → NP +VP"等。

吴为章、胡壮麟等认同这样的看法。①

如果从概括多种语言研究的成果抽象出共同规律这个视角出发,那么和普通语言学相对而言的应该是个别语言学;如果从着重概括一般性理论这个视角出发,那么和理论语言学相对而言的应该是应用语言学。因此,传统语言学将理论语言学作为普通语言学的代名词是有瑕疵的。

如果把语言学看作一个学科群,那么普通语言学就是这个学科群中的元理论部分,"普通语言学概论"课是普通语言学的入门课程。

## 二、理论语言学和应用语言学

### (一) 理论语言学是什么?

理论语言学(theoretical linguistics),又称"纯理语言学""语言哲学"。着重探讨人类语言的本质,从具体的语言现象中总结、归纳人类语言的共同规律和普遍特征,为语言学的各个分支学科建立共同的理论框架,具有很强的概括性和指导性。一般来说,理论语言学在探讨语言规律时常常运用共时研究和历时研究相结合的方法。学界以往常常把理论语言学当成本体语言学和描写语言学的基础理论。从研究对象上看,本体语言学和描写语言学一般研究的都是语言本身的问题,关注的是形态学、音韵学、词汇学和语法学等属于内部语言学(微观语言学)范畴的问题,一般不涉及属于外部语言学(宏观语言学)范畴的问题。这些问题仅仅是关于人类语言本体问题的一般原理和规律、个别原理和规律,不是普通语言学元理论所关注问题的全部,理论语言学的理论只是普通语言学元理论所关注问题的一个组成部分。因为普通语言学元理论关注的对象不仅仅是人类语言本身问题的理论,而且还包括与人类语言相关的问题的理论。

---

① 保罗在《语言史原理》(1880)中,试图建立一种"元理论"学科,这种学科可以解释在历史上发展的一切语言事实。索绪尔在《普通语言学教程》(1916)中提出:语言学首先应该研究作为表现手段的符号的性质和生活条件,进一步还应该把语言学和更高一位的科学——符号学联结起来;这样,语言学便在科学的总体中获得了确定的地位。方光焘在《一般语言学的对象与任务》(1958)中认为:"保罗所指的元理论,即使不是产生一般语言学的母胎,至少也可以说是一般语言学的前身了"。吴为章在《新编普通语言学教程》中说:"我们认为普通语言学具有元语言(Meta-Linguistice)的性质。"胡壮麟在《语言学教程》(第三版中文本,2007)中说:"我们的语言可以用来讨论语言本身……这就是元语言功能,与功能语法中语言的主位功能相契合"。

### (二) 应用语言学是什么?

应用语言学(applied linguistics)是"研究语言在各个领域中实际应用的学科"。进入当代语言学时期以来,语言本身结构和机制的研究迅速发展,提出了如转换生成语法、系统功能语法等多种理论模式。应用语言学方面,与语言和语言学有关的应用、交叉学科层出不穷、方兴未艾,如社会语言学、心理语言学、数理语言学等。随着应用学科、交叉学科的不断涌现,应用语言学蓬蓬勃勃地发展起来。由于应用语言学领域极其广阔,所以其研究对象和范围在学界存在种种不同界说。代表性的看法有:《语言学百科辞典》把应用语言学分为"狭义应用语言学和广义应用语言学";《语言文字百科全书》把应用语言学分为"一般应用语言学"和"机器应用语言学";《应用语言学概论》把应用语言学分为"四大块"。总之,应用语言学的研究范围是开放的。

应用语言学有没有理论? 长时期以来有个说法,应用语言学是语言学理论的应用,本身是没有理论的。[①] 理论上来看,应用语言学不仅仅是对语言和语言学理论的应用,而是和理论语言学一样也能总结自己的规律、理论。解决与人类语言相关问题的实践是应用语言学理论的来源,有实践必然产生和发展理论。事实上来看,"交际理论""动态理论""中介理论""层次理论""潜显理论""人文性理论"就是学界近些年来总结的应用语言学的理论。应用语言学所研究的不是语言的本体,而是语言和语言学与其他学科接缘而产生的与人类语言相关的问题,属于外部语言学(宏观语言学)范畴的问题。既然研究语言本体问题的理论语言学有理论,那么研究与语言相关问题的应用语言学怎么会没有理论问题呢? 只不过这种理论是关于与人类语言相关问题的一般原理和规律、个别原理和规律。应用语言学的理论只是普通语言学元理论所关注问题的一个组成部分。

### (三) 理论语言学和应用语言学的关系

1. 理论语言学和应用语言学是普通语言学元理论的基础来源

从普通语言学的基础来源上看,一方面,从个别的语言本体研究中抽象概括

---

[①] S·皮特·科德的看法是有代表性的。他说:"应用语言学(其名称的含义就是如此)是一种活动,不是理论研究,而是把理论研究的成果付诸运用。应用语言学家是理论的消费者,而不是理论的创造者。"(见 [英] S·皮特·科德著:《应用语言学导论》(中译本),上海外语教育出版社 1983 版,第 Ⅱ 页。)

出个别的规律、原理,再从个别的规律、原理中抽象概括出关于语言本体问题的一般的规律、原理,形成理论语言学;另一方面,从个别的与语言相关的问题中抽象概括个别的规律、原理,再从个别的规律、原理中抽象概括与语言相关问题的一般的规律、原理,形成应用语言学。普通语言学正是从理论语言学和应用语言学两方面的理论中抽象概括出的元理论。这里的"个别"和"一般"是相对而言的,普通语言学元理论关注的重点是"一般",是普遍现象和普遍理论;"个别"是"一般"的基础来源和具体体现,"一般"是对"个别"抽象概括的结果。因此,对于普通语言学的元理论来说,理论语言学和应用语言学二者缺一不可,二者共同构成普通语言学的元理论(见图 0-1,"→"表示抽象概括)。

图 0-1　普通语言学元理论构成示意图

2. 理论语言学和应用语言学具有交叉性

这里所说的理论语言学和应用语言学具有交叉性具体体现为理论语言学的个别的规律、原理和应用语言学的个别的规律、原理具有交叉性;理论语言学的一般的规律、原理和应用语言学一般的规律、原理具有交叉性(见图 0-2,"↑↓"表示具有交叉性)。

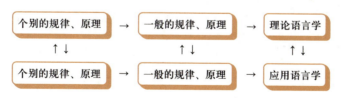

图 0-2　理论语言学与应用语言学交叉性示意图

语文学和传统语言学时期,虽然还没有理论语言学和应用语言学这样的学科,但是事实上两者是融合在一起的。即使进入现代、当代语言学时期,出现了理论语言学继而又出现了应用语言学，但是理论语言学和应用语言学之间的界限也很难分得清楚。例如社会语言学有人把它归为理论语言学，也有人把它归为应用语言学。[1]

3. 理论语言学关注的是语言本体问题，应用语言学关注的是与语言相关的问题

理论语言学所关注的问题一般是形态学、音韵学、词汇学和语法学等语言的本体问题。这些问题属于内部语言学（微观语言学）的范畴，一般不涉及外部语言学（宏观语言学）范畴的问题。所以理论语言学的理论基本上是属于语言本体问题的理论。

应用语言学所关注的社会语言学、心理语言学、数理语言学等与人类语言相关的问题。这些问题属于外部语言学（宏观语言学）范畴。一般不涉及内部语言学（微观语言学）范畴的问题。所以应用语言学的理论基本上是属于与人类语言相关问题的理论。

对语言的本体问题的研究自然是有理论问题的，有一般规律；对与语言相关问题的研究既有理论问题，也有一般规律，两者都可以从个别中概括抽象出一般原理和规律来。

理论语言学的本体问题的理论和应用语言学的与语言相关问题的理论均属对象理论，对此二者进行高度的抽象概括，就会得出关于语言及其相关问题的理论——普通语言学元理论（见图0-3，"≡"表示等价于）。

图 0-3　普通语言学元理论内涵示意图

---

① 桂诗春编著：《应用语言学》，湖南教育出版社 1988 年版，第 1 页。

## 第二节 / 普通语言学简史

普通语言学的诞生可以追溯到洪堡特的《论人类语言结构的差异及其对人类精神发展的影响》和索绪尔的《普通语言学教程》。语言学作为一门独立的学科有一个漫长的发展过程，人们对语言的认识和研究可以追溯到两三千年前。纵观人们对语言的认识和研究，可以相对地将其概括为以下几个阶段：神话传说、语文学研究、历史比较语言学、现代语言学、当代语言学。

### 一、神话传说

早期的人们由于知识所限，他们对自然现象、社会现象以及与人类本身有关的一些现象无法进行科学的解释，所以只能编造一些神话故事来解释这些现象，对于语言这种现象也不例外。印度最古老的文献《吠陀》(Veda)中的《教义集》说：语言是母牛，呼吸是公牛，由语言和呼吸生出人心。婆罗门教徒把语言说成是最伟大的女神。在基督教的《圣经》里也保留着一些关于语言起源的自相矛盾的传说。[1] 希腊史学家希罗多特斯(Herodotus)在他著的《历史》(希腊波斯战争史)里记载了埃及关于世界上最古老的语言是腓尼基语的传说。[2] 在澳洲有一个神话传说，有一个恶人老太婆布鲁利，她总是在夜里到处用棍棒去捣灭入睡的人们的篝火，所以人们非常恨她。当她死了的时候，人们都很高兴，在人们祝贺她死亡的时候，大家吞食了她的尸体。有的种族吃了老太婆的大腿，于是忽然说起一种人们不懂的语言；有的种族吃了她的内脏，就说了另一种语言；吃了尸体的残余部分的人则说出不同于前两种情况的语言来。可见早期的人们由于知识所限，对语言的起源问题也是无法进行科学的解释，因

---

[1]　上帝创造亚当和夏娃，他们繁衍的后代只说一种叫作亚当语的语言，和睦相处，后来他们合谋共建一个通天塔，直达天庭，因此触怒了上帝，遂把他们的语言搞乱，引起他们内部纷争，而人类因为有了不同的语言而散落世界各地。这个富有寓意的神话至今仍常为语言学家们所引用。

[2]　传说公元前 6 世纪，埃及国王萨梅蒂库斯(Psammetichus)为了寻求世界上最古老的语言，他做了一个"实验"，他把两个刚生下来的婴孩放到与人隔绝的小山上。只有保姆给他们送奶，但不许保姆同他们说话。两年后，有一天当他们的保姆把羊孩送去的时候，他们说出了"bekos"。经过调查，腓尼基语里有这个词，意思是"面包"。于是这位国王就认为世界上最古老的语言是腓尼基语。

而只能编造一些神话故事、借助一些神话传说来解释关于语言的产生和发展等问题。

## 二、语文学研究

语言学还没有成为一门独立的学科之前，人们对语言的学习和研究只是为了给古代经典文献作注释，我们称那段时期的语言研究为语文学。语文学（Philology）是从文献角度研究语言文字学科的总称。它以文献评审为主，目的在于解释、注疏和考订。在东方和西方都有着十分发达的语文学。

### （一）语文学的开端

公元前 5 世纪左右，希腊和中国的哲学家都在探讨名称和事物的关系问题，但这种讨论还只是在哲学的范围内进行的。

在古希腊，柏拉图（Plato）在《克拉底洛篇》中主张名称是由事物决定的，而亚里士多德（Aristotle）主张名称由习惯决定，就是说名称与事物的关系是人为的。

中国的"名实之争"所争的也就是名称和事物之间的关系问题。这个问题最早是由老子提出的，老子认为名和实是没有本质联系的。争论中最有影响力的就是荀子，他在《正名篇》中提出了"约定论"。[①]其实名实的问题，一直是哲学家们普遍关注的。在哲学领域内的有关语言的探讨还不是真正意义上的语言学的研究。

甚至当人们开始注意了文献中的字词时，人们的研究也不是为了解语言进行的，而仅仅是为了给经典文献作注释，使人们能够看懂祖先的文稿。如我国公羊高作《春秋公羊传》，谷梁赤作《春秋谷梁传》，都是根据义理辞章来注释孔子《春秋》一书的。古希腊公元前 3 世纪，在亚历山大利亚聚集了一批学者整理和核对荷马（Homer）的史诗伊里亚特（Iliad）和奥德赛（Odyssey）的各种手抄本。由于各种版本中有一些出入和错误，这就需要对其进行考证。考证中大家共同

---

① 《正名篇》："名无固宜，约之以命，约定俗成谓之宜，异于约则谓之不宜。名无固实，约之以命实，约定俗成谓之实名。名无固善，径易而不拂谓之善名"。〔战国〕荀况著：《荀子简释》，中华书局 1983 年版，第 314—315 页。

遵守一个信条:凡是最早的形式就是"最正确"的形式。这个信条就是语文学注重古老的形式和书面语的发端。

### (二) 东方的语文学

#### 1. 古代印度的语文学

公元前 4 世纪,印度学者巴尼尼(Pāṇini)在整理、注释印度最古老的宗教经典《吠陀》时,写出了杰出的"梵语语法"——《巴尼尼经》(Pāṇinisūtra),又名《八章书》。巴尼尼用 3 983 条经句极其概括地叙述了梵语的语音结构、语词的构成和变化规则,代表了古代印度语言研究的水平。布龙菲尔德评价巴尼尼的著作是"人类智慧的丰碑之一"①。

#### 2. 古代中国的语文学

相当于西方的语文学,我国则主要是"小学",即文字学、训诂学、音韵学。著名的著作有公元前 3 世纪的《尔雅》,西汉扬雄撰写的《方言》(《輶轩使者绝代语释别国方言》),公元 100 年,东汉人许慎作《说文解字》,东汉刘熙撰写的《释名》。

三国魏朝李登撰写的《声类》是我国见于记载的最早的韵书。隋朝陆法言等人编著的《切韵》是音韵学中一本很重要的著作,是唐宋韵书的始祖。宋朝陈彭年、丘雍等人奉诏编撰《广韵》,书成后皇帝赐名为《大宋重修广韵》,是我国第一部官修的韵书。唐末名僧守温仿照梵文创制古汉语声类 30 字母,为宋人"三十六字母"的蓝本。一般认为,"三十六字母"反映了中古语音的声母类别。金朝韩道昭增订其父韩孝彦所著《四声篇海》而成《五音集韵》,创造了字书与等韵学结合的新型字书体例。最早的等韵图有宋代的《韵镜》和南宋郑樵著的《七音略》。

纵观我国语文学的发展道路,文字学和训诂学可以说是在公元前 200 年(两汉时期)就开始建立了,音韵学大致可以说从公元 10 世纪(唐代末年)开始建立。传统语文学到清代,尤其乾嘉时代,达到了研究的高峰,清儒在文字学、音韵学、训诂学等传统语文学的各个领域都取得了辉煌的成就。到了 19 世纪

---

① [美]布龙菲尔德著:《语言论》,袁家骅、赵世开、甘世福译,商务印书馆 1980 年版,第 5 页。

末期至 20 世纪初期,从乾嘉学派发展而来的章黄学派,已经不是传统意义上的语文学,而是具有由语文学向语言学转变的特征。章太炎于 1906 年提出要用"语言文字之学"代替"小学",说明章黄学派开始从传统语文学走上了现代语言学的道路。

### (三) 西方的语文学

#### 1. 古希腊的语文学

西方的语文学研究起源于古希腊,传统语法奠基于希腊语法。柏拉图第一次把词分为主词和述词两大类,亚里士多德认为语言是大家所公认的一套习惯系统,把词分为名词、动词、连接词(连接名词和动词的)三类。他还注意到名词有格的变化、动词有时态的变化等问题,并第一次给词下了定义。后来斯多葛学派(The Stoics School)又进一步把词分为名词、动词、冠词、连词和关系词五类,还研究了动词的时态和名词的格等问题。亚历山大利亚学派(The Alexandrian School)代表古希腊语言研究的高峰。亚里斯塔克对形态学作了相当详尽的研究,并确定了八大词类,即名词、动词、分词(兼有名词和动词的特点)、冠词、代词、前置词、副词和连词。该学派中最著名的是特拉克斯(Dionysius Thrax),其代表作为《读写技巧》。这本书只有 15 页,分为 35 节,扼要地描述了希腊语的结构。最早对希腊语句法进行全面描写和分析的是狄斯科勒斯(Appollonios Dyskolos),他曾被誉为"语法最伟大的权威"。古希腊的语法研究是有缺欠的,比如他们认为希腊语之外的语言都是野蛮的,研究中缺少历史主义的观点等,但他们的基本理论和描写是经得起推敲的,对后世的影响是不可磨灭的。

#### 2. 古罗马的语文学

古罗马学者瓦罗(Marcus Varro)的《论拉丁语》共 25 卷。他把语言研究划分为词源学、形态学和句法学三大部分。在西方语言学史上是他首次区分了派生结构和屈折结构,并发现拉丁语的名词除了有希腊语名词的五个格之外,还有一个夺格。继瓦罗之后,著名的拉丁语法学家有巴拉斯蒙(R. Palasmon)、昆底连(Quintilien)、多纳图斯(Donatus)、普里希恩(Priscian)等人,他们的语法理论大致相同。普里希恩所著的《语法范畴》,共 18 卷,有 1 000 多页,可视为标准的拉丁语法,这部巨著是一部汇集古希腊罗马语法研究成果的系统而通俗的教科书,在后来的几个世纪中,拉丁语法一直袭用这一模式。

3. 中世纪至 18 世纪末的西方语文学

中世纪由于基督教的传教活动,《圣经》被译成各种文字,这使人们注意了拉丁语以外的所谓"世俗语言"。意大利著名诗人但丁(Dante)用意大利语(托斯堪方言)写下了不朽的名著《新生》和《神曲》,并专门写了《飨宴篇》和《论俗语》为俗语辩护,第一次提出了民族语言的理论。

12 世纪后半叶,有人已经开始研究"普遍语法"。如早期的语言思想家罗吉尔·培肯(Loger Bacon)就认为:所有的语言的语法基本上是同样的,尽管它有各种偶性的变异。这就好比几何学里的三角形,虽然每个图形由于边长和角度的不同可以不完全一样,但是三角形毕竟还是三角形。

自 14 世纪意大利的文艺复兴运动开始,研究各民族活语言的学者也逐渐多起来,各国的经验语法相继诞生。[①]17 世纪在法国出现了以阿尔诺(A. Arnanld)和朗斯洛(Cl. Lancelot)为代表的普遍唯理语法学派,其代表作为《普遍唯理语法》,全书约为 4 万字。这部书从逻辑角度研究语法,注重语言结构的共性。他们认为语法的基础是人类的理性思维,这就是所谓的"理性主义"。

十七八世纪欧洲学者对语言起源和普遍语言的问题进行了探索,他们都曾提出要创造一种同数学一样通行世界的语言。这种设想后来在柴门霍夫等人创始的世界语(Esperanto)等许多国际辅助语方案中得到了实现。这一时期,一些学者和传教士也开始了语言标本搜集的工作,最著名的成果有《全球语言比较词汇》《各民族语言目录》《米色雷达提斯》,并且一些学者已经开始了初步的比较和分类的工作。

横跨两个世纪的德国语言学家洪堡特(W. Humboldt)是比较语言学创始人

---

[①] 经验语法如《德语语法》(1451)、《匈牙利语法》(埃尔德希)、《法兰西语法》(拉米伊)、《斯拉夫语法》(西莫特利斯)、《英语语法》(乌尔利斯)、《斯洛文语法》(齐扎尼)。此外,这一时期还出现了非希腊罗马传统的语法分析,如《阿拉伯语语法》《希伯来语语法》《秘鲁语法》《巴西语法》等。值得注意的是,多明我会教士胡安·柯伯(Juan Cobo)于 1592—1593 年间写了一本《汉语语法》,这是迄今发现记录在案的最早的汉语语法著作,可惜未能保存下来。1682 年,该会教士瓦罗(Francisco Varo)用西班牙文撰写成《华语官话语法》,后由其学生石振铎于 1703 年用木板刻印发行,这是第一本得以传世的汉语语法著作。

之一，他研究过多种语言。他的著作《论爪哇岛的卡维语》的前言《论人类语言结构的差异及其对人类精神发展的影响》为语言学研究开辟了新道路。洪堡特把世界语言(除汉语外)分为屈折语、黏着语和综合语三种，但是他说一切语言都或多或少地包含三种成分。在普通语言学方面，罗宾斯对洪堡特的评价是"洪堡特是 19 世纪普通语言学问题的最深刻、最富创见的思想家之一"，如果当时的主客观情况不是那样的话，"那么，他作为现代语言学思想的创始人之一的地位，将不亚于索绪尔。"①

## 三、历史比较语言学

1786 年，英国东方学家威廉·琼斯(W. Jones)在印度加尔各答亚洲学会年会上宣读了论文《三周年演说》，拉开了 19 世纪历史比较语言学研究的序幕。1808 年，德国诗人史勒格尔(Schlegel)在他的《论印度人的语言与智慧》一书中第一次提出了"比较语法"这个术语。一般认为，琼斯和史勒格尔是比较语言学的先驱者。

历史比较语言学发展起来的重要前提是"梵语材料在语言比较中的运用；语言学家们所作的语言比较工作；世界语言标本的收集和研究"。丹麦的拉斯克(R. Rask)、德国的葆朴(F. Bopp)、德国的格里木(J. Grimm)是历史比较语言学的奠基人。拉斯克的论文《古代北方语或冰岛语起源的研究》认为日耳曼语跟斯拉夫语同出于一个"原始语"，在历史上第一次明确地提出了比较语言学的方法和原则。葆朴在《论梵语与希腊语、拉丁语、波斯语和日耳曼语动词变位系统的比较》中，通过寻找动词的原始词根，证明印欧语有共同的来源。格里木的《德语语法》和《德语史》奠定了日耳曼语历史比较研究的基础。《德语语法》(第二版)系统地论述了日耳曼语和其他印欧语之间的辅音具有一致性，后来这种一致性被人们称为"格里木定律"。

其后，德国的施莱歇尔(A. Schleicher)的《印度日耳曼系语言比较语法纲要》提出了关于语言亲属关系的理论、关于重建古印欧语的比较方法和关于语言的

---

① ［英］R. H. 罗宾斯原著：《简明语言学史》，许德宝等译，中国社会科学出版社 1997 年版，第 160 页。

分类问题。此外还有：波特（Pott）的《印欧语词源研究》；古尔替乌斯（Curtius）的《希腊语词源学纲要》和《希腊语动词》等。库恩（Kuhn）创办《比较语言学杂志》，给历史比较语言学的研究提供了极好的阵地。法国语言学家梅耶（A.Meillet）的《印欧系语言比较研究导论》和《历史语言学中的比较方法》总括了某一语系各种语言历史比较研究的成果。

19 世纪末叶在德国出现了"新语法学派"（青年语法学派），其主要代表人物有雷斯琴（Leskien）、狄兹（Diez）、辉特尼（Whitney）、勃鲁格曼（K. Brugmann）、奥斯特霍夫（Osthoff）、德尔布吕克（Delbruck）、保罗等。维尔纳的论文《第一次辅音变化的一个例外》（1875），专门讨论"格里木定律"中的例外问题，认为这些例外实际上是由于重音的变化所导致的。他的这种音变规律后来被称为"维尔纳定律"。青年语法学派还认为语音和形态的变化是由于类推所起的作用。

## 四、现代语言学

现代语言学的历史，是从瑞士语言学家费尔迪南·德·索绪尔（Ferdinand de Saussure）开始的。索绪尔的代表作《普通语言学教程》是他的两位弟子兼同事巴利（Charles Bally）和薛施蔼（Albert Sechehaye）根据学生们的听课笔记，参照对比，整理成书并于 1916 年（索绪尔去世三年后）出版的。索绪尔被誉为"现代语言学之父"，《普通语言学教程》是现代语言学的奠基之作。索绪尔的语言学思想和 19 世纪以前的语文学最根本的区别在于把语言看成由各个符号之间的关系组成的有价值的表达观念的结构系统。索绪尔区分了语言和言语，语言属于全社会，是抽象的；言语属于个人，是具体的。索绪尔认为语言是符号系统，"是一个纯粹的价值系统"。每个符号是由"能指"和"所指"构成的，所指和能指之间的关系是任意的。符号之间存在着线性的句段关系和联想的聚合关系。索绪尔把语言现象分为"共时"和"历时"两种，"共时"是指时间历程中的某一点上的语言状态，"历时"是指以时间历程中的某一点到以后的语言现象。索绪尔认为，语言学的对象是语言，由于语言有它的内部要素，也有它的外部要素，所以语言学也可以分为内部语言学和外部语言学。总之，《普通语言学教程》的语言学思想是极其丰富的。索绪尔的语言学思想对现代语言学的影响是巨大的，它直接导致了欧美结构主义的诞生和发展。

结构主义语言学直接继承了索绪尔的语言学理论。把语言看作表达观念的符号系统，强调共时态，偏重内部结构的描写，形成了以音位、语素、词为研究核心的结构主义语言学。但是由于结构主义流派内部分别侧重研究了不同的领域，提出了不同的理论，因此各个流派形成了自己的特点。

（1）日内瓦学派。以巴利（C. Bally）、薛施蔼（A. Sechehaye）为代表。1941年出版刊物《费尔迪南·德·索绪尔索札记》，1956年成立"索绪尔小组"，1957年巴利的学生戈德尔出版《索绪尔普通语言学教程稿本溯源》，开创了《普通语言学教程》的版本学研究。这派集中精力研究语言的共时态，对语言的表情作用非常重视。代表著作有：巴利的《普通语言学和法语语言学》《语体学概论》等；薛施蔼的《理论语言学纲要及方法：言语活动心理学》《普通语言学的日内瓦学派》等。

（2）布拉格学派。以马德修斯（V. Mathesius）、特鲁别茨柯伊（N. S. Trubetzkoy）、雅克布逊（R. Jakobson）为代表。这派主张从结构和功能的角度研究语言。他们重点研究音系学，特别是音位的区别性特征。提出了"语言联盟"的理论，认为语言间的共同特征不完全归因于语言的亲属关系，侧重共时研究，但不忽视历时，认为共时和历史都构成系统。倡导"句子实际切分"的理论，是功能语体理论的来源之一。代表著作有：特鲁别茨柯伊的《音位学原理》；雅克布逊的《历史音位学原理》《言语分析初探》（与范特和哈勒合著）；马德修斯的《捷克语学和普通语言学》《以普通语言学为基础的现代英语功能分析》等。

（3）哥本哈根学派。以布龙达尔（V. Brøndal）、叶尔姆斯列夫（L. Hjelmslev）和乌尔达尔（J. Uldall）为代表。这派认为语言是由纯粹抽象的关系连接起来的符号系统，坚持"语言是形式而不是实质"的观点，认为语言单位之间的相互关系是语言学的主要对象，研究语言关系的模式是语言学的主要任务。提出语符学既是语言学，又是符号学。在方法上，这个学派强调运用假设演绎法。代表著作有：布龙达尔的《结构语言学》；叶尔姆斯列夫的《语言理论导论》；乌尔达尔的《语符学纲要》等。

（4）美国描写语言学派。以布龙菲尔德（L. Bloomfield）为代表。这个学派的先驱者是鲍阿斯（F. Boas）和萨丕尔（E. Sapir），核心人物是布龙菲尔德，其后有哈里斯等人。与结构主义的其他流派相比，美国结构主义注重结构形式的描写，其特点是：①注重口语和共时描写；②注重形式分析，避开意义因素；③在结构分析中，主要是研究分布情况和运用替代的方法；④采用直接成分分析法分析句子结构的层次；⑤建立"语素音位"。代表著作有鲍阿斯的《美洲印第安语手册·序言》，萨丕尔的《语言论——言语研究导论》，布龙菲尔德的《语言论》，哈里斯的《描写语言学的方法》等。

（5）伦敦学派。以弗斯（Firth）为代表。这个学派主张从社会的角度研究语言，强调整体，坚持把语言单位放到语境中研究，提出了语境理论。他们认为语义描写必须依据上下文和现实语境。在语境研究中着重分析韵律特征。后来韩礼德（Halliday）继承和发展了弗斯的理论，被称为"新弗斯学派"，建立了"系统功能语法"。代表著作有弗斯的《言语》《人的语言》《语言学论文集》《人民的语言和言语》等。

## 五、当代语言学

20 世纪 50—60 年代，语言研究进入当代语言学时期。在此之前是索绪尔语言学说的延伸和发展，在这之后则是以索绪尔为对立面，对他理论中的薄弱环节的冲撞和突破。语言研究的态势主要表现为语言研究的形式化，功能语法的兴起与发展，新兴、边缘学科的建立与发展。

### （一）乔姆斯基与转换生成语法

1957 年美国语言学家诺姆·乔姆斯基（N. Chomsky）《句法结构》出版，标志着"转换生成语法"的诞生。这一理论是建立在理性主义的哲学基础之上的，它完全不同于建立在经验主义基础之上的美国结构主义，被人称作"乔姆斯基革命"。转换生成语法既是结构主义的继承，又是结构主义的反动。转换生成语法主要经历了五个阶段：第一阶段是"古典理论"（1957—1965），代表作是《句法结构》，特点是强调语言的生成能力；提出语法中的转换问题；语法描写中不考虑意义。第二阶段是"标准理论"（1965—1971），代表作是《句法理论要略》，显著特点是把语义纳入语法。第三阶段是"扩展的标准理论"(1972—1979),《深层结构、表层结构和语义解释》标志着这一时期的开始,代表著作是 1977 年出版的《关于形式和解释的论文集》。特点是肯定表层结构对意义有一定的作用;把语义解释放至表层结构。第四阶段是"支配和约束理论"(1980—1986),代表著作是《支配和约束论集》,特点是提出了普遍语法、核心语法和虚范畴的概念。第五阶段是"经济核查理论"(1986—　　),代表著作是《语言学理论最简方案》,特点是明确提出了语言使用中的经济原则,增加了用以检验词库中的所有形态在句子中的功能的核查理论。转换生成语法强调对人的语言能力作出解释,而不是仅仅描写语言行为,它要研究的是体现在人脑中的认知系统和普遍语法。转换生成语法无论是在研究目的、研究对象,还是在研究方法上都和传统语言学、结构主义语言学有原则上的区别。乔姆斯基的转换生成语法理论是形式主义语言学的代表。

## (二) 生成语义学和格语法

20 世纪 60 年代后期,在转换生成语法内部曾围绕语义问题展开一场辩论,结果引起分裂,导致了以波斯塔尔(Postal)、雷可夫(Lakoff)、麦考莱(Macawly)、罗斯(Ross)等人为代表的生成语义学和以菲尔墨(Fillmore)为代表的格语法的建立。生成语义学提出了由语义、词汇、转换和语音四部分组成的语义学理论模式。格语法代表著作是 1968 年发表的《格辨》。菲尔墨的格主要包括施事格、工具格、予格、结果格、方位格、对象格等。随着人们不断地提出新的语言现象,菲尔墨也进一步修改增添一些新的格概念,但仍有许多格关系无法用格来概括。格语法的贡献在于证明了生成语法在语义上的局限性。

## (三) 认知语言学

1989 年在德国杜伊斯堡召开的学术会议和 1990 年《认知语言学》杂志创刊,标志着认知语言学派的形成。认知语言学认为,语言不是直接表现或对应于现实世界,而是有一个中间的认知构建层次将语言表达和现实世界联系起来。认知语言学的哲学基础是体验哲学,是一种"身心合一"或"心寓于身"的认知观。按照这种观点,心智和思维产生于人跟外部世界的相互作用,在这个相互作用的过程中人通过自己的身体获得经验,这种经验用"体验"称之最为恰当。认知语言学的语言观是功能主义。认知语言学近些年来的重要研究成果有范畴化、认知模式、相似性、隐喻、转喻、构式语法等。

### （四）系统功能语言学

系统功能语言学是在英国语言学家弗斯的理论基础上发展起来的,代表人物是英国语言学家韩礼德(Halliday)。20 世纪 50 年代末 60 年代初,韩礼德借鉴弗斯的"情境语境"的观点和"系统"范畴创立了系统语法理论体系。从 60 年代末开始,他侧重于语言功能方面的研究,并于 80 年代出版了《功能语法概要》和《功能语法导论》两部力作。至此,他的系统功能语言学渐趋成熟,理论框架渐趋完整。韩礼德认为,语法理论中最基本的范畴是单位、结构、类别和系统。范畴与实际语言材料的联系以及范畴之间的相互联系是由级阶、精密阶和说明阶完成的。语言最基本的功能是概念功能、交际功能和语篇功能。概念功能由及物系统、时态、修饰、词汇意义等来体现;交际功能由语气、情态、动词词组的人称、词汇语域等来体现;语篇功能则由主位和述位、语态、单词的搭配、接应关系等来体现。系统功能语言学的核心思想可以概括为:①纯理功能的思想,②系统的思想,③层次的思想,④功能的思想,⑤语境的思想,⑥近似的或盖然的思想。韩礼德的系统功能语言理论是功能主义语言学的代表。

### （五）其他语言理论

①形成于 20 世纪 60 年代以派克(Pike)为代表的密歇根派的法位学;②形成于 60 年代以兰姆(Lamb)为代表的耶鲁派的层次语法;③形成于 20 世纪 70 年代的以美国数理逻辑学家蒙塔古(R. Montague)为代表的蒙塔古语法;④形成于 20 世纪 80 年代初以英国的盖兹达(G. Gazdar)、萨格(L. Sag)、克莱因(R. Klein)和美国的普伦(G. Pullum)为代表的广义短语结构语法;⑤形成于 20 世纪 70 年代初以美国的珀尔马特(P. Perlmutter)和波斯塔尔为代表的关系语法;⑥形成于 20 世纪 80 年代初以美国的布雷斯南(J. Bresnan)为代表的词汇功能语法等。

### （六）新兴的应用学科和交叉学科的研究

20 世纪 60 年代末、70 年代初以乔姆斯基为代表的转换生成学派与美国海姆斯(D. Hymes)为代表的社会语言学派关于"语言自主"问题的争论,是对语言使用问题研究的开端。80 年代初,功能主义学派迅速发展,与形式主义学派形成了对峙的局面。这样,使语言内部的研究突破了"能力"研究的局限,开始重视"使用"的研究。语用学、实验语音学、对比语言学、语言类型学、话语语言学、交际语言学等均得到了长足的进展。随着社会的发展变化,语言学学科本身的积累和拓展,出现了一些语言学的应用学科,如语言规划、语言教学、翻译和词典编纂、各种社会方言的研究、机器翻译和人工智能的开发等各个方面都有很大的发展。此外,适应各个方面的要求,还出现了许多边缘或者交叉学科,如社会语言学、认知语言学、模糊语言学、文化语言学、心理语言学、数理语言学、病理语言学、神经语言学、方言地理学等。①

## 第三节 / 语言学的分类

语言学是研究语言科学的一个总称,它含有许多不同的分支学科。语言学可以根据研究对象、研究内容、研究方法和研究目的的不同,划分为不同的门类。

### 一、根据研究对象的不同分类

根据研究对象的不同,可以把语言学分为普通语言学和个别语言学两类。

**(一) 普通语言学**

也叫"一般语言学",它的研究对象从理论上讲应该是全世界所有的语言。普通语言学是研究人类语言及其相关问题的一般原理和规律的科学,它把所有个别和一般相结合的各种具体语言中的一般原理和规律作为研究对象。它是对理论语言学和应用语言学的一般原理和规律、个别原理和规律进行高度抽象和概括所形成的元理论。

**(二) 个别语言学**

也叫"具体语言学",它的研究对象只涉及一种语言。个别语言学只探究个别语言的结构体系和结构规律,如汉语语言学、英语语言学、俄语语言学等。对

---

① 关于语言学的应用学科和交叉学科的情况请详见本书下编"应用语言学"。

个别语言可以从一个时代到另一个时代的发展状况进行动态的研究,揭示语言演变的过程、规律及其原因,这就是历时语言学,如汉语史、英语史、俄语史等。对个别语言还可以截取其历史发展中的一个横断面,进行静态的研究,研究其某一阶段的结构体系和结构规律,这就是共时语言学,如现代英语、古代英语等。

## 二、根据研究内容的不同分类

根据研究内容的不同,可以把语言学分为内部语言学和外部语言学两类。

### (一) 内部语言学

即狭义的语言学,对语言系统内部的问题所进行的研究,如形态学、语音学、语义学、词汇学、语法学等。

### (二) 外部语言学

对语言系统之外且与语言相关的问题所进行的研究。这些问题包括语言与文化的关系、语言和言语行为等人类活动的关系、语言交际时所处的一切语言外的情景、伴随语言手段(如体态语等)等,如文化语言学、话语语言学、言语交际学、跨文化交际学等。

## 三、根据研究方法的不同分类

根据研究方法的不同,可以把语言学分为描写语言学、比较语言学和对比语言学三类。

### (一) 描写语言学

截取某一历史阶段语言的一个横断面,用静态的描写方法把语言的结构如实地记录下来,对它的结构形式进行分析、描写和研究,客观地反映言语中存在的现象和规律。认为语言研究中重要的是说的"是什么",而不是"为什么";把语言标本采集描写的价值和建立语言理论看得同等重要。如美国描写语言学派。

### (二) 比较语言学

又称"历史比较语言学",运用比较的方法把有亲属关系的语言放在一起加以比较,找出它们在历史演变过程中的对应规律,从而拟测这些语言之间的亲属关系,构拟这些语言的来源语。19 世纪历史比较语言学就广泛地应用于印欧语的语言研究,取得了很大成就。

### (三) 对比语言学

运用对比的方法对两种或两种以上的语言进行共时的对比研究,描述它们之间的异同,特别是其中的不同之处,进行对比分析,探索研究对象语言间的对应关系。对比语言学所遵循的研究方法或应解决的课题包括下列几个方面:必须是语言学的;不仅要探求研究对象语言间的共同点,还应分析其不同点;不仅要进行微观的对比分析,更应从宏观的整个体系着眼。

## 四、根据研究目的的不同分类

根据研究目的的不同,可以把语言学分为理论语言学和应用语言学两类。

### (一) 理论语言学

理论语言学又称"纯理语言学""语言哲学"。着重探讨人类语言的本质,从具体的语言现象中总结、归纳人类语言的共同规律和普遍特征,为语言学的各个分支学科建立共同的理论框架,具有很强的概括性和指导性。一般来说,理论语言学在探讨语言规律时常常运用共时研究和历时研究相结合的方法。学界以往常常把理论语言学当成本体语言学和描写语言学的基础理论。

### (二) 应用语言学

应用语言学是研究语言在各个领域中实际应用的学科。对这门学科的范围,有狭义和广义两种解释,狭义的应用语言学专指语言教学特别是外语教学和第二语言教学。除语言教学,凡是与语言和语言学有关的应用、交叉学科均属于广义的应用语言学,如辞书编纂、创立和改革文字、信息传递和通信联系、机器翻译、情报自动检索、数理语言学、社会语言学、心理语言学等。根据近年来的发展趋势看,可以把应用语言学分为一般应用语言学和技术应用语言学两大类。一般应用语言学主要处理面向人的问题,包括语言教学、辞书编撰、翻译、文字的创制和改革、标准语的建立和规范、国际辅助语的设计、制定速记符号、言语矫治、各种行业的语言研究等。技术应用语言学主要处理面向机器的问题,包括实验语音学、机器翻译、情报检索、自然语言理解、文字信息处理、统计语言学等。

🔲 思考与应用

## 一、术语解释题

语言学　语文学　《巴尼尼经》《尔雅》《说文解字》《读写技巧》
普遍唯理语法　《华语官话语法》　洪堡特　历史比较语言学
拉斯克　葆朴　格里木　青年语法学派　索绪尔　语言　言语
共时语言学　历时语言学　结构主义语言学　日内瓦学派　布拉格学派
哥本哈根学派　美国描写语言学派　布龙菲尔德　萨丕尔　伦敦学派
转换生成语法　乔姆斯基　格语法　菲尔墨　系统功能语言学
韩礼德　认知语言学　普通语言学　语言学元理论　个别语言学
具体语言学　内部语言学　外部语言学　描写语言学　比较语言学
对比语言学　理论语言学　应用语言学

## 二、复习思考题

1. 举例说明语言起源于神话传说。

2. 简述古代印度的语文学。

3. 谈谈古代中国的"小学"。

4. 谈谈古希腊的语文学。

5. 谈谈古罗马的语文学。

6. 谈谈语言学和语文学的关系。

7. 如何理解普通语言学是一种元理论？

8. 如何理解理论语言学和应用语言学的关系？

9. 历史比较语言学发展起来的重要前提是什么？

10.《普通语言学教程》是一部什么样的书？

11. 莱昂斯概括的现代语言学的六个特征是什么？

12. 美国结构主义的主要特点是什么？

13. 转换生成语法经历了几个阶段？每个阶段的代表作是什么？

14. 根据研究对象的不同给语言学分类。

15. 根据研究内容的不同给语言学分类。

16. 根据研究方法的不同给语言学分类。

17. 根据研究目的的不同给语言学分类。

### 三、实践应用题

1. 李宇明在《语言学是一个学科群》(《语言战略研究》2018 年第 1 期)这篇文章中提出："语言学是一个学科群"。他认为：语言学是研究语言及其相关问题的科学。语言学有 70 余个学科名目；有七大研究领域；语言学的学科性质有三大分野。请结合你学过的语言学理论知识，谈谈如何理解语言学是一个学科群？你对这里的语言学有 70 余个学科名目、七大研究领域、语言学的学科性质有三大分野有何看法？

2. 结合实际谈谈语言学同其他科学的关系。

3. 结合实际谈谈语言学的应用价值。

上 编

理论语言学

# 第一节　/　语言的性质

## 一、语言是一种社会现象

大千世界，现象复杂多样，但概括起来不外乎两种，一种是自然现象，一种是社会现象。社会现象具有以下特点：是以自然界为基础的现象，是自然界发展到高级阶段的产物；是人类社会的产物，它既依附于社会，又作用于社会；是受社会历史条件制约的，它不受自然界发展规律制约。语言正是这样一种现象。

### （一）语言是在自然界的基础上发展起来的，是人类利用自然、改造自然的产物

自然界发展到一定阶段产生人类社会。语言和阶级、法律、道德、科学、文化等一样，都是社会存在和发展的产物。人类的祖先是通过集体劳动的方式，共同创造和生产工具，共同改造自然进行生产的，这种共同的社会劳动是运用语言来协调的，所以语言是为了协调人与人之间迫切的交际需要而产生的一种社会现象。恩格斯曾在《劳动在从猿到人转变过程中的作用》中，提出了著名的推断："首先是劳动，然后是语言和劳动一起，成了两个最主要的推动力"①。

### （二）语言同社会是互相依存的

语言的存在依赖于社会的存在，某一具体语言的存在依赖于某一具体社会的存在。当今世界上这么多的语种，其实也是语言受不同的具体社会集团制约而产生的结果。语言的发展变化也受社会历史条件的制约。由于社会集团的聚合或离散，语言也会随着统一和分化，就是在同一种语言里，运用这种语言的社

---

① 《马克思恩格斯选集》第三卷，人民出版社 2012 年版，第 992 页。

会集团如果在生产力或文化等方面有大的发展,那么语言在其历史的发展过程中也会在词汇等方面有所发展和变化。

反过来讲,社会也离不开语言,语言是社会发展不可缺少的因素,它也推动着社会的发展。语言还能帮助我们掌握先人的思想,语言是社会用来宣扬自己观点,批判揭露敌人的工具。总之,只要有人类社会,就有语言存在。语言已经成了社会存在和发展不可缺少的一部分了。

### (三) 语言是社会现象

从语音和语义结合的任意性上也可以说明语言是社会现象。语音和语义的结合是任意的,是社会环境决定的,是约定俗成的。比如"能制造工具并能使用工具进行劳动的高级动物"这个意义,说汉语的人称为"人[ ʐən³⁵ ]";说英语的人称为"man";说日语的人称为"ひと"。语音和语义的结合是约定俗成的,一种语言的词汇和语法也都是约定俗成的,都是不同的社会集团各自约定俗成的结果。世界语言的多样性,足以说明语言的约定俗成性。

## 二、语言这种社会现象的特殊性

社会现象一般分为经济基础和上层建筑两大类,那么语言属于哪一类社会现象呢?

语言既不属于经济基础,也不属于上层建筑。这就是它的特殊性所在。语言不属于经济基础是显而易见的,但有人认为语言不属于经济基础就必然属于上层建筑,苏联语言学家马尔就曾经说过语言属于上层建筑。他认为自有声语言发生的时候起,语言就是阶级的。斯大林在《斯大林论马克思主义在语言学中的问题》一文中驳斥了语言是上层建筑的观点,他从以下几个方面明确指出了语言不属于经济基础也不属于上层建筑。[①]

(1) 每个经济基础都有适合于它的上层建筑,而上层建筑是随着经济基础的变化消亡而变化消亡的,但语言却不是这样,它不是随着某个经济基础的变化消亡而变化消亡。经济基础改变了,它却可以基本上不改变。比如汉语的基本

---

① 《斯大林论马克思主义在语言学中的问题》,五十年代出版社 1950 年版,第 3—23 页。

词汇和语法构造多少年来没有本质的变化。

（2）上层建筑是由经济基础产生的，并且积极地为自己的经济基础服务，为一定的阶级服务。而语言却不同，语言不是由什么经济基础产生的，也不是由某个阶级创造的，它是千百年来在社会历史全部进程中为全社会所创造的。它一视同仁地为不同的经济基础、不同阶级服务。语言是没有阶级性的。

（3）任何上层建筑都没有语言的生命长久。在一个社会的经济基础和上层建筑经过几番更替的过程中，语言可能会一直保存下来。中国几千年来不知发生了多少次大的社会变革，但汉语却一直没发生根本的变化。

（4）上层建筑与生产及人的生产（物质生产）行为没有直接联系，语言则与生产、人的生产行为和其他一切行为都有直接联系。因此，语言反映社会生产中的变革是直接的，是立即发生的，不等候经济基础的改变。语言活动的范围是包括人的所有各方面的行为的。它比上层建筑活动的范围要广泛得多，复杂得多，并且它的活动范围差不多是无限的。

语言既不属于经济基础，也不属于上层建筑，它又是一种社会现象，可见这种社会现象是具有特殊性的。

## 三、语言不是个人现象

19世纪后半叶，有些语言学家就认为只存在个人语言，甚至说有多少个人就有多少种语言，说民族语言只不过是科学的虚构。我国过去也有一些人，片面强调语言是个人的表情达意的工具，忽视了语言的社会性。

语言虽然是由我们人来说和来听的，但语言不是个人能够创造的，个人只能向其所属的社会学习，才能掌握语言。语言也只有在社会中才能被运用，语言是为社会生活服务的。在一个人自言自语或默想时，他仍然是运用别人能够听懂的、他学过的语言。这就是说，词和语法等是个人所属社团所共有的。当然，个人在语言的创造中是起一定作用的，但是个人总是在适应社会的需要和要求之下，才能创造语言中的个别成分，而且这些成分必须通过社会的认可才能成为语言事实。如一些比较有影响的文学家、政治家、经济学家、哲学家等，他们就可能创造我们语言中的新成分。这说明了个人创造的个别成分最终是要通过社会认可才行,而且最后仍是社会的,不是个人的。

反过来讲,如果说语言是个人创造的东西,那么在拥有十几亿人口的中国,是不是就应该有十几亿种语言呢?所以,把语言看成个人现象是没有根据的。

## 四、语言不是自然现象

语言学史上曾经有人认为语言是自然现象。如拉斯克认为,语言是自然物,语言研究接近自然博物学。葆朴在《元音组织》中说,必须把语言看作有机的自然物体。德国语言学家施莱歇尔后来被认为是自然主义语言学的先驱。他在《语言比较研究》一书中指出,语言有它的将来,这将来就词的广义来说也可以叫作历史,但是这历史的最纯粹的形式,我们也可以在自然界比方一棵植物的增长里找到,语言是属于自然界的范围,而不是属于自由的心理活动的范围。他甚至认为,语言的生命和生物的生命没有什么本质上的区别,语言也有生长、衰老的时期。他主张把达尔文的物种起源和发展的学说运用到语言研究中来,等等。这些著名的语言学家之所以有这样的观点,主要是根据下面的这些观点。

### (一) 他们认为语言是遗传的本能

本能是一种自然现象,就是说人的语言能力就像我们吃饭睡觉一样,是不用学就能会的。这是把语言与发音器官、发音能力和说话弄混了。实际上,语言和发音器官是两回事,发音器官是天生的,属于生理条件,是自然现象;而语言则是后天的,社会的。我们人类有发音器官,其他动物也有,但语言却不是天生的,语言是后天学习的结果。发音能力和说话也是两回事,有发音能力才能说话,但所发出的声音并不都等于说话。有的动物也可以用它们的发音器官发出一些声音来,但那不等于说话。鸡鸣狗吠,都是本能发出的声音。刚出生的婴儿也一样,他们的哭声是本能的。哭声本身证明人有发音能力,但这和说话却是两码事。人的发出语音的能力或技巧,不是天生的遗传,是后来在向周围的人学习过程中逐渐发展起来的。所以严格地讲,语言能力也是社会的产物,并不是生物个体的本能。比如汉语的舌面前音、法语的小舌颤音,都不是由于生理条件特殊,而是各自的语音系统不同,人是必须要经过后天的学习才能掌握的。如果语言是遗传的本能,那就不会有世界上这么多的语言种类了。

## （二）他们认为存在基本相同的婴儿语

就是说世界上所有出生不久的婴儿发出的声音都表达一个意义,如大多数的婴儿首先会发的音一般都是音节"ma",于是这些人就认为不同地域的婴儿发出的这个音节就是指"妈妈"。是这样的吗?有人做过调查,在搜集的大量婴儿容易发出的声音中,基本上限于[ m ][ p ][ t ]这几个辅音,而辅音后的元音也都是[ a ]。一个音节可能表达很多意思,如"mama"可能表感叹,或是指别的含义,当然也可能包括指"妈妈"。"mama"后来作为词固定下来了,但在各种语言中的含义却是不同的,如在汉语和俄语中是指母亲,但在格鲁吉亚语中却是指父亲。

所谓的婴儿语一个是指"喃语",一个是指喃语之后的早期儿童语言。喃语是一周岁左右的婴儿刚开始作的发音练习,这种声音是自然状态下的生理现象,根本不是说话。而18个月后的儿童发出一定声音表达一定意思时,这是喃语后的早期儿童语言,可以说是语言的萌芽。事实上,目前专家们的研究只能证明儿童由不会发音到学会发音的过程基本相似,人类的发音器官的构造是相同的之外,婴儿们容易发出的一些音,其含义却是不同的,这就证明了根本就没有什么相同的婴儿语。

## （三）他们认为语言同种族有必然的联系

表面上看来,语言同种族的界限好像是吻合的,汉族人说汉语,俄罗斯族人说俄语。但是,我们又很容易看到,同一种族的人并不一定说同一种语言,而不同种族的人可能操着同一种语言。同是地中海居住的地中海族(也有人统称其为欧罗巴族)人,他们却操着土耳其、希腊、阿尔巴尼亚、意大利、法兰西、西班牙诸语言。而美国移民,虽来自不同的种族,却都说着同一种语言,即美式英语。可见,语言和种族是没有必然的联系的,世界上的种族有限,大概就人种来说只有几种,如尼格罗人(黑色人种)、欧罗巴人(白色人种),蒙古人(黄色人种)等,但语言却是极为丰富的,有上千种。

## （四）他们认为动物也有真正的语言

很显然,持这种看法的人其实是混淆了动物信号和人类语言的界限。动物语言不可能像人类语言一样承载着人类对客观世界的抽象认识,动物"语言"只是本能,人类语言却体现着对外界的认识、分析和判断。动物是没有真正的语言的。

### (五) 他们认为语言不过是种物理现象

美国描写语言学派的代表人物布龙菲尔德就认为:语言是一系列的刺激和反应。"语言可以在一个人受到刺激(S)时让另一个人去作出反应(R)。"[①] 他忘记了语音和一般声音的根本区别,把说话只看成发音器官的机械运动。我们知道,事实上语音不仅是一种声音,它还负载一定的意义内容,是和人类社会连在一起的。决定语言声音的不是自然界,而是社会,是人类社会的历史,语音和语义的结合是由社会环境决定的。

## 五、语言不是心理现象

有的语言学家把语言看成一种心理现象,认为语言是一种精神的表达和外露。美国语言学家萨丕尔认为,语言是在人的心灵或"精神"结构中充分形成的功能系统。乔姆斯基认为语言是一种观念的存在于物质实体之外的东西,即一种能创造和理解句子的机制——人类普遍具有的一种语言能力,这显然是接受了笛卡儿的"思想实体"的观点。诚然,人的一切心理活动如记忆、判断、推理等都是讲话时不可或缺的,正如呼吸是说话不可缺少的条件一样,但这些都不是语言的本质。作为一种客观存在物,语言的本质是一种物质。任何物质都以时间和空间作为它的存在形式,语言也不例外,每个词、每句话都是存在于时间与空间中的。物质都是有结构的,语言也是一种由语音和语义构成的符号结构体系。物质都是一种运动过程,语言也是一系列的运动过程。不过,和一般物质比较起来,因为语言这种物质和精神活动是有特殊联系的,所以才有人误认为语言是心理现象。关于语言的物质性和精神的关系马克思和恩格斯早就有精辟的论断:"'精神'从一开始就很倒霉,受到物质的'纠缠',物质在这里表现为振动着的空气层、声音,简言之,即语言。"[②] 这一著名的论断指明了语言是物质的,也说明了语言和精神的特殊关系。

---

① [美]布龙菲尔德著:《语言论》,袁家骅、赵世开、甘世福译,商务印书馆1980年版,第26页。
② 《马克思恩格斯选集》第一卷,人民出版社2012年版,第161页。

## 六、语言不是混合现象

有的语言学家认为语言是自然现象、社会现象和精神三种现象的混合物，即"原则性的剩余现象"，声言要给语言以"独立的身份"。语言确是和这三种现象都有密切的联系，但语言和这三种现象的联系并不是等同的。在这三种现象中，只有一种是决定语言的本质的。首先，决定语言本质的不是自然界，因为自然界本身不需要语言，何况语言产生之前自然界早已存在了。其次，决定语言本质的也不是精神活动，因为语言是一种声音，即物质，它只是精神活动借以存在的物质手段。再次，决定语言本质的只能是人类社会，语言同人类历史同时存在，也将同人类历史永远共存。语言是人类的交际工具，离开了人类社会，语言就毫无意义了。

# 第二节 / 语言的功能

## 一、语言与交际

### (一) 语言的交际功能

交际功能是语言最基本的功能。语言是为了满足人类在劳动中交流思想，互相了解和共同工作的需要而和劳动一起产生的。劳动创造了人，也创造了语言。语言从产生的时候起，就是作为交际的工具、作为社会成员间交流思想的工具为全社会服务的。列宁从语言的社会功能的角度出发，第一次提出"语言是人类最重要的交际工具。"[1]

语言的交际功能决定语言的生命力旺盛与否。决定一种语言是发展还是消亡，唯一的标准是看这种语言有没有交际功能。有交际功能的语言，就能存在并发展下去，比如汉语、英语等目前广泛应用的语言。没有交际功能的语言，就只

---

[1] 《列宁全集》第二十卷，人民出版社 1958 年版，第 396 页。

能消亡变成死语,像古巴比伦语、鲜卑语、满语等,它们都是随着交际功能的丧失而逐渐消亡了的。语言的交际功能越强,它的生命力就越强;语言的交际功能越弱,它的生命力就越弱,所以语言的交际功能是语言的生命力所在。

人类是如何运用语言来进行交际的呢? 信息论的理论可以解释人们运用语言进行交际的过程,语言交际过程包括言语编码、言语发出、言语传递、言语接收、言语译码。

(1) 言语编码:说者为了传达某种信息,把选用的词语按照一定的语法规则组成交际需要的句子、句群或语篇的过程。

(2) 言语发出:通过发送器运用一定的发送手段,把编出的信码发出去的过程。就口语而言,发送器是发音器官。书面语有书籍、信函、因特网、手机网络等。

(3) 言语传递:发出者把编码传交给接收者的过程。

(4) 言语接收:接收者接收发出者传递言语信息的过程。

(5) 言语译码:接收者还原接收到的言语信码的过程。

**(二) 语言是最重要的交际工具**

凡是能够传达一定的信息,表达一定思想感情的都是交际的工具。人们用来交际的工具,除了语言之外,还有其他很多很多种,比如文字、音乐、美术、烽火、旗语、信号灯、电报代码、化学符号、数学公式、体态语、表情、手势、花卉、实物、网络等都是交际工具。在这些辅助性的交际工具中,文字和体态语是我们最常使用的。

文字记录语言打破了语言交际中时间和空间的限制。文字在社会生活中起着重要的作用,中小学的语文教学主要就是教学生识字、阅读、写作。在现代社会,文字的运用已经渗入社会生活中的每一个角落。文字极大地促进了人类社会的文明进程。人类传递信息的文化工具,从历史到今天来看,几乎都是围绕文字的处理而发明的,比如纸、笔、墨、砚台、雕版印刷、活字印刷、激光照排、计算机、传真等,文字简直是无处不在,无处不用。但是,文字在交际中的重要性远不能与语言相比。一个社会可能没有文字,但是不能没有语言;没有语言,社会就不能生存和发展。文字是在语言的基础上产生的,只有几千年的历史,而语言在文字产生以前早已存在,估计已有几十万年。今天世界上没有文字的语言比有文字的语言多得多。文字产生以后要适应语言的发展而演变,它始终从属于语言,是一种辅助的交际工具。

　　人们在运用语言进行交际的时候,不但动嘴,而且脸部的表情、手的动作乃至整个躯体的姿态等非语言的介质也都参加进来。这就是说,交际的时候除了运用语言工具以外,还可以运用一些非语言的交际工具。其实,语言的交际处于身势等各种伴随动作的包围之中。有些时候,离开某些特定的伴随动作,语言的交际还可能发生故障,如身势等非语言的交际手段。比如鼓掌欢迎、举手为礼、挥手送别、张嘴表示惊讶等。用手指刮着脸皮羞人,是汉族人特有的动作;西方人摊手耸肩,表示不知道,据说源于法国。我们平常"察言观色""眉目传情""眉来眼去""暗送秋波""使眼色""打手势"等都是不用语言的一些特定的交际方式。在这种情况下,如果用语言来表达就显得非常笨拙,甚至难以完成特定的交际任务。

　　说话时身势等伴随动作,各民族也有自己的特点。比如打招呼,中国人过去是屈身作揖,欧美人用握手、接吻、拥抱等方式,因纽特人用一个拳头连打对方的脑袋,拉丁美洲有些地方的人以拍背为礼,波利尼西亚有些地方的人则是拥抱和互相擦背等。体态语这种语言的伴随动作也是一种交际工具,不过使用的范围非常有限,只能起辅助性的交际作用,补充语言交际的某些不足。

　　各种辅助语言的交际工具,无论它们在特定的场合有多么重要,仍然不能代替语言,因为从根本上说,人类各种各样的辅助性交际工具,都是在语言的基础上制定的,没有语言基础,这些工具也就失去了存在的意义。它们在交际中都发挥了很大的作用,都是人类社会不可缺少的;但是这些交际工具的重要性却都不能和语言相比,语言是人类使用最频繁、最广泛的交际工具,它既简便,又灵活,它才是所有交际工具中最重要的。

### (三) 语言是人类独有的交际工具

　　我国古人认为人有人言、兽有兽语。公冶长的故事里说他能听懂鸟语。《红楼梦》第 35 回写道:"那鹦哥仍飞上架去,便叫'雪雁,快掀帘子,姑娘来了。'……接着念道:'侬今葬花人笑痴,他年葬侬知是谁? 试看春尽花渐落,便是红颜老死时。一朝春尽红颜老,花落人亡两不知!'"当然这都是古人的看法或文学作品的描写。现实生活中,也有一些人认为动物也有像人类一样的"语言"。如有人认为狮吼、虎啸、狼嚎、鸟鸣、鸡啼、狗咬、马嘶、驴叫、猪哼哼等都是"语言"。不仅如此,动物还有方言呢。有人做过实验,法国的乌鸦听不懂美国乌鸦的叫声。把美国乌鸦的惊叫声录音,放给美国的乌鸦听,能吓跑它们。拿到法国放,法国的乌鸦听了竟然无动于衷。

同是一种动物,可以发出不同的声音,有求偶的语言,有觅食的声调。比如雌猫在春天寻找配偶时,往往发出一连串凄切的哀鸣声;但当它同狗争食时,却会吹胡子、瞪眼睛,发出强烈的抗议声。长尾鼠报警的信号很有趣,发现地面上的狐狸,便发出急促的叫声;发现空中的飞鹰,便发出单调而冗长的声音;一旦飞鹰飞到地面,它每隔 8 秒钟就报一次警。母鸡的报警声音有 8 种之多,它的同伴听了就知道来犯者是谁。狼使用多种脸部表情、尾巴动作、嗥叫声表示不同程度的威吓、焦急、沮丧、屈从。泰国北部的一种长臂猿大致有九种不同的叫声来表示不同的信息。例如碰到可能的敌人,它会发出尖叫,别的猿听到了,也会发出同样的尖叫,招呼同伴注意。小猿碰到一起,有一种伴随着游戏动作的友好的叫声。还有一种叫声似乎是招呼在林子里觅食的同伴不要散得太开。

除了发声的"语言"外,动物也有不发声的"语言",如"超声语言""运动语言""色彩语言"和"气味语言"等。不同的动物往往采用一种或同时采用几种语言形式。①用超声波进行通信联系的就是"超声语言"。在漆黑的夜晚,蝙蝠发出超声波捕捉蚊虫;海豚通过超声波与同伴会话、讨论问题。②以动作联系信号的就是"动作语言"。蜜蜂在寻找蜜源时,根据蜜源的方向和距离的远近,时而跳"圆舞",时而跳"8 字舞",时而跳"摇摆舞",用舞姿来指挥同伴去采花蜜。③用自身的色彩传达信息的就是"色彩语言"。雄孔雀在求偶时,不会说甜言蜜语,便用开屏来展示它美丽的羽毛,以博得异性的喜爱。④利用气味来做信号的就是"气味语言"。有一种雌性害虫,在受到敌人伤害时,身上便释放一种淡泊的气味,掩护同伴赶快逃命。据说,昆虫用气味来传达的信号有 100 多种。

以上种种所谓的"动物语言"说明,被人驯养的动物能够模仿人类的语言。其实,在动物中,只有鸟类能够模仿其他动物的叫声。像画眉、百灵等鸣禽模仿别的鸟的鸣声几乎可以乱真。不过,要学人说话却不大容易,只有鹦鹉、八哥、鹩哥才有这种本领。即便如此,鹦鹉和八哥等也不可能像人一样说话。毕竟它们的大脑没有人类的大脑那样发达,还不具备说话的条件。它们会"说"的那几句简单的话,是人教的。确切地说,它们"说话"只不过是一种模仿——用它们尖细、柔软而灵巧的舌头,重复人们教给它的一连串音节而已,它们根本不知道自己所说的这些"话"的含义是什么。人类能生成新的句子,这些鸟类无论如何也是做不到的。

人类语言和所谓的"动物语言"是有本质区别的,这主要表现在以下几个方面。

### 1. 人类语言具有社会性

语言具有生理属性、物理属性、心理属性和社会属性,但其本质属性是它的社会性。语言同社会是互相依存的,语言的存在依赖于社会的存在,语言是人类所特有的交际工具。人是一种高度社会化的动物,集体的社会性的劳动迫切要求用语言来交流思想传递信息,以达到相互了解,协调行动,组织社会生产。如果没有语言作为社会交际工具,那将是不可想象的。社会交际需要又促进了人类发音器官的发达,使人类能将有限的声音和音节组合成人类独有的符号系统——语言。动物则不具有人类所特有的生理条件,所以系统地传递信息的符号也便无从产生。由于劳动,人类的生活范围和视野扩大了,感觉也丰富了,于是大脑机能的改进,识别客观事物能力的提高,便促进了人类思想和意识的产生和发展,这样,人类便具备了自身所特有的而动物所不具备的并与思维紧密相连的语言来作为交际工具。

### 2. 人类语言具有单位明晰性

人类语言具有明晰的单位,大大小小的单位,按照语言规则可以组装成数目无限的句子,能表达所要表达的任何意义内容和各种事物的复杂关系。动物"语言"只是囫囵一团的叫喊,分析不出单位,更谈不上单位的组装,没有词汇、语法等语言要素的存在;动物的声音和肢体动作所能表达的内容极为有限,更谈不上表达各种事物的复杂关系。

### 3. 人类语言具有任意性

人类语言中语音和语义的结合完全是任意的,没有必然的联系。动物所谓的"语言"，如表示暴怒、恐怖、警告等信息的叫喊，或许可以和人的惊呼、呻吟或哈哈大笑相比，但这些语外之声却都是其感官受到某种刺激后直接而本能的反应。这些声音和它所表露的内容之间，具有必然的联系。

4. 人类语言具有传授性

人类的语言是后天习得的。应该说，人类的大脑先天就具有特殊的语言能力，但必须在一定的语言环境中加以学习才能真正掌握语言，实现这种能力。先天的潜在的语言能力和后天的语言环境是人类习得语言的前提条件，两者缺一不可。狼孩有人类的语言能力，但是由于在学习语言的最佳时期失去了人类的语言环境，他们就不会说话。即使原来会说话的人如果长期生活在没有言语交际的环境中，那他的语言能力也会退化。动物的"语言"却是与生俱来的，不需要传授。

5. 人类语言具有历史继承性

人类的语言其本身在历史中保持基本不变的前提下也要发生一定的变化。动物的喊叫和动作是先天的，而且长期存在，不发生变化，没有什么继承性可言，当然也就谈不上发展。

总之，语言是动物和人类之间永远不可逾越的鸿沟。如果哪一天哪种动物从这条鸿沟的彼岸跃到了鸿沟的此岸，那么这种动物就脱离了低等动物界，变成了高等动物——人类。

## 二、语言与思维

### (一) 思维及其类型

#### 1. 思维的界定

思维是指人脑能动地反映客观现实的机能和过程，它所反映的是客观事物的本质特征以及客观事物之间的本质联系。人们借助于感觉和知觉，反映事物的个别属性和整体属性，以及事物之间的外部联系。而对事物的本质属性和事物内在的、必然联系的认识，必须借助于更高级的过程，即思维过程来联系。在多数情况下，思维主要指抽象思维。当然，对人类来讲，抽象思维固然极为重要，但实际上思维是复杂而多形态的，在人的身上同时并存着几种不同形态的思维，它们交织在一起,彼此渗透。

2. 思维的类型

根据思维活动的不同形态,可以把思维相对地分为以下三种类型。

(1)直观动作思维。这是指思维时直接感知思维对象,并通过思维者自身的动作影响思维对象的一种思维活动。这种思维类型的特点是客观事物的本质特征和规律性联系就表现在感知并作用于思维对象之中。比如乒乓球运动员在训练或比赛时根据乒乓球运行的方向、速度作出击球动作就是在运用直观动作思维。此外,如汽车司机、工程师、机修工等的思维活动都有直观动作的特点。

(2)表象思维。或称"形象思维"。"表象"是指事物被感觉时在脑中留下的形象,它可以凭记忆而重现。表象思维就是思维时在头脑中唤起表象并在想象中对表象进行加工改造的思维活动。这种思维类型的特点是客观事物的本质特征和规律性联系表现在新形成的表象和表象的组合中。比如画家作画时对客观事物在头脑中留下的表象进行艺术创造就是运用表象思维的过程。日常生活中我们也经常地运用表象思维,如布置房间之前,家庭成员一般都有一个对家具的表象进行组合的过程,其实这就是用表象组合的方式思考着房间布置的方案。

(3)抽象思维。也叫"逻辑思维"或"语言思维"。这是指以语言为工具,运用逻辑形式来进行的思维活动。这种思维类型的特点是客观事物的本质特征和规律性联系表现在概念、判断和推理之中。词语表达概念、句子表达判断和推理,这就是以语言为工具,进行抽象思维的过程。由于语言与抽象思维之间的关系密切,每一个掌握了语言的人同时也就获得了抽象思维的能力,而每一次抽象思维的过程,又必须在语言的基础上进行。比如当我们看到地面、屋顶和树木都湿了的时候,我们可以作出判断"下过雨了。"哲学家和数学家是运用抽象思维的能工巧匠。

3. 抽象思维在人类的思维中始终起着主导作用

广义的思维是指直观动作思维、形象思维和抽象思维。狭义的思维是指抽象思维。不管哪种类型的思维,都必须有某种载体作为工具,或者是直观动作,或者是表象,或者是语言,赤裸裸的思维是不存在的。语言是人类独有的,以语言为工具的抽象思维也是人类所独有的,但人类所具有的思维工具却不仅仅是语言,这与人类的交际工具不仅仅是语言一样。人类同时并存着各种形式的高度发达的思维,这些思维形式紧密地交织在一起,彼此相互影响、相互渗透。人们常常是在一个思维过程中,时而运用表象、时而运用直观动作、时而运用语言,只是在完成某种特定思维任务时才有所侧重。语言对各种类型的思维来说其作用是不同的。人类发展至今不能否认其他思维类型的存在和作用,但也要看到在语言出现前的种种思维方式的概括能力是有限的,是思维发展的初始阶段,这个阶段现在看来似乎并不是人类所独有。婴儿和某些动物具有直观动作思维和简单的表象思维,婴儿的简单分类能力和借助外物的能力有些动物也有。"乌鸦喝水"和"黑猩猩吃白蚂蚁"的故事说明了动物有低级的思维能力。语言一经产生,情况就不同了,现在人类完全脱离语言的思维几乎是不存在的,任何一种思维方式都有语言或多或少地参与。人类社会在语言产生之后有了突飞猛进的发展,以语言为工具的抽象思维组织和制约着几乎全部的思维过程,在人类的复杂的思维系统中,抽象思维是占有主导地位的。抽象思维的参与使人类的直观动作思维和表象思维不同于其他动物的这两种思维方式,明显要高于其他动物。所以说,语言是人类最重要的思维工具。

**(二) 语言和思维的关系**

1. 语言和思维的联系

语言和思维的联系是非常密切的,是相依为命的。[①]

(1) 语言和思维是互相依赖着存在的。思维的存在依赖语言的存在。人们对客观事物的认识都表现在概念、判断和推理之中,而概念、判断和推理必须依赖语言中的词和句子来形成。同时,思维活动的成果(即思想)必须用语言表达出来,才能供人们交流和传承。

语言的存在依赖思维的存在。语言是思维的工具,没有了思维活动的过程、没有了思想,那么语言作为思维的工具当然也就没必要存在了。

(2) 语言和思维是相互依赖着发展的。语言的发展依赖于思维的发展。语言的发展主要体现在意义的发展上。承载意义的基本单位是词,而在任何一种语言里许多词义的发展、新词的产生都是在思维的发展、新概念的产生下促

---

① 本教材在此之后所用的"思维"这一概念,除特别说明外,一律指"抽象思维"。

成的。

思维的发展依赖于语言的发展。思维只有在语言的基础上才能形成,才能巩固,思维发展产生新概念时,也要依赖于语言的发展。

2. 语言和思维的区别

语言和思维互相依赖着存在和发展,两者是不可分割的。但是作为两种不同的现象,它们又是绝不能等同的,它们之间还存在很大的区别。

① 语言是一种特殊的社会现象,是人类最重要的交际工具和思维工具;而思维是个体的心理现象,它是人脑的一种机能,是人对客观现实的反映过程。

② 两者的职能是不同的,语言是思维的工具;思维是工具的运用者。

③ 语言和客观事物的关系是标志与被标志的关系;思维与客观事物的关系是反映与被反映的关系。

④ 两者的构成方式不同。思维要运用概念、按照逻辑规律构成种种不同的判断推理;而语言则是运用词语和语法规则组成种种不同的句子。当然,概念要用词语来表达,判断、推理要用句子来表达,但表达者和被表达者各有自己的构成方式,不能因为它们有表达和被表达的关系,就把二者混同起来。

⑤ 语言单位和思维形式并不是一一对应的。

概念是要用词来表达的,但概念和词不是一一对应的。实词表达具体概念,虚词一般是不表达具体概念的。实词和具体概念也不是一对一的关系。多义词是一个词表达多个不同的概念,同义词则是多个词表达同一个概念。再有,语言中的词是有感情色彩的,但概念却没有。除了词以外,词组也可以表达概念。

判断要用单句来表达,但并非所有的单句都能表达判断。句子的语气类有陈述句、疑问句、祈使句和感叹句四种,其中只有陈述句才能表达判断。即使表达判断的陈述句也不一定和判断一一对应。句子也有多义句和同义句之分。多义句可以表达几个判断,同义句是几个句子表达一个判断。

推理和复句也不是完全对应的。实际交际中,人们常常用简略的形式来表达推理。演绎推理的直言三段论在语言表达中常常被人们省去大前提、小前提甚至是结论。

⑥ 思维具有全人类性,语言具有民族性。这是语言和思维的根本区别。

思维的全人类性表现在以下几个方面：

A. 思维能力的全人类性。思维是人脑的一种机能和过程，凡是正常的人，不管他属于哪个民族，都有这种能力，都能形成概念、判断和推理，都有运用这些思维形式按照思维规律认识世界的能力。

B. 思维规律也是全人类共同遵守的。思维规律有同一律，不矛盾律，排中律，充足理由律。不管是哪个民族的人，要想得到正确的认识，在思维的过程中都必须遵守思维规律，否则，就会产生谬误，闹出笑话。

C. 思维形式也是全人类共同的。不管是哪个民族的人，在思维的时候都要运用概念形成判断、推理、论证、反驳。

语言具有民族特点。语言无论在语音、词汇还是在语法方面，各种语言都各自有其特点。

A. 语音方面。各种语言的语音体系各有自己的特点，相互之间差别很大，不仅声音的数目不等，在各自语言体系中的地位和作用也很不相同。

B. 词汇语义方面。最突出的是亲属称谓，每一种语言都有着自己的亲属称谓系统，汉语的要比其他语言的复杂。汉语中的伯父、叔父、舅父、姨父、姑父，在英语中就用一个词"uncle"来表示。

C. 语法方面。汉语语法最大的特点在于词序和虚词的运用，汉语没有形态变化，而英语、德语等语言却有。

## 三、语言与文化

### (一) 文化的类型与特征

1. 文化是什么？

迄今为止，对"文化"的界定有二百种之多，其中最经典的是英国文化人类学奠基者泰勒（E.B.Tylor）在《原始文化》中所述，所谓文化或文明乃是包括知识、信仰、艺术、道德、法律、习俗以及包括作为社会成员的人获得的其他任何能力、习惯在内的一种综合体。[①] 这一观点对后世影响巨大，学者们从各个不同的

---

① 苏新春著：《文化语言学教程》，外语教学与研究出版社 2006 年版，第 46 页。

领域以不同的方法根据自己的理解和认识分别从历史性、规范性、心理性、结构性、功能性、遗传性等角度出发,来界定"文化"这一概念。

概而言之,各种不同的定义对"文化"不外乎有广义和狭义两种解释:广义的文化指人类在社会历史发展过程中所创造的物质财富和精神财富的总和;狭义的文化是指人类所创造的一切精神性的、观念形态的成果以及与之相适应的政治制度和组织制度。我们的界定依据是人类与非人类的分野,即人类与一般动物、人类社会与自然界的本质区别;人类独立与自然的独特生存方式,据此对"文化"取广义解释。

2. 文化的类型

关于文化的类型,亦称"文化结构",学界的看法纷繁各异,大致说来比较有影响的分类学说有下列几种。(1)两分说。此种分类类型主要有以下几种,①物质文化与精神文化,②软文化(文化精神)与硬文化(文化现象),③大文化(广义文化)与小文化(狭义文化)等。(2)三分说。此种分类类型主要有以下几种,①物质文化、制度文化、精神文化,②物质象征、认知文化、规范文化,③高级文化、大众文化、深层文化,④主流文化、亚文化、反文化等。(3)四分说。此种分类类型主要有以下几种,①物质文化、制度文化、风俗习惯、思想与价值,②物态文化、制度文化、行为文化、心态文化,③物质文化、智能文化、制度文化、精神文化等。(4)六大子系统说。此种分类类型主要有以下几种,物质文化、社会关系、精神、艺术、语言符号、风俗习惯。我们依据"四分说"来解析文化的类型。

(1)物质文化。物质文化是由人类加工自然创造的各种器物,即"物化的知识力量"构成的人的物质生产活动及其产品的总和,是可感知的、具有物质实体的文化事物。如人们的衣、食、住、行,文物,人类历史遗迹,现当代的各种标志性实物等。

(2)制度文化。制度文化是由人类在社会实践中建立的各种社会规范、社会组织构成的各种社会关系的总和。其中包括规范化了的社会经济制度、政治制度、法律制度、婚姻制度、家族制度以及人与人之间各种关系的准则等。

(3)行为文化。行为文化是由人类在社会实践尤其是在人际交往中约定俗成的习惯性定式构成的行为规范模式。这种行为规范模式以民风、民俗、礼仪等形态表现出来,见于日常饮食起居行为之中,具有鲜明的民族、地域特色。

(4) 心态文化。心态文化是由人类在社会实践和社会意识活动中长期孕育出来的价值观念、社会心理、伦理观念、审美情趣、思维方式等构成的社会心理和社会意识形态,是文化的核心内容,相当于通常所说的精神文化。心态文化又可分为社会心理和社会意识形态两个次类。社会心理是指人们日常的精神状态和思想面貌,是尚未经过理论加工和艺术升华的流行的大众心态,如情绪、愿望、要求等。社会意识形态往往是由专家学者对社会心理进行理论归纳、艺术完善等系统加工过的社会意识,并以著作、艺术作品等物化形态固定下来。

### 3. 文化的特征

(1) 社会性。文化即人化。文化由人创造并为人所特有,如果离开了人这个条件就无文化可言。在人的世界之外,自然的存在和变迁,生物的存在和繁衍,如果不纳入人的世界,就都不在文化范畴之内。文化不是来自基因遗传,而是后天获得的。文化存在于人的世界之中,是人类区别于动物的本质特征。

(2) 共享性。文化是一个社会的全体成员共同享有的理想、价值观和行为准则,是社会现象。文化不是个人现象,个人的言行举止、勤劳慵懒,漂亮丑陋,甚至是发明创造,如果不对别人和社会产生影响,就纯属于个人现象,不属于文化范畴。如果对社会产生了影响,就实现了它的文化价值,就属于文化现象。

(3) 民族性。文化的民族性是一种民族文化区别于其他民族文化的重要标志,是一个民族的生活特色、风俗习惯、情感素质、审美方式、思想品格、价值取向、道德规范和语言思维等心理结构在文化中的综合体现。它是一个民族最根本的属性,是维系民族生存和发展的精神纽带。它表现在民族成员的意识或潜意识中,支配着民族成员的日常生活。文化都有民族深深烙印,带有深刻的民族性。如汉族、满族、朝鲜族、蒙古族等民族的文化。

(4) 地域性。文化的地域性是指整体文化在某一特定地域内长期历史积淀过程中,受特定地域特有的自然环境、历史文化、人文环境等多种因素综合影响而形成的具有稳定性和传承性的一种区域性文化特色。这种特色可以直接地通过该地域内的特有的地方方言、行为习惯、礼仪民俗、生活方式、地理风光、历史文化等可见的物质形式表现出来。如我国山东的齐鲁文化和广东的岭南文化等。

（5）传承性。文化的传承性是文化的重要特征之一。人类自身及人类自身的对象化是不断发展进化的，因此人类创造的文化也都有发生发展的历史。文化是一个生生不息的动态过程，新生文化的出现总是要以原有文化为生态环境，原有文化会必然地渗透到新生文化之中成为新生文化的发展基因，使文化不断再生。新生文化正是在历史的积淀中继承扬弃，使原有文化中的精华得到不断延续和发展。文化就是在这样不断地继承扬弃、分化整合、对立统一的传承中得以发展的。如中国现代文化对传统文化的传承等。

### （二）语言的文化特质

1. 语言是一种文化现象

语言是一种文化现象，语言具有文化的特征。

（1）语言具有社会性。语言的本质属性是它的社会性。首先，社会现象是以自然界为基础的现象，是自然界发展到高级阶段的产物；是人类社会的产物；是受社会历史条件制约的，不受自然界发展规律制约。语言正是这样一种现象。其次，语言同社会是互相依存的。语言的存在依赖于社会的存在，语言的发展变化也受社会历史条件的制约。反过来讲，社会也离不开语言，语言是社会存在和发展不可缺少的因素。再次，语言的约定俗成性说明语言的社会性。一种语言的语音和语义的结合、词汇的构成和变化、语法规则的生成、世界语言的多样性等都是不同的社会集团各自约定俗成的结果。最后，文化不是来自基因遗传，语言和文化一样都是后天获得的。

（2）语言具有共享性。某种特定的语言是某个特定的社会群体长期以来约定俗成的符号系统，这种语言符号系统不仅是这个社会群体的全体成员用来交际和思维的工具，而且用来负载和传承这个社会群体的文化。语言为所属社会群体的全体成员所共有，不归个人所有。另外，语言的可传递性也为语言的共享性铺垫了一条宽广之路。

（3）语言具有民族性。语言是民族的重要标志。语言是某一具体的民族全部成员在历史的发展过程中，随着该民族的特殊环境创造出来并供该民族成员进行交际和思维的工具。语言无论在语音、词汇还是在语法方面，都具有鲜明的民族特点。

（4）语言具有地域性。语言的地域性集中地反映在地域方言上。地域方言是全民语言在不同地域的变体。社会的分化会导致语言的分化。社会割据、行政区划、人口迁徙以及高山大河、森林湖泊、地理屏障等原因，都会造成交际阻隔，交际阻隔使各地区人们使用的语言出现差异，这种差异发展到了一定程度就形成了地域方言。历史比较悠久的语言一般都有方言的差异，如汉语的七大方言、现代俄语的北部俄罗斯方言和南部俄罗斯方言等。

（5）语言具有传承性。任何时代的语言都和前一时代的语言现象有密切的联系。语言的发展变化要以前一时代所积累的语言经验为前提，语言新质要素的形成和发展，不是对旧质要素的全盘否定，而是继承扬弃，呈现出一种前后相续的关系，如古汉语发展成为现代汉语。另外，人类语言具有传授性。人类的大脑先天就具有潜在的语言能力，这种能力和后天的语言环境是人类习得语言的前提条件，两者缺一不可。

2. 语言这种文化现象的特殊性

（1）语言只是文化系统中的一部分内容。语言只是文化系统中制度文化这个子系统的一个组成部分。"语言本身就是一种世代相传的社会惯例，言语行为也是人们的一种社会行为。而且语言对人们的言语行为具有制约性，人们的言语交际行为必须符合社会惯例，否则会受到社会的指责和干预。这正是制度文化的特征。……语言具有制度文化的各种特征，属于典型的制度文化。"[①]

（2）语言负载的是文化系统的全部内容。语言虽然只是文化系统中的一部分内容，但它负载的却是文化的全部内容。语言之外的其他文化现象反映的只是该文化现象的自身，它们显现的只是文化的一个部分，甚至只是文化的一个角落。语言却不然，它不仅负载自身，而且还负载着其他文化现象，语言全面地负载着文化系统的全部信息。其实，语言系统本身就是一个广袤宏大的文化世界，它负载着人类的全部文化世界。正如罗宾斯所说："语言就是文化的一部分，而且实际上是最重要的部分之一，是唯一的凭其符号作用而跟整个文化相关联的一部分。"[②]

---

① 邢福义、吴振国主编：《语言学概论》，华中师范大学出版社 2002 年版，第 31 页。
② 罗·亨·罗宾斯著：《普通语言学概论》，李振麟、胡伟民译，上海译文出版社 1986 年版，第 43 页。

### （三）语言的文化功能

语言的文化特质,决定了语言具有承载文化和传承文化的功能。

1. 负载文化的功能

（1）语言负载文化的功能内涵。语言负载文化的功能是指语言具有记录、反映和承载、存储文化的功能。人类对文化的建构过程,离不开人在实践过程中认识客观世界的一系列思维活动。但是,人类的思维活动必须物化为各种形态,语言是思维的最重要的物化形态。语言通过它的线条性、可切分性、可标志性、位次、层次性等特点,完成它对思维的物化过程。思维对客观事物语言化的过程是语音化、语义化、词语化、语法化的一个完全语言化的过程。语音化的结果使客观事物有了语音形式;语义化的结果使客观事物有了语义内容;词语化的结果使客观事物有了名称;语法化的结果使客观事物在语言中联系了起来。无论是思维,还是思维的结果——思想,只有物化为语言,才具有可以感知的物质形式。语言不仅是思维和思想的物质外壳,也是文化的代码。一旦个体的思维和思想通过语言成为大家的财富并为全社会所共享,就形成了文化。语言全方位地负载着人类社会的历史,通过语言,可以透视人类历史文化的全貌。

（2）语言负载文化功能的表现。语言对文化的负载突出地表现在词汇系统上。如我国古代是以畜牧业为主的经济生活,反映在语言中的牲畜的名称数量就多,区别就细。《诗经》中表示“马”的词不少于 50 个,如骘$[\mathrm{t}\mathrm{s}\mathrm{l}^{51}]$:公马;骒$[\mathrm{s}\mathrm{z}^{51}]$:母马;驈$[\mathrm{t}\mathrm{s}\mathrm{u}^{51}]$:后左蹄白色的马;骋$[\mathrm{t}\mathrm{s}^{\mathrm{h}}\mathrm{o}\mathrm{n}^{35}]$:四条腿膝下均白色的马;駣$[\mathrm{t}^{\mathrm{h}}\mathrm{a}\mathrm{u}^{214}]$:三岁或四岁的马;騋$[\mathrm{l}\mathrm{a}\mathrm{i}^{35}]$:七尺以上的马,等等。当我国进入以农业为主的社会后,人们不太重视牲畜体貌特征等方面的区别了,只用一个“马”来称呼,若求区别,就使用“大马”“黑马”等词组。

对中国文化的负载和反映最典型的是汉语的熟语。汉语熟语言简意赅、语精义深,可以说是中国文化的语言活化石。它是中华民族全部文化史的精华,蕴涵着中华民族非凡的智慧和创造力。如“民以食为天”“己所不欲,勿施于人”“家和万事兴”“天地之间人为贵”“居安思危”“妯娌绕着公婆转——孝心”等。

语言对文化的负载与反映在语言的其他要素与语言的运用(包括言语作品)方面也是非常明显的,如汉语不说“地天”“臣君”“母父”“生师”,而说“天地""君臣""父母""师生"等。再如交际中的称呼语、自谦语、尊敬语等的运用；又如中国的神话传说、各个时期的经史子集、历史文献、文学作品等。

2. 传承文化的功能

(1) 语言传承文化的功能内涵。语言传承文化的功能是指语言具有传授、传播和继承、发展文化的功能。人类通过思维对客观事物的认知物化为语言被社会共享，整个过程都是离不开语言参与的。这个共享物被社会共享前，语言还只是个载体，其功能也仅仅是负载，具有个体性，还谈不上是文化；被社会共享后就不同了，共享的过程是语言实现传承功能的过程，结果使这个共享物具有了社会性，这才是真正意义上的文化。所以，语言的文化负载和传承功能是相辅相成、前后相续的，语言不仅在负载文化和传承中发挥着独特的作用，而且影响着人类认识世界、发展文化的全过程。

(2) 语言传承文化功能的表现。纵向传承。同一个社会群体的文化自始至终地在本社会群体内部传承可以理解为文化的纵向传承。文化传统、文化遗产主要是通过语言(文字构成的书面语)世代相传的。人类文化发展史上的两次飞跃充分证明了这个问题。第一次人类有声语言的出现，大大加快了人类文化的发展速度。第二次是文字的出现，使有声语言有了书面形式，人类社会进入了文明社会。当今社会已经进入了信息化时代，电子通信技术和计算机网络技术使人类获取知识信息的手段又发生了一次飞跃，语言在这次文化腾飞中发挥的知识文化效能更加凸显。

尊老敬老是中华民族精神文明的源头，也是中华民族的传统美德。尊老敬老是中华民族传统"孝道"发展的结果，"孝道"是中国古代社会的基本道德规范，"夫孝，德之本也"。诸子百家都曾经从不同的角度论述过关于尊老敬老的问题，中国传统"孝"文化内涵颇丰，外延极广，从内容上看，一般概括为敬亲、奉养、侍疾、无违、立身、谏净、善终、孝悌八个方面。这在汉语熟语中可以得到全方位的印证。如"孝子贤孙""百善孝为先""谁言寸草心，报得三春晖""子欲养而亲不待""老吾老以及人之老""儿不嫌母丑，狗不嫌家贫""不听老人言，吃亏在眼前"等。尊老敬老的传统美德源远流长，传承至今。

横向传承。不同的社会群体的文化交流与传播(跨文化)可以理解为文化的横向传承。当今世界科学技术发展突飞猛进,全球经济一体化的进程一日千里。国家、民族、地区之间在政治、经济、文化、科技等方面的交往空前频繁,这些交往都属于跨文化交际范畴。跨文化交际使人们之间的时空距离缩短了,但心理距离却很难缩短。不同的国家、民族、地区的人们千百年来所形成的价值观念、伦理观念、审美情趣、思维方式、社会规范、语用规则等构成的社会心理和社会意识形态,会给跨文化交际带来障碍、误解甚至冲突,其后果不堪设想。因此,跨文化的接触与交流,必然要以语言接触为先导,语言具有承载和传承文化的功能,只有掌握了他人的语言,才能真正了解他人的文化,才能实现跨文化交际的目的。比如,为了让母语非汉语的人熟悉和理解尊老敬老是中华民族的传统美德,可以借用"老首长""老教授""老中医""老师傅"等词语来解释说明,"老"意味着权威和智慧,用"老"表示尊重。中国人把"龙"(dragon)看作吉祥如意好的象征,西方人把"dragon"(龙)看作邪恶,不吉利的代表。再如称谓、问候、寒暄、道歉、介绍、请求、告别、询问、谦辞等语用行为,随不同文化的不同语用规则也不一样。以上这些都是影响跨文化交流的因素,需要在跨文化交际中恰到好处地进行化解。

# 第三节 / 语言的结构

中国的荀子、古希腊的亚里士多德都对语言的符号性质作过精辟的论述。19 世纪末 20 世纪初,被誉为"现代语言学之父"的索绪尔在他的《普通语言学教程》里提出了语言是一种符号体系的语言观,第一次从语言本身的结构方面说明了语言的本质。

## 一、语言的符号性

### (一) 什么是符号?

符号就是指代他种事物的标记。具体地说,在认识活动中人们常常用甲事物来代表乙事物,这代表乙事物的甲事物就成了乙事物的符号。比如十字路口的信号灯就是一种符号系统等。

**(二) 符号和征候**

征候是事物本身的特征,它启示人们通过它而推知事物。如中医诊断疾病要"望、闻、问、切",根据病人的面容、舌苔(望)、气味(闻)、脉象(切)的具体情况和病人的自述(问)来确诊。这里病人的面容、舌苔、气味、脉象等都是征候,不是符号。征候和它反映的事物之间有必然的联系,而符号与它所标记的事物之间是没有必然的联系的。

**(三) 符号的形式和内容**

符号是由形式和内容两部分构成的结合体。凡是人的感觉器官可以感知的形式都是符号的形式。符号的形式所表达的意义就是符号的内容,如交通信号灯,红灯和绿灯是形式,"停止前进"和"可以前进"就是内容。

**(四) 符号的种类**

1. 以感知形式的不同划分

按这种方法划分符号,可以分成三类:

(1) 视觉符号,即通过视觉来感知的符号,如文字、旗语、体态等。

(2) 听觉符号,即通过听觉来感知的符号,如语言、哨音、汽笛声等。

(3) 触觉符号,即通过触觉来感知的符号,如盲文等。

2. 以参与对象的不同划分

按这种方法划分符号,可以分成两类:

(1) 语言符号,即由语言参与构成的符号。如"人",其形式是[$z\partial n^{35}$],其内容为"能制造工具并使用工具进行劳动的高级动物"。

(2) 非语言符号,即没有语言参与构成的符号。如十字路口的交通信号灯、消息树等。

**(五) 语言和符号**

语言是一种听觉符号系统。语言符号的形式是语音,语言符号的内容是语义。索绪尔把符号的形式叫作"能指",把符号的内容叫作"所指"。他用"水"和"纸"来比喻说明符号的两面性及密切的联系:"比较正确的是把它比作化学中的化合物,例如水。水是氢和氧的结合,分开来考虑,每个要素都没有任何水的特性。"[1] "语言还可以比作一张纸:思想是正面,声音是反面。我们不能切开正面而不同时切开反面,同样,在语言里,我们不能使声音离开思想,也不能使思想离开声音。"[2] 索绪尔的看法是精当的。

## 二、语言符号的特点

### (一) 语言符号和非语言符号共有的特点

#### 1. 任意性

符号虽然是由形式和内容构成的结合体,但形式和内容之间没有必然的联系。换句话说,形式和内容之间的关系是任意的,是不可论证的,完全是使用语言符号的社会长期以来约定俗成的习惯决定的。比如中国人的习惯是用"点头"表示"肯定",用"摇头"表示"否定",而保加利亚则刚好相反,用"点头"表示"否定",用"摇头"表示"肯定"等。语言符号也是这样,比如现代汉语用[ zən³⁵ ]这样的声音和"能制造工具并能使用工具进行劳动的动物"这样的意义结合起来,构成一个符号,即"人",它代表所有的"人"。当然语言中也存在一些拟声词和感叹词,如"汪汪""叮咚""啊"等。初看起来这些词的音义结合似乎不是任意的,是有一定理据的。但据此不能否认人类语言符号的任意性的特点。这些词在语言体系中所占的比例极小;同时这些词在不同语言中的声音表示是不一样的。

至于每种具体语言到底为什么这样约定而不是那样约定,这就必然要牵涉这种语言背后的社会、民族、文化传统等问题,这是语言符号的理据性问题。语言的理据性指的是语义形成的可释性,也就是某一语音形式表示某一意义内容的原因或根据。语言符号的任意性和语言符号的理据性具有普通语言学和个别语言学的关系:任意性是指各种语言音与义之间的关系,理据性是指个别语言具体的命名关系,二者的角度不同,范畴不同,作用不同,地位不同,时间不同。任意性是普通语言学大厦的基石,它是普遍的,抽象的;理据性是基石上面的砖瓦,它是个别的,具体的,是个别语言学的重要原则。任意性和理据性是对立统一的,对语言研究都具有极其重要的意义。

---

[1] 索绪尔著:《普通语言学教程》,商务印书馆 1980 年版,第 147 页。
[2] 索绪尔著:《普通语言学教程》,商务印书馆 1980 年版,第 158 页。

## 2. 依存性

符号不仅有任意性的一面,还有依存性的一面。这就是说,某种形式和某种内容结合成为符号以后,一经使用该符号的社会群体公认和使用,它们就有了相互依存的关系。比如在我国点头表示"肯定",摇头表示"否定",这已经为使用它的社会群体所公认,但有人偏偏要反过来用,那肯定是要碰钉子的。所以,说符号的形式和内容之间有任意性,并不是指随意性,这是因为符号还有依存性的特点。语言符号也不例外。中国古代哲学家荀子就曾对语言符号的名称和事物之间的关系作过论述:"名无固宜,约之以命,约定俗成谓之宜。异于约,则谓之不宜。"①这里的"约定"指的就是语言符号的任意性,而"俗成"指的就是依存性。因此,既要看到语言符号的任意性的一面,又要看到它的依存性的一面。例如,说汉语普通话的人,都把"人"读成[ʐən³⁵],但有人偏要读成别的音,或者虽读成[ʐən³⁵],但给予别的含义,都是不行的。语言规范化的理论基础主要是语言符号的依存性。一些不规范的语言现象,实际上就是违反或漠视了语言符号依存性这一特点。

## 3. 系统性

任何一个符号都不是孤立存在的,每个符号之间都有一定的联系。这种联系表现在两个方面,一方面,任何一种符号不仅可以单独使用,同时还可以组成一套有规则的系统。另一方面,一个符号一旦进入符号系统以后,它就立刻要受到该符号体系中其他成员的制约,谁也不能随意改变它所代表的事物或现象。如果随意改变,必然要造成混乱。还以十字路口的交通信号灯为例,交通信号灯是一个符号系统,它由三个符号组成,即红灯、黄灯和绿灯。每种灯可以单独使用,分别表示"禁止通行""等待"和"可以通行"这三个内容。同时,这几个符号又各以自己的形式和内容与其他符号构成对立统一关系,形成一个系统,而且这个系统中的任何一个符号都不能随意改变。一旦改变了其中的任何一个符号,整个系统就要作出相应的改变,否则就会出现混乱,交通信号灯的指示作用就会丧失。语言符号也是这样。如果在一种语言中,用一个词表现两种颜色,那么就不会有分别表现这两种颜色的两个词。比如对光谱的切分,汉语是用七个词,即

---

① ［清］马骕撰:《译史》,中华书局 2002 年版,第 3446 页。

"赤、橙、黄、绿、青、蓝、紫"来表示的。而英语却不是这种情形，英语是用六个词即"red（红）、orange（橙）、yellow（黄）、green、（绿）、blue（蓝、青）、purple（紫）"来表示的。汉语和英语的颜色词数目不同，它们之间在意义上的相互对立、相互制约的关系便有所不同。英语的"blue"只与其他五个词对立，因此获得了"蓝、青"两种意义，可见，在不同的语言中，声音所代表的事物是不同的，这种不同完全是由各种语言符号系统的不同决定的。语言符号就是这样，符号之间相互联系、相互制约、相互影响，从而形成了语言符号的系统性。每种语言之所以不同，就是因为他们有各自独特的系统，也就是说，每种语言之间的差别，主要是由每种语言中语音、语义、词汇、语法的独特系统来体现的。

### （二）语言符号独有的特点

#### 1. 线条性

我们平时说话的时候，总是一个声音接着一个声音地说，不能同时说出两个声音，这一个一个的声音组成一个声音线条，随着时间地推移逐渐延伸下去。如"中华人民共和国国家通用语言文字法"这个语言片断，我们只能按照"zhōng huá rén mín gòng hé guó guó jiā tōng yòng yǔ yán wén zì fǎ"这个顺序把它说出来，不能同时说出"zhōng"和"huá"来，也不能同时说出"h"和"e"来。语言的这种声音线条不能长久地存在一个地方，即使可以用录音机把说过的话录下来，用笔把说过的话记录下来，但这也绝不是语言线条本身。这倒很像照相，可以给人留影，但留下来的影却绝不是这个人本身。语言符号的线条性是其他非语言符号所不具有的，如图画、军号声等。语言符号的线条性是一种形象的说法，有人还把它说成"看不见的线条"。

#### 2. 约定俗成性

语言中的一切都是人们约定俗成的。违反了人们约定俗成的习惯，就会出乱子。语言的这种约定俗成性是在语言的运用中自然而然地建立起来的，它是不允许人们随意去改变的。语言符号是这样，其他非语言符号则不然。因为非语言符号是在语言符号的基础上建立起来的，是人们经过一定的程序创制的，有极强的人为规定性。人们可以按照需要创制、修改甚至废除任何一种具有人为规定性的符号，而语言却不是这样。文字具有人为规定性，若有必要可以进行改革,如我国就进行了几次汉字改革等。

### 3. 生成性

具有人为规定性的非语言符号一般都是封闭性的体系,活动范围比较狭窄有限。如"消息树"只是由"直立"和"放倒"两个符号构成的极简单的符号体系,而且使用范围也极其有限。而语言则是具有巨大潜能的开放性体系,具有极强的生成性。尽管就某种语言来讲,在它的某一历史阶段,它的音位、音节、语素、词以及语法规则都是固定的、有限的,但是总的来看,它的语音形式和语义内容、它的词汇和语法始终都在不断地发展变化,而且运用这些有限的词语和语法规则却可以造出无限的句子来。数量有限的语音形式和语义内容结合成语素,数量有限的语素构成数量有限的词语,为数不多的语法规则支配数量有限的词语,进而构成一个个句子。而一个个句子又构成句群、段落、篇章,这就是语言符号的生成性所使然。语言的生成性的实质是词的构成、变化和组词成句规则的重复使用和交替进行,用有限的词语和数目不多的语法规则造出各种各样的句子,进而满足人们交际的需要。

## 三、语言的系统性

系统就是由若干有关事物互相联系,互相制约而构成的一个整体。语言就是一个由各种要素及其单位构成的十分复杂的系统,语言系统是由语音系统、语义系统、词汇系统、语法系统这四个子系统构成的。一般认为,语言的系统性至少可以从语言的层级性和组合关系、聚合关系诸方面来加以说明。

### (一) 语言的结构要素及其单位

斯大林《马克思主义和语言学问题》发表以来,"语言三要素说"(语音、词汇、语法)就成了定论。20世纪60年代,唯一公开坚持语音、语义、词汇、语法四分体系的只有高名凯先生一人,不过他所说的语义主要还是词义。我们可以从不同的角度来讨论语言的结构要素:从内容和形式的角度来说,语义是内容,语音是形式。这就可以说,语言是由语音和语义两个要素构成的;从建筑材料和结构规则的角度来说,词汇是材料,语法是规则。这就又可以说语言是由词汇和语法两个要素构成的。而任何一个语法成分,又都是音义结合体。所以,总括起来,可以说语言是由语音、语义、词汇、语法四个要素构成的。语言这些结构要素又各有自己的单位,这些单位可以分为两大类,一类是音义结合的双面单位,它包括语素、词、短语、句子和语篇。这些双面单位又可以分为静态单位和动态单位两类,静态单位有语素、词、短语;动态单位有句子和语篇。另一类是分解为音或义的单位,即语音单位和语义单位。语音单位包括语音区别特征、音位、音位组合。语义单位包括语义区别特征、义位、义位组合。语言的四个结构要素有层次地结合在一起,构成语言这个层级结构系统。

### (二) 语言结构体系的层级性

语言结构要素的各个组成单位,在语言这个结构系统中,并不是处在同一个平面上,而是组成一个有层级的立体结构体系。具体地说,它可以分为不同的层面和级面(见图 1-1)。单面体单位,是语言结构系统的基础层,它是构成语言这个层级系统的根基,它是由语音大小单位和语义大小单位组成的。双面体单位分两个层次,其一是语言结构系统的静态层,它是由语言结构系统中的没有进入交际的静态单位构成的,即语素、词、短语。其二是语言结构系统的动态层,它是由语言结构系统中的已经进入交际的动态单位构成的,即句子和语篇。

1. 基础层

基础层可以分为两个系列的级。

(1) 语音系列。语音系列可以分为三级:第一级是语音区别特征,它是一种语言中每个音位具有的使该音位同其他音位彼此相区别的自然特征。每种语言中,某些区别性特征的集合就可以形成一个音位。第二级是音位,它是由语音区别特征集合而成的,是某种语言或者方言里能够区别词、语素的语音形式和意义的最小的语音类型单位。它可以构成音位组合,它能够区别意义,但本身不负载意义。当它有时一旦负载意义了,那它就不是以音位的身份出现,而变成了音位组合的最小单位——音节了。第三级是音位组合,它是由音位组合而成的,它是语素、词、短语、句子和语篇的形式部分。

(2) 语义系列。语义系列也可分为三级:第一级是语义区别特征,它是对某个义位进行隐性分析所得到的该义位的语义构成要素。语义区别特征又叫作"语义成分""语义原子""义素",是义位的构成成分,是语义的构成要素。第二级是义位,义位是由特定的语言形式表示的能够独立运用的最小的语义单位。

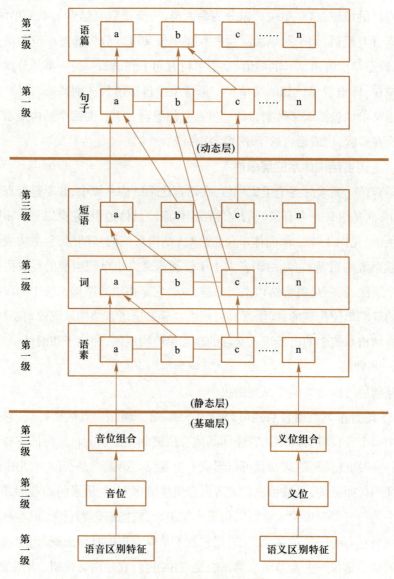

图 1-1　语言层级系统示意图

义位是语义系统中最基本、最自然、最现成的语义单位。它是由语义区别特征构成的，同时它又能构成义位组合。第三级是义位组合，它是由义位组合而成的，它是语素、词、短语、句子、语篇的内容部分。

2. 静态层

静态层可以分为三级。

（1）语素。语素是语言中最小的音义结合体，是语言结构体的构成要素，不能独立运用，但必须有意义。如图中语素 a 与语素 b 组合构成词 a。但有时它以词的身份出现，如语素 c 直接充当词 c；有时它又以句子的身份出现，如语素 c 直接充当句子 b。当这两种情况出现时，语素就已经不是结构的"元素"了，而是由"元素"变成了结构体。

（2）词。词是由语素构成的能够独立运用或递归重现的最小的语言单位。它是由语素构成的，同时，它既可以构成短语，又可以直接独立成句。前者如图中词 a 与词 b 组合成短语 a，后者如图中词 c 直接充当句子 b。与词的功能相同的结构体还有固定短语，它虽然是由词组合而成的，但不是在人们说话的时候临时组合起来的，是以固定的形式和完整的意义存在于语言里的。

（3）短语。短语又叫"词组"。是语义上能逐层连贯、结构上能逐层搭配的词，按照一定的方式组合起来的没有句调的一组大于词小于句子的造句单位。如图中短语 c 直接充当句子 c；有时两个或两个以上的短语可以组合成句，如图中短语 a 与短语 b 组合成句子 a。

3. 动态层

动态层可以分为二级。

（1）句子。句子是由词或短语按照一定的语法规则组织起来的、表达相对完整思想的、具有一定语调和情态的基本的交际单位。句子是由词或短语构成的。它本身可以直接充当语篇，如图中句子 a 直接充当语篇 a，有时又是两个或两个以上的句子构成语篇，如句子 b 与句子 c 组合成语篇 b。

（2）语篇。语篇是指任何不完全受句子语法约束的在一定语境下形式上具有衔接性，语义上具有连贯性的自然言语。它是由句子充当或组成（包括句群、段落和篇章）的。它包括书面语和口头语的书面材料。

语言就是这样，层和层、层和级、级和级紧密相连，下级单位按照递归规则组成上级单位，上级单位包容着下级单位，最终形成一个复杂而又井然有序的层级系统。

### (三) 组合关系和聚合关系

在《普通语言学教程》里,组合关系和聚合关系被分别称作"句段关系"和"联想关系"。

#### 1. 组合关系

组合关系是指在同一层级上组合起来的各个符号之间所形成的横向关系。如"鸡吃小米","鸡"和"吃小米"组合构成了主谓关系,而"吃"和"小米"的组合构成了述宾关系。主谓和述宾这样的关系是组合关系在语法层面的表现。再如,"jian","j"和"ian"是声韵关系,"i""a""n"是韵头、韵腹、韵尾的关系。这是组合关系在语音层面的体现。又如,"我喝水","我"是施事,"喝"是动作,"水"是受事,它们之间构成"施事—动作—受事"的语义结构关系。这是组合关系在语义层面上的体现。

#### 2. 聚合关系

聚合关系是指在一定条件下,在语言链条的某一环节上,能够互相替换的具有某种相同作用的各个符号之间形成的纵向关系。如在"我读书""你唱歌""他打球"这三个结构体中"我""你""他"位置相同,作用相同,可以替换,"我""你""他"之间的关系就是聚合关系。再如,在普通话"jian"这个音节中,"q""x"两个声母可以替换"j",构成"qian""xian"。这样"j""q""x"就构成一个聚合体,它们之间的关系就是聚合关系。

值得注意的是,处于聚合关系之中的各个符号之间在替换时要受到语义条件的限制。如前面的例子就不能换成"我读球""你唱书""他打歌"尽管"书""歌""球"都是名词,"读""唱""打"都是动词,但由于语义条件的限制,这种替换也是无效的。组合关系和聚合关系就好像几何学中的坐标,横轴 Z 表示组合关系,纵轴 J 表示聚合关系,我们可以借助这两个轴来说明语言符号在语言结构中的地位(见图1-2)。

这样,语言结构里的每一个符号都处在既可以和别的符号组合,又可以和别的符号聚合的两种关

图 1-2　组合关系和聚合关系示意图

系中。语言层级结构装置就是靠组合关系和聚合关系来运转的,搞清了某种语言的组合关系和聚合关系,就搞清了这种语言的结构系统。语言的符号性和系统性共同说明了语言本身是一种符号系统,这个系统还有它的自主性和封闭性,它的内部的一些变化往往自身就可以调节得十分合理。

# 第四节 / 语言和言语

## 一、什么是语言和言语?

"语言"和"言语"的区分问题是索绪尔首先明确提出来的,他认为这是"建立言语活动理论时遇到的第一条分叉路。"[①]

### (一) 什么是语言?

对语言概念的界定,学术界其实还没有一个统一的定论,我们这里作如下界定:语言是一种特殊的社会现象,它作为人类最重要的交际工具为全社会服务,它同人的思维和社会文化均有密切的联系,是人区别于其他动物的本质特征之一,语言是音义结合的符号系统。

### (二) 什么是言语?

言语是人们为了某种目的,在特定条件下发生的说话行为和说出来的话。这里的"说话行为"是指说话的动作和过程;"说出来的话"是指一连串有意义的声音。

## 二、语言和言语的关系

从语言学的角度分析,说话应包含以下几个内容:

A. 说是一种动作行为,话是动作行为的结果。

B. 说话是属于个人的,话是每个个人说的。

---

① [瑞士]费尔迪南·德·索绪尔著:《普通语言学教程》,高名凯译,商务印书馆 2017 年版,第 29 页。

C. 说话所用的词和规则是社会的。

在这里,A 和 B 是属于言语的,C 则是属于语言的。可见语言和言语实际是两种不同的现象。

日常生活中,我们总是把语言和言语当作一个概念来理解,事实上这是不对的。我们也看到了作为语言学的术语,它们两者是不同的,各有各的含义,在法语中言语和语言分别被称为"parole""langue",在英语中又分别被叫作"speech""language"。但两者又不是一点关系都没有,语言和言语是对立统一的关系,既有本质上的区别又有着紧密的联系。

## (一) 语言和言语的区别

**1. 语言具有社会性,言语是属于个人的**

《红楼梦》中的王熙凤的出场为什么那么吸引人,就是作者在塑造这个人物时,有意地让大家未见其人,先闻其声。王熙凤的说话方式和声音是她特有的,就是没见着她的人,别人也都知道是她来了。但是不论她说什么其他人都能听懂,这说明她用的是那个社会集团共用的语言材料和语言规则。这就是说言语是属于个人的。而语言则是具有社会性的,语言中的语音、词汇、语法都是属于全社会的。

**2. 语言结构要素单位和规则是有限的,而言语的衍生是无限的**

语言结构要素的各单位及其规则是有限的,而言语却不然,按照语法规则,利用有限的语言材料可以造出数不清的句子。例如:

这是猫。

这是我家的猫。

这是我家邻居的猫。

……

**3. 语言没有阶级性,而言语却是有阶级性的**

首先,语言不是为特定的阶级和阶层服务的,而是一视同仁地为社会全体成员服务,没有阶级色彩。其次,从语言自身结构来观察,构成语言的语音、词汇、语法系统,也是没有阶级性的。再次,语言产生于没有阶级的原始社会,社会上连阶级都没有,语言作为社会的产物更谈不上有阶级性。

言语则不然,言语是人们为了某种目的,在特定条件下发生的说话行为和说出来的话,是个人对语言模式的具体运用。说话的个人是有一定的阶级性的,因此个人说出来的话就必然带有一定的阶级性。

## (二)语言同言语的联系

### 1. 言语是第一性的,语言是第二性的

语言是抽象的,言语是具体的。语言是对同一集团所有人所说的话的抽象,它排除了一切个体差异,它只有作为语言而存在的共性。言语是运用语言的过程和结果,因此,人们只能直接观察言语,语言学家只能对大量的言语素材进行抽象概括,才会从中发现语言的各种单位和规则。哪里有言语,哪里就有语言,哪里没有言语,哪里就没有语言。语言是存在于言语之中的。如"我吃饭。""他唱歌。""你打球。"等句子是言语现象,而对这些具体的句子进行抽象概括得到的一些结构、模式、类型,如"N+V+N""主语 + 谓语""动词谓语句""陈述句"等则是语言现象。

### 2. 言语是个人对语言模式的具体运用,它是语言存在的形式

任何一个能说话、写作的人都必须遵照语言的规则进行活动。如按照汉语的语言结构规则,以下这些句子"我吃饭。""他唱歌。""你打球。"就只能这样去说,不能说成"饭吃我。""唱歌他。""你球打。"等,因为这是在运用"N+V+N""主语 + 谓语""动词谓语句""陈述句"这些结构规则、模式去说话,否则就是违法。

总的来说,语言和言语是一般和个别,抽象和具体的关系。语言在言语中起着规范的作用,言语以语言的共同规则为活动基础,语言在言语运用中概括和丰富自己的规则。

## 三、内部言语和外部言语

### (一)什么是内部言语和外部言语?

言语有两种形式,就是内部言语和外部言语。外部言语是指说出来的或写出来的可以使别人感知的话。内部言语是指没有说出来的内心的话。

### (二)内部言语和外部言语的关系

内部言语和外部言语都是运用语言的过程和结果,本质上是一致的。但两

者是有区别的,内部言语是个人内心独白或深思时才用的,不需要别人明白,没有交际的功能。而外部言语却是个人通过说或写的方式表达出来的思想感情,是要他人理解的,是有交际功能的。因此,内部言语不是很完整连贯,从内部言语转化为外部言语的过程,就是整理思想的过程,外部言语比内部言语更有条理,更清楚,更完整。

## 第五节 / 语言运用和语用学

### 一、语言运用

语言运用是人们用语言进行交际的活动,具体说,是交际双方在一定的语境中进行话语表达和话语理解等的活动。

一个人掌握一种(或几种)语言,熟悉了它的语音、语义、词汇和语法,这并不等于就能很好地运用语言。要使言语交际达到理想的效果,出色地完成交际任务,就要求交际者能根据特定的语境进行准确、得体的表达,能对话语作出正确无误的理解。可见,语言的掌握和语言的运用并不是一回事。语言运用是一种复杂的活动。话语的表达不光要考虑语言本身的各种规则,还得考虑种种语境的制约因素;话语的理解也不光局限于字面意义,还要根据语境把握言外之意。

### 二、语用学

语用学作为语言学的一门新兴的独立学科,它研究在特定情景中的特定话语,特别是研究在不同的语言交际环境下如何理解和运用语言的过程。

语用学起源于哲学家对语言的探索。美国哲学家查尔斯·莫里斯(Charles Morris)在《符号学理论基础》一书中首先使用了"语用学"(Pragmatics)这一术语;并提出符号学(Semiotics)由句法学、语义学和语用学三个部分组成。他把语用学解释为研究符号与符号解释者的关系。在《符号、语言和行为》一书中莫里斯又对语用学的定义进行了修正,他指出语用学是符号学的一部分,它结合符号出现的行为活动来研究符号的来源、用法和功能。

从 20 世纪 50 年代初到 60 年代末，语用学在哲学领域的探索有了很大的进展。这一时期的研究成就则归功于英国哲学家奥斯汀（Austin）和美国哲学家塞尔（Searle）与格赖斯（Grice）。他们分别提出了"言语行为"（奥斯汀）、"间接言语行为"（塞尔）和"会话合作原则"（格赖斯）这三个重要的语用学理论，从而确立了语用学的发展方向，创立了语用学的基本理论。

语用学作为一门新兴学科在语言学中的地位的确定，普遍认为是以 1977 年《语用学杂志》在荷兰的正式出版发行为标志的。语用学在 20 世纪 70 年代的迅速发展，其中一个重要的原因就是，乔姆斯基的语言理论受到了人们的挑战。他主张把语言能力和语言行为分离，导致了生成语义学派的产生。生成语义学派提出了语言研究应以语义为中心的原则。语义学向语用学的转变便是不可避免的了。另一个重要原因是功能主义语言学的研究者们从语言的功能、语言与社会的关系、语言与文化的关系等方面对语言进行了探索，对语言的运用从不同的角度进行了解释，提出了一些相应的理论，这些理论大大地促进了语用学的发展。

语用学和语义学既有相关性又有相异性。两者都是对意义的研究。传统语义学把语义看成抽象的，内在的，是语言本身的特性，不受语境的影响。传统语义学只研究语义的内在特征，不把语义研究置于语境中来考察。语用学研究的是交际过程中语言意义的表达和理解。语用学家认为不把意义放在语境中来考虑就不可能对语义进行充分的描述，因此在研究语义时是否考虑语境便成了传统语义学和语用学的根本区别所在。

## 三、语用分析

### （一）言语行为理论

英国哲学家奥斯汀在 20 世纪 50 年代末提出了言语行为理论。在他的言语行为理论中，奥斯汀区分了言有所述（constative）和言有所为（performative）。言有所述是陈述之言，用于陈述或描述，其真值是可以检验的。言有所为的话语不是以陈述或描述事实为目的的，是没有真值的。奥斯汀认为语言使用者在使用句子时并不总是为了去陈述或描述,而是为了实施一个言语行为。

奥斯汀认为人在说话时很可能同时实施三种言语行为,即言内行为(locutionary act)、言外行为(illocutionary act)和言后行为(perlocutionary act)。言内行为指的是"说话"这一行为本身,如说出单词、短语和句子等。言内行为通过句法、词汇和语音传递一个字面语义。言外行为是通过说话这一动作实施一种行为,体现了说话人的说话意图。人们通过说话可以达到各种目的,如传递信息、发出命令、作出承诺、提出建议等。言后行为是指说话带来的后果,如通过说话听话人受到了警告等。如"吃下去"在下列三个语境中受到不同的言语行为的作用:

a. 他对我说:"吃下去。"——言内行为

b. 他命令我吃下去。——言外行为

c. 他说服我吃下去。——言后行为

在以上三种言语行为中,语言学家最感兴趣的是言外行为,因为它与说话人的真实意图相吻合。

美国语言学家塞尔把言外行为分为五大类:区别这五大类言外行为的标准是它们不同的言外之的。

(1) 阐述类。阐述类的言外之的是说话人相信自己所说话的真实性,如"要下雨了。"

(2) 指令类。指令类的言外之的是说话人通过说话使听话人去做某件事,如"晚上七点过来找我!"

(3) 承诺类。承诺类的言外之的是使说话人对某一未来的行为作出承诺,如"我保证明天早上八点完成我的工作!"

(4) 表达类。表达类的言外之的是对命题内容中表明的某种事态表达说话人的某种心理状态,如"很抱歉打扰你。"

(5) 宣告类。宣告类的言外之的是使客观现实与所表达的命题内容立即相一致,如"我宣布:会议开始。"

属于同一类别的言外行为具有相同的言外之的,但是它们的言外之力可能会在程度上存有差别,如"我发誓他是无辜的。""我猜他是无辜的。""我想他

是无辜的。"

## (二) 合作原则

美国哲学家格赖斯提出的合作原则是指导有效交际的最高原则。合作原则的具体内容是每一个参加交际的人在交际过程中所说的话要符合为大家所接受的交际目标或方向。

合作原则具体体现为以下四条准则。

(1) 适量准则。使自己所说的话达到(交谈的现时目的)所要求的详尽的程度;不能使自己所说的话比所要求的更详细。

(2) 真实准则。不要说自己认为是不真实的话;不要说自己缺乏足够证据的话。

(3) 关联准则。说话要关联。

(4) 方式准则。避免晦涩的词语;避免歧义;说话要简要;说话要有条理。

合作原则的意义在于它能解释为什么说话人在交际中能够向听话人传递多于字面意义的原因。

## (三) 礼貌原则

言语交际中,人们不光要遵守合作原则,还需遵守礼貌原则。所谓礼貌原则,是指人们在言语交际中应遵守的社会礼貌规范。礼貌原则是英国语言学家布朗(Brow)、列文森(Levinson)和利奇(G. Leech)等人继格赖斯的合作原则之后提出来的,它是对合作原则的补充和完善。

按利奇的说法,礼貌原则包括下列六条准则。

(1) 得体准则。要求在会话中,尽量少让别人吃亏,多使别人获益。

(2) 慷慨准则。要求在会话中尽量少让自己获益,多使自己吃亏。

(3) 赞誉准则。要求在会话中尽量减少对别人的贬损,尽量增加对别人的赞誉。

(4) 谦虚准则。要求在会话中尽量减少对自己的赞誉,尽量增加对自己的贬损。

(5) 一致准则。要求在会话中尽量减少双方的分歧,增加双方的一致。

(6) 同情准则。要求在会话中尽量减少对别人的反感,增加对别人的同情。

会话原则和礼貌原则是具有普遍意义的,但由于语言具有民族性,语言背后的社会文化背景又千差万别,因此也要看到这些原则在不同民族、不同社会中体现出来的差异。

## 思考与应用

### 一、术语解释题

符号  体态语  语言符号的任意性  语言符号的理据性
语言符号的依存性  语言符号的系统性  语言符号的线条性
语言符号的约定俗成性  语言符号的生成性  语言的层级性
语言的结构要素  组合关系  聚合关系  思维  直观动作思维
表象思维  抽象思维  语言思维  非语言思维  文化  物态文化
制度文化  行为文化  心态文化  内部言语  外部言语  语言运用
语用学

### 二、复习思考题

1. 为什么说语言是一种特殊的社会现象?

2. 为什么说语言是人类最重要的交际工具?

3. 谈谈人类语言和"动物语言"的区别。

4. 谈谈语言符号和非语言符号共有的特点。

5. 谈谈语言符号独有的特点。

6. 谈谈语言符号任意性和理据性的关系。

7. 谈谈语言体系的层级性。

8. 谈谈组合关系和聚合关系的理论。

9. 简述思维的类型。

10. 语言和思维有什么联系?

11. 谈谈语言和思维有什么区别?

12. 简述文化的类型。

13. 简述文化的特征。

14. 谈谈语言的文化特质。

15. 谈谈语言的文化功能。

16. 什么是语言？什么是言语？两者有什么关系？

17. 什么是内部言语？什么是外部言语？两者有什么关系？

18. 合作原则的基本内容是什么？

19. 礼貌原则的基本内容是什么？

20. 语用学和语义学是什么关系？

21. 塞尔对言外行为是如何分类的？

## 三、实践应用题

1. 阅读《人民日报》(2015 年 11 月 12 日第 17 版)评论文章《整齐不是唯一答案》(作者刘阳),结合具体语言现象谈谈"语言文字既是了解和进入一种文化的路径,也是构建一种文化的养料;它既是一种用以表达和沟通的工具,也可以成为用以抗争与挞伐的武器"。

2. 把下列各言外行为的目的类型填入括号中并进行具体分析。

(1) 要下雨了。(　　　)

(2) 晚上七点过来找我!(　　　)

(3) 我保证明天早上八点完成我的工作!(　　　)

(4) 抱歉打扰你。(　　　)

(5) 我宣布:会议开始。(　　　)

# 第二章　语音

## 第一节　/　语音的属性

语音是由人类发音器官发出,能负载与传达一定的语义信息并能被人理解的声音,是语言的物质外壳。

人与人之间的交际主要靠语言来进行,语言是靠声音来承载语义的。在这一点上,语音同自然界的其他声音不同,一般的声音,如风声、雷声是没有意义的。如果人的发音器官发出来的声音不能表示语义,那也不是语音,语音所负载的语义是整个社会赋予的,不是由哪一个人或哪几个人决定的,有时几个人可以约定什么样的咳嗽表示什么样的意义,但这些意义只在小范围内用来传递信息,不具有社会普遍性,所以这些声音也不是我们所说的语音。

语音可以从两个角度进行研究,分属于两个学科:语音学和音系学。语音学是以语音为研究对象,不仅研究语音的属性,研究语音与其他声音的不同,语音有哪些属性,还要研究语音的分类,语音的组合和语音的变化;音系学是从社会辨义功能的角度去考察一种语言的全部语音系统,也叫音位学。

语音既具有自然属性又具有社会属性。它是一种特殊的物理、生理和心理现象,也是一种特殊的社会现象。语音同自然界的一切声音一样,是由物体振动而引起的现象,具有物理属性;语音又是由人的发音器官发出来的声音,因此又具有生理属性;声波发出后要通过人的听觉系统和神经系统接收和传导,才会被人所感知,人对语音的感知属于心理现象,因此语音具有心理属性;尤其重要的是语音具有表意功能和交际作用,用什么样的语音形式表示什么样的意义,是社会约定俗成的,因此语音又具有社会属性。

对语音的考察,我们可以从物理属性、生理属性、心理属性、社会属性四个方面着手分析。

## 一、语音的物理属性

一切声音都是由物体振动而产生的。在外力的作用下物体发生振动,周围的空气也会发生相应的震荡而形成一种声波,声波传到我们的耳朵里,鼓膜发生相应的振动,刺激听觉神经,于是人们就产生了声音的感觉——听到了声音,语音也是这样(见图 2-1)。

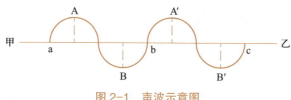

图 2-1　声波示意图

由上图可知,从 a 到 b 是一个波,从 b 到 c 是另一个波。A 和 A′ 是波峰,B 和 B′是波谷。从 a 到 b、从 b 到 c 的距离叫波长。从 A、A′、B、B′ 到甲乙这条线的距离叫振幅。

任何声音都具有音高、音强、音长和音质四个物理要素,我们常把这四个要素叫作声音的四要素,语音的四个物理要素也叫语音的声学特征,我们可以从这四个方面来分析认识语音的物理属性。

### (一)音高

音高指声音的高低。它由发音体振动频率的大小决定,所以也有人把音高叫音频。音高与频率成正比。频率指发音体在单位时间内振动的次数,发音体在单位时间内振动越快,振动次数越多,频率就越大,音高也就越高;反之,声音就低。频率的单位是赫兹(Hz),每秒钟振动一次为 1 赫兹。人耳能听到的频率范围大约在 16~20 000 赫兹,频率高于 20 000 赫兹的声波,人的耳朵听不到。发音体振动频率的大小同发音体的形状和质地有关,如发音体的大小、粗细、厚薄、长短、松紧等都会影响声音的频率。一般来说,大的、粗的、厚的、长的、松的东西振动慢,这样的发音体发出来的音低一些;而小的、细的、薄的、短的、紧的东西振动快,这样的发音体发出来的音高一些。语音的高低由声带振动的频率决定,声带的长短、薄厚、松紧与语音高低有关。妇女、儿童的声带一般短一些、小一些,所以声音高一些,而男子、老人的声带长一些、大一些,声音就低一些。女子的声带一般约 13 毫米,基频在 218—326 赫兹之间;男子声带一般约 17 毫米,基频在 109—163 赫兹之间。同一个人发出的声音也可以有高低之分,这是因为人能够通过喉部肌肉运动控制声带的松紧。声带松,振动慢,声音就低,反之声音就高。

对汉藏语系的语言来说,音高的变化具有重要的意义。汉藏语系的语言属于声调语言,声调能区别意义,而声调的不同就是由音高的变化造成的。如在现代汉语普通话中有四个调类,即阴平、阳平、上声、去声,其调值分别是 55、35、214、51(见图 2-2)。

图 2-2　音高、音强比较示意图①

## (二) 音强

音强指声音的强弱。它由发音体振幅的大小决定。音强同发音体的振幅成正比,振幅大,声音就强,振幅小,声音就弱。发音体受到的外力大小决定了发音体振幅的大小,发音体受到的外力大,它的振幅就大,声音就强,发音体受到的外力小,其振幅就小,声音就弱。语音的音强跟发音时用力大小和气流强弱有关。我们说话时用力大,气流强,声音就强,反之就弱。我们用分贝(dB)作为计算振幅的单位,普通谈话时声音的强度大致在 60—70 分贝,90 分贝以上的声音就会让人感到不舒服,就是噪声了,如高到 120—130 分贝,多数人会感到震得耳朵受不了。

声音的强弱虽与声音的响度有关,但并不是一回事。人们听觉上所感觉的声音的强弱称为响度,影响响度的因素是多方面的,音高或是音长等都会对响度

---

① 参见黄伯荣、廖序东主编:《现代汉语》(增订六版)上册,高等教育出版社 2017 年版,第 16 页。

产生影响。提高嗓门或是拖长声,即使不用很大的力气,声音不强,听上去也会比较响亮;压低嗓门说话,就是用很大的力气发音,声音很强,听上去仍然不响亮,所以声音的响度不一定和强度成正比。

要注意的是,不要把音强和音高混为一谈。它们有时是一致的,如同一个人在吵架或呼唤人时同他平时说话时相比声音要高一些,也要强一些,因为用力大,所以声音就强;由于用力大,使声带处于紧张状态,所以声音就高。这时的音高和音强是一致的。但是它们毕竟是两回事,一个较高的声音可能比一个较低的声音,还要弱很多,一个较低的声音,完全可以比一个较高的声音更强些,如京剧中的花脸与青衣唱腔声音的对比就是典型的例子。

音强对有轻重音变化的语言来说有重要的意义,如在英语中,con'tract(订契约、立合同)是动词,而 'contract(契约、合同)是名词。在汉语中,轻声、轻重音、语调可以表现出音强的作用等。

### (三) 音长

音长指声音的长短。它由发音体振动时间的长短决定,振动持续的时间长,声音就长,振动的时间短,声音就短。音长在有长短音变化的语言中有重要的区别意义的作用,如英语、日语、俄语和汉语的个别方言。如广东话中[kaːn](坚)和[kan](巾)、[kaːi](街)和[kai](鸡)、壮语中的[iːn](烟)和[in](疼)、[diːp](爱惜)和[dip](生,不熟)、蒙语中[uːd](门)和[ud](中午)的不同都是由音长的不同造成的。

以上所讲的音高、音强、音长都是相对的,不是绝对的。

### (四) 音质

音质指声音的个性或特色,也叫音色。研究各种语言音质的情况和它在语言中的作用是语音研究的重要任务。音质是声音的四个要素中最重要的一个,它决定于发音体振动的形式。频率固定而有规则的声音叫纯音,如音叉振动发出的音波。纯音的波形简单,只有一个频率,听起来很单调。而我们平常听到的声音大多是由若干个纯音组成的复合音,复合音就多种多样了。在复合音中,频率最低的那个纯音叫基音(或叫基波),其余的叫陪音(或叫谐波)。当基音的频率和陪音的频率之间有整数倍的比例关系时就会形成有周期性重复的复合波,具有这种波形的音叫乐音。反之,基音的频率和陪音的频率没有整数倍的比例关系,就会形成一种杂乱无章的不规则波形,具有这种波形的音就是噪声(见图2-3)。声音是千变万化的,乐音我们听着很舒服,而噪声则让人听着烦躁。语音中的元音属于乐音,清辅音属于噪声,浊辅音属于混合音。

乐音
[a]

噪音
[s]

图2-3 乐音和噪声波形示意图[①]

从发声上来看,音质的不同是由发音体振动的形式不同决定的,发音器官的不同状态决定语音的发音体振动的形式,即决定了语音音质的不同。具体说有三个方面:一是发音体不同,音质就不同。如笛子和二胡所发出的声音音质不同,因为笛子的发音体是笛膜,而二胡的发音体是琴弦。不同的人声带质地不同,发出的音自然也是各有特色。二是发音方法不同,音质也不同。敲击和摩擦同一个物体,发出的音是不同的,如用木棍敲木鱼和摩擦木鱼发出的声音不同。从闭塞的发音器官之间爆发出来的音如[p][t][k]和从发音器官的缝隙中挤出来的音如[s][x][f]就很不同。三是共振腔的形状和大小不同,也会造成不同的音质。如大号和小号的声音不同,就是由于它们的共振腔的形式和大小不同。汉语普通话中的[i]和[y]不同,也是发音时两个音的共振腔的形状不同造成的。人的共振腔包括口腔、鼻腔和咽腔,唇、舌、软腭的活动能灵活自如地改变共振腔的形状和大小,从而能发出多种不同音质的音来。

不同音质是由上面所说的三种条件的不同造成的。由于不同人的发音器官、口腔、鼻腔的形状大小、声带的薄厚长短等都不完全一样,所形成的音质就不同,

---

① 参见黄伯荣、廖序东主编:《现代汉语》(增订六版)上册,高等教育出版社2017年版,第15页。

所以每个人有自己独特的音质。同一个人的音质也可以根据需要而改变。几个熟悉的人在一起说话,说同样一句话,我们可以听出不同,这是一个人的声音,那是另外一个人的声音,就是因为每个人的音质是不同的。

任何声音都是音高、音强、音长、音质的统一体,语音也不例外。对任何语言来说,音质都无疑是用来区别意义的最重要的要素。其他各要素在不同语言中区别意义的作用不完全一样。对汉语来说,除了音质,音高的作用最大。

## 二、语音的生理属性

语音是由人的发音器官发出来的,发音器官活动的部位不同和活动方式不同,都会造成不同的声音,分析语音必须对发音器官有个大致的认识。人的发音器官分为三个部分(见图2-4):

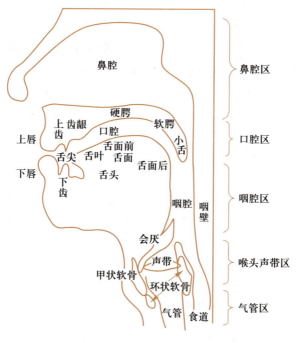

图2-4　发音器官示意图①

---

① 参见黄伯荣、廖序东主编:《现代汉语》(增订六版)上册,高等教育出版社2017年版,第19页。

## （一）动力源——呼吸器官

呼吸器官主要由肺、气管、支气管组成，其中肺的作用最重要。肺是为发音提供原动力的"风箱"。人的呼气和吸气都是由胸腔肌、腹肌和横膈膜控制的。腹肌紧张，横膈膜下拉，胸腔扩大，肺随之扩大，吸进空气；腹肌松弛，横膈膜上推，胸腔缩小，肺随之缩小，呼出气流。我们说话的时候，主要利用肺部呼出的气流发音，只有少数语言的语音，比如非洲的某些语言中有某些语音是利用吸气发出的，也就是吸气音。

## （二）发音体——喉头和声带

喉头是圆筒形状，由甲状软骨、环状软骨和两块杓状软骨组成，上接咽腔，下接气管。甲状软骨的形状像盾甲，在喉头前部合在一起，略向前突，成年男子的喉结比较明显，就是从外部看到的甲状软骨。会厌软骨位于喉头"圆筒"的上方，可以自由开关，就像一个阀门。声带由两片富有弹性的唇形肌肉组成，是语音的主要发音体，它位于"圆筒"的中间，前端连接甲状软骨，后端连在两块杓状软骨上。声带的长短是因人而异的，成年男子的声带约有十七八毫米长，女子比男子的要短约三分之一，小孩的就更短了。声带和语音的高低有关，人们通过控制声带的松紧来调节声音的高低。两片声带之间的空隙叫声门。声门又可分为音门（长度约占声带的三分之二）和气门（约占三分之一）两部分。由于肌肉的松弛紧缩和杓状软骨的开合回转，声带可以放松和拉紧，声门可以打开或关闭。声门不同程度的开闭状态如下所示（见图2-5）：

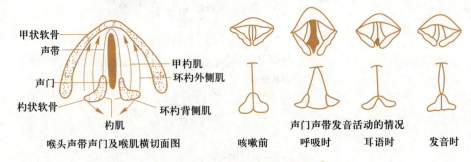

甲状软骨
声带
声门
杓状软骨
甲杓肌
环杓外侧肌
环杓背侧肌
杓肌

喉头声带声门及喉肌横切面图

声门声带发音活动的情况

咳嗽前　呼吸时　耳语时　发音时

**图2-5　声门及声带状态示意图** [①]

---

① 参见黄伯荣、廖序东主编：《现代汉语》（增订六版）上册，高等教育出版社2017年版，第18页。

声门紧闭,是咳嗽前的状态;声门大开是呼吸时的状态;音声门几乎关闭,气门敞开,是耳语时的状态;声门关闭,气流从声带间挤出,使声带颤动而发声,是发乐音时的状态。

### (三) 共振腔——口腔、鼻腔、咽腔

口腔、鼻腔和咽腔构成了声道。口腔分为上下两部分。上面部分包括上唇、上齿、齿龈、上腭、小舌等。上腭包括硬腭和软腭两部分。上齿龈之后口腔上壁坚硬的部分为硬腭,硬腭后面的柔软部分为软腭。软腭后面连接着的小肉坠儿是小舌,它与软腭能够上下移动。口腔下面部分包括下唇、下齿和舌头。舌头可分为舌尖、舌叶、舌面三部分。位于舌头最前端的是舌尖,舌头自然平伸时,舌尖后面与齿龈相对的部分是舌叶,舌叶之后的部分是舌面。舌面又分为前、中、后三部分,相对于硬腭的部分依次叫舌面前和舌面中,相对于软腭的部分叫舌面后,也叫舌根。舌头是口腔里最重要的最灵活自如的器官,舌尖音、舌叶音和舌面音都有舌头参与。汉语普通话中有 11 个舌尖辅音和三个有舌尖参与的元音,舌尖音比较多。

鼻腔位于口腔的上方,好像楼上楼下,上腭就像中间隔着的一层楼板,而软腭和小舌就像一扇活动的楼门。当软腭、小舌伸直抵住咽壁时,鼻腔通道堵塞,气流完全从口腔呼出,发出的是口音。当软腭、小舌下垂时,鼻腔通道就打开,这时如果口腔通道堵塞,气流就会从鼻腔呼出,发出的音是鼻音;如果口腔也无阻塞,则气流同时从口腔和鼻腔呼出,发出的是口鼻音。

咽腔是少数咽喉音的共鸣器,是人类特有的。咽腔位于喉头的上面,是一个管状的三岔口,上通鼻腔,前通口腔,下通喉头和食道。

从声带到嘴唇长约有 170 毫米,这是人类特有的发音器官。在人类的发音器官中,唇、舌、软腭、小舌、声带是发音器官中活动的部分,叫主动发音器官,不能活动的部分叫被动发音器官。发音时,是主动发音器官接触或接近被动发音器官发出声音。口腔、鼻腔和咽腔是人类发音的共振腔,也叫共鸣器,其中口腔最为重要,鼻腔次之,咽腔又次之。口腔不仅起共鸣器的作用,而且还能通过口腔内各发音器官的活动调节,发出具有种种不同音质的声音。

### 三、语音的心理属性

语言是人类的交际工具和思维工具,人们用语言来交际,用语言来辅助思维活动,那人们就需要能够感知到语音的存在,并且理解语音中所包含的意义。在有声语言交际中,发话者首先进行语言符号编码,然后发出语音信号,语音信号经过媒介的传播,通过听觉器官的感知并由神经系统传送至大脑,大脑的相关神经对语音信号进行解码,人们才能感知语音的存在并理解语音信号中所包含的意义,做出相应的反应。从语言信号的发出,到人们对语言的理解,要经过一个复杂的心理过程,语言的物质外壳——语音和人类的心理活动有着密切的联系,这种联系就是语音的心理属性。

作为心理现象的语音和语音的物理属性不是一一对应的,听觉是一种主观印象,人的听觉器官和大脑听觉中枢对语音的发音和声波的感知是语音心理属性的重要方面。从心理现象的角度去研究语音,很重要的方面就是听觉感知对语音具有很强的概括性和选择性。人类大脑中的听觉中枢在对语音进行识别时,不是直接对应语音的全部声学特征的区别,而是对听觉器官传送过来的声波信息有所过滤和筛选,只选取那些与识别语音有关的特征,其他的信息在区别意义方面不起作用。比如不同的人发出[u]这个音,或者是同一个人连续地发这个[u]音,从声学的角度来看每次发出的音的绝对音色都是不一样的,但我们一般把它们听成一个音,感觉不出它们有什么不同。也就是说,尽管每个人的音色不同,但不会影响我们对语音的正确感知。

人类的听觉神经如何对语音进行感知,是一个十分复杂的心理过程,要解释这个问题,我们需要对人类的认知能力有一定的了解,但是人们在认知方面的可靠研究资料还很少,需要加强研究,如果有大的进展,对人工合成语音和通信工程都具有非常重要的意义。

### 四、语音的社会属性

语音不是纯粹的自然现象,社会属性是语音的本质属性。语音的社会属性表现在多个方面。

## （一）从语音的功能上看

语音传递意义的功能是社会所赋予的。语音是语言符号的物质形式，它本身没有意义，但有传递意义的功能。这种功能只有当语音与一定的意义结合成为语言里的语素、词语时才有可能体现出来。比如国际音标[p][u][i]这几个音，它们在汉语普通话里可以有各种不同的组合，负载不同的意义，构成不同的词语，[pu$^{51}$i$^{51}$]（布艺）、[u$^{214}$pi$^{51}$]（舞弊）、[pi$^{214}$u$^{51}$]（笔误）等。

## （二）从语音的民族特征和地方特征上看

一种民族语言或方言里用什么声音表达什么意义，是由社会因素决定的，与语音的自然属性无关。比如表示"成册的著作"的意思，英语中用[buk]，汉语普通话中用[ʂu$^{55}$]，苏州话则用[sɿ$^{44}$]，完全是由不同民族、不同地区的操该种语言或方言的人们自然形成的习惯决定的，是约定俗成的，语音与意义之间没有必然的联系。当然用某个音表示某种意义，一经社会公认和普遍使用，音义的联系就固定下来了，不能再随意改变。

## （三）从语音的系统性上看

不同民族的语言或方言都有各自不同的语音系统。不同的语音系统所包含的音素及其数目都是各不相同的。例如，英语、俄语里有与清辅音相对立的浊辅音，汉语普通话里没有，英语和汉语广州话里有舌叶音[tʃ][ʃ][dʒ]，汉语普通话里也没有。同样汉语普通话里有舌尖元音[ɿ][ʅ]，有舌面音[tɕ][tɕʰ][ɕ]，而英语和俄语里就没有。人类发音器官的构造基本上相同，但不同民族的人对同一个音的敏感程度和发音能力有很大差异，如中国人学习俄语的舌尖颤音[r]和法语的小舌颤音[R]会很难，同样别的国家或民族的人学习汉语语音也会觉得困难重重，其原因就是不同民族不同地域人们的语言习惯不同，人们对母语中没有的音常常发音不准或分不清。

## （四）从语音的差异性来看

有些音在几种语言里都有，但是它们在各自的语音系统里的地位和作用却不一样。在英语、俄语中送气与不送气并不重要，而在汉语普通话中却是非常重要的，它可以区别意义。如[pi$^{214}$]（比）和[pʰi$^{214}$]（匹）、[tuən$^{55}$]（蹲）和[tʰuən$^{55}$]（吞）、[kan$^{51}$]（干）和[kʰan$^{51}$]（看）中的[p][t][k]和[pʰ][tʰ][kʰ]有送气和不送气的区别,是不能相混的,因为它们有区别词形和词义的作用。这两组音英语、俄语里也有,然而送气与不送气的区别却并不重要,因为它们不会起到区别词形和词义的作用。如英语"park"与"spark"、"top"与"stop"、"kill"与"skill"里的[p][t][k]读成送气音或不送气音都不会引起意义的变化,最多只是听起来不顺耳,发音不标准。可见,音素在不同语音系统里的不同地位和作用,也是由社会因素决定的,与语音的自然属性关系不大。

# 第二节 / 音素

## 一、音素和音标

### (一) 音素

音素是从音质角度划分出来的最小的语音单位。一个音节,从音质的角度进行切分,直到不能再切分为止,所得到的最小的语音单位就是音素。例如,振[tʂən⁵¹]可以切分出[tʂ][ə][n]三个音素,华[xuɑ³⁵]可以切分出[x][u][ɑ]三个音素。从生理性质来看,一个音素就是发音器官的一次变化活动。如[a][t]发音时发音器官都只有一次变化活动,它们各是一个音素,而[ai][ta]发音时发音器官有两次变化活动,它们各自包含两个音素。

音素可以分为元音和辅音两类。

元音是发音时气流振动声带,在口腔、咽喉不受阻碍而形成的音,又叫母音,如[a][o][i]。辅音是发音时气流在口腔、咽喉受阻碍而形成的音,又叫子音,如[p][b][l]。

元音和辅音的区别主要有以下四点:

(1) 辅音发音时,气流在通过咽喉、口腔的过程中,一般要受到某部位的阻碍;元音发音时则不受阻碍。

(2) 辅音发音时,发音器官局部(成阻部位)紧张;元音发音时,发音器官各部位均衡紧张。

（3）辅音发音时，气流较强；元音发音时，气流较弱。

（4）辅音发音时，声带不一定振动，声音一般不响亮；元音发音时，声带振动，声音响亮。

上面几点，气流是否受到阻碍是最主要的区别，其他方面的区别是由它而产生的。

### （二）音标

记录语音的书面符号叫作音标。国际音标（International Phonetic Alphabet，简称 IPA）是最通行的音标，是一组用来标示人类所能发出来的各种声音的语音符号系统。国际音标由国际语音学会于 1888 年 8 月制订并公布，从最初公布到现在经过多次增补修改，最近的一次修订是在 2005 年。

国际音标记录语音有许多优点。首先，国际音标是根据"一个音素只用一个符号代表，一个符号只代表一个音素"的原则制定的，音素和符号一一对应，不会出现含混的毛病。其次，国际音标大部分采用国际通用的拉丁字母的小写印刷体，形体比较简单清晰，容易掌握。拉丁字母不够用时就采用合体、倒排、变形等方式来补充。比如采用合体字母（œ）、小写尺寸的大写字母（ᴀ）、倒写字母（ɯ），或者采用希腊字母（θ）、加符号（pʰ）、改变字母的原形另造新符号（ʐ），需要时还可添加一些新符号等。最后，国际音标符号比较完备，它所代表的音和标音方法世界各国基本上是统一的，能够比较精确地记录世界上各种语言的语音。

音标一般用方括号［　］表示，有宽式音标与严式音标的区别。

## 二、元音

元音的音质是由共鸣腔的形状决定的。共鸣腔里最重要的是口腔，一般元音的音质主要由口腔的不同形状决定，而口腔的形状又取决于舌位的前后、高低和嘴唇的圆展三个条件。

根据改变口腔形状主要是舌面还是舌尖起作用，元音一般分为舌面元音、舌尖元音和卷舌元音。

### （一）舌面元音

舌面元音是舌面起作用改变口腔形状而发出来的音。根据舌位的前后、高低和唇形的圆展,可以给舌面元音分类,其中[i][e][ε][a][ɑ][ɔ][o][u]8个元音是基本元音,可以作为元音定点的坐标,其他任何一个元音都可以在与基本元音的比较中确定其位置。英国语音学家琼斯用 X 光照相的办法拍摄了 8个基本元音的舌位图(见图 2-6),并据此制作了舌面元音舌位图(见图 2-7)。图2-6用舌位最高点代表在某一前后高低坐标上的位置。图2-7的[i][a][u][ɑ]是处于舌位高低前后四个极点处的元音。左右两条边线表示舌位的前后限度,上下两条边线表示舌位高低的限度,改变口腔形状所发出的元音绝大多数都在这个范围之内。

　　在元音舌位图上,3 根竖斜线表示舌位的前、央、后,其上的元音分别是前元音、央元音和后元音;4 根横斜线表示舌位高、半高、半低和低,其上的元音分别是高元音、半高元音、半低元音和低元音;竖斜线左边的音是不圆唇元音,右边的音是圆唇元音。

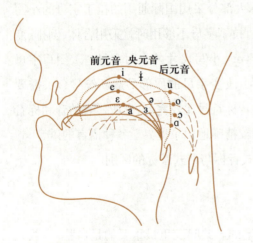

图 2-6　舌面元音舌位示意图 [①]

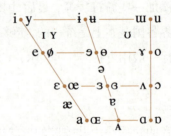

图 2-7　舌面元音舌位唇形示意图 [②]

　　根据舌面元音舌位示意图,可以对每个元音进行描写。下表是对 8 个基本元音的描写(见表 2-1):

---

①　黄伯荣、廖序东主编:《现代汉语》(增订六版)上册,高等教育出版社 2017 年版,第 46 页。
②　刘伶、黄智显、陈秀珠主编:《语言学概要》,北京师范大学出版社 1987 年版,第 59 页。

表 2-1 　基本元音示例表

| 音标 | 名称 | 例子 |
|---|---|---|
| [ i ] | 舌面前、高、不圆唇元音 | 普通话[ tʰi ](踢)　俄语 они [ i ](他们) |
| [ e ] | 舌面前、半高、不圆唇元音 | 普通话[ pei ](杯) |
| [ ɛ ] | 舌面前、半低、不圆唇元音 | 普通话[ tɕiɛ ](姐)　英语 hair [ hɛə ](头发) |
| [ a ] | 舌面前、低、不圆唇元音 | 普通话[ ai ](爱)俄语 когпа [ a ] |
| [ ɑ ] | 舌面后、低、不圆唇元音 | 普通话[ xɑu ](好) |
| [ ɔ ] | 舌面后、半低、圆唇元音 | 广州话[ tɔ ](多)　英语 ball [ bɔː ](球) |
| [ o ] | 舌面后、半高、圆唇元音 | 普通话[ fo ](佛) |
| [ u ] | 舌面后、高、圆唇元音 | 普通话[ u ](五)　英语 who [ hu ](谁) |

每一个基本元音都有相对应的圆唇元音或不圆唇元音。圆唇元音和不圆唇元音一般是相对应的。在不圆唇元音的基础上,舌位保持不变,撮圆嘴唇,就是相对应的圆唇元音;反之,则是相对应的不圆唇元音(见表 2-2)。

表 2-2 　基本元音与唇形对应示例表

| 音标 | 相对应的音 | 例子 | 音标 | 相对应的音 | 例子 |
|---|---|---|---|---|---|
| [ y ] | [ i ]的圆唇 | 广州话[ ʃy ](书) | [ ʋ ] | ɑ 的圆唇 | 英语 brother [ brɒðə ](兄弟) |
| [ ø ] | [ e ]的圆唇 | 上海话[ kʰø ](看) | [ ʌ ] | ɔ 的不圆唇 | 英语 much [ mʌtʃ ] |
| [ œ ] | [ ɛ ]的圆唇 | 广州话[ tœ ](朵) | [ ɤ ] | o 的不圆唇 | 普通话[ kɤ ](哥) |
| [ ɶ ] | [ a ]的圆唇 | 奥地利德语 seil [ sɶː ](绳子) | [ ɯ ] | u 的不圆唇 | 汕头话[ ɯ ](余) |

## (二) 舌尖元音

舌尖元音是舌尖起作用改变口腔形状而发出来的音,可以分为舌尖前元音和舌尖后元音。舌尖前元音发音时舌尖前伸,接近上齿背,声带振动。舌尖后元音发音时舌尖翘起靠近硬腭前部,声带振动,如汉语舌尖元音有 4 个(见表 2-3):

表 2-3 汉语舌尖元音示例表

| 音标 | 名称 | 例子 | 音标 | 名称 | 例子 |
|---|---|---|---|---|---|
| [ɿ] | 舌尖前、高、不圆唇元音 | 普通话[sɿ]（思） | [ʮ] | 舌尖前、高、圆唇元音 | 宁波话[sʮ]（书） |
| [ʅ] | 舌尖后、高、不圆唇元音 | 普通话[ʂʅ]（诗） | [ʯ] | 舌尖后、高、圆唇元音 | 麻城话[ʯ]（鱼） |

### （三）卷舌元音

发舌面元音[ə]的同时，舌尖向硬腭方面翘起，就是卷舌元音。卷舌元音发音时，舌面和舌尖同时起作用，与前面的舌面元音和舌尖元音都不同。国际音标一般用[ɐ]或[ɚ]表示，如普通话[ɚ]（二）。普通话以及方言的儿化韵中有丰富的卷舌元音。

此外，根据软腭的升降情况，元音分为口元音和鼻化元音两类。发音时软腭和小舌上升，堵住鼻腔通路，气流从口腔流出，是口元音。上面说到的元音都是口元音。发音时软腭和小舌下垂，气流同时从口腔和鼻腔流出，是鼻化元音。鼻化元音是在元音音标上加上"~"符号。如汉语上海话"碰""冷""生"中的[ã]就是鼻化元音。有些语言或方言里鼻化元音很丰富，如汉语的厦门话、潮州话、昆明话、杭州话和法语等。

## 三、辅音

辅音是气流在某个部位受到阻碍并且克服阻碍而发出的音，其发音过程包括成阻、持阻、除阻三个阶段。发音时，气流受到阻碍的部位叫发音部位。发音时，形成阻碍和克服阻碍的方式叫发音方法，包括阻碍的方式、声带是否振动、气流强弱三个方面。辅音的音质取决于发音部位和发音方法，所以描写辅音可以从发音部位和发音方法这两个角度入手。

### （一）发音部位

按照发音部位，辅音可以分为 12 类。

1. 双唇音

下唇和上唇接触形成阻碍。如汉语普通话[pa]（巴）、[pʰa]（葩）、[ma]（妈）中的[p][pʰ][m]。

2. 唇齿音

下唇和上齿接触形成阻碍。如汉语普通话[fei]（飞机）、苏州话[vi]（肥）中的[f][v]。

3. 齿间音（齿音）

舌尖前伸到上下齿之间和上下齿尖接触形成阻碍。如英语[θri:]（三）、mother[mʌðə]（母亲）中的[θ][ð]。

4. 舌尖前音（齿龈音）

舌尖和上齿背接触形成阻碍。如汉语普通话[tsa]（扎）、[tsʰa]（擦）、[sa]（仨）中的[ts][tsʰ][s]，英语zoo[zu:]（动物园）中的[z]。

5. 舌尖中音（齿龈音）

舌尖和上齿龈接触形成阻碍。如汉语普通话[ta]（搭）、[tʰa]（他）、[na]（拿）、[la]（拉）中的[t][tʰ][n][l]和汉语玉林话[ɬam]（三）中的[ɬ]。

6. 舌尖后音（卷舌音）

舌尖翘起接触或接近硬腭前端形成阻碍，俗称"翘舌音"。如汉语普通话[tʂʅ]（知）、[tʂʰʅ]（痴）、[ʂʅ]（诗）、[ʐʅ]（日）中的[tʂ][tʂʰ][ʂ][ʐ]。

7. 舌叶音（齿龈后音）

舌叶和齿龈后接触形成阻碍。如汉语广州话[tʃi]（知）、[tʃʰi]（痴）、[ʃi]（诗）中的[tʃ][tʃʰ][ʃ]，英语China（中国）、bridge（桥）、she（她）中的[tʃ][dʒ][ʃ]。

8. 舌面前音（前硬腭音）

舌面前部和硬腭前部接触形成阻碍。如汉语普通话[tɕi]（基）、[tɕʰi]（欺）、[ɕi]（希）中的[tɕ][tɕʰ][ɕ]和汉语平南话[ɲi]（儿）里的[ɲ]。

9. 舌面中音（硬腭音）

舌面中部和硬腭后部接触形成阻碍。这个部位正是发元音[i]的舌位，舌面中音大抵都可以以它为参照音。在发[i]的时候，抬升舌高点，形成窄缝，发生轻微的摩擦，就是舌面中通音[j]，如英语yes开头的y[j]；舌位继续抬升，直至完全堵塞气流，接着气流冲破阻碍成声，就是舌面中塞音，如汉语烟台话[ci]（鸡）中的[c]。

10. 舌根音（软腭音）

舌面后部和软腭接触形成阻碍。如普通话[kɤ]（歌）、[kʰɤ]（科）、[xɤ]（喝）

中的[k][kʰ][x]以及汉语柳州话[ŋo](我)中的[ŋ]。

**11. 小舌音**

舌根前部和小舌接触形成阻碍,接触点一般在舌根和舌面的交界处。发音时可以用舌面后音作为参照音,其后的部位就是小舌音。如发小舌塞音[q]、擦音[χ]可以以[k]、[x]为参照音,[k][x]之后就是小舌这个发音部位。小舌颤音[R]的部位与[q][χ]相同。

**12. 喉音**

舌根和喉壁接触形成阻碍。这个发音部位与舌根相比,位置更后也更低。如汉语广州话[hou](好)和英语 hello[hə'ləu](喂)中的[h]以及苏州话[poʔ](八)中的[ʔ]。

辅音除了上面的分类外,还有腭化辅音。发腭化辅音时,舌面同时向硬腭靠近,接触面较宽,这样发出来的辅音叫腭化音,又称软音。通常在音标的右上角加上"j"来表示腭化。不发生腭化的辅音叫非腭化音,又叫硬音。我国西南少数民族语言腭化音较多,往往和一般辅音形成对立,区别意义,如贵州三都水语[sa](晒)和[sʲa](瘆)、广西武鸣壮语[kɑ](腿)和[kʲɑ](秧)的对立。俄语 весь[vj][sj](全部)中的[vj][sj]是腭化辅音。

**(二) 发音方法**

按照阻碍的方式,辅音可以分为 8 类。

**1. 塞音**

塞音发音时,发音器官某两部分完全闭合,阻塞气流,然后突然打开,气流爆发成声,又叫爆破音。如汉语普通话 bā(巴)、英语 sport(运动)、俄语 пашня(耕地)中的[p],汉语普通话 dā(搭)、英语 stop(停止)中的[t],汉语普通话的 kuò(扩)中的[kʰ],上海话[jiʔ](一)中的[ʔ]。

**2. 鼻音**

鼻音发音时,口腔某部位跟发塞音一样,完全阻塞,软腭下降,气流从鼻腔流出,同时声带振动。如汉语普通话 mā(妈)、英语 mother(母亲)、俄语 мать(母亲)中的[m],汉语普通话 tōng(通)、英语 song(歌)中的[ŋ]、英语 night(夜)中的[n]。

### 3. 颤音

颤音发音时,舌尖或小舌受气流的冲击而连续颤动,气流忽塞忽通,迅速地连续反复多次,很像一连串的塞音。如俄语 родина(祖国)中的[r]是舌尖颤音,法语 rose(玫瑰花)中的[R]是小舌颤音。

### 4. 闪音

闪音的发音原理跟颤音是一样的,不同的是舌尖或小舌只快速地、轻轻地颤动一下就停止,不连续颤动,又叫单颤音。如英语 merry(结婚)中的[ɾ]是闪音。

### 5. 擦音

擦音发音时,发音器官的某两部分靠近,形成一道缝隙,气流从缝隙中挤出成声。如汉语普通话 fān(翻)中的[f],汉语湘乡话[Φən](分)中的[Φ],英语 that(那)中的[ð],汉语普通话 sūn(孙)中的[s],英语 sheep(羊)、俄语 шар(球)中的[ʃ]。

### 6. 边音

边音发音时,舌头的某一部分跟齿龈或硬腭接触,在口腔的中部或一边形成阻塞,气流从舌头的两边或一边通过。如汉语普通话 lɑi(来)、英语 look(看)、俄语 лампа(灯)中的[l]。

### 7. 半元音

半元音发音时,开口度比擦音稍大,气流较弱,摩擦成分较轻,同时声带颤动,发出一种介于元音和辅音之间的音,又叫无擦通音。如英语 yellow(黄色)中的[j],汉语普通话 wú(无)、英语 white(白色)中的[w]。

### 8. 塞擦音

这是先塞后擦、塞擦结合而发出的音。发音器官某两部分在形成完全阻塞时,克服障碍阶段形成缝隙,气流从中摩擦而出。如汉语普通话 cū(粗)中的[tsʰ],jù(据)中的[tɕ],zhuā(抓)中的[tʂ]。

按照发音时声带是否振动,辅音可以分为两类。

### 1. 清音

清音是发音时声带不振动的音。如汉语普通话 fā(发)中的[f]、英语 stop(停止)中的[s]。

## 2. 浊音

浊音是发音时声带振动的音。汉语普通话 rùn(润)中的[ʐ],上海话[ba] (排)、英语 bee(蜜蜂)、俄语 башня(塔)中的[b],汉语常州话[de](豆)、英语 date (日期)、俄语 дом(房子)中的[d],汉语上海话[guŋ](共)、英语 give(给)、俄语 ropa(山)中的[g],汉语诸暨话[βu](父)中的[β],汉语上海话[vɛ](饭)、英语 very(很)中的[v],英语 there(那儿)中的[ð]。

按照发音时气流的强弱,辅音可以分为两类。

## 1. 送气音

送气音发音时气流比较强,喉部有轻微的摩擦。送气音的音标描写办法是在同部位的不送气音的音标右上角加一个小"h"或"'"。如汉语普通话的 pàn (盼)中的[pʰ],cāi(猜)中的[tsʰ],kǒng(孔)中的[kʰ],tāo(涛)中的[tʰ],qū(区)中的[tɕʰ]。

## 2. 不送气音

不送气音发音时气流比较弱。如汉语普通话中的 bài(败)中的[p],zān(簪)中的[ts],gǒng(巩)中的[k],jūn(军)中的[tɕ],zhǒng(肿)中的[tʂ]。

每个辅音都有它的发音部位和发音方法,辅音描写必须从这两个方面进行,缺一不可。如[pʰ]的全面描写是双唇送气清塞音,"双唇"是发音部位,"送气清塞音"是发音方法。


# 第三节 / 音位


## 一、音位和音位变体

### (一) 音位

#### 1. 什么是音位?

音位是某种具体语言或方言里能够区别词、语素的语音形式和意义的最小的语音类型单位。

音素和音素之间存在着两种性质不同的差别。一种差别是能区别词、语素的语音形式和意义,叫对立性差别;另一种差别是不能区别词、语素的语音形式和意义,叫非对立性差别。我们可以根据这两种差别把繁多的音素划分或归纳成为数目不多的语音类型单位,即音位。凡是具有对立性差别的音素都划分为不同的音位,凡是具有非对立性差别的音素都归并为同一个音位。例如,普通话清塞辅音[p][pʰ][t][tʰ][k][kʰ]能区分词的语音形式和意义(见表2-4):

表2-4　普通话清塞辅音对比示例表

| 不送气音例字 | 送气音例字 |
| --- | --- |
| [pa⁵⁵](八) | [pʰa⁵⁵](葩) |
| [ta⁵⁵](搭) | [tʰa⁵⁵](她) |
| [ka⁵⁵](嘎) | [kʰa⁵⁵](咔) |

它们分别是独立的音位,写作 /p//pʰ//t//tʰ//k//kʰ/。汉语苏州话和法语里的[a]和[ɑ],同样能区分词的语音形式和意义,要分立为不同的音位 /a//ɑ/。而汉语普通话里的[a][ʌ][ɑ]和英语清塞辅音[p][pʰ][t][tʰ][k][kʰ]不能区分词的语音形式和意义,可以分别归并为音位 /a/ 和音位 /p//t//k/。所以,音位是某种具体语言或方言里具有对立性差别的语音类型单位,或者说音位是能区别词、语素的语音形式同时也能区别这种语音形式所负载的意义的语音类型单位。这里的意义包括词、语素的词汇意义和语法意义。如藏语安多话[ŋə](哭)、[ntsə](算)是现在时,[ŋi](哭)、[ntsi](算)是过去时,这里音位 /ə/ 和 /i/ 就起到了区别词的语音形式及其语法意义的作用。

音位是能区别词的语音形式和意义的语音单位,但是不能反过来说,能区别词的语音形式和意义的语音单位都是音位,因为只有最小的区别词的语音形式和意义的语音单位才是音位。所谓"最小的"是指不能再切分的单位,比如汉语普通话[ta⁵⁵][tien⁵⁵][tan⁵⁵][tɑŋ⁵⁵]都有区别词的语音形式和意义的作用,但它们不是音位,而是音节。它们可以切分为最小的单位:[t][ʌ][i][a][ɑ][ɛ][n][ŋ]。其中[t][i][n][ŋ]既是能区别词的语音形式和意义的单位,又是最小的单位,它们都是独立的音位。[ʌ][a][ɑ][ɛ]虽然是最小的单位,但不能区别词的语音形式和意义,并且发音相近,所以只能归并为一个音位,也就是说[ʌ][a][ɑ][ɛ]属于一个音位。由此可见,音位是由一个或几个语音相似而又不完全相同的音素组成的一个语音类型。

音位总是属于某种特定的语言或方言的。每种语言的音位总是形成一个具有自己特点的简单整齐的体系。因此,不同语言的音位各不相同。例如法语有小舌颤音 /R/,俄语有舌尖颤音 /r/,而汉语普通话没有。汉语普通话不送气塞音和送气塞音分属 6 个音位,形成一个系统 /p//pʰ/、/t//tʰ/、/k//kʰ/,它们在英语里则属于 3 个音位 /p//t//k/。英语没有送气与不送气的对立,但是有跟 /p//t//k/ 相对立的浊音 /b//d//g/,而这些浊音音位又是汉语普通话所没有的。

2. 音位和音素的区别

(1) 单位的性质不同。音素是具体的语音个体,音位是抽象的语音类别,可以包括一个或几个音素。

(2) 划分的根据不同。音素是根据语音的自然属性(音质)划分的,音位是从社会属性(功能)的角度来划分的。例如,汉语普通话零声母音节韵头的 i(ia、ie、iao、iou、ian、iang)、齐齿呼零声母音节韵腹 i(i)、韵尾位置上的 i(ai、ei、uai、uei) 和声母后面的 i(bi、pi、mi、di、ti、ni、li、ji、qi、xi),从音质角度看是四个不同的音素[j][iʲ][ɪ]和[i],但由于它们彼此不区分词的语音形式和意义,归并为一个音位 /i/。

(3) 适用范围不同。音位是就某一种语言或方言来说的,不能把不同语言或方言的音位放在一起,因为普通话音位系统不同于英语,北京话不同于广州话,现代汉语不同于古代汉语。音素基于语音的自然属性,所以不同的语言系统可以放在一起讨论。

(4) 构成的材料不同。音素必须由音质构成,音位可以由音质构成,也可以由非音质例如音高、音强、音长等构成。

3. 划分、归纳音位的原则和方法

(1) 对立原则。两个音素如果能出现在相同的语音环境中,互相替换后会产生词的语音形式和意义的差别,那么这两个音素就是对立的,对立的音素必定属于两个不同的音位。如把汉语普通话辅音[p]和[pʰ]分别放在[an⁵⁵]这个语音环境里,会形成两个词的语音形式,并且意义也不同,如[pan⁵⁵](班)和[pʰan⁵⁵]

(攀)。[p]和[pʰ]是对立关系,要分立为两个音位,对立用":"表示。上述两个音位的对立可以标写为 /p/:/pʰ/。

确定某个音素是否具有最小对立性差别,常用的方法是替换。先找出一个进行音位分析的语音环境,然后逐个连续替换其中的一个音素。替换以后如果引起语音形式和意义的改变,就说明这些彼此能替换的音素具有最小的对立性差别。例如汉语普通话[pu⁵¹]可以作如下替换(见表 2-5):

表 2-5　音素替换检验法示例表

| A 组 | B 组 |
|---|---|
| [pu⁵¹](部) | [pu⁵¹](部) |
| [pʰu⁵¹](铺) | [pa⁵¹](霸) |
| [mu⁵¹](木) | [po⁵¹](擘) |
| [fu⁵¹](父) | [pi⁵¹](必) |

替换结果说明 A 组的[p][pʰ][m][f]和 B 组的[u][a][o][i]都是具有最小对立性差别的语音单位,要分立为音位 /p//pʰ//m//f/ 和 /u//a//o//i/。

(2) 互补原则。两个音素如果不能出现在相同的语音环境里,而又呈互补分布状态,这两个音素就形成互补关系。处在互补关系的音素可以归纳成一个音位,用一个音位符号标写,各音素的不同读音是由不同的语音环境决定的。如英语辅音[p]—[pʰ]、[t]—[tʰ]、[k]—[kʰ]中,各组中的前者只出现在[s]的后面(sport、still、skill),后者出现在其他位置(port、till、kill),它们出现的环境互补,可以归并为 3 个音位 /p//t//k/。

(3) 语音相似原则。处于互补分布中的音素,可以归并为一个音位,但能否归并为一个音位,还要符合语音相似原则,即一个音位里的音位变体语音上必须是相似的。所谓"语音相似"是指发音部位、发音方法、舌位、唇形等比较接近。但是,这也不是绝对的,只要说某种语言的人听起来觉得相似就行。送气音和不送气音,中国人听起来差别很大,而英国人听起来就觉得很相似。

彼此互补的音素只有在语音也相似的条件下才可以归并为同一个音位。几个音素虽然互补,但语音相差甚远,人们在音感上从来就把它们区别得很清楚,这就不能把它们归并为同一个音位，而应当划分为不同的音位。如普通话里的[f]和[ŋ]是互补的，[f]只能出现在音节的开头，[ŋ]只能出现在音节的末尾，但它们音质差异很明显，应分立为不同的音位。

### (二) 音位变体

1. 什么是音位变体？

构成同一音位的几个音素是这个音位的变异形式，叫作音位变体。实际上几乎每个音位都有若干个变体，只是这些变体的差异往往都比较细微，一般情况下可以不加考虑。

2. 音位变体的分类

(1) 条件变体。确定同一音位条件变体的主要依据是互补分布和语音相似原则。几个音素从来不在相同的语音环境中出现，即甲音素出现的位置，乙音素决不在那里出现，这种现象叫互补分布。具有互补分布关系的各音素对它们分布的环境总体来说是互相补充的，而对其中某个音素所能出现的特定位置又是互相排斥的。它们彼此不能区别词或语素的语音形式和意义，可以归并为同一个音位，这些音素就是这个音位的若干变体。这种变体都有各自出现的条件，叫作条件变体。普通话里 /a/ 音位有 5 个条件变体，其出现条件如下（见表 2-6）：

表 2-6 普通话音位的条件变体示例表

| 音位变体 | 出现条件 | 例字 |
|---|---|---|
| [ʌ] | 单用 | [ʌ⁵⁵]（啊） |
| [a] | 与唇音、舌前音组合 | [pʰai⁵⁵]（拍）、[kʰan⁵⁵]（刊）、[tɕia⁵⁵]（家）、[pa⁵⁵]（八）、[fa⁵⁵]（发）、[tsa⁵⁵]（咂）、[ta⁵⁵]（搭）、[tʂa⁵⁵]（扎） |
| [ɑ] | 与舌后音组合 | [kɑu⁵⁵]（高）、[tʰɑŋ⁵⁵]（汤）、[xuɑ⁵⁵]（花）、[xɑ⁵⁵]（哈） |
| [ɛ] | 韵头 i-、y- 和韵尾 -n 之间 | [piɛn⁵⁵]（编）、[ɕyɛn⁵⁵]（宣） |
| [ɐ] | 儿化韵音节 | [mɐɹ²¹⁴]（码儿）、[pɐɹ⁵¹]（瓣儿） |

有的变体还可能由于所处的位置不同或受其他条件的影响而产生变化，如

英语 /l/ 音位在元音之前或之间时读[ l ]，如 long[ lɔŋ ]（长）、teller[ tʰelə ]（讲述者）；在元音之后读[ ɫ ]，如 kill［ kʰiɫ ]（杀）、tell［ tʰeɫ ]（告诉）。

（2）自由变体。有些音素可以在同一语音环境中自由替换而又不能区别词或语素的语音形式和意义，由这种音素构成的同一音位的变体叫自由变体。几个自由变体在音质上是有差别的，只是说这种语言的人感觉不出它们之间有什么不同，他们总是把几个自由变体当作同一个语音单位来使用。自由变体又分为全自由变体和半自由变体两类。

① 全自由变体。在任何语音环境里都能自由替换的变体是全自由变体。如汉语普通话里的元音"u"在零声母音节中出现时有两个自由变体[ w ]和[ ʋ ]。西双版纳语的[ x ]和[ kʰ ]、[ j ]和[ z ]、[ d ]和[ ɖ ]也都是全自由变体（见表 2-7）：

表 2-7　西双版纳傣语全自由变体示例表

| 对比项 | 示例 1 | 示例 2 |
|---|---|---|
| [ x ][ kʰ ] | [ xa¹³ ] — [ kʰa¹³ ]（杀） | [ xo⁵⁵ ] — [ kʰo⁵⁵ ]（桥） |
| [ j ][ z ] | [ ju³⁵ ] — [ zu³⁵ ]（住） | [ jak⁵⁵ ] — [ za⁵⁵ ]（药） |
| [ d ][ ɖ ] | [ di⁵⁵ ] — [ ɖi⁵⁵ ]（好） | [ dɒk³⁵ ] — [ ɖɒk³⁵ ]（花） |

② 半自由变体。在一些语音环境里能自由替换，而在另一些语音环境里又不能自由替换，这叫半自由变体。如汉语长沙话口语里[ n ]和[ l ]在音节开头时，可以自由替换，"南"可读成[ nan³¹³ ]或[ lan³¹³ ]，"年"读作[ niɛn³¹³ ]或[ liɛn³¹³ ]。但在音节末尾时就不能自由变读了，韵尾[ n ]不能读成[ l ]。

3. 音位和音位变体的关系

音位和音位变体之间的关系可以看作一般和个别的关系，一般存在于个别之中，个别表现一般。音位是由音位变体聚合成的一种类型单位。我们发出或听到的都是音位变体，通过音位变体才能认识音位。音位存在于音位变体中，离开了音位变体，音位也就不存在了。同一音位的变体没有主次之分，但总是选那些使用频率高、受语音环境影响最小的简便的变体作为这个音位的代表，如汉语普通话里[ ʌ ][ a ][ ɑ ][ ɛ ][ ɐ ]这五个变体就选择了较为常见、简便的[ a ]作为代表，写作 /a/。

## 二、音段音位和超音段音位

### (一) 音段音位

从音素的音质角度归并出来的音位(元音音位和辅音音位)叫音段音位,也叫音质音位。前文所谈到的音位都是音段音位。

### (二) 超音段音位

在某些语言中,音高、音强、音长这些非音质要素能区别词的语音形式和意义,构成音位。由于这些音位不是局限于一个音段音位,而常常是添加至音段音位的序列(包括音节、词等)上面,它们具有超音段的性质,音位学上称为超音段音位,也叫非音质音位。超音段音位包括调位、重位、时位。

1. 调位

由音高构成的音位叫调位,调位是汉藏语系各语言(有声调的语言)语音的重要特点之一。在这些语言里,调位和音质音位具有同样重要的地位。同一个音节,只要声调不同,语音形式和意义也就不同。不同的语言或方言里,调位的多少是不同的,最多的是侗语,有 15 个调位。汉语普通话有阴平、阳平、上声、去声四个调位,而汉语的其他方言中则三个、五个、九个不等,如上海话有阴平、阳平、去声、阴入、阳入五个调位,广州话有阴平、阳平、阴上、阳上、阴去、阳去、阴入、中入、阳入九个调位等。

2. 重位

由重音构成的音位叫重位,也叫势位。音的轻重主要是由音强和音长决定的。重音在汉藏语里不很重要,但在英语、俄语等语言里却是一种区别词的语音形式和意义的手段,如俄语中 мука [muˈka](面粉)和 мука [ˈmuka](痛苦)、英语 instinct [inˈstiŋkt](活跃的)和 instinct [ˈinstiŋkt](本能)的对立是由重音位置即重位不同造成的。重位的不同常常影响到非重读元音的弱化。

轻音也叫轻声,它在汉语普通话里有区别词的语音形式和意义的作用,也是一个独立的音位,如汉语普通话"dàyì(主要的意思)"和"dàyi(马虎、不仔细)"。汉语普通话轻声主要是由音长决定的,轻声音节的实际读音首先是比其他音节短,其次才是读得比较轻。它的音高则随前面音节的声调而定。

### 3. 时位

由音长构成的音位叫时位。时位主要表现在元音上，在我国许多少数民族语言里都有区别词的语音形式和意义的作用。例如：

独龙语　　[da:n⁵⁵]（垫）—— [dan⁵⁵]（垫子）

拉萨藏语[la:⁵⁵]（麝）—— [la⁵⁵]（工钱）

英语、德语也有长短音的区别，不过这种区别常常兼有元音的不同。例如：

英语　bee [bi:]（蜜蜂）—— be [bi]（系词）

德语　Ruhm [ru:m]（名声）—— Rum [rum]（朗姆酒）

## 三、音位的区别特征

一个音位之所以区别于别的音位，是因为它有某种特殊的不同于别的音位的语音特征，这种能区别音位的语音特征叫作音位的区别特征。比如汉语普通话的/pʰ/音位，至少可以分析出下列几项特征：双唇、塞音、送气、清音。/pʰ/音位以双唇特征区别于/tʰ//kʰ/；以塞音特征区别于/f//n/；以送气特征区别于/p/；以清音特征区别于/l//m/；以双唇和塞音特征区别于/s//ɕ/等。由此可见，音位之间的对立实际上总是一对或几对语音特征的对立，当然，并非所有的语音特征都是区别特征。弄清音位的语音特征，就可以比较清楚地了解一种语言音位的特点。

音位的区别特征主要根据语音的生理特征和声学特征来确定。生理特征和声学特征研究的角度不同，但是由于二者之间存在比较稳定的对应关系，所以研究的结果基本上是一致的。上面所说的/pʰ/的区别特征就是从生理特征方面来说的。

音位的区别特征一般都是按照二元的偶分法来确定的。音位特征的区别通常总是表现为二元的对立，具有二元选择的特点，即"是"或"非"，任何语言音位的特点都可以归纳为若干对偶值特征。比如英语里九个塞辅音音位/k//g//ŋ//t//d//n//p//b//m/，我们可以根据它们发音的生理特征，分析出五对偶值特征：唇/非唇，齿/非齿，软腭/非软腭，带音/不带音，鼻/口，列出它们的区别特征图（见表2-8）。"+"表示斜线前的特征，"-"表示斜线后的特征。

表 2-8　英语塞辅音音位区别特征示例表

| 区别特征 | 音位 | | | | | | | | |
|---|---|---|---|---|---|---|---|---|---|
| | k | g | ŋ | p | b | m | t | d | n |
| 唇 / 非唇 | − | − | − | + | + | + | − | − | − |
| 齿 / 非齿 | − | − | − | − | − | − | + | + | + |
| 软腭 / 非软腭 | + | + | + | − | − | − | − | − | − |
| 带音 / 不带音 | − | + | + | − | + | + | − | + | + |
| 鼻 / 口 | − | − | + | − | − | + | − | − | + |

音位的每个区别特征总是跟其他音位互相关联而处在一个对立统一的整体之中，所以，在分析某种特定语音的音位区别特征时，不能孤立地看某个特征的区别作用，而要从该语言的整个音位体系出发，全面考虑。这样分析得出的区别特征才能全面、清楚地反映出音位体系的对立情况，才能使音位简洁明了。不同语言里音位的区别特征有不同的情况，不可能完全一样。运用区别特征的方法分析某一具体语言时，要考虑这种语言的实际和传统，作必要的修订和补充。下面仅举出现代汉语普通话元音和声调区别特征图为例（见表 2-9、表 2-10）。

表 2-9　现代汉语普通话元音音位区别特征示例表

| 区别特征 | 音位 | | | | | | | | | |
|---|---|---|---|---|---|---|---|---|---|---|
| | a | o | ə | i | u | y | e | ɿ | ʅ | ɚ |
| 舌面 / 非舌面 | + | + | + | + | + | + | + | − | − | − |
| 前 / 非前 | + | − | o | + | − | + | + | + | − | − |
| 后 / 非后 | − | + | o | − | + | − | − | − | + | − |
| 高 / 非高 | − | + | o | + | + | + | + | + | + | ± |
| 中 / 非中 | − | − | + | − | − | − | − | − | − | + |
| 圆唇 / 非圆唇 | − | + | − | − | + | + | − | − | − | − |
| 卷舌 | − | − | − | − | − | − | − | − | − | + |

表 2-10　普通话声调的区别特征

表 2-10　普通话声调的区别特征

| 区别特征 | 声调 | | | |
|---|---|---|---|---|
| | 调值 | | | |
| | 55 | 35 | 214 | 51 |
| 高 / 非高 | + | + | − | + |
| 升 / 非升 | − | + | ± | − |
| 拱度 / 非拱度 | − | − | + | − |
| 凹 / 非凹 | − | − | + | − |

从上面所举的音位区别特征图中可以看到,每个音位都是由若干对区别特征构成的,是若干区别特征的总和。

## 四、音位体系

一种语言的音位总是以一定的方式互相对立而又互相联系,构成一个完整的体系。音位的区别特征不仅可以使不同的音位互相区别,形成对立,而且还可以使不同的音位通过相同的区别特征联系在一起,从而聚合成群,形成一组音位。归纳音位原则上要求一个变体不能出现在两个不同的音位里,不然所归纳出来的音位系统就会有问题。有时几组音归为一套音位还是两套音位,似乎都有道理,都符合对立互补原则,语音上也有一定的相似性,这时就主要考虑语音的系统性了,所以归纳音位还须考虑归纳出来的全部音位是否系统整齐,简明经济。如汉语普通话的声韵搭配规律显示舌面辅音[tɕ][tɕʰ][ɕ]跟[k][kʰ][x]和[ts][tsʰ][s]以及[tʂ][tʂʰ][ʂ]这三组辅音都构成互补关系(见表 2-11):

表 2-11　普通话辅音互补关系示例表

| 辅音 | 开口呼 | 齐齿呼 | 合口呼 | 撮口呼 |
|---|---|---|---|---|
| [tɕ][tɕʰ][ɕ] | − | + | − | + |
| [k][kʰ][x] | + | − | + | − |
| [ts][tsʰ][s] | + | − | + | − |
| [tʂ][tʂʰ][ʂ] | + | − | + | − |

因此从理论上讲[tɕ][tɕʰ][ɕ]跟[k][kʰ][x]或者[ts][tsʰ][s]或者[tʂ][tʂʰ][ʂ]都可以归并为一套音位。但是从语音的系统性上考虑[tɕ][tɕʰ][ɕ]不论跟哪一组辅音归并,都会造成另外两组辅音音位新的不平衡,而且如果跟[tʂ][tʂʰ][ʂ]归并的话,辅音[ʐ]也很难处理,因此独立为一组音位比较合适。

一个完整的音位体系包括该语言的全部的音位和全部的音位变体,每个变体出现的条件以及各音位在聚合关系和组合关系中所表现出来的规律。音位在聚合和组合关系中所表现出来的规律有很多种,最重要的是平行对称规律,平行对称性是音位体系的重要特征。所谓的平行对称是指某种语言的音位大都处在一个双向聚合的位置上,音位之间存在着一种平行与对称的关系。辅音音位大都是两个方向的聚合,一个方向是按发音部位排列,一个方向是按发音方法排列,这样就形成一种既平行又对称的关系,比如汉语普通话塞擦音的聚合系列如下所示(见表2-12):

表2-12　普通话塞擦音聚合系列示例表

| 序号 | 1 | 2 | 3 | 4 |
|---|---|---|---|---|
| 塞擦音 | [ ts ] | [ tsʰ ] | [ s ] | ○ |
| | [ tʂ ] | [ tʂʰ ] | [ ʂ ] | [ ʐ ] |
| | [ tɕ ] | [ tɕʰ ] | [ ɕ ] | ○ |

用同样的办法,我们可以得到另外一些音位的聚合系列(见表2-13)。

表2-13　普通话其他音位聚合系列示例表

| 序号 | 1 | 2 | 3 | 4 | 5 |
|---|---|---|---|---|---|
| 其他音位 | [ p ] | [ pʰ ] | [ m ] | [ f ] | ○ |
| | [ t ] | [ tʰ ] | [ n ] | ○ | [ l ] |
| | [ k ] | [ kʰ ] | [ ŋ ] | [ x ] | ○ |

平行对称规律具有重要的意义,在同一个音位系统中,我们可以根据这个规律推断出其他音位的特点。如汉语普通话中,塞音和塞擦音都有送气不送气的平行对称的聚合系列,那么从 /p//t//k/ 可以推断出还有 /pʰ//tʰ//kʰ/,从 /ts//tʂ//tɕ/ 就可推断出 /tsʰ//tʂʰ//tɕʰ/。此外,对不同语言的这种平行对称的聚合系列比较,可以了解各种语言的音位体系的特点。如汉语普通话中,送气和不送气

的对立在聚合系列中具有普遍性,表示这一对区别特征在汉语中很重要。俄语的塞音和塞擦音都有清浊的对立,它在俄语音位的聚合系列中具有普遍性,形成平行对称的聚合。这些说明汉语普通话音位体系和俄语音位体系具有各自不同的特点。

音位的体系性和音位的平行对称性同样也表现在音位的组合关系中。凡同一聚合系列中的音位,一般说,应该有相同的组合关系。如上面例子中普通话里 /tɕ//tɕʰ//ɕ/ 只能跟齐齿呼、撮口呼韵母组合,不能跟开口呼、合口呼韵母组合,而 /k//kʰ//x/、/ts//tsʰ//s/、/tʂ//tʂʰ//ʂ/ 刚好相反。但是,无论在聚合关系或组合关系中,音位体系的平行对称性都不是绝对的。由于语音的发展变化等因素,有些音位并不具备这种平行对称性。如 /z/ 是 /ʂ/ 的同部位的浊音,但它没有同方法的浊音系列。再如英语里辅音音位清浊对立是比较整齐的,/p//b/、/t//d/、/k//g/、/s//z/ 等,但是另有三个浊音 /l//r//j/ 没有相对应的清音,所以也不整齐。在组合关系方面音位体系也有不整齐的情况,如汉语普通话里同一聚合系列 /m//n//ŋ/ 在组合关系上差别就很大。/m/ 只能在元音之前,/ŋ/ 只能在元音之后,/n/ 则元音之前之后都可以。这种不整齐不对称的现象常常是语音发展变化的结果。/m//n//ŋ/ 在中古音里的组合规则是一样的,都可以有元音之前和元音之后两个位置,后来才起了变化,在其他方言里还可以看到这种变化的痕迹。音位体系里某些不对称不整齐的现象对研究语言演变的历史有重要意义。

# 第四节 / 语音的结合

在实际的语言中,音素通常不独立出现,而是组合起来,形成更大的语音单位,表达更复杂的语义内容。

## 一、音节

### (一) 什么是音节

音节是能够自然感知的最小发音单位和听觉单位,是由音位组合构成的最小语音结构单位。说某种语言的人能够自然感到音节间的界限,把语流切分成音节。从汉语的角度说,一个汉字基本上就是一个音节,如[na⁵¹](纳)是一个音节,儿化音比较特殊,如"huār"(花儿)、"guànr"(罐儿)写成两个字,实际上只是一个音节。英语 school[skuːl](学校)、take[teik](拿)是单音节词,table[teɪbl](桌子)、cotton[kɒtn](棉花)是双音节词,potato[pəteɪtəu](马铃薯)、university[juːnɪvɜːsəti](大学)、nationality[næʃənæləti](国籍)、telecommunication[telikəmjuːnɪkeɪʃn](电信)等是多音节词。

关于如何划分音节,有元音说、呼气说、响度说,紧张度说等不同学说,目前在我国比较通行的音节理论是法国语言学家格拉蒙(Maurice Grammont)提出、苏联语言学家谢尔巴(Lev Vladimirovich Sherba)发展的"肌肉紧张度说"。这种理论根据说话时肌肉紧张的变化来解释音节的形成和确定音节的界限是每发一个音节,喉部肌肉就出现一次紧张,每一次肌肉紧张包括三个阶段,即渐强、强峰、渐弱,发音时每一次肌肉紧张从渐强到强峰再到渐弱的这一过程就形成一个音节。音节的分界线在肌肉强度减弱之处,简单地说,肌肉紧张一次,就形成一个音节,紧张两次就形成两个音节。如汉语普通话"xiān"这一串音素,如发音时肌肉紧张一次,就是[ɕiɛn⁵⁵](鲜),一个音节,如果紧张两次,发成[ɕi⁵⁵][an⁵⁵](西安),则是两个音节。

关于音节划分,我们除了要考虑肌肉紧张度的问题外,还要注意语音可能受到的特定社会语言习惯的影响。如发一串[peid]这样的音,讲英语的人就会认为是"paid",而说汉语的人就会认为是"配的"两个音节,这是因为汉语普通话音节结构中不允许塞音出现在一个音节的结尾。这就是说,不同的语言都有自己特有的音节结构,不同的音节结构会使音节划分产生不同的结果。

### (二) 音节的构造

语言中的音节虽然可以有很多,但音节的基本类型却是很有限的,每种语言都是从中选取适合自己语言的音节类型。音节由音素构成,可以是一个音素,也可以是几个音素,如鱼[y³⁵]、are[ɑː]是一个音素,取[tɕʰy²¹⁴]、door[dɔː]是两个音素,干[kan⁵⁵]是三个音素,教[tɕiɑu⁵¹]是四个音素等。音节由一个音素构成的很少,一般是元音或浊辅音,大多数音节是由几个音素构成的。

从音节的构造来说,我们可以把处在强峰阶段的音叫作领音,把处在渐强阶段的音叫作起音,把处在渐弱阶段的音叫作收音。收音的发音一般都是前强后弱,可以叫前强音;起音的发音一般都是前弱后强,可以叫后强音。音节一般由领音或领音加起音、收音构成。音节构成方式不外以下四种:

① 领音

② 起音+领音

③ 领音+收音

④ 起音+领音+收音

一个音节可以没有起音和收音,但绝不能缺少领音,没有领音就不能构成音节。领音必须有一定的响度,所以一般的音节都以元音作为音节的核心,以辅音作领音的很少,所以就有了一种分析音节的方法——元辅音分析法。我们用 V 代表元音,而用 C 代表辅音,这样前面讲到的四种结构方式就可以表示为:

① V

② C—V

③ V—C

④ C—V—C

有些语言里也有辅音充当领音的,这主要是鼻音、边音、颤音等。这些辅音响度相对来说也较大。这种能充当领音的辅音一般叫作成音节音。在音标下面加“ ' ”符号表示。如成[l̩][n̩][m̩][ɹ̩],比如汉语普通话的“嗯”[m̩]中的[m̩]、湖南安化方言的“红”[n̩],英语 cotton [kɒtn̩](棉花)中的[n̩]和英语 noodle [nu:dl̩]中的[l̩]等。

每种语言的音节结构都有自己的特点,上述音节结构的各种形式中,只有 C—V 这种形式几乎是一切语言所共有的。元音相连形成复元音,这在汉语中是常见的,辅音相连形成复辅音,在汉语普通话中没有,在印欧语中却是常见的,如“street”[stri:t](街)、“desk”[desk](书桌)等。汉语普通话中辅音作领音只能是鼻音,而英语中没有这种情况。汉语普通话的音节中元辅音最多不能超过四个,这和英语也是不一样的。

### (三) 音节的类型

根据音节结构的种种不同形式,把音节分为不同的类型。首先,把以元音收尾的音节叫开音节,以辅音收尾的音节叫闭音节。如汉语普通话[kʰai⁵⁵tʂan²¹⁴](开展)、俄语 народ [nʌˈrɔt](人民)、英语 poet [ˈpouit](诗人)等都是双音节词,前一音节是开音节,后一音节是闭音节。其次,从音节起首的音着眼,音节又可分为以元音开头的元音首音节和以辅音开头的辅音首音节。例如普通话[ai⁵¹xu⁵¹](爱护)、俄语 отец [ʌˈdʒeits](父亲),英语 import [ˈimpɔːt](进口)等双音节词里,前一音节是元音首音节,后一音节是辅音首音节。

每种语言音节的类型都有自己的特点。有些语言只有开音节而无闭音节,如我国的一些少数民族语言,如彝语、哈尼语、纳西语、傈僳语等。英语、德语、法语、俄语、汉语等语言里开音节、闭音节、元音首音节、辅音首音节都有,只是各种音节所占比重不尽相同。汉语普通话里闭音节和元音首音节较少,开音节和辅音首音节占优势。

### (四) 音节划分的根据

肌肉紧张度说不仅正确地说明了音节构造的本质,而且也为音节的划分提供了根据。肌肉紧张的三个阶段中,领音处在紧张的强峰阶段,是音节的中心,叫作音峰。而渐弱阶段的尾端和另一次肌肉紧张度渐强阶段的开端之间的地方是肌肉紧张度的最低点,叫作音谷。如汉语普通话[kuŋ⁵⁵fən⁵⁵](公分),朗读时出现两次肌肉紧张,所以是两个音节,这两个音节的音峰在[u]和[ə]上,音谷在[ŋ]和[f]之间。又如英语 handsome [ˈhænsəm](英俊的)也是两个音节。它们的音峰音谷的位置如下所示(见图 2-8):

图 2-8　音峰、音谷示意图

从上图可以清晰地看到,音谷正是音节与音节之间分界的地方。所以,音节的分界线应划在音谷处,即划在前强音与后强音之间。当然这只是一个总的原则,究竟哪些音是前强音,哪些音是后强音,各种语言里的情况不同,这决定于每种语言的语音体系和社会习惯等因素,所以各种语言里的音节划分是不同的。汉语普通话音节结构有自己的特点,每个音节分声、韵、调三个部分,声母一般由一个辅音充当,没有复辅音;韵母可分为韵头、韵腹、和韵尾。闭音节的收音只有[n]和[ŋ]这两个,其中[ŋ]只能做收音,其他辅音都只能做起音。开音节韵母的韵尾也只有[i]和[u]两个,所以音节结构整齐、匀称,界限比较容易确定。

## 二、复元音

### (一) 什么是复元音

同一个音节里两个或两个以上元音的组合叫作复元音。如汉语普通话中[kɑu⁵⁵](高)、[kai⁵⁵](该)、[tɕiɑu⁵⁵](交)里的[ɑu][ai][iɑu]。

### (二) 复元音和几个单元音相连的区别

复元音是由一个响度较大的元音和另一个或两个响度较小的元音有机结合起来的整体。其中响度大的元音是成音节音,响度小的是非成音节音,发音时自然要短一些。复元音发音时只有一次紧张,如汉语普通话中的[uai⁵¹](外)是复元音,是一个音节。而单元音相连则不是一个整体,它是有一个元音就有一个音节,发音时有几个元音就有几次紧张。如汉语普通话中的[ai⁵¹](爱)是一个音节,[A⁵⁵i³⁵](阿姨)是两个音节,[u²¹⁴A⁵⁵i³⁵](武阿姨)是三个音节。

复元音是一个整体,发音时发音器官的运动是连续滑动的,元音的音质是不间断地逐渐变化的,中间会产生一连串的过渡音;而几个相连的单元音是彼此独立的个体,发音时发音器官的运动是跳跃的,元音的音质是突变的,中间没有过渡音。

### (三) 复元音分类

复元音可分为二合元音和三合元音两类。

1. 二合元音

二合元音是由两个元音结合而成的复元音。两个成分同样紧张,同样清晰的二合元音在语言中较少见,如藏语拉萨话中[ piu⁵⁵ ](猴子)中的[ iu ]和[ tɑu¹³ ](配偶)中的[ ɑu ],语言中常见的二合元音发音时,两个元音的紧张度不一样,一个大一个小,响度也不同,只有响度大的才是成音节音。根据两个元音前后位置的不同,又可分作前响二合元音和后响二合元音。前响二合元音,第一个元音紧张度强,响度大;第二个元音紧张度弱,响度小,形成由强到弱的渐进趋势,发音器官移动的终点并不确定,实际上常常达不到后一个元音的高度。如汉语普通话里的[ ai ][ ei ][ ɑu ]等,英语里有六个复元音是渐降的前响二合元音,它们是[ ei ][ ɛə ][ ai ][ ɑu ][ ɔi ][ əu ]。后响二合元音正好跟前响二合元音相反,后一元音紧张度强,响度大,前一元音紧张度弱、响度小,形成由弱到强的趋势。如汉语普通话里的[ ia ][ iɛ ][ uo ],英语中的[ ei ][ uə ]等。

2. 三合元音

三合元音是由三个元音结合而成的复元音。中间的元音紧张度强、响度大,前后两个元音紧张度较弱、响度较小,形成由弱到强、再由强到弱的曲线。如汉语普通话里的[ iɑu ][ iou ][ uai ][ uei ]。复元音不是所有语言都有,俄语、法语、瑞典语就没有复元音,这些语言中一个音节只有一个元音。有复元音的语言之间也不同,汉语中有复元音[ ia ][ uɑ ][ uo ],英语就没有,英语中有复元音[ ɛə ][ ɔi ][ iə ],汉语中也没有。

## 三、复辅音

一个音节内两个或两个以上辅音的组合叫作复辅音。复辅音中的几个辅音必须同处在紧张度的渐强阶段或渐弱阶段上,不在同一阶段上的几个相连的辅音不能称为复辅音。复辅音在英语等语言中十分常见,如 star [ staː ](星)中的[ s ]和[ t ]、俄语 морской [ mɒrˈskoi ](海洋的)里的[ s ]和[ k ]同在渐强阶段上,构成复辅音。content [ ˈkɒntent ](内容)中的前一个 nt 不是复辅音,因为它们属于不同的音节,而后一个 nt 是复辅音,因为它们处在一个音节中。

复辅音里的几个辅音不像复元音那样一体化,它们各有自己的发音过程。复辅音的音质变化是突变式的,彼此之间没有过渡,中间没有明确的界限。复辅音的组合方式也有规律可找,如英语中,两个辅音在音节的开头,如果前一个是塞音,那后面的一定是[l]或[r]或是半元音,如 green [gri:n](绿色的);后一个辅音是塞音或是鼻音,那前面的一定是[s],如 speak[spi:k](说话)、smile[smail](微笑)。

复辅音并不是所有语言中都有,现代汉语没有真正的复辅音,有学者认为上古汉语中有,藏语、哈尼语、土家语等语言中就没有复辅音。有复辅音的语言情况也不是都一样的,有的语言虽有复辅音,但数量很少,而且构成的方式很简单有规律,如苗语石门坎话里就有鼻音加上同部位的塞音或塞擦音而构成的复辅音[mp][mpʰ][nts][ntsʰ][nt][ntʰ]等。有些语言中的辅音不但数量多,而且构成方式多种多样,没有规律可循,印欧语中多见。

塞擦音如英语里的[tr][tʃ][dʒ]、汉语普通话里的[ts][tʂ][tɕ]等发音时虽然可以感觉出先塞后擦的变化,但塞擦结合得十分紧密,发音动作在一次肌肉紧张的过程中完成,作用与单辅音一样,所以不把它们看作复辅音,而看作两个符号表示一个辅音。

# 第五节 / 语流音变

## 一、什么是语流音变

人们说话时,总是连续地发出一些音,极少说单音,这样就出现语音的结合,形成长短不等的语流。在连续的语流中,一个音可能由于邻近音的影响,或自身所处地位的不同,或说话的快慢、高低、强弱的不同而在发音上产生一些变化,这种现象叫语流音变。

## 二、常见的语流音变现象

### (一) 同化

语流里两个不同的音,其中一个因受另一个的影响而变得跟它相同或相近,这种现象叫同化。同化可分为顺同化和逆同化,它们一般都是为了顺口而产生的。

由前面的音影响后面的音而产生的同化叫顺同化。如汉语广东话[kam⁵⁵jat¹¹](今日),实际读成了[kam⁵⁵mat¹¹],其中[j]受前面的音的同化影响变为[m]。英语中名词复数词尾"-s"本来读清音[s],受前面浊音[l][g]的影响而变成浊音[z]。

由后面的音影响前面的音而产生的同化叫逆同化。如汉语普通话的[mən³⁵miɛn⁵¹](门面)实际读成[məm³⁵miɛn⁵¹]。"门"的韵尾本来是[n],但受后面的[m]影响,被同化为[m]。

## (二) 异化

语流中两个相同或相近的音,其中一个因受另一个的影响而变得不相同或不相近,这种现象叫异化。异化是为了避免发音上发生拗口。异化明显地改变了词的发音,所以在标准语里异化比较少见,然而在俗语或方言里,为了避免发音的拗口,却是常见的。如北京话里[man⁵¹mar⁵⁵](慢慢儿)变成[mai⁵¹mar⁵⁵],"慢"的韵尾受后面的鼻辅音[m]的影响,由鼻辅音[n]异化成元音[i]。法语militaire[militk:r](军事的)里的第一个[i]受后面的[i]的影响而异化为[e],读成[melitk:r]。威宁苗语[xu⁵⁵xu⁵⁵](随便唱唱),读作[xi⁵⁵xu⁵⁵],两个[u]相连,前一个[u]被异化为[i]。

汉藏系语言里两个相同的声调相连可能发生异化。如汉语普通话两个上声音节相连,前一个上声异化为阳平,如[ɕyɛn²¹⁴tɕy²¹⁴](选举)变成[ɕyɛn³⁵tɕy²¹⁴][iɛ²¹⁴tsʰɑu²¹⁴](野草)变成[iɛ³⁵tsʰɑu²¹⁴]。

## (三) 弱化

语流中一个较强的音由于所处的地位或受邻近音的影响而变成一个较弱的音,这种现象叫弱化。汉语中的轻声音节就是弱化音节。辅音的弱化表现为发音阻力的变小。一般来讲,清辅音的发音阻力要大于浊辅音,塞音、塞擦音大于擦音,所以辅音的弱化常常是清辅音弱化为浊辅音,塞音、塞擦音弱化为擦音。如汉语普通话的[tsɑu²¹⁴tʂʰən](早晨)实际读成[tsɑu²¹⁴ʂən]。元音的弱化表现为发音的用力程度减弱。一般地说,单元音要弱于复元音,央元音[ə]要弱于其他的元音,所以元音的弱化常表现为复元音弱化为单元音,其他元音向央元音靠拢或变为央元音。另外,元音的弱化与轻重也有关,在轻声音节或非重读音节里,元音大都要弱化,如汉语普通话中的[ma⁵⁵ma](妈妈)实际读成[ma⁵⁵mə]。英语中有些词有强式和弱式两种发音,弱式发音出现在非重读音节里也,一般都是元音的弱化。例如:

|  | 强式发音 | 弱式发音 |
|---|---|---|
| as | [æz] | [əz] |
| are | [ɑ:] | [ə] |
| was | [wɔz] | [wəz] |

在有声调的语言里,弱化音节的声调也会发生变化。如汉语普通话的轻声音节失去原有的调子,变得短促,调值依前面一个音节的声调而定。

### (四) 脱落

语流中有些较弱的或不重要的音在发音时丢失了,或者为发音的方便而省去某些音,这种现象叫脱落。脱落常出现在语速较快的话语里,而且往往是进一步弱化的结果。比如北京话中,在语速较快时轻声音节常会出现脱落,如"豆腐"读成[tou⁵¹f],"东西"读成[tuŋ⁵⁵ɕ]。

英语中有些词的弱读发音在语速较快时,会出现脱落现象。如"and"的弱读发音为[ənd],语速较快时[d]会脱落而发成[ən],甚至可以进一步脱落[ə]而发成[n],如 bread and butter 可以发成[bred n bʌtə]等。

### (五) 增音

在语流里连续发音时,有时加进原来没有的音素,这种现象叫增音。如汉语普通话里的"啊"[A],跟前面的音节连读时,会随着前面音节尾音的不同而增出一个同部位的音,如[i]+[A]读成[ia](呀),[n]+[A]读成[na](哪),[ŋ]+[A]读成[ŋa](啊)等。又如,汉语北京话中的"这儿、那儿、哪儿",有些人说成"这合儿、那合儿、哪合儿",在"儿"[ɚ]的前面加进了一个舌根音[x];"一般儿大"(同样大)有人说成"一边儿大",在"般"[pan]的韵母[an]之前加进了高元音[i]。有时为了发音的方便也采用增音的办法,如英语冠词"a"用在元音首音节之前要加上一个[n],如"an able leader"(有才干的领导者)等。

## 一、术语解释题

语音　音高　音强　音长　音质　音素　音标　国际音标　元音　辅音
音位　音位变体　条件变体　自由变体　音段音位　超音段音位
音位的区别特征　音节　肌肉紧张度说　开音节　闭音节　复元音
复辅音　语流音变　同化　异化　弱化

## 二、复习思考题

1. 语音的物理属性包括哪些要素？

2. 决定音质的要素是什么？

3. 简述人类发音器官的构成。

4. 语音的社会属性表现在哪些方面？

5. 元音可以从哪些角度分类？

6. 辅音从发音部位的角度可以分多少类？

7. 辅音从发音方法的角度如何分类？分类结果如何？

8. 如何理解音位是某种语言或者方言里能够区别词、语素的语音形式和意义的最小的语音类型单位？

9. 简述划分和归并音位的基本原则。

10. 音位和音素有什么区别？

11. 音位的系统性表现在哪些方面？请以普通话为例说明。

12. 举例说明音节的构成方式。

13. 简述复元音与单元音相连的区别。

14. 谈谈常见的语流音变现象。

## 三、实践应用题

1. 汉语普通话中，"机""姿""知"的韵母分别是[i] [ɿ] [ʅ]三个元音构成的。关于这三个元音的音位分合问题,学术界有以下两种不同的意见:(1)应合并在同一音位里。(2)应划分为两个音位,[i]为一个,[ɿ][ʅ]为另一个。上述两种意见都有一定的道理。请对其立论根据分别作出分析。

2. 下列各组音素在汉语普通话中为什么属于不同的音位或属于同一个音位的不同变体?

a. t[a]n(谈)/ti[ɛ]n(天)中的[a]和[ɛ]

b. [p]o(博)/[pʰ]o(坡)中的[p]和[pʰ]

c. b[o](波)/shu[oᶜ](说)中的[o]和[oᶜ]

d. b[a]ng(帮)/t[ʌ](他)中的[a]和[ʌ]

e. j[tɕ]i(几)/q[tɕʰ]i(起)中的[tɕ]和[tɕʰ]

3. 用国际音标给下面一首诗注音。

新　　雷

〔清〕张维屏

造物无言却有情,每于寒尽觉春生。

千红万紫安排着,只待新雷第一声。

# 第三章　语义

## 第一节　/　语义及其主要类型

### 一、语义

语义是语言的一个构成要素,也是人类社会中一个极为重要而又影响各个方面的现象,因此不只是语言学,其他如哲学、心理学、逻辑学、人类学、社会学等,都与语义的关系非常密切。它是人的思维活动和情感活动的结果。所谓语义,简单地说就是指语音所传达的信息内容,是指用语音形式表现出来的各级语言单位所包含的意义,以及在使用语言的过程中所产生的意义。

### 二、语义的类型

语义可以分为两大类型,即语言意义和语用意义(言语意义)。

#### (一) 语言意义

语言意义是语言体系中所固有的意义。它是人脑对客观事物和现象的总体或属性或关系的概括认识。这种意义得到社会集团的公认,用一定的语音形式固定下来。它是抽象的、概括的和相对稳定的。

语言意义不受具体语言环境的影响,它摒弃了语言单位在使用中所产生的具体的、临时的意义。如"我们"一词,它的语言意义是"第一人称复数代词",而不指任何一个特殊的群体,也不能指称个人。用"我们认为这件事应该做"这种方式表示时,"我们"这种含义就不是在语言意义之内。语言意义是语义的核心与基础,其他的意义都是在它的基础上才产生的。

语言意义可分为三种类型:一类是词所含有的意义,称为词汇意义;一类是一个句子所表达的意义,称为句义;一类是由各级语言单位在组合和聚合中所产生的各种关系意义,称为语法意义。词义和句义,是语义学的研究对象,语法意义是语法学所要研究的内容。

### (二) 语用意义

也叫"言语意义",是指人们在使用语言交流思想时,在一定的交际环境中所表现出来的特定的、临时的和隐含的意义,是对语言的具体运用和运用的结果。所以语用意义总是和特定的语言环境及社会文化背景相联系的,一旦离开了这些使用环境,语用意义便不复存在了。如在一定的环境中,有人说"他买了一辆玩具自行车。"这里的"他"不仅有第三人称代词的语言意义,而且指明了具体的说话人。"自行车"当然也不是一般的人们用来作为交通工具的自行车,而是指一台具体的电动玩具。也就是说这句话进入了具体的语境,便和具体的人、具体的事物挂钩了。研究语用意义就是要弄清在某一特定情景中说话人讲出一句话的具体意思和听话人所理解的意思。语用意义是很复杂的,又可分为语境意义、社会意义和联想意义。

语言意义和语用意义的关系是对立统一的。语言意义是从语用意义中抽象概括出来的,语用意义则是语言意义的个别体现和具体运用。语言意义存在于语用意义之中,语用意义是语言意义的具体存在形式。没有语用意义就无所谓语言意义,所以它们的关系很密切。但是,它们之间也有许多差别:语言意义是抽象概括的、多义的、相对稳定的、静态的语义;言语意义却是具体个别的、单义的、相对复杂多变的、动态的语义。如"兵"这个语言单位,作为语言意义,它是多义的,有"军人""军队""武器"等多个不同的含义,而且每个含义都是概括的、稳定的,但在如"中国运动员出兵日本"中,就有一个"运动员"的临时含义,一旦离开这个具体的语境,这个特定的临时含义就会立即消失。

## 第二节 / 词汇意义

### 一、词的词汇意义

词的词汇意义简称词义。它是用语音形式固定下来的人对客观事物的认识和评价,还包括词运用于不同范围以及在某些习惯搭配中所产生的意义。

## 二、词汇意义的特点

### (一) 概括性

这是词义最重要的特点。一个词的意义并不是对客观世界具体、个别的个体认识的结果,而是对同一类事物的共性的反映和认识。在词义的形成过程中,人脑并不抽取具体事物的个别的、非本质的属性,而是抽取某一类事物共同的、本质的属性。也就是说人们在了解、掌握一个词的意义时,实际上是舍弃了客观事物的个性而把握它的一般特征。从动态角度看,词义的形成过程表现为对客观事物属性的扬弃过程,是人脑对客观事物分析、选择、综合概括的过程。如"人"的词汇意义,只抽取了"能劳动、能制造和使用工具,有发达的大脑和语言的高等动物"这样的本质属性,而舍弃了人的种族、民族、性别等其他的特性。

词义的概括性是以客观存在的事物为基础的,但有些如"神仙""上帝""鬼火"这样的词,其意义的产生是由于人们在科学技术不发达的时代对客观世界产生了错误认识,并由此产生的歪曲的反映。

每个词语都标志一类事物,词义从具体事物中抽象概括出可以使一类事物区别于其他类事物的特征。当然,我们可以由此想到,由词构成的词组和句子也具有概括性,这是可想而知的。如我们经常说的"电视"就比"大电视"的概括性要强很多,但"大电视"又比"大彩电"概括的意义更多,"电视"这个词反映的是世界上不同材料、款式、尺寸、用途的各种电视的共同特征,而不是具体的哪一种电视。而作为一个句子,如果说"我买了一台电视。"这仍是概括的,因为这里的"我"可以指任何一个人,"电视"也可以是任何一台电视。

语言所表达的意义都是概括的、一般的,而在平常的交际活动中人们谈论的对象却都是个别的、特殊的,如"他买了一双鞋"在生活中一定是有所指的。

### (二) 模糊性

词义具有概括性,但有些词的意义所概括的范围并没有明确的界限。如"青年",其意义的中心很明确,一般指 18 岁到 30 岁的人,但 15 岁、35 岁算不算是青年,不同的人会有不同的看法,因为这个词本身并没有规定青年期的界限。自然界的很多现象本身就没有明确的界限,对这些现象的概括也就不可能有明确的界限,如"春、夏、秋、冬,高、矮,大、小,胖、瘦,多、少"等。

模糊性的一个重要特点在于它往往出现在词义所指范围的边缘区域,而词义所指范围的中心区是清楚的,如"高、矮"的具体尺寸是不清楚,但它所指的中心区是明确的,如在中国北方,成年男子身高一米八以上就被姑娘们认为是高大的,而不足一米六的就被认为是比较矮的了等。

模糊性在人们的交际过程中起着重要的作用,人们在交流思想时,只要把这一类事物与另一类事物区分开,明确这个词义所包括的大致范围就可以了,如一定要分出每个词的意义,交际会有困难。应该说,模糊性使语言成为人们方便而灵巧的交际工具。

语言交际中既需要确切的意义,也需要模糊的意义。从语义的构成来看则是确切意义与模糊意义的统一。正是有了确切的意义,尽管有模糊意义,我们仍能顺利地进行交际。在交际时,最好能做到根据需要,应该模糊时就模糊些,如同一个宿舍的同学去买衣服,大多数同学会选择不给予明确的"好"或"不好"的意见,一般都会说,"还行"。这种说法是交际中较合理的,既表达了自己的意思,还不伤人。但有的时候就不能乱模糊。语言中的词语不都是模糊的,如科学术语就都十分精确,毫不含糊。不能模糊时就要精确,我们平常说大雨和小雨,这是很模糊的,但气象学中为了研究和预报的准确性和科学性,就必须要有规定,24 小时内雨量为 10 毫米以下的是小雨,10 到 25 毫米的是中雨,25 毫米以上的是大雨。公安局发布的通缉令或是寻人启事就必须是精确的。

### (三) 民族性

语言具有民族性,它体现在语言的各个方面,自然也体现在词义上。不同民族生存的地域环境、历史、文化传统、社会心理以及民俗风情是不同的,这必然导致认识上的不同,这种差异反映在词义上,就造成了词义的民族特点。

同时,在一种语言中,一个词的意义并不是孤立存在的,它总是跟其他词义处于相互依存、相互制约的关系中,形成这种语言的词义系统,各种语言的词义系统都是不同的,这是词义民族性的体现。用什么样的语音形式固定词义,固定后词义的内涵、外延怎样,完全由不同民族自己约定俗成。如在英语中"兄、弟"

的概念由一个词就可以表现,而在汉语中则需要两个词分别来标记,这是不同的民族所特有的。

再有,各种语言中,词的感情义也是有很大差别的。如"dog"(狗)这个词,它的理性意义各民族基本是相同的,即"哺乳动物,嗅觉和听觉都很灵敏,舌长而薄,可散热,毛有黄、白、黑等颜色。是人类最早驯化的家畜,种类很多,有的可以训练成警犬,有的用来帮助打猎、牧羊等。也叫犬。"[1]但感情义却不同,汉语中与"狗"有关的词语多含贬义,如"狗腿子""走狗"等。但在英语中正好相反,大都是褒义的"love me, love my dog"(爱屋及乌)、"a lucky dog"(幸运儿)等,这说明每种语言中词义在形成的时候,人们从不同的角度抽取特性,汉语有的词义抽取的是"狗"驯化后寻求人类喜欢的一面,而英语则抽取了狗天性中忠诚的一面。

### (四) 词义的相关性

一个词义的形成与这个词在词汇体系中的地位分不开,一个词总处在同其他词的相互关系之中。如在古汉语中"书"有"信"的意思,像我们常说的"家书抵万金"等。但现代汉语中有"信、函"这样的词了,"书"表达"信"的这个意思虽然偶尔也用,如"情书",但使用频率已经很低了。社会发生了变化,词义也在词汇系统中受到了限制和影响。

## 三、词义的类型

### (一) 理性意义

理性意义是人脑对客观世界的概括反映,也叫概念意义,是词义的核心部分,我们研究词义,主要是掌握它的理性意义。概念义具有高度的抽象性和概括性,如"兽"这个词,它的理性义是"指哺乳动物,通常指有四条腿、全身生毛的。"[2]这里只抽象出了"兽"的本质特征和与其他动物的本质区别,把大小、形状、颜色等都舍掉了。这就是它的理性意义。

词的理性义是以概念为基础的,但不能因此把词义和概念混为一谈。词义和概念有相互联系的一面,又有相互区别的一面。

---

[1] 《现代汉语词典》第 7 版,商务印书馆 2016 年版,第 461 页。
[2] 《现代汉语词典》第 7 版,商务印书馆 2016 年版,第 1209 页。

（1）词义和概念属于两个不同的范畴。概念属于思维的范畴，它对全人类来讲是共同的；词义则属于语言范畴，具有民族性。当词的理性意义转化为词义的时候，就要接受某种特定语言的结构和词义系统的制约。

（2）概念的形成过程跟词义的形成过程不同。概念的形成是在逻辑思维的过程中进行的，是对客观事物的共同特征进行概括所得出的结果，这是一个抽象、概括和判断的过程。而词义的形成过程则是一种特定语言的历史发展的结果，是它最初的意义和用法不断演变的结果，是语言发展史上多少代人所创作的集体产物。

（3）概念是不带感情色彩的，而词义不但有理性意义，还有感情色彩。

（4）词义以概念为基础，但是，在交际中词义往往同概念不是重合的，而且并非所有的词义都与概念有联系，语言中的感叹词就不表达概念而只表达说话人的感情和意志。

## （二）感情意义

又叫感情色彩，指附着于理性意义之上的人们对客观事物的主观评价和态度，主要包括喜爱、憎恶等。通常所说的词义的褒贬就是感情义的重要体现。如"团结"和"勾结"、"成果"和"后果"、"聪慧"和"狡猾"等各不相同。感情义具有强烈的主观性，是人们根据自己的价值观对客观事物和现象进行的功能评判。这种感情意义是在语言层面之内的，它与在语境中运用语言而临时增加的感情色彩是不同的。另外它虽然表示的是人的主观态度，但它是使用这种语言的社会集团公认的，它仍然具有社会性。

## （三）语体意义

语体意义是词用于不同的语体时所产生的一种附加义，也叫"语体色彩"。由于交际场合、说话者的身份等环境背景因素不同，人们采用不同的语言材料，时间久了就形成了不同的语体。一般分为口语语体和书面语语体。口语中的词义，有生活气息浓厚、通俗易懂、生动活泼等特点，如"黑不溜秋""压根儿""吓唬""溜达"等。书面语体的词义比较正式、文雅、庄重、有较周密的逻辑性，如"散步""致敬""逝世""知名度"等。书面语的种类较多，还可分为公文语体（如"阁下""务希"等），科学语体（如"功率""脱敏"等），文艺语体（如"荡漾""梦幻"等）等。

### (四) 搭配意义

一个词经常与一些词组合而不与另一些词搭配,由这种组合关系而产生的意义就是搭配意义。如同样表示"叫"的意义,与"狗"组合的是"吠";与"鸡"组合的是"鸣";与"狼"组合的是"嚎";与"虎"组合的是"啸"。"吠、鸣、嚎、啸"这些词因为有这种习惯的搭配而获得了"表示某种动物叫声"的特定意义,这就是搭配意义。"姿势"和"姿态",前者强调的是静止不动的样子,后者则强调动态的样子,所以在搭配时,只能说"他写字的姿势不正确",而不能换成"姿态"。又如英语中"tall"和"high"同样是"高"的意思,前者只与表示有生长能力的动物或植物的词搭配,如"tall man"(高的人)、"tall tree"(高的树)等;而后者只与表示没有生长能力的事物搭配,如"high mountain"(高山)等。"high"和"tall"就因此而具有不同的搭配义。

## 第三节 / 义素分析和词义的聚合

### 一、义素和义素分析

#### (一) 义素

语义的基本单位是词的义项。义项是词典、字典中同一个条目内按意义分列的项目。义素是对词的义项进行分析所得到的最小的语义特征,也叫"语义的区别特征"。义素没有语音表现形式,不是音义结合的语言形式,如"哥哥"一词的义项是"同胞中年长的男性",对这个义项进行分析,我们就可以得到[+同胞、+年长、+男性]这几个特征,这些特征是与语音形式无关的。义素不是自然语言的单位,而是理论上分析出来的语义单位。我们可以借助自然语言来描写这些语义特征,但在语言体系中它们是直接观察不到的,当它们集合在一起以后,才体现出自然语言的意义。

#### (二) 义素分析

##### 1. 义素分析的方法

义素分析的方法简单说就是对比法。把一群词集合在一起,对它们的义项进行分析和对比，看看这些词有哪些共同的语义特征，又有哪些不同的语义特征，这样便能分析出一个词的义项是由哪些语义特征集合而成的，对此加以描写，从而确定词义。对比法是进行义素分析的有效方法。

2. 义素分析的程序

(1) 确定对比词群。进行对比的一组词必须是有可对比性的，即对比词在词义上应该属于同一种类。如"虎""狼""豹""熊"等放在一起可以进行对比分析，但"狗"和"苹果"就不能放在一起分析了，因为它们不是一个种类里的事物。

(2) 确定共同义素和区别义素。确定一组对比词之后，便要运用对比法，分析它们之间共同的语义特征和不同的语义特征。如要分析"男人、女人、男孩、女孩"这一组词，先分析出它们的共同义素是[ +人 ]；"男人、女人"的共同义素是[ +成年 ]；"男孩、女孩"的共同义素是[ +年幼 ]；"男人、男孩"的共同义素是[ +男性 ]；"女人、女孩"的共同义素是[ +女性 ]。这些都是四个词或两个词的共同义素。再分析它们的不同语义特征。"男人、女人"的区别义素是[ +男性 ]和[ +女性 ]；"男人、女人"和"男孩、女孩"的区别义素是[ +年长 ]和[ +年幼 ]。

一组对比词，在词义上总是有同有异；异中有同。没有共同义素，不能成为对比词；没有区别义素，无法区别词义。应该全面地看到它们之间的同与异。确定了它们之间的共同义素和区别义素，就能确定一个词的意义。

(3) 义素分析的描写。就是把分析结果形式化，用适当的形式描写出来。描写的方法有两种，一种是借鉴音位区别特征的描写，对每一个义素，都用二元对立的偶分法来描写（见表 3-1）。

表 3-1　义素分析描写示例表

| 项目 | 男人 | 女人 | 男孩 | 女孩 |
|------|------|------|------|------|
| 人 | + | + | + | + |
| 男性 | + | − | + | − |
| 成年 | + | + | | |

上列矩阵图所用的"+""−"，凡是具有斜线右上角的义素的，用"+"号，具有斜线左下角的义素，用"−"号。

另一种描写方法是以词为单位，把每个词的义素集合在一起加以描写。

例如：

男人　　［＋人、＋男性、＋成年］

女人　　［＋人、－男性、＋成年］

男孩　　［＋人、＋男性、－成年］

女孩　　［＋人、－男性、－成年］

3. 义素分析要注意的问题

(1) 义素是最小的语义单位，不能进行再分解，在确定了语义特征后要检查是否已分解为最小的成分了。

(2) 要抓住事物的本质特征。一个词的意义，如果从不同的角度分析，可以得出许多特征。但义素分析则要求抓住最本质的特征。义素分析要简明，要用尽可能少的义素揭示词义的特征，不能烦冗、多余。

(3) 完成义素分析的描写后，要检查一下，每个词的义素集合是否都不同，如果其中有两个词的义素是完全相同的，就说明没有找出它们之间的区别特征，这样的分析除了等义词之外是错误的，需要进一步检查，加以纠正。

(4) 一个词义往往是几个义素的集合，如果其中一个义素改变了，这个词的意义也就跟着改变，如"单身汉"的义素是［＋人、＋男性、＋成年、＋未婚］，如果改变其中的一个义素使其变为［－未婚］，词义就变成"有家的男人"了。

4. 义素分析的价值与局限性

(1) 它能较清楚地说明词义的结构，分析出同义词、近义词、反义词在词义上的细微差别，有利于语言教学。

(2) 可利用义素分析说明句中词与词的搭配在语义上应受的限制。

(3) 义素分析能使语义描写形式化，有利于机器翻译，这可为机器提供一部语义形式化的词典，有助于计算机识别语义并作出反应，从而提高机器翻译的水平。

义素分析的优点很多，但义素分析也有局限性，因为语义特征不是一个封闭的系统，数量很多且不容易确定。可以说人们到目前为止还无法说清仅就现代汉语而言有多少义素。同时，义素分析有时又带有很大的个人随意性，选择哪个特征、舍弃哪个特征还缺乏一个客观的标准。总之关于义素的问题，有很多问题都有待于进一步地深入研究。

## 二、词义的聚合

### (一) 单义和多义

#### 1. 单义词和多义词

只含有一个义项的词是单义词,语言中单义词很少,但科学术语一般都是单义词,并且不带有感情色彩,如"音质""音位""基因""光年"等;含有几个义项的词是多义词,多义词是语言中最常见的。一个词在刚产生的时候,往往是单义的,而后在使用中,其他有关联的意义也逐渐由它来表达,单义词也就逐渐转变为多义词。

#### 2. 本义、派生义和基本义

多义词的多个意义中,最初的意义叫"本义"。多义词的其他意义都是直接或间接地从本义衍生出来的,这些后来衍生出来的意义叫"派生义",也叫作"引申义"。多义词的多个意义中,总有一个是某个时期最常用最主要的,这个意义叫"基本义"。

#### 3. 多义和歧义

一个词虽然可以有几个意义,但在使用中一般不会产生歧义而影响人们的交际。这是因为首先,词语总是在一定的上下文中使用的,特定的上下文会使多义词只体现一个意义;其次,人们的言语交际总是在一定的环境中发生的,特定的交际环境也可以使多义词只体现出一个意义。

#### 4. 多义词和同音词

多义词和同音词也不同。语音相同而意义不同的词是同音词。多义词和同音词的共同之处在于它们都是以一个语音形式来表示多个意义。二者的区别在于多义词的各个意义之间有着内在的联系,同音词的意义之间则没有任何联系,或者原来有联系,但随着语言的发展演变,人们已感觉不到这种联系的存在了。多义词是一个词兼有几个互相有联系的意义,是词义的一种聚合方式,而同音词则是两个或几个不同的词,与词义的聚合没有直接的联系。

### (二) 同义词

#### 1. 什么是同义词?

同义词是指一种语言或方言中意义相同或相近的两个或两个以上的词,如

"公尺—米""凉快—凉爽"等。

2. 同义词的特点

(1) 同义词是就词语之间的关系而言的,孤立的词语无所谓同义词。

(2) 要构成同义词,不同词语的词义所概括反映的对象必须是相同的,或者是基本相同的,因而指称某一大类事物的词和指称这一大类事物中的某一小类的词不能构成同义词,如普通话"衣服—衬衣",英语"hand(手)—finger(手指)"等。

(3) 同义词是就特定语言或方言的词汇系统而言的,不能跨越语言或方言来讨论某个词有哪些同义词,因而不同语言或方言中表示同一意义的词不能算是同义词,如普通话的"书"和英语的"book"(书)、普通话的"玉米"和成都话的"玉麦"等。

3. 同义词的种类

同义词有两种,一种是意义完全相同,是等义词,一种是意义相近的,是近义词。

(1) 等义词。这是指包括理性意义和非理性意义在内的词义完全相同的两个或两个以上的词,如"维他命—维生素""晓得—知道""演讲—讲演"。一般来说,等义词在语言中大多不能长期存在。它们要么逐渐分化,产生出细微的差别,由等义词转变为近义词;要么随着时间的推移,逐渐淘汰其他的,最终只保留一个。

(2) 近义词。这是指理性意义相同或基本相同,但又有细微差别的两个或两个以上的词。一般所说的同义词绝大多数都属于这种类型如"改善—改进""结果—成果"等。

近义词的差别可以表现在理性意义上,如"书—书籍""优秀—优良—优异"等。也可以表现在感情色彩上,如"行为—行径""鼓动—煽动"等。还可以表现在语体色彩上,如"爸爸—父亲""溜达—散步"等。

如果一个词是多义词,那么它就有可能在不同的义项上与不同的词构成同义关系。如"熟"在"植物的果实等完全长成"这个义项上与"成熟"构成同义关系;在"因常见或常用而知道得清楚"这个义项上又与"熟悉"构成同义关系;在

"因常做而有经验"这个义项上与"熟练"构成同义关系。[①] 又如英语"hard"在"硬的"这个义项上与"firm"构成同义关系;在"困难的"这个义项上与"difficult"构成同义关系。

### (三) 反义词

1. 什么是反义词?

这是指一种语言或方言中意义相反的两个词。如普通话"大—小""积极—消极",英语"good(好的)—bad(坏的)""long(长的)—short(短的)"等。

2. 反义词的特点

(1) 反义词的意义反映的是同一事物内部两个矛盾或对立的方面,具有共同的意义领域是构成词语间反义关系的基础,如"快"和"慢"都是指速度,"男"和"女"都是指人的性别等。

(2) 反义词是指两个词意义相反,这是以逻辑上的矛盾关系和反对关系为基础的,如"男人"和"女人"、"本地"和"外地"是以矛盾关系为基础构成的反义词,"深"和"浅"、"高"和"矮"是以反对关系为基础构成的反义词等。

(3) 反义词是就词语的基本理性意义之间的关系而言的,理性意义上的细微差别以及附加色彩的对立都可能成为近义词之间的反义因素,但不能构成反义词,如"老师"和"教书匠"等。

(4) 和同义词一样,反义词是就特定语言和方言的词汇系统而言的,不能跨越语言或方言来讨论某个词有哪些反义词,因而不同语言或方言中意义相反的词不能算是反义词。

3. 反义词的种类

反义词有绝对反义词和相对反义词两类。

(1) 绝对反义词。绝对反义词是指两个词的词义互相排斥,没有中间状态。绝对反义词体现的是矛盾关系,概念的外延没有交叉,并且反义词的外延之和等于它们的上一级概念的外延,如"正—反""死—活"等。

(2) 相对反义词。相对反义词指在语义对立中留有空白,可以插进别的词。

---

① 《现代汉语词典》第 7 版,商务印书馆 2016 年版,第 1213—1214 页。

相对反义词间体现的是反对关系,概念的外延没有交叉,并且外延之和小于它们的种概念的外延,如"左—右""困难—容易"等。

在语言中,一个词往往可以和几个不同的词互为反义,这分为两种情况。

(1) 如果一个词是多义词,那么它就可能在其不同的义项上分别与不同的词构成反义关系。比如"老"是一个多义词,它在"年岁大"这个义项上,可以和"少"构成反义关系;在"陈旧"这个义项上,可以和"新"构成反义关系;在"事物因烹饪时间过长而口感不好"这个义项上,可以和"嫩"构成反义关系等。

(2) 语言中不同的词往往有不同的搭配习惯,因而同一个词用在不同的上下文中,即使义项相同,也可能会和不同的词构成反义关系。比如"高"的一个常用义项是"从下向上距离大",当这个义项用在"这里地势很高""飞得很高"中时,它的反义词是"低";当用在"他个子高"中时,它的反义词是"矮"等。

4. 反义词的作用

反义词在语言中的作用是多方面的。

(1) 利用反义词可以帮助我们在编纂词典时确定多义词的义项,可以帮助我们辨析近义词之间的细微差别。

(2) 反义词在修辞上有对比作用,可以用来揭示矛盾,突出对立面,增强语言的表现力。

### (四) 语义场

1. 什么是语义场?

"场"(field)的概念是从物理学中借用过来的,它原指一个范围,在这个范围之中,某些物质相互关联、相互作用,如电场、磁场、引力场等。

在语言学中,凡是具有共同语义特征,在词义上处于相互联系、相互制约、相互作用中的一群词聚合在一起,在语义上就形成一个场,称之为语义场。如"父亲、母亲、儿子、女儿、丈夫、妻子……"的类属义素都是"亲属",它们就构成一个语义场——亲属场。在一个语义场内,共同的类属义素使不同的词义相互关联,各自不同的区别性义素又使不同的词义相互区别,这些词义连结在一起,共同反映一类对象,但又有不同的语义分工。

2. 语义场与语言中的上下位词之间的关系

语言中有些词所代表的事物范围大，有些词所代表的事物范围小，如果后者所代表的事物可以完全包容在前者所代表的事物的范围之内，那么它们之间就有上下位的关系，其中所代表的事物范围大的叫"上位词"，所代表的事物范围小的词叫"下位词"。比如"蔬菜"这个词，对于"白菜""萝卜""韭菜""菠菜"这些词来说，它所代表的事物范围就大，并且可以完全包容后几个词所代表的事物，因而"蔬菜"是"白菜""萝卜""韭菜""菠菜"等的上位词，后者都是"蔬菜"的下位词。属于同一个上位词的若干个下位词都具有相同的类属义素，可以构成一个语义场。所以说，语义场与语言中的上下位词的关系有着密切的联系。

3. 语义场的特点

(1) 语义场最重要的特点是它的系统性。语义场理论探讨的是词义的分析。在一个语义场内，所有的词在意义上相互联系、相互制约。也就是说，在一个特定的意义领域内，各个词的意义限制了它邻近词的意义，它自己也要受邻近词义的制约，单个的词从整体结构中获得明确的意义。在一个语义场中的某个词的意义发生了变化，或每增减一个词，它邻近的词在意义上也会相应地发生变化。这是客观世界的系统性在语义中的表现。如古汉语中"牙"和"齿"，两者虽都指"牙齿"，但二者又有不同的分工。"牙"指两旁的"牙齿"，"齿"指中间的"牙齿"，后来"齿"退出了交际领域，"牙"便扩大了自己的意义范围，指所有的"牙齿"。

(2) 语义场的结构是有层次的。语义场是由很多反映事物所属类别的语义特征构成的聚合体。一种语言的词汇可以根据语义特征划分为若干语义场。若干较小的语义场可以集合成较大的语义场，若干较大的语义场可以集合成更大的语义场。比如"卡车、轿车、吉普车……"可以构成"汽车"这个语义场；"汽车"又可以和"火车、大车、自行车……"语义场集合成"车"这个较大的语义场；"车"还可以和"船""飞机"等语义场集合成"交通工具"这个更大的语义场。

(3) 语义场的民族性。语义场中词与词的关系是某种语言所独有的。同一个语义场中的词，各种语言的表达是不同的。如在"颜色场"中，对光谱的切分在汉语中是由"赤、橙、黄、绿、青、蓝、紫"七个词的意义来承担的，而英语的基本分类是"red(红)、orange(橙)、yellow(黄)、green(绿)、blue(蓝、青)"等。汉语和英语的颜色词数目不同,它们之间在词义上的相互对立、相互制约的关系便有所不同,英语的"blue"只与其他四个词对立,因此获得了"蓝、青"两种意义,而汉语的"蓝"是在与其他六个词的对立中获得明确意义的。汉语和英语还有不同的亲属称谓系统,等等。

4. 语义场的类型

根据语义特征可以划分出若干个语义场(这里划分出的类别是相对的)。

(1) 同义义场。指由语义特征基本相同的词义构成的语义场。严格地说,所有的义素都一样的词义是不存在的。

(2) 反义义场。指含有一个对立或相反义素的词义的聚合。如"爱戴"和"轻慢"。

(3) 描绘义场。如"湿淋淋""白茫茫""乐陶陶"等。

(4) 亲属场。如"父亲""母亲""儿子""女儿"等。

(5) 颜色场。如"赤""橙""黄""绿""青""蓝""紫"等。

(6) 分类义场。如"中医、西医""软卧、硬卧""水田、旱田""海、陆、空"等。

(7) 部分义场。如(人的)"头、颈、肩、胸";(地球的)"地壳、地幔、地核";(语言的)"语音、语义、语汇、语法"等。

(8) 顺序义场。如"一、二、三""学士、硕士、博士""优、良、中、及格、不及格""毫米、厘米、分米、米"等。

汉语不同的语义场之间存在重重叠叠、错综复杂的关系。总的说,有纵的和横的两种关系。纵的关系是语义系统内层次间的关系,是母场与子场的关系。横的关系是同属于母场的诸子场之间的关系。无论是纵的或横的关系,又有着不同的情况。语义场总在发展变化着,所以说语义场是开放性的。

5. 语义场理论的价值

(1) 通过语义场的研究,我们可以看到一个词义在语义场中处在怎么样的一个类聚和层次中,这样,词汇意义就形成了一个有结构关系和结构层次的语义体系。语义场的研究为语义结构、语义体系的研究提供了理论依据、方法和途径。

(2) 语义场的研究成果,对翻译工作和语言教学都是有益的。

（3）语义场为义素分析提供了方法的依据。

（4）语义场的研究对编纂类义词典也有指导作用。

# 第四节 / 句义

## 一、句义的构成

句义依据表达形式的不同可分为词汇意义、关系意义和语气意义。

### （一）词汇意义

词汇意义是指以词语的形式表达的意义，是用语音形式固定下来的人对客观事物的认识和评价，还包括词运用于不同范围以及在某些习惯搭配中所产生的意义。弄清楚句中词语的词汇意义是理解句义的基础。同时，句中词语的词汇意义也是句义的重要组成部分。

### （二）关系意义

词汇意义是词语本身的意义，而关系意义是词语进入组合之后所产生的意义。词语在组合中的相互关系包括语法结构关系和语义结构关系，所以，词语间的关系意义又分为句法关系意义和语义关系意义。

（1）句法关系意义。词语在一定语法结构中所产生的相互关系被赋予的意义就是句法关系意义。如动宾结构关系所赋予的意义是"涉及"，并列结构关系所赋予的意义是"平等"等。

（2）语义关系意义。语义关系意义是指词语在组合中的语义关系所赋予的意义。如动词和名词间有"动作"与"工具""动作"与"结果"等语义关系意义。语义关系意义是正确理解句子意义的前提之一。

### （三）语气意义

反映说话人使用句子的目的和说话人情绪的意义就是语气意义。语气意义包括陈述、疑问、祈使、感叹等不同的意义。语气意义一般都是通过语调形式来表达的，在有些语言中，一些虚词和语气副词也有表达语气意义的作用，如汉语中的"吗"可以用来表达疑问的语气，"竟然""居然"等可以表达惊诧的语气等。

## 二、句子的语义结构

一个或几个句子的结构表现的是说话人的思想，是要受到思维规律制约的，可以由逻辑加以说明，所以在分析句义的结构时，多参照逻辑学的数理逻辑的命题演算，尤其是谓词演算。谓词演算是研究命题的主词、谓词等是怎样构成的。

### (一) 述谓结构

从语义结构上看，一个句子包括情态和命题两部分，情态部分包括时态、语态、语气等方面的意义，情态以外的部分便是命题。命题就是有所陈述的句子，命题一般都是说话人就客观世界和内心世界的某一对象所作的说明，所以命题有两部分，被说明的对象(主题)和对该对象的说明(述题)，主题是已知信息，而述题是未知的。

一个命题在语义结构上又可以进一步分析为一个"述谓结构"，一个述谓结构由一个"谓词"和若干个"变元"组成。谓词一般就是句子中的谓语动词或形容词。变元又称"题元""项"等，是与谓词有直接语义关系并受谓词支配的语义成分，一般都是名词性的词语，在句子中经常充当主语或谓语。如"小李来了"中，"小李"就是"变元"，"来"是谓词。谓词和每个变元都可以进一步分析为若干义素的集合。

在述谓结构中，谓词是句义中说明主题的部分，就是说明主题对象的变化、运动、行为、或情感、意愿、状态或处于何种关系中的。谓词有的就是述题，如"汽车开了。""开"是谓词也是述题。

根据谓词和变元间的语义关系，可以把变元分为若干个类型，这种变元的类型一般称之为语义角色。常见的语义角色有"施事""受事""与事""工具""结果""处所""时间"等。

### (二) 述谓结构的类型

述谓结构可分为简单述谓结构、复合述谓结构、从属述谓结构、降级述谓结构四类。

(1) 简单述谓结构。由一个谓词和若干个变元构成的述谓结构。其中所有变元都只是名词性成分而不是述谓结构,如"小张跑了。"/"我给他一张纸。"等。

(2) 复合述谓结构。由两个或两个以上相对独立的述谓结构按照一定的语义关系复合而成的述谓结构。这里所谓的"相对独立",是指复合述谓结构中的若干述谓结构之间不存在谓词和变元的关系。如"我唱歌,他跳舞。"/"他去卖水果。"等。

(3) 从属述谓结构。有的述谓结构中的变元本身也是一个述谓结构,这种充当其他谓词变元的述谓结构就是从属述谓结构。从属述谓结构作为变元的述谓结构是"主要述谓结构",从属述谓结构受主要述谓结构谓词的支配。从句法上看,充当主语或宾语的述谓结构都是从属述谓结构,如"他希望我走。"中的"我走"就是一个从属述谓结构,相当于英语中的状语从句或者是主语从句、宾语从句。

(4) 降级述谓结构。述谓结构中的变元可以带有修饰限定性的成分,表示变元某方面的特征,充当这类成分的述谓结构就是降级述谓结构。从句法结构上看,充当定语的述谓结构都是降级述谓结构,如"小张正在玩你前天送给她的扑克"中"你前天送给她"就是一个降级述谓结构。实际上,降级述谓结构虽然具有述谓结构的结构特点,但它的作用却相当于变元的一个语义特征,所以降级述谓结构又叫"特征化了的述谓结构",相当于英语中的定语从句。

## 三、语义指向

语义指向是指句子中某一个成分跟句中或句外的一个或几个成分在语义上有直接联系,其中包括了一般所认为的语义辖域。运用语义指向来说明、解释语法现象,就称为语义指向分析。

句法结构和语义结构既有联系又有区别,成分之间的句法关系和语义关系有一致又有不一致的现象。例如:

a. 我重重地摔了一跤。

b. 我狼狈地摔了一跤。

a 的状语"重重地"语义指向谓语动词,二者之间的句法关系和语义关系是一致的。b 的状语"狼狈地"语义指向主语,二者之间的句法关系和语义关系不一致。语义指向分析着重用于句法关系和语法关系不一致的语法现象。换言之，语义指向主要考虑句法上非直接成分之间所发生的语义上的直接联系。

根据目前汉语语法关于语义指向分析的研究情况考察，可以以在分析中是否考虑语境因素的影响而使语义指向发生变化为依据，把语义指向分析方法分为动态和静态两大类。

## （一）静态语义指向分析

在考察一个句子的某个成分的语义指向时，孤立地从这个句子出发，不考虑句外的语境等因素的影响，就可以直接分析出它的指向，而且这种语义指向一般是固定不变的，我们把这种语义指向分析称为静态语义指向分析。这种分析方法适合所有的句子，包括没有具体句外语境的抽象的句子，适合考察的句子成分是补语、状语、定语、谓语动词等。

1. 补语

例如：

a. 我干累了。

b. 他干完了活儿。

c. 我干快了。

d. 这活儿可把我干苦了。

a 补语"累"的语义指向主语"我"，b 补语"完"的语义指向宾语"活儿"，c 补语"快"的语义指向谓语动词"干"，d 补语"苦"的语义指向介词"把"的宾语"我"。

2. 状语

例如：

a. 我重重地摔了一跤。

b. 我狼狈地摔了一跤。

再如：

c. 大家圆圆地围成一个圈。

状语"圆圆地"的语义指向宾语"圈"。

3. 定语

例如：

a. 她昨天想了一天的心事。

b. 他买了十块钱的饲料。

c. 小王过了一个愉快的假期。

d. 小李拔了十块钱的草。

a 定语"一天的"语义指向谓语动词"想",b 定语"十块钱的"语义指向宾语"饲料",c 定语"愉快的"语义指向主语"小王",例 d 定语"十块钱的"语义既可以指向宾语"草",意思是"草值十块钱",也可以指向"小李拔草"这一行为,意思是"小李给人拔草得到十块钱",因此这是一个歧义结构。

4. 谓语中的动词

例如:

a. 我找个老师问。

b. 我找个老师教。

c. 我找个人一起去。

d. 三顿饭就把他吃厌了。

e. 一句话就把小张说火了。

a 谓语中的后一个动词"问"的语义指向主语"我",b 谓语中的后一个动词"教"的语义指向谓语中的前一个动词的宾语"老师",c 谓语中的后一个动词"去"的语义指向主语"我"和前一个动词的宾语"人",d 谓语动词"吃"的语义指向介词宾语"他",e 谓语动词"说"的语义指向并不是指向主语"一句话",而是指向句外某个表施事的成分。

这些语义指向跟句外的语境没有关系,都是从句子本身直接分析出来的,并且只有一种分析,不会变化。这种静态语义指向分析不涉及语用因素,因此也可以称为单纯语义指向分析。

(二) 动态语义指向分析

如果考察分析某个句子成分的语义指向时,需要考虑语境(主要是上下文)因素,那么语境不同,其语义指向也随之而不同。我们把这种语义指向分析称为动态语义指向分析。这种分析方法常用于副词的语义指向,例如:

a. 我只买了一本杂志。

这个句子中,副词"只"的语义指向会受语境的影响而所指不同,例如:

b. 我没干什么,只买了一本杂志。

c. 我没买什么,只买了一本杂志。

d. 我没买多少,只买了一本杂志。

b 由于前一分句的谓词性成分是"干什么",后一分句的谓词性成分"买了一本杂志"成了全句的焦点,因此"只"在语义上指向述宾结构"买了一本杂志"。c 由于前一分句的谓词性成分是"买什么",后一分句的名词性成分"一本杂志"成了全句的焦点,因此"只"在语义上指向定中结构"一本杂志"。d 由于前一分句的谓词性成分是"买多少",后一分句的数量词语"一本"成了全句的焦点,因此"只"在语义上指向数量结构"一本"。以上这些语义指向跟语境密切相关,随着语境变化而变化。这种动态语义指向分析涉及语境、焦点等语用因素,因此也可以称为语用语义指向分析。

## 四、蕴涵和预设

句义间有各种不同的关系,蕴涵和预设就是句义之间的两种重要的关系。

### (一) 蕴涵

就话语本身所表达的意义而言,如果从句义甲可以推知句义乙,反向推导不成立,就说明甲蕴涵乙。蕴涵可以用公式表示为:"甲→乙"。一般读作甲蕴涵乙或是乙以甲为蕴涵。甲命题是真实的,它的蕴涵乙命题也一定是真实的。蕴涵也译作"包含""推衍"或是"推断"。这种关系多发生在有上下位关系或整体与局部关系的句义之间,例如:

a. 他买了一张床。→他买了一个家具。

b. 他打了小王一个耳光。→他打了小王。

一般情况下,蕴涵的规律是含有下位概念或局部概念的句义蕴涵含有上位概念或整体概念的句义,而不是相反。但如果上位词语或表示整体的词语是周遍性的,即强调所述之事涉及某类事物的全体成员或某一整体的所有部分,则含有上位概念或整体概念的句义蕴涵有下位概念或局部概念的句义。如"什么家具他都有。"→"他有写字台。""书房里的东西全乱了。"→"书乱了。"

语义学研究的蕴涵关系是指就话语本身所表达的意义而言的蕴涵关系,这种关系通常可以从句子本身的意义推知,而不用依赖于相关的背景知识。下面的蕴涵关系就不是语义学中的蕴涵关系,因为不能从句子本身的意义推知,如"今天是中秋节。"→"今天吃月饼。"

一个句子的蕴涵往往不止一个,这是因为上下位关系是相对而言的,上位之上可能还有上位,下位之下可能还有下位。这样,蕴涵就可以形成一个序列,如"他有钢笔。"→"他有笔。"→"他有文具。"另外,一个句子也可以从不同的角度与不同的句子构成蕴涵关系,例如:

a. 那个韩国学生送他一盒男士化妆品。→那个韩国学生送他一盒化妆品。

b. 那个韩国学生送他一盒男士化妆品。→那个韩国人送他一盒男士化妆品。

如果两个句义相互蕴涵,它们就是同义关系。例如:

c. 毛泽东是毛岸英的父亲。←→毛岸英是毛泽东的儿子。

如果两个句义互以对方的否命题为蕴涵,它们就是矛盾关系。例如:

d. 张力是处长。→张力不是科长。

e. 张力是科长。→张力不是处长。

"张力是处长"和"张力是科长"分别以对方的否定命题为蕴涵,二者之间是矛盾关系。

## (二) 预设

预设也是就话语本身表达的意义而言的。如果句子甲的肯定和否定这两种形式都以句子乙的肯定式为前提,则句子乙是句子甲的预设。预设不在句子的断言范围内,是句子的背景信息。预设也译作"前提""先设"。预设可以用公式表示为:"甲⇒乙",意思是"甲以乙为预设"。预设与蕴涵的差别如下:

a. 甲:"他姐姐在长春上大学。"→乙:"他姐姐在长春。"这里,乙是甲的蕴涵。

b. 甲:"他姐姐在长春上大学。"⇒乙:"他有姐姐。"这里,乙是甲的预设。

一般情况下,如果乙是甲的预设,否定甲时,乙仍成立,如果乙是甲的蕴涵,否定甲时,乙可能成立,也可能不成立。如 a 例,乙是甲的蕴涵,如果对甲进行否定,"他姐姐没在长春上大学",那么,乙可能成立,因为他姐姐可能在长春上中学,乙也可能不成立,因为他姐姐可能根本没在长春上学。b例中的乙是甲的预设,如果对甲进行否定,乙依然成立。

同蕴涵一样,一个句子的意义可以通过预设关系与其他句义联系在一起,使这些句义成为这个句义潜在的意义,因而在有时说出一个句子后,再说出这个句子的预设,就会使人感到重复啰唆。例如:

a. *老王又来了,老王以前来过。

b. *我们的生活将更美好,我们现在的生活是美好的。

## 五、歧义

### (一) 什么是歧义

歧义指的是一种语言结构表达多种意义的现象。在言语交际中,一句话如果存在歧义,就会影响人们对话语的正确理解。

### (二) 引起歧义的因素

引起歧义的因素可以从句法、语义和语用三个平面考虑。

1. 句法平面因素引起的歧义

(1) 词的功能不同而引起的歧义。例如:

a. 锤不破。

b. 车子没锁。

a中"锤"既可以做名词,也可以做动词用,所以句子就有了两种解释。b中"锁"也是既可以做动词,又可以做名词,句子既可以理解为"车子没装锁。"也可理解为"车子没上锁。"

(2) 结构层次不同引起的歧义。

① 动词的支配范围不定。例如:

a. 关心孩子的/母亲。

b. 关心/孩子的母亲。

② 定语的修饰范围不定。例如:

a. 三个函授班的/学生。

b. 三个/函授班的学生。

③ 连词的连接范围不定。例如:

a. 贵州和四川的/部分地区。

b. 贵州/和四川的部分地区。

④ 介词的管辖范围不定。例如:

a. 对售货员的/意见。

b. 对/售货员的意见。

⑤ "和"的语法性质不定。例如:

a. 老王和小张/在一起下棋。("和"是连词)

b. 老王/和小张在一起下棋。("和"是介词)

(3) 层次相同,结构关系不同而引起的歧义。

词与词组合在一起,必定有种结构关系。有时这种结构关系不止一种,如"炒鸡蛋"可以分析为动宾关系,也可以分析为偏正关系,"宾馆餐厅"可以分析为联合关系,也可以分析为偏正关系。

2. 语义平面因素引起的歧义

(1) 施受关系不明确而引起的歧义。例如:

a. 老师应该照顾。

b. 鱼不吃了。

施受关系不定,句子的主语"老师"和"鱼"既可看作施事者,又可看作受事者。这类歧义句的动词多半是所谓"双价动词"。动词的价是讲动词与名词间语义上的选择关系的。只要搞清楚这类句子中名词与双价动词间的施受关系,其歧义关系就可以避免。

(2) 语义指向不明而引起的歧义。

这里的语义指向,是指处在句子的同样句法位置上的具有同样语法性质的词语可以同句子的不同成分发生语义联系的现象。例:"老王在火车上看见了小张"中,"在火车上"可以表示动作行为发生的场所,也可以表示动作行为终止的处所,还可以兼而有之。

(3) 指代不明而引起的歧义。

如"他的故事讲不完。"中,"他的故事"可以指"他编写的故事或收集的故事",也可以指"有关他的故事"。

3. 语用平面因素引起的歧义

一般来说,语用平面主要是研究说话人和听话人双方的种种主客观因素、语言环境因素、非语言环境因素和社会文化背景因素对言语交际的作用和规律。交际双方的背景不同,可能会引起理解的歧义。

比如,一位来自美国西部的旅游者,驱车在华盛顿市内行驶。他迷路了,就把车靠边停下,向一位政治家模样的过路人问道:"先生,请问国务院在哪边?"这位当地人答道:"完全有希望在我们这一边"。这里问话者需要的答案是国务院的地理位置,通常情况下并不会产生歧义,但答话者所处的特殊语境却使他误解了问话,回答的是国务院的政治倾向。

另外,句子可以有不同的口气,在某些句子中,语气和口气让人捉摸不定,也容易产生误解。如"他一个早上就写了三封信。"人们可以有两种理解,一是批评他写信写得少("就"读重音);一是称赞他写信写得多("就"读轻音)。

# 第五节 / 语用意义及其变化模式

## 一、语用意义的类型

### (一)语境意义

#### 1. 什么是语境意义

语用意义的出现离不开一定的语言环境,语言环境简称语境,指人们用语言进行交际时的具体环境。语境有广义和狭义之分。狭义的语境指一个语言单位出现的前后环境,也就是书面语的上下文和口语的前言后语。广义的语境指交际的场合及语言交际的背景,包括时代背景和社会文化背景。语用意义的产生是这两种语境综合作用的结果。狭义的语境是语用意义产生的直接原因,广义的语境是语用意义产生的背景,也是其产生的最深刻、最根本的原因。总的说来,语境在交际中可以使话语获得特殊的意义,这便是语境意义。

2. 语境对语义的作用

(1) 语境可以使语言意义明确,消除多义和歧义。如"连老王都打了"在特殊的语境中是没有歧义的。

(2) 可以使词语获得临时的、特殊的含义。离开语境而孤立存在的词语,只有抽象、概括的意义,就是通常我们所说的语言意义,但是一个词进入了特定的语境后,便具有语境所赋予它的一种特殊意义。如《小二黑结婚》中三仙姑说的"米烂了"和二诸葛说的"不宜栽种"等。

(3) 可以影响词语的感情色彩。一个词语进入特定的语境之后,有时会改变它原来的感情色彩。如在熟人面前说"几天不见,混得人模狗样的",有亲切、夸赞的感情色彩。

(4) 可以填补、丰富词语的意义。有时候,一句话只有一两个词,可是在特定的交际环境中,这一两个词就能表达一个完整的意思,如黛玉临死前说"宝玉,你好……"。

## (二) 社会意义

社会意义是指社会文化生活所赋予词和句子的背景意义。正确理解说话人的意图,与听话者是否具有一定的社会文化背景知识有关。如"乌龟"一词在汉语和日语中就有不同的理解,这样在交流时了解两种语言和两种社会的文化背景就显得极其重要了,否则就会出笑话。社会意义把整个时代意识作为它的背景知识。文学创作中的象征手法就是把文学作品和特定的时代背景结合起来的一种创作手法。

## (三) 联想意义

联想意义是听话者通过推理、联想作用来理解说话者的意图,并由此而得出一种超出句子字面意义的隐含意义。如在公共汽车上,甲突然大声地说:"我口袋里的钱包哪去了?"乙答:"有两个鬼鬼祟祟的小青年刚下车了。"甲可以对乙的答话进行一系列联想推理,这联想推理得出的意义就是"刚才那两个小青年把钱包偷去了"。

联想意义与两个因素有关,就是说话者的意图和听话人的理解。说话者在表达自己的意图时,由于各种不同的情况而采取了省略、委婉、礼貌等表现手法,听话者在理解这些话语的意义时,就要听出弦外之音。总之,说话人无论用什么方式来表达他的意图,他都认为听话人是知道这些话的背景的,因而能领会他的意思。

## 二、语用意义变化的模式

语义随着语境的不同而千变万化,但就其主变化的模式来看,主要有反义、转义、意在言外三种。

### (一) 反义

词语表达的意义和词语的实际意义相反。这类情况是这两种变化中较多的。如"然而我们的阿Q却没有这样乏,他是永远得意的:这或者也是中国精神文明冠于全球的一个证据了。"① 这个例子中"中国精神文明冠于全球"是和原义相反的。

### (二) 转义

转义是指由于语境的影响而使词语的原义发生转化,具有新的不同于原来的意义,但又不是完全相反的意义。如"老太爷过去了。"(茅盾《子夜》)中"过去"不是指从一个地方去到另一个地方,而是指"死了",这就是"过去"在特定语境中的转义。

转义现象一般发生在专有词语上面,如"中国的达尔文""当今的包公"等。这些专有词语受到语境的影响,由原来特指的意义转为泛指意义,即达尔文转义为著名的生物学家,包公转义为铁面无私的法官等。

### (三) 意在言外

意在言外的问题实质上也是语义与语境的关系问题,不过因为它的表现形态有些特殊,而在日常生活中又经常出现,因此就成为语言交际中值得注意的现象。在社会生活中,人的思想感情是错综复杂的。因此,思想感情的表达,不仅要注意方式、语气,有时还要借助于眼神、手势、表情等,于是产生了体态语言学这一门学科。有时正是为了充分表达思想,在语言结构上反而故意要留下一些

---

① 《鲁迅全集》第一卷,人民文学出版社2005年版,第524页。

空白去让对方回味、补充;有时直说反不如影射暗示效果来得更好。

## 🔲 思考与应用

### 一、术语解释题

词汇意义　义项　义素　语义场　基本义　理性义　色彩义　单义词
多义词　同义词　反义词　语义　语言意义　言语意义　语义角色
语义指向　蕴涵　预设　歧义

### 二、复习思考题

1. 简述语义的类型。

2. 词义具有哪些特点?

3. 简述词义的类型。

4. 义素分析的方法和步骤。

5. 简述反义词的作用。

6. 举例说明反义词的类型及特点。

7. 简单谈谈同音词和多义词的区别和联系。

8. 举例说明语言的模糊性在语言运用中的表现及其作用。

9. 词义同概念有何区别?

10. 述谓结构有哪些类型?

11. 举例说明语义场的特点。

12. 语义指向有哪些类型?

13. 试说明歧义的类型。

14. 谈谈语用意义的类型。

15. 语境会使语义发生什么变化?

16. 语用意义变化的模式主要是什么?

### 三、实践应用题

1. 辨析下列同义词。

失望—绝望

果断—武断

脑袋—头部

2. 运用动态语义指向理论分析下面的句子中"只"的语义指向。

我只买了一本杂志。

3. 试就下面一组词进行义素分析。

(1) 伯伯　叔叔　姑姑

(2) 鞋、袜子、靴

# 第四章 词汇

## 第一节 / 词汇及其单位

词汇是语言中全部的词和词的等价物,即固定短语的总汇。词汇的主体是单词,除了单词以外,还包括固定短语。一定范围内的词和固定短语的总和也可以称为词汇,如某种方言、某部著作、某个人掌握的词汇。词汇和词汇成员的关系是集体和个体的关系,词汇众成员之间形成一个互相联系、互相作用的系统。

### 一、词汇的性质和特点

词汇在语言系统中占有重要地位,语音不能离开词汇单独存在,语法通过词与词的结构关系或词的形态变化表现出来,就性质而言,词汇是语言的建筑材料,没有词汇就没有语言,词汇是构成语言的要素之一。

#### (一) 词汇的任意性和理据性

词汇在产生时既有任意性,又有理据性。任何语言的词语,特别是意义单一的词,发什么音表什么义在初始阶段大多是任意的,不同民族约定的结果不同,没有什么道理可讲。比如现代汉语中表示“视觉器官”的意义用“眼睛[ iɛn²¹⁴tɕiŋ⁵⁵ ]”这个词,而英语中用“eye[ ai ]”。但语言中也有相当多的词语,特别是“拟声词”“同源词”和“复合词”,其音义联系有一定的理据性。拟声词通过模拟自然界的声音造词,如“喵喵”“布谷”等就是模拟动物的叫声造出来的词。同源词指有相同意义来源的一组词,如“长、张、帐、涨、胀”等,后面几个词的意义都跟“长”的意义有关。复合词是两个以上语素构成的词,如“雨衣”“睡袋”等词的意义是语素意义的组合。词汇的任意性和理据性是统一的,任意性是词汇得以产生的途径,理据性是词汇不断丰富的手段。词汇的任意性是绝对的,理据性是相对的。

### (二) 词汇的普遍性和民族性

词汇在表达上既有普遍性，又有民族性。语言中的词汇，特别是实词词汇，与逻辑上的"概念"密切相关，概念和词语本质上都是对客观事物的反映，客观世界中存在某种事物现象，逻辑上有某个概念，语言中就一定会有某个相应的词语来表达它，这方面所有的语言都一样，这就是词汇的普遍性。如"山、石、水、草"等是客观存在的，无论哪种语言中都会有体现这几个概念的词语，汉语中用"山、石、水、草"来表示，英语中用"mountain、stone、water、grass"来表示。

不同语言中词语对客观事物的表达与概念对客观事物的反映又有许多不同，词语往往反映某个民族对事物的独特认识，在这方面不同语言可能有明显差异，这就是词汇的民族性。词汇的民族性是语言的民族性的体现，主要表现在下面几个方面：

#### 1. 音义结合的差异

词是音义结合的统一体，但是什么语音形式和什么语义内容结合在一起构成一个词来代表什么事物，在不同的语言里是不同的。例如"成本的著作"的词义，汉语普通话跟[ʂu⁵⁵]这组音结合构成"书"这个词，英语跟[buk]这组音结合构成"book"这个词，俄语跟[knigə]这组音结合构成"книга"这个词，它们都代表同一个事物——"书"。再如[ai⁵⁵]这组音，汉语跟"悲痛、悼念、怜悯"的语义相结合构成"哀"这个词，英语则跟"第一人称代词单数"的语法意义相结合构成"I"这个词，它们代表不同的事物。有的词在不同语言里，语音和语义这两方面都相同或相近，代表同一事物，那一般是借词。如汉语的"基因"，转借自英语的"gene"[dʒiːn]，语音变为[tɕi⁵⁵in⁵⁵]，与原词读音相近，意思相同。

#### 2. 用不同单位标示同一事物

甲语言用词来标示的，乙语言用短语来标示。如汉语的"哥哥"，英语是"elder brother"，汉语的"弟弟"，英语是"younger brother"；汉语的"共产党"，英语是"communist party"，汉语的"男演员"，英语是"actor"。

#### 3. 代表的事物的范围不同

在不同的语言中，有的词语看起来意义对等，实际上它们所代表的事物的范围并不相同。如汉语的"手"是指"人体上肢前端拿东西的部分"，"腕"是指"胳膊下端跟手掌相连的部分","臂"是指"从肩到腕的部分",而俄语却只用"рука"一个词来指称汉语的"手""腕"和"臂";汉语普通话中"早晨"和"上午"是两个相连的时间段,而英语中只有一个"morning"。

词汇的民族性还表现在词的感情色彩和搭配的差异上。如汉语的"狗"有贬义,而英语中的"dog"没有。汉语的"结婚"是不及物动词,英语中的"merry"可以带宾语。

### (三) 词汇的活跃性与稳定性

词汇在变化中既有活跃性,又有稳定性。同语音、语法比较,词汇与社会生活的关系更加密切,因此词汇对社会生活发展变化的反映是最快、最直接的。社会生活中有新事物、新思想的出现,需要用新的词语来表示,旧的事物消亡了,表示那种事物的和相关的词语就会逐渐退出人们的交际,一些旧词语逐渐从人们口中消失,而很多新词语又不断在交际场合和传播媒体中出现,变化更替的速度甚至是惊人的,这就是词汇的活跃性。要求人们创造新词语或赋予旧词语以新的意义来满足交际的需要。比如出现了电子计算机这个新事物,汉语造出"电脑"来指称,有了"漂泊在外的人返回故乡寻找祖籍"的现象,人们造出"寻根"一词来表示;而"公社、土改、志愿军"等这样的词语现在人们已经很少用。但同时词汇的变化又不是随心所欲的,它要受到社会约定和词汇系统的严格制约,有极强的稳定性。所谓社会约定的制约指的是很多词语的声音、意义和结构形式一旦形成就基本固定下来,不能随意改变。如汉语中表示自然现象名称的"风""星""云""水""火""山""土""天""地"等词,古今所反映的客观事物是一样的,所以这些词从古传到今一直没变,新造的词也是在这些词的基础上产生的。

## 二、词汇单位

作为语言建筑材料体系,词汇包括两大材料单位,一类是构词材料,即语素,另一类是造句材料,即语言中的全部词汇,包括词和作用相当于词的固定短语。固定短语由词构成,词由语素构成,所以语素是最基础的单位。

### (一) 语素

语素是语言中最小的音义结合体,是词的构成要素,不能独立运用,但必须有意义。如"葡萄糖"中的"葡萄"和"糖"是构成"葡萄糖"这个词的两个语素，"葡"和"萄"都不是语素，因为它们都没有意义。

确定语素一般用替换比较法，如"牛排""牛蛙""牛蝇"中的"牛"，分别可以用"猪""青""苍"替换，分别构成"猪排""青蛙""苍蝇"，这就可以肯定这些词中的"牛"是同一个语素。"牛"既然是语素，那么，"猪""青""苍"在这些词中也一定是语素，因为词是由语素构成的。"牛顿"中的"牛"和"顿"都不表示意义，不能单独拿出来跟别的语素替换构成另外的词，仅仅分别是两个音节，"牛顿"是由一个双音节语素构成的词。

### (二) 词

词是语言中最小的可以独立运用的音义结合单位。词同时具备声音形式和意义内容，具有语音固定性、意义整体性、结构定型性三方面的特点。"独立运用"就是指某个语言单位可以单独成句或单独回答问题。如敲门时一问一答："谁？""我。""你看不看电影？""看。"其中"谁""我""看"是最小的能独立运用的单位，它们都是词。还有一些单位不能单独回答问题，但在句子中也不是别的词的一部分，这也属于独立运用，主要是某些虚词，如"和""呢"等。

作为静态单位，我们要把词与语素、短语区别开。词与语素的区别就在于是否能够"独立运用"。语素虽然有意义，但它仅仅是构词要素，不能独立运用，词可以独立运用。

词和词组合起来构成的语言备用单位是短语。词和短语的区别就在于是不是"最小"的单位。短语是词的组合，短语虽也可以独立运用，但不是"最小"的单位，词则是既能"独立运用"，又是"最小"的单位。

可以用插入法来判断一个语言单位是词还是短语。如果一个可以独立运用的语言单位插入别的成分使它扩展后，不改变原来的意义，这个可以独立运用的语言单位就不是"最小"的，就不是词，而是短语；如果一个可以独立运用的语言单位插入别的语言成分，使它扩展后，意义改变了，或者没有意义了，这个可以独立运用的语言单位就是"最小"的，就是词，而不是短语。如"这个中药叫红花"中的"红花"是词，"红花还得绿叶扶"中的"红花"是短语。

运用插入法来区分词和短语，要有一定的条件限制。第一，插入的必须是在同一结构上的直接成分;第二,即使符合第一个条件,还要看看能否继续插入别的语言成分,使它进一步扩展,如果不能,那么第一次有效的插入仍然不能成为确定短语的标准;第三,扩展之后的直接成分之间的组合关系,跟原来的组合关系相同的,是短语,否则是词。

### (三) 固定短语

固定短语也叫固定词组,是词的固定组合。语言里有一些特殊的短语,不是在人们说话的时候临时组合起来的,而是以固定的形式和完整的意义存在于语言里,这种特殊的短语就是固定短语。固定短语的作用相当于词。

1. 固定短语的类型

(1) 专有名称。指国家名、机关名、组织名、书名、篇目名等。如中华人民共和国、全国人民代表大会、美利坚合众国(The United States of America)、世界贸易组织(World Trade Organization)等。专名常常有省略现象,如"亚洲太平洋地区经济合作组织"简称为"亚太经合组织"、"北京大学"简称"北大"。

(2) 熟语。熟语是定型而习用的现成用语,包括成语、惯用语、歇后语、谚语、俗语、格言等。熟语是一种特殊的词汇成分,它大于词,但造句功能与词相同,常常整体充当一个结构成分;它是基本定型的,其构成成分不能轻易变动;它的意义概括,大都具有生动的表现力。

成语是人们长期以来习用的形式简洁而意思精辟的定型的短语,如汉语中的"爱屋及乌"和英语中的"love me, love my dog"。汉语中成语一般是四个字的,而且大多有出处,一般是来自对历史事件、古代寓言的概括,但有时也直接采用名言诗句或是社会流行用语。

惯用语是一种意义整体化了的、短小定型的习惯用语,如"背黑锅""泼冷水""走后门""马后炮""定心丸""老油条"等。惯用语所表达的大多不是字面意义,而是通过引申或比喻而产生的融合性意义。

汉语中的歇后语是由近似谜面和谜底的两部分构成的活泼风趣的形象化语句,如"小葱拌豆腐——一清二白""泥菩萨过江——自身难保"等。

谚语是长期在民间流传,通俗易懂地表达深刻道理的语句形式,如汉语中"春分秋分,昼夜平分""金无足赤,人无完人""众人拾柴火焰高"等。结构上,谚语表现为短句,有的还要押韵,这是谚语显著的形式特征。在内容上谚语是人们对社会生活经验和认识的总结,因而知识性是谚语的本质特征。

俗语和格言也属于现成用语。如英语中的"A friend in need is a friend indeed."(患难朋友才是真正的朋友。)是格言;汉语中的"说一千,道一万"是俗语。

2. 固定短语的特点

(1) 结构的定型性。①固定短语的构成成分的次序不能随意颠倒,即便是并列结构的成分也是这样,如"南征北战"不能说成"北战南征"。惯用语在结构上具有定型性,但使用时可有一定的灵活性。如"碰钉子",可以说成"碰了个大钉子""碰了个软钉子"等。②各个构成成分也不能随意用别的成分去替换,即便是同义或近义的也不行。如"半斤八两"不能说成"半斤五两"。③不能随意增减构成成分。如"胸无点墨"不能说成"胸中无有一点墨","惊弓之鸟"不能说成"惊弓鸟"等。但对这里所说的结构定型性也不能作绝对化的理解,有时为了某种目的,对固定短语的构成成分做些变动是可以的,从历史上看,有些成语的构成成分已发生了变化,如"揠苗助长"现在多说"拔苗助长"。另外,由于某种需要,也可以改变构成成分的次序,如"厉兵秣马"有时也写作"秣马厉兵"。

(2) 意义的完整性。某个固定短语的意义并不是构成成分意义的简单相加,而是经过约定俗成有一个整体性的意义,有时甚至与字面意义无关。如"四面楚歌"是一个历史典故,指四面受敌处于孤立无援的困窘状态,而"汗牛充栋"则是说书很多,而不是说出汗的牛很多。固定短语一般都有特殊的引申义和比喻义,在英语中也是这样,如"be good at"(精通)、"at sea"(茫然)、"break the ice"(打破僵局)。

# 第二节 / 造词法

## 一、什么是造词法?

造词法就是创造新词的方法。人们在造词时,可以根据本民族的语言习惯,掌握和运用现有的语言材料组成各式各样的新词,这些组成新词的方法就是造词法。

## 二、造词法的类型

造词法一般分为语音、语义、形态和句法四个类型。

### (一) 语音类型

语音类型指由模拟自然界的声音来造词的方法,分为叠音造词和拟音造词两种。

(1) 叠音造词。如汉语的"依依""皑皑",俄语的"хрю—хрю"(猪发出的哼哼声),英语的"quack"(鸭叫声)等。

(2) 拟音造词。如汉语的"布谷""滴答"等象声词和"哎""哎呀"等感叹词,再如泰米尔语的"кубу—кубу"(咕嘟)等。

### (二) 语义类型

多义分离,用旧事物来比拟新事物,从而造成新词,利用这种方法造的新词都属于语义类型的词。

(1) 单义→多义→分离→新词产生。如"钟"字的意义分离为乐器→计时器→钟点、时间,"月"字的意义分离为卫星的一种(月球)→计时的单位(月份)等。

(2) 比拟造词。用原有事物的名称来比拟新出现的事物,作为新事物的名称,从而产生新词,如汉语的"龙头""佛手""白头翁"等。有时按照事物之间的某种联系,仿照原有事物名称给新事物命名也是比拟造词,如汉语的"火箭""木马"等。

### (三) 形态类型

按照一定的规则把词缀附着在词根上以造成新词,把一个词由一类词转变为另一类词,是形态类型的主要内容。它的特点是:在创造新词的同时给新词以一定的语法意义,即不仅改变词的词汇意义,还改变词的语法意义。形态造词可分为两个小类。

(1) 词缀造词。也叫附加法。它是把词缀附着在词根的前部或后部来造成新词。如汉语的"老虎""阿姨",英语的"supermarket"(超级市场)、"impossible"

（不可能的）、"worker"（工人）等。

（2）转类造词。汉语中有许多名词与动词同形现象，这是转类法的造词结果。如锁（名词）→锁（动词）、铲（名词）→铲（动词）。俄语创造新词时也常常运用这种造词法，如"столовая"（桌子的→食堂）、"дежурный"（值班的→值班人）等。

### （四）句法类型

由短语逐渐凝固而合成和由两个或更多的词根运用复合法直接造成新词，都属于句法类型。这是汉语最常见的造词方式，一些印欧系语言用得不很广泛。汉语复合造词的方式有以下几种：

（1）主谓式。如性急、地震、年轻、日食等。

（2）述宾式。如司机、管家、拍板、起床等。

（3）偏正式。如地毯、飞机、积雪、热爱等。

（4）并列式。如更改、坚固、出纳、领袖等。

（5）述补式。如提高、杜绝、加深、熔化等。

关于复合法造词，有两点须注意。其一是由语素和语素组合起来构成的词，其词义一般应该等于组成成分的语素义相加，如"性急"的意思就是"性子急"，英语"earthworm"（蚯蚓）的意思是"土虫"。但有些词的词义不一定就等于语素义的简单相加，如汉语"鱼肉"等。还有一类叫作"偏义复词"的复合词，其一部分语素义已经脱落，如汉语"窗户""妻子"等。英语中如"cat-house"（妓院）就比较模糊，而"gooseberry"（醋栗）就是部分语素义消失了。其二是语素组合后构成的新词的词性和原语素的词性不一定一致。如"电灯""宿舍"等，中心语素与组成的复合词都是名词性的。但"开关"，两个原语素都是动词性的，组合后却成了名词性的。汉语中述宾式和主谓式的复合词中这种不一致的现象较普遍，形态丰富的语言中这种不一致的情况相对来讲要少得多。

## 三、造词法的性质

造词法以词的来源方式为研究目的，它所研究的对象就是词的创造过程。造词法是词汇和语法这两个语言要素错综复杂地相互作用的场所。词汇可以通过造词法使自己丰富起来,如新词在旧词基础上产生,也可以向外族语言借用;形态造词跟语法的综合方式有某些相同点,句法类型造词法同短语、句子的组合关系有许多相同之处,这些属于语法学。

造词法是在词根基础上依照一定的造词规则创造新词的方法,构形法是以同一个词为中心的各种变形来表示各种语法意义的方法。附加法,既是造词的手段,也是构形的主要方法。二者的差别在于:通过造词法中的附加法(加词缀法)而产生新词,多数改变词汇意义,如汉语常见的词缀是"儿""子""性""化"等。又如,尖→尖儿、尖子;盖→盖子、盖儿等。通过构形法中的附加法(加缀法)基本上不产生新词,只是一个词的变形(音),只改变语法意义,如绿→绿油油,红→红彤彤等。

运用句法类型造词法所产生的复合词,有一个历史演变的过程。如"汤武革命"(《易经》)中"革命"是短语,即"变革天命",现代汉语中凝固成词,如"科技革命""能源革命""革命文化"。"自我革命"是中国共产党人奋斗的雄厚底气,习近平总书记在党的二十大报告中指出,"经过不懈努力,党找到了自我革命这一跳出治乱兴衰历史周期率的第二个答案。"[①]这里的"革命"都不是"变革天命"的意思,而是指自然界、社会界或思想界发展过程中产生的重大革新。我们在考察这类造词法时要注意把历时的观点同共时的观点结合起来加以分析。

# 第三节 / 构词法

## 一、语素及其分类

词是由语素构成的,根据语素在词中的不同作用,可以把语素分为三种类型:词根、词缀和词尾。

### (一) 词根

词根是词的核心部分,是体现词的词汇意义的语素。如汉语"绿化"中的

---

① 《高举中国特色社会主义伟大旗帜 为全面建设社会主义现代化国家而团结奋斗——在中国共产党第二十次全国代表大会上的报告》,人民出版社 2022 年版,第 14 页。

"绿"、英语"worker"（工人）中的"work"等。词根可以单独成词,如汉语的"绿"、俄语的"дом"（房子）、英语的"build"（建设）,都是由词根单独构成的。

## (二) 词缀

词缀是附着在词根之上的语素,它对词义的构成起附加性作用,它或是给词根增添附加性的词汇意义,或是表达某种语法意义。如英语"worker"中的"-er"、俄语"школьник"（小学生）中的"-ник",都是给词根增加词汇意义的词缀;俄语的"сделать"（做,完成体）中的"с-"、英语的"kindly"（仁慈的、仁慈地）中的"-ly",都是给原词增加语法意义的词缀。

根据词缀在词中的位置,可把词缀分为前缀、中缀和后缀三种。

(1) 前缀。前缀是附着在词根前面的词缀。如汉语"老虎"中的"老-"、英语"supermarket"（超级市场）中的"super-"。

(2) 中缀。中缀是嵌入词根中间的词缀。这种词缀用得较少,如马来语的"patuk"（啄）是动词,"pelatuk"（啄木鸟）就是把中缀"-el-"插在词根之间以构成名词。

(3) 后缀。后缀是附着在词根后的词缀。如汉语中的"记者""作者"中的"-者"、英语中的"worker"（工人）、"teacher"（教师）中的"-er"等。

## (三) 词尾

词尾是附加在词根或后缀之后只表达语法意义的语素。词尾一般属于词的形态变化部分,汉语缺少形态变化,所以一般的词都没有词尾,只有那些形态变化丰富的语言如英语、俄语等才有词尾。如英语"workers"（工人们）中的"-s"、俄语"эаводы"（工厂、阳性、复数、第一格）中的"-ы",都是词尾。一个词的词尾的不同变化,只构成一个词的不同形式,而不能构成不同的词。

语素还可以分为构形语素和构词语素,构形语素是构成同一个词的不同形式的语素,构词语素是构成不同的词的语素。词根是构词语素,词尾是构形语素,词缀有的是构词语素,有的是构形语素。

另外,还可以根据能否直接成词而把语素分为成词语素和不成词语素;根据位置是否固定而把语素分为定位语素和不定位语素。根据这两种分类,词根应既是成词语素又是不定位语素,而词缀和词尾则是不成词语素、定位语素。

## 二、词的结构类型

词的构成方式称为构词法。

### (一) 构词类型

从词的结构的角度说，一个词除去词尾，剩下的部分就是词干。如果没有词尾，那么，这个词就由词干充当。根据词干的构成情况，词的主要结构类型有单纯词、复合词、派生词三种。

(1) 单纯词。单纯词的词干由一个词根构成。如汉语的"人"、英语的"book"（书）、俄语的"читать"（读）等都是单纯词。在有形态变化的语言中，一个词根加上一个构形语素词尾也是单纯词。如英语的"books"就是词干"book"后加词尾"s"构成的单纯词。

(2) 复合词。复合词的词干由两个或两个以上的词根构成。如汉语的"人民""革命"英语的"basketball"（篮球）、俄语的"пароход"（轮船）都是复合词。

(3) 派生词。派生词的词干由词根附加词缀构成。如汉语的"记者""老师"，英语的"excenter"（外心）、"friendship"（友谊），俄语的"поход"（长征）、"твореп"（创造者），马来语的"pelatuk"（啄木鸟）等，都是派生词。

复合词和派生词统称为合成词。

### (二) 两种特殊类型的词

(1) 缩略词。有的词或短语使用频率高，而它们的音节过多，偏长，用起来不方便，人们就把短语或词中的某些词、语素、音节或音位减去，剩下的组成一个新词，这种新词就是缩略词。如"共青团"和"东北师大"分别是"中国共产主义青年团"和"东北师范大学"的简略缩短而成的缩略词，英语的"USA"（美利坚合众国）和"doc"（医生）分别是"United States of America"和"doctor"缩减而成的，俄语的"ВУЗ"（高等学校）是由"Высшее Учебное Заведение"缩减而成的。

现代汉语中还有一种特殊类型的缩略词，它是由表示数量的词跟原组合中某一共同成分组合而成的，如"四化""双百""五金""八卦"等。

(2) 同根词。同根词也叫"同族词"。同一个词根跟不同的构词语素组合，往往可以构成一系列派生词和复合词，这些词有共同的词根（祖先）、包括词根在内的这一群词就是同族词或同根词。如汉语中的"学"可构成"学校、学生、学报、学位、学风、学业、科学、哲学、文学、数学、化学"等。

## 第四节 / 词汇系统

词汇系统是某种语言或方言中的词汇成员以某种联系而结成的网络和形成的类聚,它是多平面的,可以从多角度、多层面进行分析。就共时来说,词汇系统主要表现在词汇成员的语音或书写形式、意义、组织结构、地位作用、来源、功能等方面形成的类聚。从词汇应用来看,各种词典、各种词表等也表现出了系统性。

### 一、地位作用形成的词汇类聚

根据词汇在语言系统中的地位和作用可以把词汇分为基本词汇和一般词汇。

**(一) 基本词汇**

基本词汇是某种词汇系统中词汇的基础部分,是语言中词汇的核心,它和语言中的语法构造一起构成语言的基础。基本词汇是由基本词构成的,基本词是指语言中产生较早而又较稳定、使用频率高的词,它所标记的概念多是与我们人类生存和人类社会生活密切相关的事物、现象和行为。基本词汇有三个特点。

(1) 全民常用。基本词是日常生活中不可缺少的常用的词,如汉语中"一、十、手、人、爸、东、大、好、走、打、吗、了"等。

(2) 历史悠久。基本词生命长久,在长期历史发展过程中一直沿用,变化很少,如汉语的"山、水、大、小"等从上古一直沿用到今天。

(3) 构词能力强。基本词多数可以作为词根构词,有很强的复合和派生能力,如汉语"心"可以构成"中心、开心、会心、唯心、心田、心脏"等同根词。有的基本词作为词根的构词能力差些,极少数基本词如代词基本上不能作为词根进行构词。

### （二）一般词汇

词汇系统中基本词汇以外的词汇是一般词汇。一般词汇不具有基本词汇的特点，但它是人类生活、科技等方面不断发生变化的见证。一种语言中的词汇大部分是相当稳定的，但也会在历史发展中发生变化，如汉语中的"电"，它刚产生时不是基本词，但现在由于它已经进入了人们的日常生活，成为人们日常生活不可分割的一部分，而且它作为词根的构词能力极强，如构成"电话、电灯、电视"等词，所以"电"现已成为基本词了。同样，有些词曾经是基本词，由于人们不再频繁地使用了，如古代汉语中的"吾、之、骊"等现在就不再是基本词而成为一般词了。这说明，从历时角度看，基本词和一般词的界线不是一成不变的。

## 二、语言要素形成的词汇类聚

根据语言中的语音、意义、语法结构等方面可以给词汇分类，主要有以下几个方面。

### （一）语音形成的词汇类聚

某种词汇系统中的成员依靠语音形成词汇类聚，主要有单音词、多音词、复音词、同音词、叠音词等。单音词是只有一个音节的词，如"山、水、花、草、人"等，英语中"book"只由"[ buk ]"一个音节构成。多音词是某种词汇系统中有两个或两个以上读音的词，如"长"有"cháng""zhǎng"两个读音，"琢磨"有"zuómo""zhuómó"两个读音，是多音词，英语中"record"有"[ 'rekɔːd ]"（记录，唱片）"[ rɪ'kɔːd ]"（记录，录制）两个读音，是多音词。复音词是某种词汇系统中由两个或两个以上音节构成的词，如"书籍"（shūjí）由"shū"和"jí"两个音节构成，"图书馆"（túshūguǎn）由"tú""shū""guǎn"三个音节构成，是复音词。同音词是某个词汇系统中读音完全相同的一组词，如"兽医""寿衣"都读"shòuyī""悲痛""悲恸"都读"bēitòng"，是同音词；美语中"ass"读"[ æs ]"有"屁股"和"驴"两个意思是同音词。叠音词是由两个相同音节重叠而成的单纯词，如"猩猩""姥姥""蛐蛐"等。

### （二）意义形成的词汇类聚

某种词汇系统中的成员依靠意义形成词汇类聚，如单义词、多义词、同义词、反义词、上下义词、主题词群等。上下义词是由上义词和下义词构成的一组词，上义词是对事物的概括性、抽象性说明的词；下义词是对事物的具体表现形式或更为具体说明的词，如"蔬菜"是上义词，"白菜""萝卜""韭菜""菠菜"是下义词。主题词群也是意义方面的类聚，是指意义上有共同的关系对象、关系范围的词组成一个词群，如颜色词、亲属词、同位词、聚合词、人体词汇、心理词汇等。

### (三) 结构形成的词汇类聚

某种词汇系统中的成员依靠词汇内部结构关系或联系形成词汇类聚，如单纯词、合成词、复合词、派生词、同素词、重叠词等。同素词是词素相同而词素顺序相反的词，如"讲演—演讲""喜欢—欢喜""要紧—紧要""产生—生产"等。重叠词是由相同的词根相叠构成的词，如"星星""刚刚""常常"等。

### (四) 词形形成的词汇类聚

某种词汇系统中的成员依靠书写形式形成词汇类聚，如同形词、异形词(异体词)、字母词等。同形词是某种词汇系统中书写形式相同的一组词，如"gàn"(做)"gān"(干燥)都写作"干"，是同形词。异形词也称异体词，指某种词汇系统中书面上书写形式不同而在语音、意义和用法方面完全相同的某个词，如"其他"和"其它"；"押韵"和"压韵"；"订购"和"定购"是异形词。字母词是指某种词汇系统中相对于非字母文字系统而言含有字母的词语，如"CT""卡拉OK""T恤"等是字母词，韩语中"KS"(韩国产业规格)、"MC"(主持人)、"D-1"(攻击发起日前一天)等是字母词。

## 三、来源形成的词汇类聚

根据语言中来源特征可以给词汇分类，主要有固有词、古语词、新词、方言词、外来词、同源词、网络词语、典故词、流俗词语等。

固有词是从同一语言系统历史上传承下来并在词汇系统中继续使用的词语，如普通话中来源于古代汉语的"学""朋友"、日语的"ひと"(人)"若者"(年轻人)等是固有词。固有词是词汇系统形成的基础和主体，一般情况下是指与来源于其他民族语言的外来词相对而言的。古语词是指某种词汇系统中来源于古代词汇系统并可以在某个或某些领域使用的词语。包括一般所说的文言词和历史词,它们来源于古代汉语。文言词所表示的事物和现象还存在于本民族现实生活中,在语言使用中常有浓重的书面语色彩,如"底蕴""磅礴""之""亦"等。历史词是表示历史上的事物或现象的古语词,如"宰相""丞相""尚书""太监"等。新词是某种词汇系统中新创造的词,普通话的新词一般指改革开放以来创造的词,如"打拼""点击""封杀"等。方言词是某种词汇系统中来源于同一语言中其他方言的词,如"名堂""尴尬"(吴方言)等。外来词是某种词汇系统中语音或内部结构或文字形式并连同意义来源于其他语言的词,如"克隆"(英语 cione)、"热狗"(英语 hotdog)、"取缔"(日语とりしまり)、"CT"(英语Computed Tomography)等是外来词。同源词是某种词汇系统中历时上来源于同一语源的一组词,如汉语中"授""受""背""负"为同源词。网络词语是指在互联网上使用的一些特殊词语,如"给力""宽带""聊天室""防火墙"等。典故词是指诗文等作品中引用的古代故事和有来历出处的词语,如汉语的"桃源"(《桃花源记》)、"断肠"(《三国志·魏志·华佗传》)、"折柳"(《诗经·小雅·采薇》)等。流俗词语是指某种词汇系统中参照和保留语音和内部结构前提下更换原义并进行通俗解释而获得新意义的词语,如汉语中的"王八蛋"(忘八端)、"无毒不丈夫"(无度不丈夫)、"干葡萄酒"(不甜葡萄酒)等。

## 四、功能用途形成的词汇类聚

根据语言中词语的功能用途可以给词汇分类,主要有称谓词语、委婉语、禁忌语、隐语、詈语等。称谓词语是指某种词汇系统中因亲属或某种关系而使用的名称,如"叔叔""老张""王总""胡老师""令尊"等。委婉语是指某种词汇系统中用婉转、含蓄、迂回或动听的方式来代替令人不悦或禁忌的词语,如普通话中的"长眠""卫生间""富态""谢顶"等。禁忌语是指某种词汇系统中因有所顾忌或某种原因不愿或不方便说出而避免使用的词语,如"死""秃驴""月经"等。隐语又叫黑话,是指某种词汇系统中一定的社会群体组织故意用一种隐晦暗示方式创造的具有封闭性的特殊用语,如汉语中"八刀"(分—离婚)、"友于"(兄弟)、"哼哼"(猪)等。詈语是指某种词汇系统中具有规约性、侮辱性的粗野谩骂词语,如汉语中的"杂种""笨蛋"等。

## 五、固定短语类聚

根据语言中功能和作用相当于词的固定短语类聚可以给词汇分类,主要有专有名称、成语、惯用语、歇后语、谚语、缩略词语等。

词汇系统也可以根据其他标准进行分类,如根据语体可以分为口语词和书面语词,根据使用频率可分为高频词/常用词和低频词/非常用词,根据感情色彩可以分为褒义词和贬义词等。此外,我们还注意到,词汇系统的第一次分类多以义位的参差和义域的宽窄来展现,如英语"wear"和汉语"穿""戴"系统就是不完全对等的。词汇系统的二次分类以多义系统而展现,如现代汉语"口""心"义位比先秦时代增加了,这说明词汇系统是存在层级的。

---

**思考与应用**

### 一、术语解释题

语素　词根　词缀　词尾　复合词　派生词　多音词　复音词　同音词
单纯词　合成词　同形词　异形词　字母词　同素词　上下义词
主题词群　同源词　网络词语　新词　方言词　外来词　同族词　典故词
流俗词语　称谓词语　委婉语　专门用语　成语　惯用语　歇后语　谚语
缩略词语

### 二、复习思考题

1. 语素及其分类。
2. 举例说明造词法的类型。
3. 简述词的结构类型。
4. 什么是词汇系统?词汇系统可以从哪些方面观察?
5. 基本词汇有哪些特点?
6. 基本词和一般词是不是一成不变的?请举例说明。

7. 根据语言要素给词汇可以分为哪些类聚？试举例说明。

8. 根据来源词汇可以分为哪些类聚？

9. 根据功能用途词汇可以分为哪些类聚？

10. 固定短语类聚有哪些？

## 三、实践应用题

阅读下面短文，然后回答问题。

我说道："爸爸，你走吧。"他望车外看了看，说："我买几个橘子去。你就在此地，不要走动。"我看那边月台的栅栏外有几个卖东西的等着顾客。走到那边月台，须穿过铁道，须跳下去又爬上去。父亲是一个胖子，走过去自然要费事些。我本来要去的，他不肯，只好让他去。我看见他戴着黑布小帽，穿着黑布大马褂，深青布棉袍，蹒跚地走到铁道边，慢慢探身下去，尚不大难。可是他穿过铁道，要爬上那边月台，就不容易了。他用两手攀着上面，两脚再向上缩；他肥胖的身子向左微倾，显出努力的样子。这时我看见他的背影，我的泪很快地流下来了。我赶紧拭干了泪，怕他看见，也怕别人看见。我再向外看时，他已抱了朱红的橘子往回走了。过铁道时，他先将橘子散放在地上，自己慢慢爬下，再抱起橘子走。到这边时，我赶紧去搀他。他和我走到车上，将橘子一股脑儿放在我的皮大衣上。于是扑扑衣上的泥土，心里很轻松似的，过一会说："我走了，到那边来信！"我望着他走出去。他走了几步，回过头看见我，说："进去吧，里边没人。"等他的背影混入来来往往的人里，再找不着了，我便进来坐下，我的眼泪又来了。①

（节选自朱自清《背影》）

1. 找出 3 组同义词和 2 组反义词，并说说作者选用这些词语的作用。

2. 找出双音节单纯词 1 个、重叠词 2 个、双音节派生词 2 个、双音节复合词 5 个。

3. 请查阅"月台""拭""尚"语源资料，谈谈从来源上看这些词有什么特点。

---

① 朱自清著：《朱自清散文精选》，江西教育出版社 2021 年版，第 23—24 页。

# 第五章 语法

## 第一节 / 语法及其单位

### 一、语法和语法学

#### (一) 什么是语法?

语法是音义结合的各结构单位之间的组织规则的汇集,它包括词的构形、构词规则和组词成句、句组合成句群的规则。一些语法学家把上述几种规则归为两大类:一类叫词法,即词的变化和构造的规则;一类叫句法,即组词成句、句组合成句群的规则。

#### (二) 语法学

研究语法的学科是语法学。语法学又相应地分成两个部分:研究词法的叫词法学,研究句法的叫句法学。

### 二、语法的特性

#### (一) 抽象性

所谓抽象性是指对具体东西进行类的概括。语言中词语和句子无限多,不可能每个词语和每个句子都去建立一条规则,这就需要把种种现象加以归类。语法规则实际上就是人们说的话中的单位、结构和关系的某种类的概括。如"害人之心不可有,防人之心不可无",它们的意义不同或相反,但它们所使用的句子格式是一样的。具体的句子是无限的,而支配句子的规则却是有限的。

语法的抽象和词义的抽象是不同性质的抽象。词义的抽象是对某一类客观物质或现象的抽象,抽象出来的是词汇意义;语法的抽象是对词或句子之间的关系进行的抽象,抽象出来的是语法意义。如"头发"一词指"生长在人头上的毛发的总称"，这是词义的抽象；我们把它归为名词，在句子中作主语或宾语，这是语法的抽象，语法抽象的结果常是一些结构、模式、类型。我们可以从多方面来抽象，可以有多种格式，如"主语+谓语""动词谓语句""陈述句"等。

正因为语法规则有这种高度的抽象性，它才成为一种概括的规则，语法不必去处理一个一个具体的句子，而是要处理一类一类的现象。

### （二）生成性

也就是"递归性"。所谓"递归"是从数学里借来的一个术语，是相同的规则可以在一个结构里重复使用和被一个同功能的结构去替换，进而造出无限多具体的句子。语法规则实际上就是一种有限手段可以反复使用的规则。如"唱歌"就可以通过递归把其中的宾语不断地扩展成为"唱一支歌。"→"唱一支优美的歌。"→"唱一支非常优美的歌。"→……可以说，语法正是因为有了递归性，才能使有限的规则生成无限多的句子。

### （三）语法体系的稳定性

所谓稳定性是指语法规则与语音、词汇等语言要素比起来，变化现象较少，变化过程也十分缓慢。从语法变化的现象看，很多语法规则可以说是根深蒂固的，多少年来一直保持了下来。语法是语言结构中最为稳定的要素。汉语中不少基本的语法结构从古到今并没有太大的变化，如《诗经·小雅》中"南有嘉鱼"，其结构形式和现代汉语的"我吃饭"是一样的。英语和法语各有千年的历史，而且都在不断地变化着，但是它们的语法构造类型仍属于印欧语系的屈折语。同时也可看出英语属于日耳曼语族，它的根本标志在于它的语法构造。这正如斯大林所说："语言的语法构造比语言的基本词汇变化得还要慢，语法构造是许多时代以来形成的，它在语言中根深蒂固，所以它的变化比基本词汇还要慢。"[1] 这正说明了语法体系的稳定性。

## 三、语法的单位及其关系

语法单位有语素、词、词组、句子和句群。语素和词在前面已讲过，这里只谈

---

[1] 《斯大林选集》下卷，人民出版社 1979 年版，第 517 页。

词组、句子和句群。

## (一) 词组

词组在句子中具有相当于词的作用，它是比词大的句法单位。词组也叫"短语"，是词与词之间具有直接或间接关系的相对独立的词群。

词组可根据不同的标准进行分类。根据组合关系可把词组分为陈述、支配、修饰、并列、补充五种关系；根据组合层次可分为简单词组和复杂词组；根据组合的程度可分为自由词组和固定词组；根据中心词的词性可分为名词性词组、动词性词组和形容词性词组。

## (二) 句子

句子是具有一定语调的、表达相对完整的思想和感情、按照一定的语法规则组织起来的交际的基本单位。

句子有以下三个特点：第一，依照一定的语法规则组织起来的，不是某些单位孤立的互不联系的拼凑。第二，表达相对完整的思想。第三，具有一定语调和情态，表明说者对现实的关系和态度。

结构和功能是句子的基本分类依据。

(1) 根据句子的结构，可把句子分为主谓句和非主谓句。

(2) 根据句子的表述功能，可把句子分为陈述句、疑问句、祈使句和感叹句。

## (三) 句群

句群是语法中最大的单位，是句子这类单位的进一步扩展。句群是指在意义上紧切相连的由两个以上句子构成的句法整体或单位。它跟复句和段落是有差别的，复句内部各分句的意义联系紧密，各分句间的语音停顿短，而句群内部各句子间的意义联系不那么紧密，语音停顿也较长。句群和段落的差别主要表现在：自然段中每个句子间的关系是有疏密之分的，疏者为段落，密者为句群。

句群可分为有关联词语的句群和无关联词语的句群(也叫意合法)两种。句群具有相对的意义上的独立性和完整性，即使把它从上下文之中抽出来也能保持这种独立性和完整性。

从上面说的语法单位的定义可以看出，各种语法单位相互间实际上具有不同的关系。一种是量变关系，即语法单位间只是所含成分数量的增减，但性质和

作用不变。如词和词组间就是这种关系,词组总比词长些,但它们用作造句材料
这一点是相同的。另一种是质变关系,即
语法单位间表现为所起作用的差异,但成
分数量未必变化。如汉语中词、词组和句
子的关系就是这样,词、词组和句子的功
能不同,但句子中成分数量有时可以与词
或词组相等。根据语法单位的这些特点,
我们可以把语法单位表示为三级五种(见
图5-1)。

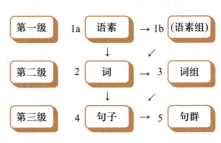

图 5-1　语法单位关系示意图

　　可以这样来理解上图,同级语法单位间的差别是数量性的,即彼此有不同的
长度,词组是由词组成的,句群是由句子组成的。不同级语法单位间的差别是功
能性的,即各有不同的作用,语素是用来构词的,词和词组是用来造句的,句子和
句群是用来表达的。同级语法单位间的量变关系也可以叫组成关系("组成"指
的是大单位由小单位组合而成);不同级语法单位间的质变关系也可以叫形成关
系("形成"指的是下一级单位获得上一级单位的功能)。语言中某个语言片段
属于哪种语法单位,既要看它们的长度,更要看它们的功能。

# 第二节 / 语法的内容和形式

## 一、语法意义和语法形式

### (一) 语法意义

1. 什么是语法意义?

　　每个语法单位即语素、词、词组、句子、句群除了本身的词汇意义外,还具有
语法意义。语法意义是语法单位在组合中所产生的各种关系意义。简单说,由
语法形式体现出来的意义就是语法意义。如英语中"She writes "(她写)中的
"writes"由于进入了组合,它的词形要在原来的基础上发生变化,除了具有"写"

这个词汇意义外，还具有"第三人称""单数""现在时"的语法意义。我们可以通过它联想到"reads"（读）、"watches"（看）等。它们是一类动词，在句中常作谓语，这些都是语法意义。语言中不管是词语意义，还是结构意义，凡是通过一定形式或共同功能所获得的意义，就是语法意义。如"客人来了"和"来客人了"前者表示"客人"是有定指的，而后者的"客人"是不定指的。这就是说在汉语中，表示名词是否是"定指"的这个意义，既可以通过在名词前加指示代词，同样也可以通过改变语序的形式，即出现在动词前的光杆名词是"有定"的。可见通过一定语序表达的意义也是语法意义。

2. 语法意义的特点

（1）语法意义必须是高度抽象的意义。语法意义是由语法形式体现出来的，而任何语法形式都不是孤立的现象，能与某一语法形式发生关系的不是个别的词，而是整整一类语法单位。这样在组织过程中产生的语法意义就要能适应这一类语法单位中所有成分的词汇意义，因而语法意义必然是抽象的。

（2）语法意义必须是语法形式体现出来的意义。

（3）句子中的语法意义不能独立存在，必须依附于一定语法单位的词汇意义上。如"茶杯被小孩打碎了"，由于介词"被"和语序的作用产生了"施事"和"受事"的语法意义。这意义不是孤立地存在于"被"上的，而是分别落实在"小孩""茶杯"的词汇意义上。

## （二）语法形式

语法形式是能够把语法单位组织起来并在组织过程中产生语法意义的语言形式。简单地说，语法形式就是体现语法意义的形式。语言中不管是语音的表现形式，词形的变化形式，还是成分的组合和类别形式，凡是能体现一类意义或有共同作用的形式就都是语法形式。如英语中的"时""体"标记，汉语的动词基本上都可以加上"着""了""过"的语法形式。

## （三）语法形式和语法意义的对立统一关系

语法意义和语法形式是互为依存、不能分割的。没有语法意义的形式不是语法形式，没有语法形式的意义也不是语法意义。但两者不是一对一的关系，这种关系是极其复杂的。在具体的话语中，我们找不到单纯的语法形式，也找不到单纯的语法意义,它们总是结合成一个不可分割的整体。语法中的任何成分都是形式和意义的统一体。语法形式和语法意义就是语法这一张纸的两面,语法研究的重要任务就是要发现语法形式和语法意义的对应关系。

## 二、语法方式

语法意义在不同的语言中有不同的表达方式。把具有共同特点的语法形式概括起来形成的一些类别,称之为语法方式,也叫"语法手段"。常见的语法方式有综合方式、综合—分析方式、分析方式。

### (一) 综合方式

就是通过词本身的变化来表达一定的语法意义。在词形变化丰富的语言中多用这种形式表达语法意义。又可分为以下一些类别。

1. 附加法

也叫加缀法。指在词根的前、中、后附加构形词缀,或在词干后附加词尾的方法。这种方法只改变词的语法意义,不改变词汇意义。如英语中的名词"book"加上词尾"-s"变成"books"(书),表示复数;动词"work"加上词尾"-s"变成"works"(工作),表示现在时、单数和第三人称;形容词"cold"加上词尾"-est"变成"coldest"(最冷),表示最高级。又如,俄语加前缀的,"читать"(读,未完成体)→"прочитать"(读完,完成体)。再如,菲律宾语加中缀的,"kayn"(堆,未完成体)→"kinayn"(堆完,完成体)。

2. 交替法

也叫"内部屈折法"。指利用词根语素语音形式的交替变化来造成词形变化的方法。语音交替的结果是语法意义的改变。如英语中"man(男人,单数)"→"men"(男人们,复数);"foot"(脚,单数)→"feet"(脚,复数)。俄语"собрать"(采集,完成体)→"собирать"(采集,未完成体)。在一些语言中交替法往往同加缀法并用,如英语"child"(孩子,单数)→"children"(孩子,复数)。

3. 重叠法

这指用词根语素或词干的重叠造成词形变化的方法。东南亚的多种语言都使用这种方法。如日语和越南语用名词重叠形式表示"逐个"的语法意义,马来语名词重叠表示复数。汉语中的重叠比较普遍,动词、形容词、量词都可以用重叠格式来表示"短时""尝试""程度增加""逐个"等语法意义,如"清楚→清清楚楚""安静→安静安静""一群→一群一群"等。一些研究发现中国境内很多少数民族语言也大量存在重叠形式,但所表示的意义与汉语不同。如苗语形容词重叠表示"程度减弱",景颇语量词重叠表示"某些",独龙语代词重叠表示"反身"等。

### 4. 重音法

这是指利用词中重音移动的方法表达一定的语法意义。俄语中使用最多,如"'руки"(手,属格,单数)→"ру'ки"(手,主格,复数);英语中也有,如"im'port〔im'pɔːt〕"(动词,输入)→"'import〔'impɔːt〕"(名词,输入)等。

### 5. 异根法

这是指利用历史来源不同而词汇意义完全一样的不同词根表达同一个词的不同语法意义的方法。在印欧诸语中用得较多,如英语中的"I"(我,主格)→"me"(我,宾格);"she"(她,主格)→"her"(她,宾格);"we"(我们,主格)→"us"(我们,宾格);"good"(好,原级)→"better"(比较好,比较级)等。

以上几种方式都是表现在词的单个范围内的(异根法略有差别,不是同一个词的变形,而是用另一词根替换),在语法方式的归类上,把它们统称为综合方式。以这种方式为主要表达手段的语言叫综合语。综合语大多是印欧语言,如俄语、德语等。

### (二) 综合一分析方式

这是借助于辅助词同实词一起来表达某种语法意义的方法。这种方式一方面同综合方式相比,已经超越了一个词的范围;一方面同分析方式相比,它只是辅助词与实词的结合。其特征是,辅助词附着在实词上与实词一起表达一定的语法意义。冠词、前置词、后置词、助动词均属于辅助词。

### 1. 冠词

它所表达的语法意义是多项的:有的作为名词的标志,可使非名词变为名词;有的表示"有定""无定"的范畴;有的表示"格"的范畴和"性""数"的范畴等。如英语"play"(玩)→"the play"(玩具);德语"der Deutsche"(德国男人),"die Deutsche"(德国女人)等。

2. 前置词和后置词

表示词与词在语言结构中的各种关系,标示句中格的语法意义。俄语中有多个前置词,如:"на、в、к、с、из"等;而蒙语中却有多种后置词,如"дотор、дур、гараа"等。前置词相当于汉语中的介词,后置词相当于汉语的方位词。有人认为汉语中的"在屋里""从家里来"中的"在""从"等介词相当于前置词,而"屋里""窗外"中的"里""外"等方位词相当于后置词。

3. 助动词

位于动词前后,以表示某种语法意义,或帮助实词表示某种语法意义。如俄语的"буду",英语的"shall""will",都是助动词。它们的作用是帮助实词表示某种语法意义,更多情况下是表示时、体语法范畴。如俄语"я буду читать."(我将读);英语"I shall read."(我将读)等。

日语的助动词也很多,如表示判断的"です",表示传闻的"そうです",表示被动的"れる""られる"等。日语的助词也是辅助词的一种,其数量之多是其他语言少见的,如表示主语的"が",表示宾语的"を",表示方位的"へ""から""まで"等。

以综合—分析方式为主要表达手段的语言叫综合–分析语。英语可以作为代表。

(三) 分析方式

这种方式与综合方式相对,是以整个句子的变化表达一定的语法意义,是词形变化不丰富的语言常用的语法方式。

1. 词序

运用句子中词与词组合位置的变化,以表达一定的语法意义。对于缺乏词形变化的语言,词序具有极为重要的语法作用。如汉语中的"我请他。"和"他请我。"这两句话的意思是完全不同的。汉语中形容词位于名词前,它们间就会产生修饰与被修饰的意义,如"甜面包";而形容词位于名词后,就会产生被陈述与陈述的意义,如"面包甜"。英语中"Mother loves her son."(母亲爱儿子)和

"Son loves his mother."（儿子爱母亲）也是由于词序的不同而产生的语法意义的不同。

### 2. 虚词

专门表示语法意义的词，它可以作为句法组合中所产生的各种不同关系意义的一种重要的语法方式。虚词是独立的词，但没有词汇意义而只有语法意义，在句中不能单独充当任何结构成分，更不能独立成句。虚词的量少，变化不大，是封闭的类。它的使用频率较高，在结构中的位置较固定。

在词与词的组合中，不同的结构关系要用不同的虚词来表达。如在汉语中"我的老师"和"我和老师"是不同的结构。"和"是并列结构的外部标志，"的"是偏正结构的外部标志。在句与句的组合中，联系复句中的分句，关联词是辨别不同类型复句的一个重要标志。如汉语中的"并且""也……也"等联系并列复句；用"因为……所以""虽然……但是""如果……就"等联系偏正复句。

### 3. 语调

语调也是表达整个句法平面语法意义的手段。语调可作为句子类别的分析方式。交际基本单位的句子，总是具有一定的语调，表明句子的类别及其他语法意义。例如：

（1）你会喝酒。（陈述语调）

（2）你会喝酒？（疑问语调）

（3）请喝酒！（祈使语调）

陈述句、祈使句、疑问句、感叹句都有自己的语调。

运用分析手段表达语法意义的语言叫分析语，汉语是最典型的分析性语言。汉藏语系的多数语言都是分析语。

## 三、语法范畴

把通过一定的语法手段表达出来的同一性质的语法意义进一步综合和概括所形成的意义类别叫语法范畴。语法范畴的具体归纳只有在特定语言中才能进行。也就是说每种语言都有它特有的语法范畴，而且每种语言的语法范畴所概括的语法意义的内容和数量都是不等的,在最大或最小的限度上彼此区别开来。语法范畴可以分为词法范畴和句法范畴两大类。

## (一) 词法范畴

主要由综合方式表现出来的语法意义概括起来形成的语法意义类别就是词法范畴。词法范畴主要有体词属性范畴和谓词属性范畴两类。

### 1. 体词属性范畴

这是指由名词的词形变化形式表示的意义。主要表示性、数、格和有定无定等范畴意义。

(1) 性。在某些语言中表示人或事物有关性属的一组特征。如俄语、德语名词都有阳性、中性和阴性之分,法语有阴性和阳性两类。俄语用词尾表示,德语和法语用冠词表示。古英语也曾有过性的范畴,现代英语中已基本消失,只保留在个别词的词缀形式上,"waiter"(男服务员)、"waitress"(女服务员)。汉语不用词形变化表示性,如果要表达自然的性别,就要加上特定的词语或语素,如"男人""母鸡"等,但这已不是语法意义了。至于代词"他、她、它"只是文字的分化形式,连词汇区别都算不上。名词的性尽管属于语法范畴,但这更多的是一种历史遗留现象。另外不是所有语言的性范畴都一致,如"太阳"一词在德、法、俄语中分别是阴性、阳性和中性。同时很多语言中的性范畴的语法作用已大不如前了。

(2) 数。表示事物数量的一组特征。与词汇上表示事物具体数量的数量词不同。在古英语和古俄语中,还有过单数、双数和复数的区别。一些语言的数范畴只是把可数名词分为单数和复数。俄语、英语中都有单数、复数的数的范畴。如英语中的"book→books"(书,单数→复数)等。汉语中有没有数的范畴,有不同的看法。严格来讲,汉语是没有数范畴的。"们"在一定的条件下可以表示"复数",如"学生们""我们"等,但其他名词不一定这样,如不能说"狗们""桌子们"等。其实其他形式也可以表示复数,如"学生都来了",一个副词"都"解决了,所以在汉语中没有严格意义的"数"范畴。

(3) 格。表示名词、代词与其他词的语法结构关系的一组特征。在很多综合性语言中这都是重要的名词属性范畴。有格变化的语言,格的数目是不同的。

俄语有六个格,即主格、属格、与格、宾格、工具格、前置格。英语中名词一般就有两个格,普通格和名词加"'s"的形式表示的所有格,代词有三个格,主格如"I(我)",属格如"my(我的)"和宾格如"me(我)"。现代英语中格的范畴已经弱化了许多,甚至疑问代词虽然还保留了格形式,但也很少用了,如"Who(=whom)did you see yesterday."(你昨天见到了谁?)。现代英语格如果这样一直弱化下去那虚词和语序的作用就会相对重要,即必须通过名词的位置来确认格的意义。德语有四个格,芬兰语有二十几个格。汉语中没有格的范畴,与格相应的意义(即施事主语、受事宾语、领属定语等)主要是用语序和虚词来表现的。

(4) 有定和无定。表示名词指称性质的一组特征。在印欧语的许多语言中都用定冠词和不定冠词来表示名词有定和无定的意义,这也是一种重要的语法意义。如英语"I have just read the book."(我刚读完这本书。)"the book"是有定的,即特定的某本书;"I bought a book yesterday."(我昨天买了一本书。)"a book"是无定的,不特指哪本书。汉语动词后的"数量名"中名词往往是无定的,如"买了一本书"中的"一本书",而在动词前的名词,无论什么形式(如加"这/那"或光杆名词形式)都是有定的,如"这本书读完了"中的"这本书",以及"书买回来了""我把书丢了"中的"书"。

2. 谓词属性范畴

这是指由动词或是形容词的词形变化表示的意义。主要表示的范畴意义有时、体、态、人称和级。

(1) 时。表示动词所反映的动作发生的时间和说话的时间的关系的一组特征。很多语言中都以说话时间为坐标确定句子中动作的时间,这是非常重要的语法范畴。一般有现在时、过去时、将来时三种。俄语一律用屈折形式表示动词的时。英语则现在时"He works."(他工作。)和过去时"He worked."(他工作过。)用屈折形式,而将来时"He will work."(他将要工作。)和"He is going to work."(他要去工作。)用助动词形式。汉语没有通过词形变化表示动词时的范畴,汉语表示相应的时的意义,一般用时间副词"正在""将要""曾经"等。

(2) 体。即表示动词所反映的动作行为进行的状况的一组特征。这也是有重要作用的语法范畴。常见的有进行体、完成体和未完成体,个别语言里还有表示瞬间的动作、一次或多次发生的动作、断续的动作等的体范畴。俄语动词有完成体和未完成体。英语动词主要有进行体和完成体，如"I am reading the book."（我正在读书。）是进行体；"I have written the book."（我写完了这本书。）是完成体。汉语可以在动词后面加助词来表示相应的动作状况的意义，如"-了"表示完成，"-着"表示持续，"-过"表示经历，"-起来"表示动作开始，"-下去"表示动作持续，动词的重叠表示"短时"和"尝试动作"等。

时与体是有关系的，它们总是结合在一起出现，出现在句子中的任何行为都有时和体的特征。时与体不同，体是表示动作的状态和动作是否持续，而时则只涉及某动作在什么时间发生，不涉及动作的状态。

（3）态。即表示动词与主语名词之间的施受关系的一组特征。这种语法范畴各种语言都有。主要分为主动态和被动态两种。有的语言如俄语有反身态（互动态）。主动态表示主语是施事者，被动态表示主语是动作的受事。如英语"Mary broke the cup."（玛丽打碎了杯子。）是主动态，动词用一般形式；"The cup was broken by Mary."（杯子被玛丽打碎了。）是被动态，动词用"be+动词过去分词"的形式。汉语一般用介词"被""给""叫"等引出施事者来表示被动态。有时直接把受事放在主语位置上，依靠词义的相互限制来确定被动语态，如"花瓶打碎了。"

（4）人称。即表示动词与主语名词之间一致关系的一组特征。但这种语法范畴的作用不明显，只有少数语言中动词的人称形式必须与主语的人称一致。俄语在这方面比较典型，动词在单数和复数的三个人称后要发生六种变化。英语的人称一致现象不系统，如现在时且主语是第三人称单数时动词加"-s"，如"He plays football every Sunday."（他每个星期天踢足球。）；将来时主语是第二人称用助动词"shall"，其他人称用"will"，如"He will play football tomorrow."（他明天要踢足球。）等。汉语中没有这种由人称引起的变化。

（5）级。以形容词（主要是形容词）和副词的词形变化表示性质或属性的程度差别的语法范畴，某些语言中的形容词、副词有级的范畴。一般分为原级、比较级和最高级三种。英语中的形容词，在表示"比较-"和"最-"这样的意义时，要用特别的形式或者加上特定的虚词，构成比较级和最高级。与之相对，原来的形式成为原级。如"young"（年轻）、"younger"（更年轻）、"youngest"（最年轻）等。俄语也有级的范畴。汉语中没有严格的级的范畴，但可以用"比较""更""最"等词汇手段来表示，如"漂亮—更漂亮—最漂亮"等。

### （二）句法范畴

主要由分析方式表现出来的语法意义概括起来形成的语法意义的类别就是句法范畴。句法范畴主要有类别范畴和关系范畴两类。句法范畴的研究目前还不够系统，这只是一个大致与句法手段相对应的语法意义分类。

#### 1. 类别范畴

这是由语类和语类选择形式表示的语法意义。从词的类别看，各种语言都需要词的语法类别意义。比如建立名词的类表示人或事物的意义，如"工人""汉语"；建立动词的类表示动作行为的意义，如"工作""吃"等。但不同语言在语类意义上也有差异。比如俄语、德语中所有修饰名词的词都必须是形容词，英语也大致如此，如"military telephone"（军用电话）等。汉语修饰名词的就不需要词形变化，原来是什么词类还是什么词类，如"军用电话""录音电话"等。另一方面从词与词的类别选择看，各种语言也都要求某类词和某类词组合的意义，比如"名词+动词"产生被陈述与陈述的意义；"动词+名词"产生支配与被支配的意义。但不同语言在语类选择的意义上也有差异，如形态丰富的语言像俄语、德语的名词前需要修饰义的成分时只能选择形容词，而汉语的名词需要修饰义成分时可以选择形容词，也可以选择其他的词类。

#### 2. 关系范畴

这主要指通过虚词和语序等形式表示语法结构关系的语法意义。有些缺少形态变化的分析性语言中词与词的组合构成句法结构时，由于语类意义不是单一的，语类组合也比较灵活，因此就必须通过虚词和词序来表示特定的语法关系意义。比如汉语"学生家长"都是"名词+名词"，但既可能是修饰关系，也可能是联合关系，通过加上连接词"和"与"的"，如"学生和家长""学生的家长"，就可以区别这种关系意义了。除了虚词，有些语言更多是通过语序变化来确定结构的语法关系意义。比如英语"动词+动词"可以表示不同的结构关系意义，如"stopped talking."（停止说话。）是动宾关系；"talking stopped."（谈话结束了。）

是主谓关系；"stopped to talk."（停下别的事开始说话。）是先后动作的关系。但这主要是通过动词的词形变化表示出来的。但汉语同样是"动词+动词"，也同样可以表示这三种结构关系意义，可是无论哪个动词的词形都不发生变化，就只能靠语序和其他办法来区别不同的结构关系了，如"停止说话"是动宾关系，"说话停止"是主谓关系，"停下来说话"表示先后动作的关系。

主要使用形态变化等综合手段表示语法意义的语言，词法范畴的内容就比较丰富，或者是用词法范畴覆盖了在另一些语言中属于句法范畴的意义；而主要使用虚词和语序等分析性手段表示语法意义的语言，句法范畴的内容就比较丰富，或者是用句法范畴覆盖了在另一些语言中属于词法范畴的意义。这实际上也就是综合性语言和分析性语言在语法范畴方面的差异。

## 四、词类

### (一) 什么是词类？

词类是依据词的聚合关系和组合关系划分出来的词的语法类别。词类是语法规则的集合点，它反映了语法体系的特征，各民族语言的语法体系的差异，往往可以从词类中窥见。

### (二) 划分词类的标准

词类的划分标准问题有很多争论，也有人提出不同的看法，这些分类办法归纳起来主要有以下三种：

(1) 可以根据词形变化来确定词类，就是形态标准。应该说这个标准对形态丰富的语言来说是最简单实用的。如俄语、德语中名词都有性、数、格的词形变化，动词都有时、体、态等的变化，形容词也有级的词形变化，很容易就可以根据词形来区别这几类词。就拿英语来说，英语动词也有时、体、态的词形变化。如可加"-ed"等；名词可加"-s"表现单复数的变化。还存在大量的词缀，如名词词缀"-tion""-ness""ment""-ship"；形容词词缀"-ful""-able""-al"；副词词缀"-ly"等，这些都可用来帮助区别词类。但这种方法却不适用于汉语，汉语几乎没有形态变化，"子、儿、头"等词缀、并不是所有的词都有或都能加上，缺乏普遍性。"着、了、过"也不是词形变化，而是动词以外的另外的词。所以汉语的不同类词就像各行各业的人都穿同样的衣裤一样,从外表看不出他们的不同职业。

(2) 可以根据词的意义确定词类,就是意义标准。对一般人来讲,说到"面包"就会想到具体的事物,说明这是名词,说到"吃""喝"就是动作,是动词。说"漂亮"就是形容词。古希腊和古罗马的语言学家们早期所确定的八大词类就是依据概念和意义建立的。但这种方法不是十分可靠的。根据词汇意义确定词类肯定行不通,比如英语"develop""development"都是"发展",但分别是动词和名词;汉语的"聪明、智慧"的理性意义差不多,但一个是形容词,一个是名词。根据语法意义建立词类是可以的,如名词就是表示人或事物的词,动词就是表示动作行为的词,形容词就是表示性质状态的词等。但这还要涉及怎么确定事物、动作、性质状态等问题。这种问题对大多数印欧语系语言还比较好办,因为印欧语言的词形变化、句法位置与语法意义大多一致,根据语法意义确定词类当然不成问题。但用意义标准确定汉语的词类还是有很多无法克服的困难的。尤其在现代汉语中,如"红了樱桃,绿了芭蕉"的"红"和"绿""经济繁荣/繁荣经济"的"繁荣"属于什么词类?

(3) 根据词的聚合位置确定词类,就是分布标准。如"木头、房子、道路"等,它们都可以作主语、宾语;能放在介词后面,能作定语;能放在数量词后面。它们不受"不、很"的修饰,不能带"了、着、过",不能作状语和补语等。把所有这些可能出现的位置和不可能出现的位置加起来,就得到了汉语名词的一组聚合位置,这就叫作名词的分布。名词就可以根据这种分布来确定。按照这条标准的意思,词类就是根据一类词的所有聚合位置的总和即分布来确定的。不仅名词,汉语的其他词类都可以根据某种分布来划分。从整体上说,汉语的词类划分似乎只能用这种标准。

这三种方法,看起来前两种较适合于印欧语言,只有第三种才适合汉语,其实这是不对的。从词类的内在属性来看,这三条标准中只有分布才是反映词类聚合关系本质的特征,而前两种只不过是对这种聚合关系的一种体现而已。不仅汉语一定要靠分布来确定词类,就是有形态变化的语言也一样。词形变化是词的语法功能的外在表现。英语名词,除词形变化,也有作主语、宾语,受数词修饰,受形容词修饰和不受副词修饰的限制。英语中的连词和介词还没有词形变化,也要靠功能(分布)来划分。反过来讲,汉语虽然要靠分布,但有时直接根据意义能判断的,我们也没必要非要找个麻烦的方法用。因此,虽然分布是词类的本质属性,但在具体区别词类时,形态和意义也可以作为参考。

### (三) 词类划分的结果

由于不同语言中各类词的分布有差异,所以各种语言分出词类的数量就不会完全一样。各种语言的词类划分结果往往有以下几个特点。

(1) 各种语言都有一些共同的词类,也有一些特殊的词类。比如已知的人类语言中无一例外地都有名词、动词、形容词、副词、代词、数词、连接词等。但不同的语言也往往有一些特有的词类,如汉语的量词、助词;德语、英语的冠词、辅助词;日语的形容动词、标记词等,这些就是某些语言的特殊词类。

(2) 各种语言的主要词类都可以根据某种共性往上归成大类,也可以根据某种个性往下分出若干小类。比如一般语言中的词类都首先可以分成两大类,即实词和虚词。实词包括名词、动词、形容词、数词等,其共同点是可以充当主语、谓语、宾语、状语、定语等句法成分,都有实在的词汇意义,位置不固定,数量开放等。虚词可分为助词、介词、语气词、连词等,其共同点是一般不充当句法成分,没有实在的词汇意义,位置固定,数量封闭等。实词和虚词都可以再往下分成次一级的大类。总之,各种语言的词类划分结果都可粗可细,无不是根据不同的组合要求建立的不同的类。

(3) 各语言中都有一些词是典型的某类词,也有一些词可能是边缘的或跨类的词。如英语"table"(桌子)、"person"(人)是典型名词,"read"(读)、"buy"(买)是典型动词。但"fire"可以是名词(火),也可以是动词(点火),这种词就是跨两类的词。汉语跨类的现象就更多。如"一朵花、花钱、眼花"中的"花"就跨名词、动词、形容词的分布,但因为彼此意义对立,只能算作三个不同的词。"机械、科学、青春"等,一般看作名词,但偶尔也跨形容词的分布,这是边缘类的词。"学习、批评、调查"等也跨动词和名词的分布,但意义差不多,它们是兼类的词。

## 第三节 / 句法结构

### 一、什么是句法结构?

句法结构是指句法单位与句法单位之间相互联系、相互作用的方式。相同的句法单位按不同的方式联系起来,所形成的语言片断的意义就会不同。如"高个子"和"个子高"的意义不一样,就是因为前者"高"和"个子"以修饰和被修饰的方式相互联系的,后者却是以话题和陈述的方式相互联系的。句法结构就是这种方式本身,因而它只是一种抽象的关系式而已。

一个句法结构通常被称为一个结构体。结构体包括若干结构成分(又称结构项)和成分间的结构关系。如主谓结构由主语和谓语两个结构成分组成,成分之间的关系是主谓关系。任何结构体都有结构性和功能性的特点,结构性指结构体一定由若干结构成分组成;功能性指结构体也可以作为结构成分再与其他结构成分组成更大的结构体。"个子高"的结构性表现为它由两个结构成分"高"和"个子"组成,功能性表现为它还能作为结构成分与"喜欢"组成更大的结构体"喜欢高个子"。

### 二、句法结构的类型

基本的句法结构类型有以下五种:

**(一) 主谓结构**

它有主语和谓语两个结构成分,结构成分之间有话题与陈述的关系,所以又叫陈述结构。例如:

汉语　　他睡了。

英语　　He slept.(他睡了。)

**(二) 述宾结构**

这种结构有述语和宾语两个结构成分。成分之间有支配和被支配的关系,所以又称支配结构。例如:

汉语　　修理汽车。

英语　　　To repair the car.（修理汽车。）

一个述语有时还可以带两个宾语，这样一个述宾结构就有三个结构成分了。例如：

汉语　　　给他一本书。

英语　　　Gave me some pictures.（给我一些照片。）

### （三）偏正结构

它有偏与正两个结构成分。正的部分叫中心语，当中心语由名词充当时，偏的部分叫定语。例如：

汉语　　　淡雅的水仙花

英语　　　red flag（红旗）

当中心语由动词、形容词充当时，正的部分叫中心语，偏的部分叫状语。例如：

汉语　　　很愉快

英语　　　come again（再来）

### （四）述补结构

述补结构有述语、补语两个结构成分。成分之间有补充说明和被补充说明的关系，补语出现在述语的后边，带有补充修饰的意味。例如：

汉语　　　高兴得跳起来。/打得落花流水。

### （五）联合结构

联合结构有两个或两个以上的结构成分，成分之间有并列在一起的关系，所以又叫并列结构。联合结构无论有多少个结构成分，整个结构的语法功能等同于其中一个成分的功能。例如：

汉语　　　老师和学生

英语　　　boys and girls（男孩和女孩）

## 三、句法结构的意义和形式

### （一）句法结构的意义

句法结构中存在着对立统一的两种意义，一种是显性意义，也叫作"句法关系意义"。它是通过词形变化、辅助词和语序等所反映出来的各种句法关系意义，通常分为陈述关系、支配关系、修饰关系、平行关系、补充关系等；另一种是隐性意义,也叫"语义关系意义"。即隐藏在显性意义后面的各种句法语义关系,通常表现为"施事+动作""动作+受事"等关系。这种关系意义并不直接表现在句法形式上,而是通过显性意义间接地由词与词的组合形式体现出来。例如:

汉语　　我们学习语言学。

显性意义　主语+谓语(述语+宾语)

隐性意义　施事+动作+受事。

隐性意义和句法结构有着千丝万缕的联系,它能够说明语义结构和句法结构之间的对应关系。显性意义和隐性意义之间的关系是极其复杂的。比如"施事+动作+受事"这样一种隐性意义就可以用几种句法形式来表现。例如:

a. 我们消灭了敌人。　　主语+谓语(述语+宾语)

b. 敌人被我们消灭了。　主语+谓语[状语(介词"被"+宾语)+中心语]

c. 我们把敌人消灭了。　主语+谓语[状语(介词"把"+宾语)+中心语]

d. 敌人我们消灭了。　　主语+谓语(主语+谓语)

再如,"述语+宾语"这样一种显性意义也可以用多种隐性意义来表现。例如:

a. 织毛线　　(动作+受事)

b. 织毛衣　　(动作+结果)

c. 来客人　　(动作+施事)

d. 写毛笔　　(动作+工具)

e. 吃食堂　　(动作+处所)

f. 跳探戈　　(动作+方式)

g. 过春节　　(动作+时间)

h. 考研究生　(动作+目的;动作+对象)

i. 救火　　　(动作+原因)

　　……　　　　　　……

揭露隐性关系意义是现代句法研究的一个重要课题,在句法研究中,只有把隐性意义和显性意义联系起来进行分析,才能进一步揭示句法结构中的种种问题。

### (二) 句法结构的形式

1. 句法结构的表达方式

句法结构的关系意义必须用一定的语言形式表现出来。不同的语言之间,表现同一种关系意义的语法形式各不相同,就是在同一种语言中,往往也有多种形式可供选择。但概括起来,不外乎语序、虚词、语调等分析手段和词形变化等综合手段。分析手段我们在前面"分析方式"中已谈过,这里主要谈谈词形变化。词形变化造成句法结构的方式主要有两种:

(1) 词与词之间的一致关系,也就是用一定的词形变化来造成词之间性、数、格上的统一,从而确定它们的结构关系。如英语的代词"He"如果与动词"study"在数上保持了一致"He studies."(他学习),就形成了主谓结构。俄语的形容词"золотой"(金色的)与名词"солнце"(太阳)在词形上保持了性、数、格的一致,"золотое  солнце"(金色的太阳)就形成了偏正结构等。

(2) 一个词对另一个词的支配关系。当一个词服从另一个词的语法形式上的要求而发生某种词形变化时,这两个词之间就发生了某种关系意义而形成句法结构。如俄语名词"газета"(报纸)服从"читать"(读)的要求而发生宾格的词形变化时"читать  газету"(读报)就形成了述宾结构。

2. 组合形式的线条性和层次性

(1) 线条性。也称线性,是组合形式的特点之一,它可以理解为依次出现的延续着的线性序列,实际上,这是句法结构存在的时间形式,即句法结构的时间性。比如"我们学习汉语",三个词不是同时说出的,而是延续着的序列"我们—学习—汉语"。换言之,前一个单位的时间过去,下一个单位继之而出。除独词句外,句子总是由两个以上的单位组合而成,其组合过程又总是一个接着一个,依次出现。多数句子好比一个链条,每个词都是该链条的依次出现的环节,因此结构语言学家把它称为结构段或语符链。

(2) 层次性。是组合形式的又一个特点。它可以理解为语言单位之间由于组合次序的先后而造成的层层包容的关系。实际上,它是句法结构存在的空间形式,即句法结构的空间性。比如"大力表扬做实事的人"这里的"a 大力、b 表扬、c 做、d 实事、e 人"五个实词并不是按照 a+b+c+d+e 的顺序依次组合而成的,而是按照(a+b)+[(c+d)+e]的方式逐层组成的。这样,各种结构和结构成分之间就形成了层层包容的关系。整个述宾结构(a+b)+[(c+d)+e]由述语(a+b)和宾语[(c+d)+e]组成,述语、宾语又分别是一个偏正结构。

3. 直接成分分析法

也叫"层次分析法",是对句法结构组合形式层次性进行分析的方法,简称IC 分析法(Immediate Constituent analysis)。直接成分是在同一个层次上关系最密切的成分,由于句子的直接成分与句子的层次性一致,所以这种分析法也叫层次分析法。又由于通常的直接成分分析法是对句子结构不断地一分为二,所以又叫二分法。简单点说,直接成分分析法就是把句子结构不断地一分为二,直到不能再切分为止。下边是直接成分分析法举例。如下图是用树形图分析"男孩子喜欢下象棋"这个句子的结构(见图5-2):

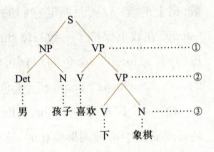

S 表示句子结构,NP 表示名词性短语,VP 表示动词性短语,Det 表示定冠词或修饰语。

图 5-2　直接成分分析法树形图[①]

由两个以上的简单句子结构进一步组合成的复杂的句子结构,也可以用直接成分分析法分析出其结构层次。例如:

因为我们是为人民服务的(A),所以,我们如果有缺点(B),就不怕别人批评指出(C)。这个复句包含三个分句,用 A、B、C 标志,其层次可用下图(见图5-3)表示:

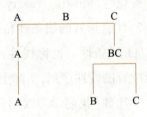

图 5-3　直接成分分析法
竖线法示意图

除了用树形图表示层次的方法外,还可以使用竖线法:用一条竖线表示第一次切分,用两条竖线表示第二次切分。依此类推。如 The boy posted the letter.(这个男孩子邮了这封信。),如下所示:

---

① 　以下图示参见刘伶、黄智显、陈秀珠主编:《语言学概要》(修订本),北京师范大学出版社 1987 年版,第 224—226 页。

The‖boy│posted‖the│││letter.

还有人使用框式法(见图 5-4)：

图 5-4　直接成分分析法框式法示意图

框式的简化,其划法如下(见图 5-5)：

还有一种常用的划分法(见图 5-6)。

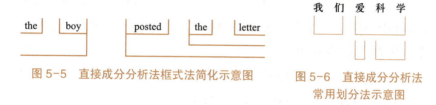

图 5-5　直接成分分析法框式法简化示意图　　　图 5-6　直接成分分析法<br>常用划分法示意图

一般认为,表示直接成分分析法的技术方法,最适用的是"树形图"。

## 四、句式转换

### (一) 什么是句式的转换?

句式就是句子的格式或模式。每种语言都有各种各样的句式,如"陈述句""感叹句""主动句""把字句"等等。

句式的转换就是把一些句子模式转变为另外一些句子模式。如陈述句转换为疑问句,肯定句转换为否定句,主动句转换为被动句等。我们把被转换的句式叫作基本句式,把转换后的句式叫作转换句式。

### (二) 单项转换和多项转换

一般把转换分为单项转换和多项转换两类。单项转换是只涉及一个句式的转换,如"老师批评了学生。"→"学生被老师批评了。"这就是单项转换。多项转换是涉及两个以上句式的转换,如把"我认识小孩子。"和"小孩子穿红衣服。"两个句子转换为"我认识穿红衣服的小孩子。"多项转换也就是句式的简化。是指把一个句子看作另一个句子的一部分,把一个句子"嵌进"另一个句子里,是由两个基本句式推导出来的。

### (三) 转换的原则

转换必须在深层(隐性)意义不变的基础上进行,转换允许表层(显性)意义的改变,如"老师批评了学生。"转换为"学生被老师批评了"是可以的,但不能转换为"学生批评了老师。"这就违反转换的原则了。

对具体句子进行转换,只能改变实词之间的语法关系,一般不能替换实词本身,如把"老师批评了学生"变为"领导批评了学生"就错了。但在结构关系不变的前提下可以适当增删个别实词或把它变为代词。如"他被老张批评了"变为"他被批评了",删去"老张",并不影响全句的结构关系。又如从陈述句变为特指疑问句,作为疑问点的实词一定要变成疑问代词,"我游过香山。"→"谁游过香山?"

### (四) 转换的规则和程序

转换必须遵守一定的转换规则。如汉语的主动句"我批评了小张"转换为被动句"小张被我批评了",其转换规则可以用以下的公式表示:

主动句:我　批评了　小张。

　　　　N1　+　V　+　N2

被动句:小张　被　我　批评了。

　　　　N2 + 被 + N1 + V

汉语被动句的转换规则就是:把宾语(N2)移到句首,在主语(N2)前加"被"(或是"叫、让、给"),成为介词结构,放在动词前面。

一般把转换的程序(也叫操作方式)归纳为四种:

(1) 移位。如主动句"莲莲打开窗户",转换为被动句"窗户被莲莲打开了"时,宾语"窗户"就要移位到主语的位置,而主语则移到了宾语的位置。

(2) 插入。如主动句转换为被动句一般要插入一个"被"字。如"小李打开房门",转换为"房门被小李打开了",这里就插入了一个"被"字。

(3) 删减。如陈述句"莲莲打开窗户",转换为命令句"打开窗户!"时,要删减主语"莲莲"。

(4) 复写。如英语,把陈述句"It certainly is hot today."(今天天气热,这是肯定的。)转换为疑问句"It certainly is hot today,isn't it?"(今天天气肯定热,是

吗?)时,后一个"it"就是复写。

# 第四节 / 篇章语法

篇章语法在不同的学者及其著作中通常被称为篇章分析或篇章语言学。篇章语法研究指的是以篇章为研究目标的研究,也就是结合语境对超句子语言实体进行的研究。关于篇章的概念,不同的学者有着不同的解释,一般认为既包括书面语言也包括口头语言。

比句子大的语言实体并非都是篇章,例如:

a. 外面雨很大。小李明天要去打球。电脑感染了病毒。

b. 外面雨很大。小李又没有关窗户。上次他就因为忘关窗户而使房间进了水。

b 是篇章,而 a 不是篇章。a 与 b 的主要区别在于一个合格的篇章形式上具有衔接性,语义上具有连贯性。

## 一、篇章的衔接与连贯

### (一) 篇章的衔接

衔接是形式方面的问题。衔接是篇章的有形网络,体现于篇章的表层结构上。汉语篇章的衔接方式主要有五种,即照应、替代、省略、连接和词汇手段。

1. 照应

照应是指篇章中一个成分是另一个成分的参照点,这个参照点不能孤立存在,这种现象体现出参照点与被参照点之间的语义联系。

根据照应词语的不同,照应关系可分成人称照应,指示照应和零形式照应。

(1) 人称照应。人称照应是由人称代词充当照应词语的照应关系,汉语中主要是第三人称代词及其复数。如"南京路上好八连官兵记挂着与他们结对服务的孤寡老人们。"中"他们"就是指代"南京路上好八连官兵"。

(2) 指示照应。指示照应是由指示代词充当照应词语的照应关系,最典型的就是"这""那"系指示代词。如"'以文会友,结社求知',这是北大素有的学术传统,但在前几年却一度失落。"中"这"指代"以文会友,结社求知"。

(3) 零形式照应。零形式照应即指示词语缺省为零形式。如"我喊了他一声,他没精打采地站起来,( )挠了挠头,( )叹了一口气,( )向前踱了几步。"例子当中的"( )"的位置都可以补出代词,但都缺省了。

### 2. 替代

替代指的是在篇章中用一些词语代替前文中出现的语句。如"你们再去找别人扮演这个角色吧,我不干了!"中"干"具有替代"扮演这个角色"的作用。

### 3. 省略

省略是指篇章中一些基本成分缺省,但可以在上下文中找到。例如:

a. 你想看电影吗?

b. 想去!(省略了看电影)

### 4. 连接

连接指的是用具有连接功能的词语来体现句与句之间语义关系的一种衔接手段。具有连接作用的成分通常包括:①连词、部分副词,②时间词,③连续的处所词,④顺序词,⑤超词成分。如"中国北极科学考察预备队一行在这里隆重举行冬训开营式,随后踏上了艰难的集训征程"中"随后"就具有连接功能。

### 5. 词汇手段

词汇手段是通过重复、同义、近义、反义、上下义等关系的词语同现来表现篇章衔接关系。如"小王星期天买了五部 DVD 影片,《谍中谍(三)》是刚刚上映的。"句中的"《谍中谍(三)》"是"DVD 影片"的下义词。

### (二) 篇章的连贯

连贯是语义方面的问题。连贯属于篇章无形的网络,体现在篇章的深层语义结构中。衔接和连贯虽有区别,但二者之间也是有联系的。例如:

我目睹了隆福寺的变迁。**起先**,它是个天天开市的庙会,大殿和庑廊边各色方形、伞形、长廊形的布篷下,卖各种各样日用杂品的大摊和小摊栉比鳞次,有品种齐全到百数以上的梳篦摊，"金猴为记"，摊中摆放着一尊木雕金漆的大猴，有卖猪胰子球和蛤蜊油等化妆品的小摊，有卖泥兔儿爷、武将棕人、大头和尚窦里翠（一男一女的套头壳儿）、卜卜噔（一种可吹弄的薄玻璃制品）以及空竹、风筝等玩物的摊档……其间更夹杂着卖各色京味小吃的摊档，有连车推来的卖油茶的摊子，不仅龙嘴大铜壶闪闪发光，车帮上镶的铜片和铆的铜钉也油光锃亮，卖褡裢火烧的平底锅哧哧地响着，散着油香。不过我更感兴趣的是卖半空花生、糖稀球、牛筋儿窝窝、综果条、干崩豆……的小摊。<u>后来</u>实行"公私合营"，拆了一些小殿堂和庑廊，建成了"合并同类项"的售货大棚；<u>再后来</u>是"文化大革命"，"<u>破四旧</u>"先破掉了殿堂内所有的佛像，包括那"天龙八部"，渐次就破到了殿堂本身，那毗庐殿据说是明代建筑中的孤例，其藻井比故宫养心殿和天坛祈年殿的藻井更见巧思和气魄，到此则大限来临，不仅大殿的全部木料、琉璃瓦和大青砖全部用作了"深挖洞"的材料，殿北的汉白玉石台、石阶、石雕，也都"将功折罪""变废为宝"，捐躯于防空洞中。父亲那位搞建筑史的朋友"文革"中已"自绝于人民"，我们自然再不敢听从他的"狂吠"去为这些"破烂货""请命"——直到"文革"后我才重访童年、少年时代几乎天天竖穿的隆福寺，"隆福寺"已徒有地名而已，<u>如今</u>那里是一所装有滚梯开放五层的商业大厦，里面不仅出售内地国产精品，也出售比如说从巴黎来的香水、日本来的录像机、香港来的康元饼干，以及从台湾转口而来的仿毛花呢……[1]（节选自刘心武《我的隆福寺》）

通过上例我们可以深入具体地了解篇章的衔接和连贯的关系。上文的主题是隆福寺的变迁，通过一些衔接手段把整个段落连贯起来。上例可以直观地表示为下图（见图5-7）：

## 二、篇章的主位推进模式

从功能的角度看，一个句子可以划分成两个部分，即主位（theme）和述位（rheme）。所谓主位是指句子开始的第一个成分，是句子其他部分的表述对象。

---

[1]　胡晓研：《语言学概论》，东北师范大学出版社2007年版，第193—194页。本文引用时略有改动。

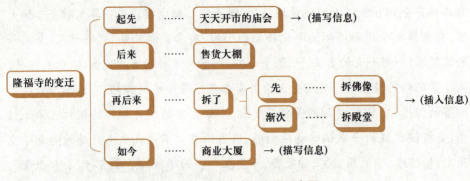

图 5-7　隆福寺变迁主题示意图

主位后面的部分是对主位的说明,叫作述位。如"能否去春游要取决于明天的天气。"句中的"能否去春游"是主位,后面的部分是述位。在篇章中通过更换不同的主位而使得表述能够进一步展开的过程叫作主位的推进。

汉语篇章主位推进模式有以下几种:[①]

(一) 平行模式

即主位相同,而述位不同(下面用 T 代表主位,R 代表述位)。

T1/R1

　　T2( =T1)/R2

　　　　……

　　　　Tn( =T1)/Rn

例如:

它要保全它那点小小的生命,可它又不晓得怎样才能保全。它对它自己和对别人都没有信心,可它又愿意从人那里得到一些依靠。它跳一跳,停一停,它看着我,又不敢过来。

(二) 链接模式

即前一句的述位(或一部分)充当后一句的主位,这在修辞学上相当于"顶针"。

---

① 　郑贵友著:《汉语篇章语言学》,外文出版社 2002 年版,第 125 页。

T1/R1

T2（=R1)/R2

  ……

  Tn(Rn−1)/Rn

例如：

一见面就<u>寒暄</u>，<u>寒暄之后</u>说我"<u>胖了</u>"，<u>说我胖了之后</u>即大骂其新党。

## （三）集中模式

即主位不同，而述位相同。

T1/R1

 T2/R2（=R1)

  ……

  Tn/Rn（=R1)

例如：

好个"友邦人士"！日本帝国主义的兵队强占了辽吉，炮轰机关，/<u>他们不惊诧</u>；阻断铁路，追炸客车，捕禁官吏，枪毙人民，/<u>他们不惊诧</u>。中国国民党治下的连年内战，空前水灾，卖儿救穷，砍头示众，秘密杀戮，电刑逼供，/<u>他们也不惊诧</u>。在学生的请愿中有一点纷扰，/<u>他们就惊诧了</u>！

## （四）交叉模式

即第一句主位成为第二句述位，第二句的主位成为第三句述位，依此类推。

T1/R1

 T2/R2（=T1)

  ……

  Tn/Rn（=Tn−1)

例如：

<u>熬药</u>嘛，/是个人就会。我/昨天晚上还给我爷爷<u>熬药</u>了呢！

## （五）分散模式

即第二句以后的各句均以第一句的述位作为表述的基础，进行分散性的表述。

$$T1/R1$$

$$T2（=R1)/R2$$

$$……$$

$$Tn（=R1)/Rn$$

例如：

张老汉/<u>放了一辈子的羊</u>。<u>放羊</u>,/花费了他所有的心思;<u>放羊</u>,/是他唯一的乐趣;<u>放羊</u>,/构成了他生活的全部。

### (六) 交错模式

即第一、三……各句主位相同,第二、四……各句的主位相同,整体上呈交错式发展。

$$T1/R1$$

$$T2/R2$$

$$T3（=T1)/R3$$

$$T4（=T2)/R4$$

$$……$$

$$Tn（=T1)/Rn$$

$$Tm（=T2)/Rm$$

例如：

<u>金彪</u>/是饮痛而去的,我/不能如此放纵自己的言行;<u>金彪</u>/是为我而死的,我/应该了却他未尽的心愿。

### (七) 并列模式

即各句的主位、述位无明显联系,在意义上呈并列式发展。

$$T1/R1$$

$$T2/R2$$

$$……$$

$$Tn/Rn$$

例如：

各种信息在他的头脑里撞击。黑压压的人群。遮盖热气腾腾的肉包子的油污的棉被。候车室里张贴着的大字通告：关于春节期间增添新车次的情况，和临时增添的新车次的时刻表。男女厕所门前排着等待大小便的人的长队。六角的双勾虚线。大包袱和小包袱，大篮筐和小篮筐。大提兜和小提兜……他得出了这最后一段行程会是很艰难的结论。

## 思考与应用

### 一、术语解释题

语法　词法　句法　词　词组　句子　句群　语法形式　形态　语法意义
语法方式　语法范畴　词类　实词　虚词　句法结构　直接成分
IC 分析法　句式转换　篇章语法　衔接　连贯　主位　述位
主位的推进

### 二、复习思考题

1. 语法的抽象性和词汇的抽象性的区别与联系。
2. 语法范畴和语法方式的关系。
3. 如何理解"汉语缺少形态"这种说法？
4. 词类划分的标准有哪些？
5. 试说明句法结构的显性意义与隐性意义。
6. 语法的主要特点有哪些？
7. 如何理解句法结构的层次性？

### 三、实践应用题

1. 结合语篇实例说明衔接与连贯的联系。
2. 分析下列多义结构的句法关系和语义关系。
（1）看打乒乓球的小学生
（2）骂姐姐的姐夫

（3）盖被子

3. "施事+动作+受事"这样一种隐性意义可以用几种句法形式来表现？

4. 举例说明造成歧义的原因。

（1）车子没锁。

（2）① 三个函授班的/学生。

　　② 三个/函授班的学生。

（3）① 贵州和四川的/部分地区。

　　② 贵州/和四川的部分地区。

（4）① 对售货员的/意见。

　　② 对/售货员的意见。

（5）老王在火车上看到了小张。

（6）他的故事讲不完。

# 第六章　语言的起源与发展

## 第一节　/　语言的起源

　　人类对语言的起源问题早就产生了兴趣,在远古时期就有许多这方面的传说,如中国古代有女娲抟土造人的传说,印度人认为语言是宇宙创造者梵天的妻子赋予人类的,《圣经》故事给万物取名的描述,就是先民们"语言神授"观念的体现等,类似的例子还有很多。近代科学的兴起,尤其是达尔文的进化论出现以后,人们逐渐走出神话世界,18 世纪以后,学者们相继提出了一些关于语言起源的理论。

### 一、关于语言起源的一些学说

#### (一)摹声说

　　这种理论认为语言起源于对外界声音的模仿,比如模仿狗叫有了 "bow-wow" 这个词,模仿布谷鸟叫有了 "cuckoo" 一词,模仿泉水声有了 "ding-dong" 这个词,这一说法的根据是各种语言中都有一些摹声词。这种理论也叫"汪汪说"或"叮咚说"。

#### (二)感叹说

　　这种学说认为语言起源于原始人因各种感受而引起的感叹,比如对某人某物不喜欢时会发出 "poop　pooh(呸! 呸!)" 之类的声音,因此,这种理论也叫"呸呸说"。

#### (三)劳动叫喊说

　　这种理论认为语言起源于人类在劳动中发出的叫喊声,比如在抬重物时,为了协调步伐而喊 "咳呦咳呦" 或 "yo he ho",反复多次,叫喊声就演化为劳动号子,进而变成了语言。

### (四) 契约说

这种学说从交际的需要来考虑语言的起源,认为原始人没有语言,后来大家规定了一些事物的名称,这样就产生了语言。契约论在哲学、社会学、政治学等学科中都有广泛的应用。古希腊和古代中国也都有过这方面的论述。

### (五) 手势说

这种理论认为有声语言是在手势和身体姿态的基础上发展起来的,语言是从人们用手和实际动作模仿和指示客观世界进而演化成的。这种观点重视的是人类在早期进行交际时的手势、体态发挥的重要作用。代表人物是德国学者威廉·冯特和苏联学者尼古拉·雅科夫列维奇马尔(Никола́й Я́ковлевич Марр)。

上述 5 种观点都脱离了语言"神授"说,认为语言是"人造"的,是一种进步,但同时它们大都是缺乏科学依据的推论。

### (六) 劳动创造说

劳动创造说是马克思主义语言观在语言起源问题上的体现。恩格斯在其《自然辩证法》"劳动在从猿到人的转变中的作用"谈道:"劳动的发展必然促使社会成员更紧密地互相结合起来,因为劳动的发展使互相支持和共同协作的场合增多了,并且使每个人都清楚地意识到这种共同协作的好处。一句话,这些正在生成中的人,已经达到彼此间不得不说些什么的地步了。需要也就造成了自己的器官:猿类的不发达的喉头,由于音调的抑扬顿挫的不断加多,缓慢地然而肯定无疑地得到改造,而口部的器官也逐渐学会发出一个接一个的清晰的音节。"而且还谈到"语言是从劳动中并和劳动一起产生出来的,这个解释是唯一正确的,拿动物来比较,就可以证明。动物,甚至高度发达的动物,彼此要传递的信息很少,不用分音节的语言就可以互通信息。在自然状态下,没有一种动物会感到不能说话或不能听懂人的语言是一种缺陷。它们经过人的驯养,情形就完全不同了。狗和马在和人的接触中所养成的对分音节的语言的听觉十分敏锐,以致它们在它们的想象力所及的范围内,能够很容易地学会听懂任何一种语言。此外,它们还获得了如对人表示依恋、感激等等的表达感受的能力,而这种能力是它们以前所没有的。和这些动物经常接触的人几乎不能不相信:有足够的情况表明,这些动物现在感到没有说话能力是一个缺陷。"① 劳动创造说对语言起源问题的解释虽然也是不完备的,但较前几种观点更具有科学思辨性。

## 二、现代有关语言起源的科学研究

20 世纪 30 年代,动物学家、考古学家、心理学家和计算机专家开始进入这一领域并取得了一些重要进展。考古学家和古人类学家研究距今 50 万年的北京猿人头骨化石,初步认定那时的人已能发出语音。但也有学者认为 10 万年前的人脑言语区还不甚发达。考古学家通过测量古人类化石的脑容量来判断思维发展的水平,进而推断语言起源的年代。研究结果表明,晚期智人(旧石器时代晚期)脑容量已经和现代人差不多,具有了产生语言需要的思维水平,他们发现 10 万年前的猿人尼安德特人还无法发出[ a ][ i ][ u ]这三个最基本的元音,这些元音是有声语言不可能没有的,因此推断,尼安德特人还不能掌握有声语言。晚期智人之后,人类社会进步的步伐突然加快,很可能是由于人们获取了语言进行交际的结果。

19 世纪末,巴黎语言学会曾在学会章程中规定不接受任何关于语言起源问题的报告,可见当时对解决这一问题人们感到束手无策的心态。生物学家、考古学家、心理学家和计算机专家们从 20 世纪 30 年代起就潜心研究语言学家放弃的领域,研究人类近亲黑猩猩的语言能力,对它们进行长期的语言训练,教它们学习人类语言。通过研究,人们对类人猿有了新的了解,人们发现:现代类人猿已经具备了基本的抽象思维的能力,这远远在过去人们的意料之上,现代类人猿不仅有交际的需要,而且还有与其智力水平和生活方式相适应的交际方式。黑猩猩不仅能够学会人类的有声语言,甚至可以创造一些词语的新用法。所有这些研究表明:类人猿已经具备了产生语言的思维能力和产生语言的社会需要,但不具备产生人类语言的发音能力,人类有声语言产生的关键是发音器官的发音能力。

心理学家通过观察发现,对儿童交际行为的研究有助于对语言起源问题的探讨,婴幼儿的手势、动作、表情以及哭声都可用于交际,随着年龄的增长,所发的音逐渐增多,并与一定的人或事物相联系,当这种联系固定下来,并有了概括

---

① 《马克思恩格斯文集》第九卷,人民出版社 2009 年版,第 553 页。

性,就形成了词。儿童交际行为的过程,是人类交际行为发展史的简略或压缩。

上述不同领域的研究结果,汇集成今天人们对语言起源问题的新认识:有声语言产生在距今四五万年前的晚期智人时期,语言是在劳动过程中长期进化形成的,不是短期内所能创造出来的,在人类产生有声语言之前,主要以手势,体态等进行交际,并以简单的叫喊声辅助交际。随着发音器官的不断进化,思维水平不断提高,各种声音逐渐清晰起来,并可以分解为更多单位,或者依照一定的规划构成潮流,这样,就产生了真正的语言。当然,这不是最后的结论,随着科技的发展,研究的深入,对这一问题定会有令人满意的解答。

# 第二节 / 语言发展的原因和特点

## 一、什么是语言的发展?

客观世界的一切事物都在不断变化,语言也不例外。语言的发展,包括语言结构要素的历史变化,新的语言结构要素的产生和旧的结构要素的消亡。语言的变化是绝对的,每时每刻都会发生。但语言的不同组成要素的发展速度是不一致的。语言要素的发展演变包括临时性变化和历史演变两个方面。

各语言要素都表现出"语言"和"言语"的双重性,人们在使用语言进行交际时,常常表现出许多个性化的特点。这些变化没有被历史固定下来,可称为临时性的变化。语言要素的历史性变化,是被历史固定下来的那些变化,既包括新成分的增加,同时又表现为旧成分的消亡。语言要素消亡并不像自然界中的有机体那样消失不复存在,而是仍然存在于语言当中。

总之,新的语言结构要素的产生和旧的语言结构要素的消亡,使语言日益丰富、精密和完善,满足社会不断发展的需要。

口语和书面语是语言的两种存在形式。口语是口头上交际使用的语言,书面语是书面上交际使用的语言。书面语的产生,是语言发展中的重大事件。文字被创造出来之后,语言便有了书面语和口语这两种主要形式,在语言发展的过程中，书面语和口语互相影响，有着密切联系。书面语是在口语的基础上形成的，是口语的加工形式。二者大体上是一致的，但同时又各具特点。口语一般要求很快说出，思考时间较短，因此句子比较短，结构简单，常常伴有重复、颠倒、补充、冗余等现象。书面语在书写的时候有相对充裕的思考时间，因此具有复杂而严密的特点，句子也比较长，一般没有颠倒、重复等现象。

口语和书面语的关系十分密切，互相影响。口语是第一性的，书面语是第二性的，口语不断发展变化，书面语也必然随之发展变化。一般说来，口语变化较快，书面语变化较慢。因此，历史上曾发生过书面语落后于口语的发展变化、二者脱节的情况。人们可以看到很早时期的书面语，因为书面语可以保留在文学作品、法律条文以及宗教经典当中而流传后代，文字的传袭在过去仅限于少数人，人们对一些具有权威性的典籍作品又不敢轻易改动，这就增加了书面语的保守性，使书面语同口语的距离越来越远，甚至完全脱离了口语。随着社会的发展，这种违背语言发展规律的现象被人们意识到以后，就会产生新的书面语来满足人们的交际需要。

在民族共同语形成之后的书面语是标准语的书面形式，在相应的条件下，书面语把语言规范用字通过学校、报纸杂志、广播电视等渠道把大量书面语的词语，特别是政治、经济、科技和文化方面的词语输送到口语当中，一些书面语的表达方式和句法结构也逐渐渗入口语之中，使口语的词汇日益丰富，语法日趋严密，使口语更加规范、精密，更富表现力。

## 二、语言发展的原因

语言发展的原因可以概括为内因和外因两个方面。其中，社会的发展是语言发展的外因和条件，语言结构要素本身的矛盾是语言发展的内因。

### (一) 社会的发展是语言发展的基本条件

语言是人类最重要的交际工具，它随着社会的产生而产生，随着社会的发展而发展，社会的发展是语言发展的基本条件。

#### 1. 社会进步推动语言的发展

随着社会生产力的发展，生产关系的改变，以及社会生活的变化，新事物、新概念不断出现,这就要求语言要反映这些新的变化以适应交际的需要。这首先就对词汇提出了要求,语言必须不断地产生各种各样的词语来满足交际对它提出的要求,使词汇越来越丰富。事实也的确是这样,东汉许慎的《说文解字》一共收字 9 353 个(当时一个字大体上相当于一个词),而《现代汉语词典》(第 7 版)共收 69 000 多个条目(其中一小部分不是词,而主要部分都是词)。

社会的进步表现在方方面面,从社会的政治方面看,政治制度的变革,往往会促进语言的发展,如"皇帝""主席""特区""一带一路"等这些词语都是伴随着社会制度的改革产生的新事物,形成的新名词,是社会制度改革在语言中的反映。

经济的发展,生产力、生产关系的进步,也同样会引起新事物的出现,从而促进语言的发展,现代生活中如"电灯""录像机""电脑""网络"等,都是社会生产发展到一定阶段才创造出来的新事物。

科技文化方面也是如此,如"克隆""宇航员""电视散文""微信"等都是使语言不断丰富的新词语,而它们所代表的事物都是伴随科技文化事业的发展而产生的。

2. 社会的分化和统一推动语言的发展

语言的分化和统一是两种相反的过程和结果,人类社会在其发展历史上,既有分化,又有统一,这就促使语言也随之分化或统一。

语言是全社会的交际工具,当社会走向分化的时候,这个社会的各个部分之间交际就会逐渐减少,甚至停止,经过一段时间后,产生分化的同一社会的各个部门,其成员使用的语言就会产生差异,逐渐形成不同的方言或语言。另外,由于社会分工的存在,使社会上逐渐形成不同的社会集团,各个集团在语言使用上会形成不同的特点,从而形成社会方言。反之,如果已经分化的社会各个部分或不同社会之间逐渐走向统一,各部分或不同社会间的交往就会增多,语言的分歧会影响互相之间的交流,同时,语言或方言之间的影响也必然加强,这就促使语言逐渐趋向统一。

但是,分化和统一的过程是很复杂的,不能简单地认为社会的分化和统一必然会导致语言的分化和统一,语言的分化和统一要慢于社会的分化、统一,它是一个十分缓慢的、逐渐发生的过程。

### 3. 民族之间的接触推动语言的发展

随着社会的发展,不同民族之间的接触日益频繁,彼此的交流也越来越多,这必然引起不同民族语言之间的相互影响,如任何语言在发展过程中都会吸收一定数量的外来词语。中古汉语由于翻译佛经而从梵语中吸收大量佛教词,像"佛""禅""菩萨""般若"等。五四运动以后,汉语和印欧语系的语言接触日益增多,受其影响,原来主从复句"从句在前,主句在后"的特点也变成了从句在前在后都可以的现状。改革开放后,国外的科技、文化等对我国影响巨大,一些新事物,新现象的传入,使语言中外来词语的数量大增,如"因特网""克隆"等之类词语的出现,都是语言间相互影响的结果。

可见,语言间的相互影响可以表现在词汇、语法等各个方面。词汇的互相影响较为普遍,语法的借用则不太普遍,语音的借用也相对较少,一般是借用外语成分的结果。民族之间的接触,可以吸收新的成分,丰富本族语言,推动本族语言的发展。

### 4. 社会发展可以推动人们思维的发展,人类思维的发展影响语言的发展

语言和思维密切相关,社会发展可以推动思维的发展,思维的发展也会促进语言的发展,使语言日益精密化。如从前人们认为心脏是思维的器官,与思考、意志、情感等有关系的词都带上了"心"字旁,如"思""念""怒""怜""慧""恕"等。因此人们认为一个人心脏停止跳动即意味着"死亡"。后来,人们发现了通过大脑的神经,了解到大脑才是真正思维的器官,今天判断一个人死亡是"脑死",可见,思维的发展可以促进语言的发展,反过来,语言发展以后,又能为思维提供更加严密、准确、形象的表达工具,更好地表现思维的成果。

### (二) 语言结构要素之间的矛盾引起语言的发展变化

社会的发展是语言发展的基本条件,但只是可能引起语言的发展而不是必然结果。因此,还应该从语言系统内部的各个要素之间的矛盾来探求引起语言发展的原因。

语言系统内部的各个要素以及每个要素的各个成分都处在一种对立统一的关系当中,相互之间呈现出一种平衡的状态,能够很好地完成交际职能。如果语

言系统内部的某个要素或成分发生了变化,原来的平衡被打破,那么系统内部的相关要素或成分就要发生相应的变化,达到新的平衡。

比如,语音的变化可能引起词汇的变化,古代汉语是以单音节词占优势的,因为那时汉语的语音系统比较复杂,音位数量比较多,组合方式也较为多样,因此能够有效区别词汇,不影响交际效果。后来由于语音的简化,许多原本不同音的词成了同音词,如"机"和"基"、"交"和"骄"成了同音词,这就需要用新的方法来解决这一矛盾,汉语就用增加词的长度这一办法,用双音节的形式代替了原来单音节的形式,"机能"和"基本"、"交流"和"骄傲"就做到了有效的区分,解除了原来的矛盾,达到了新的平衡。词汇的变化同时又引起了语音、语法的一系列变化,如某些实词的词缀化,轻声、儿化的出现等,形成了新的构词规则和方法。

语法中词法的变化也能引起句法的变化。比如汉语中,唐代以前还没有动量词,表示行动的单位,除了用"再"表示"第二次"的意义之外,一律用数词加在动词前面的"数动"结构来表示。例如:

① 季文子三思而后行。(《论语·公冶长》)

② 又与之遇,七遇皆北。(《左传·文公十六年》)

后来,动量词出现并逐渐发展起来,"数动"结构就变成了"动数量"结构,例如:

① 北京他来过三次。

② 你马上跟我走一趟。

词汇内部有关成分互相影响也能引起词汇的变化。如"涕"在上古是"眼泪"的意思,鼻涕的意思用"泗"来表示,《诗经·邶风·燕燕》:"瞻望弗及,泣涕如雨"。在当时,"涕"与"泪"是同义词,后来,"涕"作"鼻涕"讲,原来表示"鼻涕"义的"泗"便消失了,这就是由于"涕"的变化引起了相关成分"泪"的变化。

是不是所有的语言都在一直向前发展呢?这不一定。如果一种语言的交际能力逐渐缩小直至消失,那么这种语言就会失去生命力,走向死亡。如我国历史上曾经存在过的契丹、女真等民族,现在只能从历史文献中见到他们的文字,而听不到他们的语言,因为他们的语言失去了交际能力,导致了最终的消亡。

### 三、语言发展的特点

语言的发展与其他事物不同，它的发展有两个特点：渐变性和不平衡性。

#### （一）语言发展的渐变性

语言的发展不是像政治运动那样突变的、改革式的，而是渐变的过程，是在人们使用过程中不知不觉发生的。这一点是由语言的基本功能——交际功能决定的。

语言作为人类最重要的交际工具，具有很强的稳定性，它不能像其他事物一样在很短的时间内花样翻新的变化，否则就会引起社会的动荡，使人们交际无所遵从，语言又必须满足交际的需要，随着客观世界的变化不断变化，这种变化在短时间内不易察觉，一旦经历了一段较长的时间，这种变化就可以看得出来，如古代汉语和现代汉语有很多不同的特点，就是因为汉语在长期历史的发展过程中不断变化造成的。在社会发生较大变动的时期，语言中的词汇可能会发生较大变化，在短时期内会产生大量新词和消失一部分旧词。但这种变化大多发生在一般词汇的范围之内，语言中的基本词汇和语法构造这二者决定了语言的基本面貌，它们在语言中是十分稳定的。因此，这种一般词汇的急剧变化并不能否定语言发展的渐变性特点。

#### （二）语言发展的不平衡性

语言的发展还具有不平衡性的特点。这是因为语言结构的各个要素与社会的联系并不相同。具体地说，也就是语音、词汇、语法的发展是不平衡的，其中一般词汇的发展速度最快，语音、语法的发展则相对慢得多。一般词汇与社会生活联系最为直接，它对社会发展的反应最为灵敏，社会上一旦出现了新的事物、新的概念，都要有"新词儿"来指称它，如"传呼机""网吧""手机"等，所以，一般词汇是语言诸要素中最活跃的部分。

与词汇相比，语音的发展就慢得多。汉语声调"平分阴阳、入派三声"的变化经历了几百年的时间，入声在今天汉语的有些方言中仍然保留着，就证明了语音发展速度之慢。一般词汇的急剧变化不会立即对语音系统产生太大的影响，语音也不会随着词汇的变化而发生系统的变化。

语法和基本词汇的发展速度最慢,它们是最具稳定性的。汉语句子的"主—谓—宾"格式,从周代《诗经》中就有了,直到今天,也没有什么大的变化。新词的产生一般要利用已有的构词材料和构词规则来构词,而旧词的消失自然也不会对构词材料和构词规则产生什么影响。因此,词的变化规则和组词造句的规则不会因语言中新词的产生和旧词的消失而发生急剧的变化。汉语中"日""月""水""人""口""手"等基本词汇中的成员,它们的基本意思千百年来也没有发生根本的变化。

语言发展的渐变性和不平衡性的特点,使语言既能满足新的交际需要,又能保持稳固的基础。使语言能够保证交际的顺利进行,并保持生机和活力。

# 第三节 / 语言的分化和统一

分化和统一是社会发展的基本过程,也是语言发展的基本过程,且二者之间有着密切的联系。

## 一、语言的分化

### (一) 什么是语言的分化?

语言的分化是指一种语言分化为不同的变体,或者进而分化为不同的语言。地域方言、社会方言、亲属方言都是语言分化的产物。

### (二) 语言分化表现

#### 1. 地域方言

(1) 什么是地域方言? 地域方言也叫"地区方言",是全民语言在不同地域的变体,是统一的全民语言的分支。它是最为常见的语言分化现象。凡是使用人口较多,分布地域较广,历史比较悠久的语言,一般都有方言的差异。例如汉语的方言差异就十分显著。汉语的七大方言(北方方言、吴方言、湘方言、赣方言、客家方言、闽方言、粤方言)就是汉语的地方变体,每个方言下又有次方言,次方言之下还有土语。

（2）地域方言形成的原因。第一是交际的阻隔，社会割据、行政区划、人口迁徙以及高山大河、森林湖泊等地理屏障，都会造成交际的阻隔。交际的阻隔使各地区人们使用的语言出现差异，这种差异发展到一定程度就形成了方言；第二是异族语言的影响，比如我国方言的一个显著特点是从南到北调类数目逐渐减少，就是由于受到邻近的外族语言或少数民族语言的影响。

（3）地域方言划分的根据。划分方言主要是根据语音、词汇、语法等几个方面的特点来进行，但往往是以语言方面的特点作为主要依据，现代汉语的七大方言划分，首先就是按照语音特点来确定的，次方言同样也是主要按语音特点划分的，如北方方言按语音特点可以分为四个次方言：华北、东北次方言、西北次方言、西南次方言、江淮次方言。其中华北次方言具有与其他三个次方言相区别的语音特点：①[n][l]有别。②舌尖鼻音韵尾[-n]和舌根韵尾[-ŋ]有较为清楚的分别。③声调多为四个：阴平、阳平、上声和去声。每一个次方言还可以根据语音的不同特点再分为若干土语群。

现代俄语也是根据语音特点分为北部俄罗斯方言和南部俄罗斯方言，北部俄罗斯方言叫"o"音化方言，它的非重音"o"读得和"O"一样，如"一个"读作[odjin]；南部俄罗斯方言叫"a"音化方言，它的非重音"o"读如"a"，如"一个"读作[adjin]。当然，还有其他一些语音特征的区别，一起构成了俄语南北方言的特征。

（4）地域方言和语言的区别。地域方言是全民语言在不同地域的变体，那么，到底分化到什么程度，对原来的语言来说再也不是它的方言，而是另外一种语言呢？这主要是社会因素在起作用，也就是说，往往是由政治上的分化来决定的，而不仅仅是语言本身的结构问题。如古罗马帝国所使用的拉丁语，后来逐渐形成各地分支，一方面在书面上有了书写上的分歧，另一方面也有了不同的政府分治，这就形成了今天的西班牙语、意大利语、法语等不同的语言。而这些语言之间的差别并不一定有中国的几种方言之间的差别大，当掌握这些语言的人分属不同的国家的时候，人们就认为这些语言是不同的语言了，当然它们是"亲属语言"。而汉语的几大方言之间有的差别很大，如闽方言、粤方言和北方方言之间的差别，甚至大到无法通话交流，但它们都只是现代汉语的方言，而不是独立语言。这是因为使用这些方言的人都是属于一个民族——汉族,并且有共同的文字和相似的经济文化生活。

因此,语言分化成不同的方言还是不同的语言,主要是社会政治历史因素决定的,而绝非语言系统在结构上的差异大小。

(5) 方言的发展前途。依据现有对方言发展的研究,方言的发展有如下几种趋势:①被共同语代替。随着社会统一的趋势不断加强,共同语逐渐成为全社会成员共同的交际工具,从而替代了地域方言。②与共同语并存。如汉民族共同语普通话就和七大方言并存。③发展成为独立的语言。如果一个社会的某个部分,分立的趋势最终形成不同的社会,这部分所使用的方言就会最终成为一种独立的语言。

**2. 亲属语言**

(1) 什么是亲属语言? 凡是从同一种语言分化出来的若干种独立的语言,它们就是亲属语言,亲属语言也是语言分化的结果。凡是亲属语言都同出一源,如汉语和藏语来自原始汉藏语,他们同出一源,是亲属语言。原始共同语称为“母语”或“祖语”,由原始共同语分化出来的语言为“子语”,人们用这种说法来比喻亲属语言和其来源语的关系,在“子语”形成之后,“母语”或“祖语”就不存在了。

(2) 亲属语言的形成。由于原来统一的社会完全解体,原来属于这个社会的各个地区都成了独立的政治实体,这些地区原来使用的同一种语言也就随之分化成为独立的语言。

(3) 语言的谱系分类。亲属语言间的关系,根据从母语中分化出来的早晚而有亲有疏。根据语言间的亲属关系的亲疏,可以建立亲属语言的谱系,这种对语言进行分类的方法,叫作语言的谱系分类,也叫语言的发生学分类。它根据语言间的亲疏程度把语言分为语系、语族、语支等。世界语言的谱系情况,目前的研究还很有限,有些语言(如朝鲜语、日语等)至今还不清楚他们的归属。

**3. 社会方言**

(1) 什么是社会方言? 由于社会中的人们所处社会地位、职业、年龄、性别、文化高低等方面存在着许多差异,这些差异必然使人们在运用语言方面形成某些个性化或类型化的特点,从而形成了社会方言,各种行业语、阶级方言、黑话等,都属于社会方言。社会方言也是全民语言的社会变体,是语言分化的结果。

(2) 社会方言的形成。由于社会生产力的发展,出现了社会分工,形成了不同的行业,阶级和阶层,这些不同的社会集团会自然地或人为地出现一些不同于共同语的特殊成分,从而出现社会方言。

(3) 社会方言和地域方言的异同。社会方言和地域方言都是全民语言的分支,全民语言的变体,这是它们的共同点,但它们是不同角度的全民语言的变体,二者差别主要表现在下面几个方面:

① 从划分依据上看,地域方言是以地域上的分布来定范围的,在同一个区域内,一般只有一种地域方言,这种地域方言在这一区域内是全民的,社会方言则不是按地区来划分的,在同一个区域内,可以有好多种不同的社会方言,这些不同的社会方言,只为自己的阶级、阶层、社团、行业服务,不具有全民性。

② 从结构上看,地域方言的特点表现在语音、词汇、语法各个方面,比如客家话,除了语音系统不同于普通话以外,词汇方面也有自己的特点:单音节词比较多,同音词也较多,同义词十分丰富。少数词的含义和普通话有较大的距离。如客家话的"走"相当于普通话的"跑",客家话的"行"等于普通话里的"走"。客家话在语法方面与普通话相比也有很大差异,客家话构词方式有的与普通话相反,如客家话"紧要",普通话说"要紧",客家话"闹热",普通话说"热闹",名词有丰富的附加成分,人称代词有"数"和"格"两个语法范畴等。而社会方言的特点则基本表现在一般词汇方面,即在词汇方面有些特殊的词语,虽然有的在语音、语法方面也有某些特点,但不是主要的。

③ 地域方言在结构方面有自己的语音系统、基本词汇和语法构造,在一定条件下能够发展成为独立的民族语言。至于社会方言,只在一般词汇方面具有某些特点,没有自己的语法构造和基本词汇。因此,社会方言不能发展成为独立的语言,地域方言可以被社会共同语所替代,而社会方言只要存在社会分工,是会长期存在的。

(4) 社会方言举例。

① 行业语。行业语也叫行话,由于社会分工的不同,社会上出现了不同的

行业。各行各业都有不同于其他行业的特殊性，在工作和生活实践中，必然会形成许多表现不同行业特点的专门词语和特殊用法，这就是语言的行业变体。比如工业有"千斤顶""车床"，医药行业有"心电图""处方"，汽车行业有"换挡""后桥"，邮电业有"挂号信""特快专递"等，戏曲界有"行头""生、旦、净、末、丑"，教育界有"统考""教案"等，出版业有"初校""拼版"等，每个行业或多或少都有自己的行业语。

行业语在社会交际中占有重要的位置，发挥重要的作用。行业语不但供本行业的人使用，也可以被其他行业的人掌握和使用，许多行业语还可以被吸收为全民语言的成分，从而丰富了共同语的语汇。比如"休克""角色""亮相""阵地"等，都已经成了全民语言词汇的成员了。

② 阶层方言。阶层方言就是阶级习惯语，是某些阶层为了适应自己的特殊需要而创造使用的特殊用语。在阶级社会中，语言运用带有明显的阶级色彩。不同阶级地位的人，在言语交际时会有不同的用词方式和习惯。比如秦始皇自称"朕"，称国民为"黔首"，过去的"长官""老爷""老总"等称呼，都具有不同的阶级或阶层的色彩。

即使社会不存在阶级，也仍然会有不同的阶层，在语言运用上，也会有变体存在。在我国，知识分子和工人、农民的语言就有不同的特点，如对上辈非亲属的称谓，工人、农民多采用亲属称谓，如"大叔""大妈"等，但知识分子一般不采用这种方式，知识分子一般使用书面语较多，农民则常使用地地道道的口语。

③ 黑话。黑话也叫"隐语"，有些社会群体或集团，为了不让外人了解自己谈话的内容，使用自己集团内部约定的特殊词语进行交际，这种语言变体就是隐语。比如《林海雪原》中杨子荣同威虎山上的土匪的对话就是黑话。

旧社会的商业界，在交易谈判、讨价还价时用的也是隐语：

旦底：一　挖工：二　横川：三　侧目：四　缺丑：五

断大：六　皂底：七　公头：八　未丸：九　田心：十

④ 性别方言。在一定的语言社团中，男女性别角色的语言往往有较大的差异，其中，语音上的性别差异是最明显最普遍的。比如北京一带的一些年轻女

性,总是喜欢把"j、q、x"这三个舌面辅音发音的部位前移,发成一种近乎"z、c、s"的舌尖前音,如把"西瓜"说得近乎"sigua",把"星期"说得近乎"singci",而北京地区的男性在说话时,轻声和卷舌音特别多,如把"工程师"说得像"工儿师",把"光荣榜"说得像"光儿榜"等。但女孩子一般不这么说,否则会被人说不文雅。

## 二、语言的统一

### (一) 什么是语言的统一?

几种方言统一成共同语叫作语言的统一,社会的统一是语言统一的前提和条件,只有统一的社会才可能出现统一的语言。

### (二) 共同语

一个社会的全体成员或大多数人日常生活中使用的语言叫作共同语。在没有方言分歧的社会里,全体社会成员所使用的语言都是共同语。方言出现之后,人们往往选择某种方言或其书面形式作为共同的交际工具。比如我国古代的"雅言""通语"以及后来的"官话"都是当时通行的共同语。当然,在社会统一程度不高的状态下,这种共同语的发展一般还不是很充分,如"官话",使用的人数不是很多,只在官吏、商人和知识分子之间通行。

### (三) 民族共同的形成和推广

1. 民族共同语的形成

民族共同语是全民族共同使用的交际工具。共同语发展到资本主义时代,进入了一个充分发展的新阶段。资本主义的产生和发展对民族共同语的形成有很大影响。资本主义要迅速发展,就要建立统一的民族市场,各地区之间的隔离状态是一个很大的障碍,必须打破这种分裂,使半统一的封建割据的社会发展为统一的资本主义社会,这就为语言的统一、为共同语的充分发展提供了一个客观条件。当时欧洲各国新兴的资产阶级为了资本主义的发展,都在大力推广共同语,促进语言的统一,保证贸易周转能够适应现代资本主义真正自由广泛的发展,使市场同一切大大小小的业主、卖主和买主密切联系起来。欧洲的各民族共同语,都是在文艺复兴之后形成和发展起来的。而我国没有经过典型的资本主义阶段,所以推广民族共同语的任务就顺延至社会主义阶段。

作为民族共同语的基础的方言叫"基础方言",民族共同语都是在一种方言的基础上形成的。在同一语言众多的方言中究竟哪种方言能成为共同语的基础方言,并不决定于人们的主观愿望,而是由某个方言在整个社会中所处的地位决定的。成为基础方言的那种方言,它所在的地区,一定是全社会的政治、经济、文化的中心,那么这个地区的方言在全社会内就最重要、最有影响、最有代表性,因而它才有成为基础方言的条件。

北方话是普通话的基础方言,汉民族共同语(普通话)是在北方方言(北方话)的基础上逐渐形成的。这是因为我国北方的代表城市北京是辽、金、元、明、清的都城,在相当长的时间里是全国的政治、文化中心,这一地区的方言——北京话,在汉语诸方言中自然成为最重要、最有影响、最有代表性的方言;历史上许多重要的文学著作,如《红楼梦》《水浒传》等,多半是用北京话或北方话写成的,这些作品在国内有广泛的影响;现代使用北方话的人数和地区也占全国的绝大部分,这就是说,使用北方话的人在人数上占有绝对优势。所有这些因素(主要是政治因素),就在客观上决定了北方话必然成为普通话的基础方言,而这一方言的代表城市北京话的语音系统就成了普通话的标准音。俄罗斯民族共同语的基础方言是莫斯科方言。

伦敦方言是英语的基础方言。英国产业革命之后,首都伦敦成为工业中心,各地破了产的农民纷纷进入了伦敦加入了工人阶级的行列。这些工人操不同的方言,如果都用乡音说话,那就会影响交际的正常进行。迫于交际的需要,就在伦敦方言的基础上吸收其他方言的一些成分而发展成为英吉利民族共同语。因此,伦敦方言成为英吉利共同语的基础方言主要是经济原因。

民族共同语的语法应当以典范著作的一般用例作为标准,它的语音系统则只能是基础方言区域内的某一地点的语音系统,一般不夹杂其他语音系统的成分,词汇则是以整个基础方言为其主要来源和依据的。因此现代汉民族共同语——普通话要以北京音为标准音、以北方话为基础方言、以典范的现代白话文著作为语法规范。

2. 民族共同语的推广

民族共同语的普及和推广一般需要一个过程。汉民族共同语的推广从"国语"运动就已经开始了。但由于1949年以前我国没有实现真正的统一，政府当局又不关心推广工作，"国语"运动只是少数人在那里奔走呼号，实际的成果很小。1949年以后，党和政府制订了正确的方针，采取了一系列措施，大力推广普通话，为适应国家空前统一的要求作了很多努力。《中华人民共和国宪法》第19条第2款规定："国家推广全国通用的普通话"。因此，中国人民努力推广普通话的任务又以法律条文形式被肯定下来。

推广民族共同语是为了消除方言之间的隔阂，并不是禁止或消灭方言。共同语和方言共存分用的情况将持续很长时间。方言是不能用强制的力量去消灭的，只能随着社会政治、经济、文化的发展和共同语的逐步普及而逐渐缩小自己的作用。随着我国政治、经济、文化等各方面的迅速发展，大力推广、积极普及普通话已经成为新时期语言文字工作的首要任务。

### （四）共同语的规范

共同语在它形成、发展和使用中，会不断地产生一些新的成分和新的用法。其中有些是符合语言发展规律的，有表现力的；有些则不符合语言的发展规律，也不为社会多数人所接受，这些现象会影响交际的正常进行。为了让语言更好地发挥交际工具的作用，必须对共同语进行规范化的工作。

语言具有约定俗成性，它不能规定而只能规范。所谓规范化就是根据语言的发展规律，为共同语的应用确定语音、词汇、语法方面的标准，把符合语言发展规律的新成分、新用法固定下来，加以推广；对不符合语言发展规律的没有必要存在的歧义成分和用法按照规范化的要求妥善地加以处置，使语言健康地向前发展，更好地为全社会的交际服务。在共同语的规范化过程中，要考虑语言的"约定俗成"原则，有些用法虽然不合事理，比如20世纪50年代曾经引起广泛争议的"打扫卫生""恢复疲劳"等说法，虽不大符合语言发展的规律，但由于在生活中已逐渐被广大群众普遍接受，也就不必再对它们进行规范了。

汉语的方言复杂，分歧很大，因此共同语的规范化工作是一项长期的任务。

我们所提出的汉语规范化问题，就是要根据语言发展的规律，确定汉民族共同语的组成成分尽可能合乎一定的标准，采取必要的步骤使得这全民族的语言在语音、语法、词汇方面减少它的分歧，增加它的统一性。党和政府非常关心这项工作，早在 1955 年就由中国科学院哲学社会科学部召开了"现代汉语规范问题学术会议"来讨论汉语规范化问题。实现汉语规范化不仅对我们日常交际有重要作用，而且对促进国际的文化交流，方便兄弟民族和国外朋友学习汉语也具有重要意义。

## 第四节 / 语言的相互接触

民族（氏族、部落等）之间的往来，必然会带来语言之间的相互接触。随着社会的发展，民族之间的接触也越来越频繁，相应地，语言之间的接触也越来越频繁。

### 一、语言成分的借用

#### （一）借词

语言成分的借用，最常见的是借词。借词也叫外来词，是语言形式和语义内容都来自外语的词，即一般所说的音译词。

1. 借词与意译词不同

意译词是用本族语言的词语去翻译外语词，即用本族语言的形式与外语里某个词的意义结合在一起构成的新词。如"青霉素"就是意译词，"盘尼西林"才是借词；"德谟克利西"是借词，而"民主"则是意译词；"电话"是意译词，而"德律风"才是借词；俄语中，"火箭炮""面包"是意译词，而"喀秋莎""列巴"是借词。

2. 借词与仿译词不同

仿译词的特点是用本族语言的语素逐一翻译原词语的各个成分，将原词语的意义和内部的结构形式全都移植过来（见表 6-1）。例如：

表 6-1　英语原词与汉语仿译词对比示例表

| 编号 | 英语中原词语 | 汉语仿译词 |
| --- | --- | --- |
| 1 | ice　box<br>(冰) (箱) | 冰箱 |
| 2 | foot　ball<br>(足) (球) | 足球 |
| 3 | black　board<br>(黑) (板) | 黑板 |
| 4 | honey　moon<br>(甜蜜) (月) | 蜜月 |
| 5 | horse　power<br>(马) (能力) | 马力 |

借词与原词的音和义都等同的很少,一般都是根据本族语言的特点,对借来的词的音和义进行适当的改造。由于民族间的接触经常发生,因此各种语言中大都有数量不等的借词。汉语中外来的借词总量很少,但借词的历史却很长,从汉代起,先后从西域借来"葡萄""石榴""玻璃""苜蓿"等词,从印度借来"佛""菩萨""塔""罗汉"等词,从藏语借来"哈达(hǎdá)"等。

近现代给新引进的事物或概念命名,具有先用借词再用意译词代替的特点。如"赛因斯"(英语:science)用了几年,用"科学"代替,"莱塞"(光)(英语:laser)用了多年,后被"激光"代替。

有些词,可能被不同语言多次借用,从甲语言借到乙语言,从乙语言又借给丙语言。还有的词,从甲语言借出去后,又从乙语言(或丙语言)借回来,比如汉语的"大风",被英语借去,称为"typhoon"(汉语的粤语方音),汉语又从英语借回,就是"台风"。这种词好像回归故土的"归侨"。

3. 借词的几种特殊类型

(1)半音译半意译。词的一部分是音译,一部分是意译。比如"剑桥"是由 Cambridge 的前半部分"Cam"音译和后半部分"bridge"的意译;"新西兰"来自英语的"New Zealand",原来是一个固定词组,借来以后"New"意译为"新","Zealand"音译为"西兰",组合成一个词"新西兰"。

(2) 音译加注。在音译之后加上汉语表示类名的成分从而构成一个词。比如"沙丁鱼"是英语"Sardine"的音译又加上了类名"鱼","卡车"是英语"Car"的音译后加上了类名"车"构成了一个新词。

(3) 音译兼意译。借人词既转录了源语言的词语的读音,同时又兼顾了它的意义。比如"浪漫"既是英语中"romantic"的音译,又是运用古语词对"romantic"的意译。

(4) 形译词。不借词的语音形式,而只借这个词的书面形式及其表达的意思。比如汉语借自日语的"浪人""方针""背景""参照""场所""番号""登载"等,都是将日文中的写法照搬过来,当然,由于汉字简化,有些字形已经发生了变化,同时在意义上有些词也产生了一些变化。在英语中,也有不少词语是借形于拉丁语、德语、法语等。现在,我国和全世界的交流越来越频繁,这种形译词又出现了新现象,在汉字中夹进西文字母,如"X 光""卡拉 OK"等。

(二) 语音成分和语法成分的吸收

语言成分的吸收中,语音成分的吸收比较少,这种现象多半是随着借词而出现的。比如侗语中本来没有"f"声母,后来从汉语借进了许多轻唇音的词,才开始有"f"声母。

语法成分的借用主要表现在吸收虚词和构词语素上,比如广西龙胜瑶族从汉语借了连词[ se$^{33}$jwen$^{21}$ ](虽然)和[ ta:n$^{12}$ tsei$^{231}$ ](但是);有的语言也吸收外来语的语序,如纳西语的动宾结构,原来只有"宾—动"的语序,因为受汉语的影响,现在也有"动—宾"的语序了。状语的偏正结构,原来只有"正+偏"的语序,现在也有"偏+正"的语序。

## 二、语言的混合

语言的混合是指两种或两种以上的语言"拼凑"成一种混合语。

### (一) 临时的混合——"洋泾浜"

"洋泾浜"是混杂语言的中国名词,它是 1949 年前某些与外族人接触较多的口岸地区或边境形成的一种特殊的语言现象。这种语言现象并不是我国特有的,但外国人对中国的"洋泾浜"产生了兴趣,并根据中国人发英语"business(商业)"这个词的讹音,给它起了个学名叫"pidgin(皮钦语)"。

洋泾浜是上海外滩的一段,位于洋泾浜(河名)和黄浦江汇合处。鸦片战争以后,上海辟为商埠,洋泾浜一带成了外商聚集的地方,码头工人和当地商人为了交际的需要,便把汉语和英语混合着讲,后来逐渐形成了一种词汇上基本是英语的,语法是汉语的,并对语音加以"改造"的混杂语言——洋泾浜英语。例如:

(1) My no can.(我不能。英语的正确说法是"I cannot")

(2) two piece book(两本书。英语的正确说法是"two books")

"洋泾浜英语"的基本特征是语音为了适应本地的语音系统而有较大的改动;词汇主要是英语的,语法则基本上是汉语的。

"洋泾浜"是当地的语言在接触中逐渐形成的混杂语言,是语言接触的一种结果。在通商口岸,外国人为了使当地人明白自己说话的意思,就需要在语言上作出某些让步,简化自己的语言,并夹杂进一些当地语言的成分;另一方面,当地人在学习这种变了形的外语时,也必然要受到自己语言的影响,对它进行相应的"改造",最后,双方在语言上达成了妥协,形成了一种双方都能接受的交际工具——"洋泾浜"。所以,"洋泾浜"是当地人没有学好的外语,是外语在当地语言影响下形成的变种。

洋泾浜的语法简单,词汇贫乏,交际功能十分有限。因此,严格说来,它还算不上一种语言,只是在外语水平不高的情况下出现的,当然,在特殊情况下,洋泾浜还是可以发挥它一定的交际作用的。

## (二) 永久的混合——克里奥尔语

克里奥尔语是指在各种语言频繁接触的地区出现的一种包含不同语言成分的混合自然语言("Creole"是"混血儿"的意思),如英语、法语、葡萄牙语、荷兰语这些欧洲语言和中美、中非当地语言混合所形成的语言,就是混合语。这种洋泾浜"升格"而成的克里奥尔语,一般发生在殖民劳工构成的社会或国家、地区中,也就是说,一旦有人把洋泾浜作为母语来学习和使用,就形成了克里奥尔语。

克里奥尔语一旦在一个社会的全体成员中扎根,就可能变得和其他语言同样完备,并有自己的文字系统,有自己的书面语言,形成自己的文学传统。比如从新几内亚的洋泾浜英语发展而成的克里奥尔语——新美拉尼西亚语,已经基本定型,有简明的语法规则和音位系统,并有自己的书面语形式。目前大约有三四十万人操这种语言进行交际,当地报纸、广播和学校都在使用这种语言,它还是巴布亚新几内亚的官方语言。

### 三、语言的融合

#### (一) 什么是语言的融合?

语言的融合是指一种语言排挤和代替其他语言而成为不同民族的共同交际工具的现象。这种现象是随着不同民族的融合而产生的,也叫语言同化。语言融合的结果是一种语言"吃掉"另外一种或多种语言。在语言同化中,取得胜利的语言叫同化语言,被排挤或被替代的语言称为被同化化语言。

#### (二) 自愿融合和被迫融合

1. 自愿融合

在语言的长期接触中,有些民族能够顺应历史发展的规律,自愿放弃本民族的语言而采用其他民族的语言的现象。选用的语言一般是比自己民族在经济、文化、科技的发展程度都高的民族的语言,比如公元 5 世纪,鲜卑族在我国北方建立的北魏政权,为了学习汉族先进的文化,巩固自己的统治,统治者提出要"断诸北语,一从正音",所谓"正音",即汉语,而"北语",即鲜卑语,统治者极力推行"汉化"政策,与汉族实现融合。在这种语言政策下,汉语融合了鲜卑语。

2. 被迫融合

占统治地位的民族为了奴役和同化被统治民族而采取语言同化政策。他们强制被统治民族采用他们的语言文字,而限制或禁止被统治民族使用自己的语言文字。比如我国东北地区和台湾就曾在抗日战争时期被强制推行使用日语。当年沙皇俄国和德国,也曾在他们占领的国家和地区实行语言同化政策。被迫融合是民族压迫政策的产物,这种强迫下的被迫融合一般很难获得成功。

#### (三) 双语现象

1. 什么是双语现象?

双语是当今人们语言生活中的重要现象,双语现象也包括多语现象,是指一个社会同时使用两种或多种语言作为交际工具的现象。这种现象的产生与民族之间的接触,尤其是民族杂居,具有必然的联系。

2. 人为的和自然形成的双语现象

人为的双语现象是入侵者通过各种手段,强行推广宗主国语言的结果,即入侵者确定宗主国的语言为国语,并在政府机关和学校大力推广,经过一段时间之后就形成了双语现象。东南亚国家联盟各国的双语现象最初多属于这一种。自然形成的双语现象是在统一的主权国家内有多个民族,由于政治、经济、文化、历史等原因,这些民族自然地以某一种民族的语言为交际语言或通用语,这样在当地少数民族地区就形成了双语现象,既使用本民族语,又使用主体民族的语言,如我国吉林省延边朝鲜族自治州的双语现象就属于这类,那里的朝鲜族居民多操两种语言,即朝鲜族语和汉语。苏联某些加盟共和国的居民也多操本民族语言和俄语这两种语言。

### (四)底层现象

在语言融合的过程中,被同化的语言不会马上彻底消失,还会有一些成分遗留在同化的语言中,这种现象就是底层现象。比如满语已经被汉语融合了,现在只有很少一部分满族人能用满语进行口头交际,而满语中的"萨其马"(食品的一种)和"哈尔滨"中的"哈尔"("江"的意思)被汉语吸收了,可以看作满语的一些"遗迹"。对语言底层现象的研究能够发现历史上的语言融合的一些情况。

### (五)国际辅助语——世界语

从17世纪开始,就不断有人设计各国人民共同使用的人工语言。这样的方案设计了多达几百种,但都由于深奥难学或者其他原因没有获得成功。其中,比较成功的是波兰医生柴门霍夫在1887年创造的"世界语"(Esperanto)。现在人们常说的"世界语",一般指的就是这种。

这种"世界语"的词汇材料主要取自拉丁族语言,也有一部分取自日耳曼族语言和希腊语,语法规则有16条,没有例外。采用拉丁字母书写,字母共28个,具有"一母一音、一音一母"的特点。多音节的重音一律落在倒数第二个音节上。词根可以自由地复合成词;派生词的构成可以利用一套丰富的前后缀,方便灵活。实词用固定的收尾表示词类,如名词收"-o",形容词收"-a",动词(不定式)收"-i",派生副词收"-e"。名词有数和格的变化,复数用"-j"作标志,宾格用

"-n"作标志,形容词必须和它所修饰的名词在数和格上保持一致。动词有"时"的变化和"态"的变化,没有不规则动词。冠词只有一个"la",没有性的范畴。

"世界语"的最大优点是简单易学,它兼采欧洲各种语言的词汇材料和语法格局,加以简单划一,因此熟悉欧洲语言的人都很容易学会。正因为有这样的优点,所以这种语言自问世以来,各国都有很多爱好者用它来交往,举行国际大会,翻译出版译著等。我国也有"世界语"爱好者的组织——中华全国世界语协会。

但是,也要看到,世界语毕竟是一种人造的国际辅助语,它不能代替任何一种自然语言作为人们的母语或第一语言。它的基础是印欧语系的语言,因此它的"世界性"主要针对欧洲语言,它的"简单易学"的特点也主要是对掌握了印欧语系的某一种或几种语言的人来说才是真实的,对其他地区的人来说,它仍然是一种陌生而不易掌握的工具。"世界语"现在不是,将来恐怕也不可能是世界共同语——真正的世界语。

# 第五节 / 语言系统的发展

语言系统的各个结构要素——语音、语义、词汇、语法,都在不断地发展变化,而且这种发展变化是有规律的,人们不能随意改变语言和语言的发展规律。但是,人们在认识了语言的发展规律之后,却可以因势利导,促进语言沿着正确的轨道健康发展。因此,认识语言系统的发展及其规律具有重要意义。

## 一、语音的发展演变

语音的演变是一个缓慢的渐进的过程。某种语言的语音变化在短时期内往往不容易觉察出来。但是,如果把不同历史时期的语音加以比较,就能清楚地看到它们之间的明显差异。比如我国古代的反切用两个字拼合成另一个字的音,上字取声,下字取韵和调,在当时曾是一种比较好的注音方法,用得十分普遍,但是按照古人的反切法拼读出来的音,有很多和今天的读音已经不同了。

### （一）语音演变的规律性

**1. 语音的发展变化有很强的规律性**

语音的发展变化是有规律可循的,某种语言的语音在一定历史时期有的规则的演变可以概括成一些语音规律。比如汉语史上的"浊音清化",就是一条语音规律。中古汉语声母中有一套全浊声母,如并[ b ]、定[ d ]、群[ g ]、从[ dz ]、邪[ z ]等。后来,这些全浊声母逐渐向同部位的清声母演变。到近古时期,浊音清化过程已经基本完成。《中原音韵》里全浊声母一个也没有了。

浊音清化的主要内容有:

(1) 全浊塞音和塞擦音,一律变为同部位的清声母,在平声字里变为送气音,在仄声字里变为不送气音,可以归纳成"浊音清化,平声送气,仄声不送气"这样一条规律(见表 6-2)。

表 6-2　中古全浊声母演变示例表

| 中古全浊声母 | 字调 | 演变结果 | 例字 |
|---|---|---|---|
| b(并) | 平 | p$^h$ | 旁、皮、盆 |
| | 仄 | p | 倍、拔、步 |
| d(定) | 平 | t$^h$ | 徒、屯、台 |
| | 仄 | t | 弟、电、独 |
| dz(从) | 平 | ts$^h$ | 残、慈、存 |
| | 仄 | ts | 昨、杂、自 |

(2) 全浊擦音声母一律变为同部位或部位相近的清擦音,没有送气和不送气的区别,例如:

语音规律是很严整的,在同样的条件下,整类的音都有同样的变化,一般很少有例外;即使有个别例外,一般也能找出它的原因和条件。

**2. 语音演变的规律要受到条件限制**

语音演变的规律要受到种种条件的限制。比如前面提到的全浊塞音清化过程中,平声字变为送气音,仄声字变为不送气音,就是受声调的影响和限制。又如,现代汉语里 j[tɕ]、q[tɕʰ]、x[ɕ]三个声母是从近古音的 z[ts]、c[tsʰ]、s[s]、g[k]、k[kʰ]、h[x]两套声母演变而来的。不过,z、g 两组声母只有跟齐齿呼、撮口呼韵母相拼时才变为 j、q、x,跟别的韵母相拼时并不发生这种变化。这说明语音的演变要受到一定的语音条件——声调、邻音等的限制。

另外,语音规律是某种语音系统在一定历史时期的产物,它还要受到时间和空间的制约,也就是说,某种语言规律,在某一历史时期的某种语言或方言里起作用,到了另一时期,在另一语言或方言里可能就不起作用了。比如从拉丁语发展为法语的过程中,凡是拉丁语 a 前面的 c[k]到法语里一律都变为 ch[tʃ],"campum"(田)到法语里变成"champ","cattum"(猫)变成"chat"等,这种变化大约在 13 世纪就已经结束。而此后,法语再从拉丁语系的语言中借词时,这条规律就不再起作用了。上古汉语和中古汉语里都是"-m""-n""-ŋ"这三个鼻韵尾,而现代北京话里只有"-n""-ŋ"两个鼻韵尾,原来的"-m"韵尾全部并入"-n"韵尾,这大约是在 16 世纪以后才发生的,也就是说,"-m"韵尾并入"-n"韵尾只在近代和现代汉语时期才起作用,在此以前还没有这一变化。

语音规律还要受到空间地域上的限制,语音演变只在一定的地域内进行,在甲地发生的变化在乙地不一定就发生。例如上面的例子,上古汉语和中古汉语都有"-m""-n""-ŋ"三个鼻韵尾,发展到普通话,"-m"韵尾并入了"-ŋ"韵尾,但这一规律在粤方言、闽方言和客家方言里就不起作用了,在这些方言里,至今还保存着"-m"韵尾。

### (二) 音位体系的演变

音位体系的演变是语音演变的主要内容,主要表现在音质音位的分化和合并,音质、音位之间组合关系的变化。

### 1. 音质音位的分化和合并

汉语语音的发展总的趋势是通过音位的合并而使音位逐渐简化。到现代普通话里辅音音位已经由中古时期的 36 个减少至 22 个。音位的分化和合并常常是同时交错进行的,从一个角度看是分化,从另一个角度看又是合并。如前面说过的全浊声母清化的例子,[b][d][g]等全浊塞擦音根据声调的平仄变为相同部位的送气和不送气的两套清音,这应该是分化。但是,这同部位的送气和不送气的清音语音中原来就有,所以浊音清化以后,实际上音位的数目减少了,这又是合并。例如:

中古音　　→浊音清化　　　　→近古音

(1) p　pʰ　b　　　p　pʰ　b ⎰ p（仄）　　　　　　p　pʰ
　　　　　　　　　　　　　　 ⎱ pʰ（平）

(2) t　tʰ　d　　　t　tʰ　d ⎰ t（仄）　　　　　　t　tʰ ⎱ 浊音消失
　　　　　　　　　　　　　　 ⎱ tʰ（平）

(3) k　kʰ　g　　　k　kʰ　g ⎰ k（仄）　　　　　　k　kʰ
　　　　　　　　　　　　　　 ⎱ kʰ（平）

当然,浊擦音变为相应的清擦音只是音位的合并,没有分化。

2. 音质音位之间组合关系的变化

音位的分化和合并必然会引起音位之间组合关系的变化。例如,古音里 /ts//tsʰ//s/ 和 /k//kʰ//x/ 这两组辅音音位原来既可以和开口呼、合口呼的韵母相配合,也可以跟齐齿呼、撮口呼的韵母相配合。后来,这两组音位发生了分化和合并,跟齐齿呼、撮口呼韵母组合时都变成 /tɕ//tɕʰ//ɕ/,这样,在普通话里,"z"组和"g"组音位就只能和开口呼和合口呼的韵母相拼了。

音位的合并,还会改变音位间的对立,例如,中古汉语 /p//pʰ//b/、/t//tʰ//d/、/k//kʰ//g/ 三组塞音音位中各有清浊的对立,在清塞音音位之间又有送气和不送气的对立。在普通话里,/b//d//g/ 消失,从而清浊的对立也随之消失,结果,就只剩下清塞音之间送气和不送气的对立了。

此外，随着音质音位的分化和合并，以及音质音位之间组合关系的变化，都会引起非音质音位的变化。比如中古汉语有平、上、去、入四个调类，由于"平分阴阳，入派三声"这一规律，平声分为阴平、阳平，入声分别归于平声、上声和去声当中，在这样的分化和合并后，现代汉语普通话的调类就有阴平、阳平、上声和去声这四个声调了。

## 二、词汇的发展演变

### (一) 新词的产生

随着新事物新概念的出现，必然要造一些新词来指称它们。新词的产生主要通过下面几个途径来实现。

(1) 造词。利用原有的材料和方法创造新词。比如现代汉语"人"和"民"复合成新词"人民"，英语"market（市场）"加上前缀"super（表示超级的……）"构成"super—market"（超级市场）。这些词虽然都是新词，但都是利用原有的材料和方法造出来的，因此人们会有一种似曾相识之感，这些词一经创造出来，就会很快被人们所接受。

(2) 借词。对借词者来说，借词也是新词。前文已经说过，这里不再赘述。

(3) 旧词新用。有一些词，在历史的发展过程中没有被沿用下来，只保留在古文献中，成为旧词。后来在交际的过程中，人们又重新发现了这些旧词，并赋予它们新的意义，这些词经过改造，便成了现代语言的词汇的新成员。比如"火箭"一词，古汉语中早有，意思是一种有火的弓箭，而今天，"火箭"指的是一种具有推动力的飞行装置。

(4) 词义分化。词义的分化可以产生新词，通过引申等途径，一个意义可以引申出一个或几个新义，又各有自己的语音和书面形式，一个词便分化出了几个新词。比如汉语中的"叉"，《说文》解释："叉，手指相错也，从又一，象叉之形。"段玉裁注曰："谓手指与物相错也。凡布指错物间而取之，曰叉。因之，凡岐头皆曰叉，是以首笄曰叉，今字作钗。"由动词的"叉"便分化出"钗（chāi）"，现代汉语中的"汊（chà，河流的分岔）"，"衩（chǎ，裤衩）"以及"杈（chà，旁出的树枝）"，"杈（chā，一种用来挑柴草的农具）"，以上这些词，都是从"叉"分化出来的。

## （二）旧词的消失

旧词的消失主要是以下两个原因。

（1）旧事物的消失。比如汉语中诸如"皇帝""科举""刺史"等词语随着它们所指称的事物的消亡而消亡了，只有在特定场合描写类似的事物才会再用。另外的可能就是"旧词新用"，赋予旧词以新的意义从而构成新词。

（2）社会生活的改变使代表某些事物的词语消失了，而这些事物本身却并未消失。在我国以畜牧业为主的时代，人们的社会生活与马、牛、羊等牲畜的关系极为密切，因此，对它们的区分也就十分严格和细致，只要毛色、年龄、公母不同，就要用不同的词来代表它们，比如黑公羊叫"羖（gú）"，公羊叫"羝（dí）"，母马叫"騇（shè）"，三岁或四岁的马叫"駣（tǎo）"，公牛叫"特"，母牛叫"犉（dūn）"等。而当汉族进入以农业为主的社会以后，人们不再重视牲畜这些体貌方面的特征，也就不再使用那些细致区分动物的词语。

## （三）词语的替换

词语替换就是给事物改名，这可以看作旧词消失和新词产生的综合。

词语替换现象的产生，有多种原因：有的是人们对事物的看法变了，于是就用另外的词去代替原来代表该事物的词，被替换下来的词也就逐渐消失了。如1949年以前，现代汉语中反映旧社会意识的词语改变了说法，如"演员"代替"戏子"，"厨师"代替"伙夫"，"司机"代替"车夫"等。还有一些词语的替换是由于政治方面的原因，如清政府把"乌鲁木齐"改为"迪化"，"呼和浩特"改为"归绥"，1949年后人民政府又恢复了原名。还有一些音译外来词替换为意译词，是由于语言因素和心理因素在起作用，如"电话"替换"德律风"，"民主"代替"德谟克利西"，"青霉素"代替"盘尼西林"等。词义的转移从某种角度来说也是词语的替换，如用"脖子"代替"颈"，用"牙"代替"齿"，用"脸"代替"面"。被替换下来的词大都成了构词语素，有的仍以词的身份保留在成语中。

新词的产生和旧词的消失，是词汇发展中的普遍现象，但它们之间并不是一对一的代替关系。总体来看，新词的产生要比旧词的消失数量多，因此，语言中的词汇越来越丰富。

(四) 词义的演变

1. 词义演变的原因

(1) 社会的发展,客观现实的变化会引起词义的变化。比如"中国"一词,在春秋战国时期指的是"诸夏"所居住的黄河流域,因居"四方"之中,因而称"中国",而并不是指国家名,后来,"中国"表示一个统一的多民族国家,"中国"这个词组的意义就发生了变化,由一个词组变成了一个词。

(2) 人们对客观事物的认识不断深化,对词义的发展也有影响。比如古时候人们认为鲸是鱼,因此造字之初,用"鱼"作了义符,这是由于当时人们的认识受到局限造成的。后来,随着社会发展和人的思维能力的提高,人们了解到鲸并不是鱼,在《现代汉语词典》中给鲸下的定义是:"哺乳动物,种类很多,生活在海洋中,胎生,外形像鱼,体长可达 30 多米,是现在世界上最大的一类动物,头大,眼小,没有耳壳,前肢形成鳍,后肢完全退化,尾巴变成尾鳍,鼻孔在头的上部,用肺呼吸。俗称鲸鱼。"① 这就从本质上改变了对鲸的认识,鲸的词义也随之改变。

(3) 词义之间相互影响也会引起词义的变化。词义系统是一个相互制约的系统,当一个词的意义发生变化时,很可能引起与之相关的词的意义变化。比如"跑"的意义在古代汉语中用"走"来表示。《说文》中有:"走,趋也。"《释名》:"疾趋曰走。"《战国策》中有"弃甲曳兵而走"。后来产生了"跑"这个词,"走"的古义被"跑"代替了,"走"的意义就变成了今天"人或鸟兽的脚交互向前移动"的意思。现代汉语的"跑"取代了古汉语中的"走"以后,"走"又取代了古汉语中的"行"。由此可知,词汇中如果某个词的意义产生了变化,往往使与之相关的词义也发生变化。

2. 词义演变的途径

(1) 通过词义的引申产生新的词义,所谓词义的引申是以词的本义为基础,派生出与本义有关联的意义,如"既"的本义是"吃完",引申出"已经""完成"的意思,"尽"的本义是"器中空",也就是穷尽不再有了,由此引申出"达到极

---

① 《现代汉语词典》第 7 版,商务印书馆 2016 年版,第 690 页。

端"，如"尽头""山穷水尽"等。

(2) 通过比喻来产生新的词义，如"爪牙"本来指鸟兽的爪和牙，后来用它比喻"武臣"，《诗经·小雅·祈父》："祈父！予王之爪牙。"或用它来比喻"辅佐的人"。而今天发展为比喻"坏人的帮凶"，变成了贬义词。

(3) 一个词义吞并了另一个词义，引起词义的变化。比如"肌"和"肉"古人区分很严格，"肌"用于人体，"肉"用于鸟兽，《说文》段注："人曰肌，鸟兽曰肉，是其分别也。"《汉书·樊哙传》："拔剑切肉食之。"《史记·扁鹊仓公列传》："乃割皮解肌，诀脉结筋。"可以看出明显的区别。后来，"肉"吞并了"肌"，无论是人还是鸟兽，都可以用"肉"表示。

3. 词义演变的结果

(1) 词义变化前后，可能会引起一个词义项的增减，比如词的本义，一般只有一个，最初应该也多是单义词，但词义发生演变后，就可能由一个意义引申派生出多个意义，从而使词由单义变成多义。

(2) 就词的某一个意义来说，演变之后的结果一般有三种情况：词义扩大、词义缩小和词义转移。

① 词义的扩大。词义演变之后概括客观事物的范围比原来要大，如"江""河"，过去指长江和黄河，今天则泛指所有的河流，词义的范围扩大了。英语中的"platea（大街市场）"，现在词义范围扩大，泛指一切地方。

② 词义的缩小。词义演变后概括客观事物的范围变小了。如"臭"原来泛指一切气味，既可指香味，也可指臭味，《易经》中有"其臭如兰"，而现在，词义范围缩小，仅指臭味了。

③ 词义的转移。词义的扩大和缩小是词义概括同类事物范围方面的变化，而词义的转移是指词义概括的本来是甲类事物，演变后变成概括乙类事物，也就是指称对象发生了变化，比如"涕"本来指眼泪，《诗经·陈风·泽陂》："寤寐无为，涕泗滂沱。"汉代以后，就专指鼻涕了。再如"闻"本来指用耳朵听，"李白乘舟将欲行，忽闻岸上踏歌声"，后来，用耳朵听不说"闻"而说"听"，而用鼻子分辨气味却叫"闻"，可见，"闻"的词义已经转移。

## 三、语法的发展演变

语法是语言系统中具有极大的稳固性的部分,但是,这也并不代表它不发展变化,随着时间的推移,语法也在不断地发展变化。

### (一) 组合规则的发展

语法的组合规则的发展,主要表现为语序的变化。就汉语来说,古今语序的变化虽然不大,但也存在一些差异,根据古文献与现代文的对照和比较,可以看出,古今语序重要的差别有两处。

1. 宾语位置的不同

在古汉语中,否定句里人称代词作宾语,宾语可在动词前,也可以在动词后,例如:

(1) 有事而不告我。(《左传·襄公十八年》)

(2) 忌不自信,而复问其妾曰:"吾孰与徐公美?"(《战国策·齐策》)

在疑问句中,疑问代词作宾语时,宾语位于动词或者介词的前面,例如:

(1) 吾谁欺,欺天乎?(《论语·子罕》)

(2) 许子奚为不自织?(《孟子·滕文公上》)

在肯定句中,也有名词、代词宾语位于动词前的情况。例如:

戎狄是膺,荆舒是惩。(《诗经·鲁颂·閟宫》)

2. 在偏正结构中,"小名"与"大名"组合位置的不同

在现代汉语中,偏正结构中有一种"小名+大名"的类型,也就是小名在前,限定后面的大名,如"上海市""荷花"等。而在古代汉语里相关的组合顺序与现代汉语正好相反,如《左传》里的"丘舆""城颖""城濮"等,《孟子》里有"草芥",《荀子》里的"禽犊"等。可见,先秦汉语中的偏正结构是"大名+小名",而且,这种偏正结构所占的比例很大。当然也有"小名+大名"的例证,如"吾岂匏瓜也哉?焉能系而不食!"(《论语·阳货》)。可见,当时这两种组合是并存的,但是现代汉语一般来说是后者的组合方式。

### (二) 聚合规则的发展

聚合规则的发展主要表现为形态的改变、语法范畴的消长和词类的发展。

据拟测,原始印欧语的名词有三个数、三个性和八个格的不同形态变化,因而有性、数、格三个语法范畴。而在现代英语中,这些形态基本上消失了,只留有一些遗迹,如名词性的范畴已经消失,数的范畴还剩下单数和复数的对立,双数已经消失,格的范畴在有生命的名词中还保留着主格和所有格的对立,代词中还保留有主、宾格和属格。可见,形态的变化引起语法范畴的简化。

汉语是形态不发达的语言,因此,汉语聚合规则的变化,主要体现在新词类的产生上。先秦汉语中,虽然也有个别量词,但量词作为语法上的一个词类还未形成。在先秦时期,个体量词才开始萌芽,例如:

(1) 之子于归,百两(辆)将之。(《诗经·召南·鹊巢》)

(2) 元戎十乘,以先启行。(《诗经·小雅·六月》)

两汉时兴起了个体量词,并广泛用于六朝。汉代还出现了动量词,即表示行为单位的量词。量词产生以后,数词修饰名词或动词,就要通过量词的中介,"数名"结构逐渐消失,变成了"数量名"结构,如"一牛"变成"一头牛","数动"结构因为有了动量词的介入,语序也有了相应的变化,如"三过家门"变成"经过家门三次"。经过隋唐,直到现代,名量词和动量词便作为一个词类广泛运用了。

汉语中有一些实词,由具有词汇意义逐渐变成只表示语法意义的辅助词,现代汉语附着动词后的助词"着""了""过"就是实词虚化的结果。"着"本来写作"著",是"附着""着落"的意思,南北朝直到唐代,是"着"的虚化过渡时期,白居易《邯郸冬至夜思家》诗:"想得家中夜深坐,还应说着远行人。"其时"着"已经成为只表语法意义的虚词。"了"本是动词,表示"完结""终了"的意思,如《广雅·释诂四》:"了、阕、已,讫也。"南北朝到唐代是它的虚化过渡时期,到了唐代,"了"已经虚化为表示"终了"的语法意义的助词。"过"作为动词,表示"经过""往来"的意思,如《孟子·滕文公上》:"禹八年于外,三过其门而不入。"虚化之后,表示动作"完毕"或行为变化"曾经发生"的语法意义,如"吃过晚饭再走。"有人认为,有了"着""了""过"表达的语法意义以后,普通话就产生了新的语法范畴"体"。

（三）类化和异化

世界上万事万物都处在矛盾之中，语言也不例外。

语法是语言中的一般规则，但又有例外，这就是矛盾。一般规则要求整齐划一，例外却要打破这种"整齐"，类化和异化就是这种矛盾的具体表现。

1. 类化

类化是指表达同一种语法意义的不同语法形式，由于其中一种形式的影响而统一起来的过程，也就是变"异"为"同"。比如古英语中"cow"（母牛）的复数形式是"kine"，"book（书）"的复数形式是"bec"。而其他绝大多数名词的复数形式是加词尾"-s"，如"desk"（桌子单数）—"desks"（桌子的复数），"chair"（椅子，单数）—"chairs"（椅子的复数）等。在这种整齐划一的要求下，"cow"和"book"的复数形式也分别写成"cows"和"books"了。

统一的规则只不过是人们的一种愿望，很多语言里，各类词的变化几乎没有一条规则没有例外，类化作用可以使语法形式趋向统一，从而使人易于掌握，但类化作用在某些时候也是有限的，对约定俗成的特殊形式，类化也无能为力，如英语的"sheep"（绵羊）的单复数就相同。英语动词的过去式和过去分词，一般是在原形后加"-ed"，但也有不规则动词，如"run"（跑，原形）—"ran"（过去式）—"run"（过去分词）；英语中的比较级一般在词尾加"-er"，最高级是在词尾加"-est"，但也有例外，如"little"（小，原形）—"less"（比较级）—"lest"（最高级）等又如，"good"（好，原形）—"better"（比较级）—"best"（最高级）等。对这些形式，类化便显示出它的软弱性。

2. 异化

异化与类化正相反，是指表达几种不同的语法意义的同一种语法形式，由于要求有所区别而变成不同的形式，也就是变"异"为"同"。比如汉字中的"破读"实际上就是一种异化，所谓"破读"，即改变一个字原来的读音，表示意义的转变，比如"好"读上声，是形容词，如"好学生"等；而读去声则是动词，如"好客"，这就是改变原来相同的语法形式，用来表达不同的语法意义，使不同意义更加清晰明确，创造新的形式以恢复语法结构的平衡。

## 一、术语解释题

语言的发展　不平衡性　渐变性　语言的分化　语言的统一　共同语
方言　地域方言　社会方言　亲属语言　隐语　民族共同语　口语
书面语　意译词　仿译词　借词　洋泾浜语　克里奥尔语　语言的融合
底层现象　双语现象　世界语

## 二、复习思考题

1. 谈一谈语言起源有哪些理论。

2. 谈谈口语和书面语的关系。

3. 语言发展的原因和特点是什么？

4. 谈一谈语言分化的具体表现。

5. 语言统一的具体表现有哪些？

6. 统一的语言和方言有什么不同？划分方言区的根据是什么？

7. 社会方言和地域方言有什么不同？

8. 什么是民族共同语？什么是基础方言？基础方言的条件是什么？

9. 汉语普通话为什么要以北京语音为标准音，以北方话为基础方言，以典
范的现代白话文著作为语法规范？

10. 谈一谈词义的扩大、缩小和转移。

## 三、实践应用题

1. 结合实例谈一谈新词产生的途径有哪些。

2. 网络语言是否属于行业语？试列举出一些网络语言中的词语。

3. 举例说明借词的类型。

# 第七章　世界的语言

## 第一节 / 世界语言概况

### 一、世界语言简介

#### (一) 世界语言的种类与分布

世界上每个民族都有自己的语言。但到目前为止,全世界的语言到底有多少种,应该说还没有一个十分准确的答案。根据调查来看,世界上的语言大约在三四千种。其中还包括没被公认为独立的 1 400 种语言,还有一些正在衰亡的语言,比如有 200 多种的澳大利亚语和 170 种左右的北美印第安语言。

这些语言是如何分布的呢? 非洲分布有近 1 000 种语言,其中仅西非尼日尔河和贝努埃河地区就有 280 种语言。而在新几内亚地区又有 700 余种语言。印度地区有 150 多种语言,苏联境内则有 130 多种语言。在我国境内生活的几十个民族共有民族语言 60 余种。

这几千种语言中约有 70% 的语言是没有自己的文字的,而这些语言中经过语言学家研究过的只有 500 种左右。

#### (二) 世界语言使用人口的情况

实际上,世界上 95% 以上的人使用的语言还不到一百种。有些语言的使用人口十分少,如美洲印第安人的多种语言中,有的只有几百人或是几十人在使用。澳大利亚原居民人口只有五万人,语言却有几百种,平均下来,每种语言的使用人口也只有一二百人。而另外的一些语言正相反,使用的人口非常庞大,现在使用人口超过 6 000 万的语言只有 13 种,它们是汉语、英语、法语、俄语、西班牙语、阿拉伯语、印地语、日语、印尼语、德语、孟加拉语、葡萄牙语、意大利语。

汉语是使用人数最多的语言,许多民族都不同程度地转用或兼用汉语。

使用国家和地区最广的语言当属英语了。世界有四十多个国家或地区以英语为主要语言，如英国、美国、澳大利亚、新西兰、加拿大等，还有四十几个国家或地区是通用英语的。

俄语和西班牙语的使用人口也较多，都约有两亿多人。印地语则仅次于西班牙语，通行于印度的中部和北部。阿拉伯语主要通行于阿拉伯半岛至北非大西洋沿岸的国家。法语除了在本国使用外，还在许多以前的法属殖民地通行。葡萄牙语则在本国和巴西两地使用。日语、德语、孟加拉语主要是在本国境内使用。

目前使用人口超过 6 000 万的 13 种语言中，汉语、英语、法语、俄语、西班牙语和阿拉伯语是联合国大会及其各委员会和小组委员会的正式语言和工作语言。

## 二、使用人口最多的语言——汉语

汉语是世界上使用人口最多的语言。在中国境内，除了有广大汉民族使用汉语之外，还有一些少数民族也把汉语作为他们的通用语，或是和本民族语言一起使用。在境外，汉语还有一个较大的影响面，形成了一个华语区，比如新加坡、马来西亚、泰国、越南、菲律宾、柬埔寨、文莱等国家都有一定数量的人讲汉语。而且随着中国外交方面的不断发展，更多的人意识到汉语的重要性，也有更多的人不远万里来中国学习汉语。

就现代汉语本体来讲，与其他语言相比，有自己的特点。

### （一）语音方面

由于语音的历时演变，汉语在语音方面也随之演变，现代汉语里已没有复辅音；相对于古汉语中的平、上、去、入的四个声调，已变为阴平、阳平、上声、去声四个声调；现代汉语中清辅音较多，其中有一些还要靠发音方法中的送气与否来区别意义，如[ ts ]和[ tsʰ ]。

汉语在语音上的差别虽然较大，但并不影响人们在书面上的正常交流，也不能把各地在语音上的差别当作独立的语言，这主要得益于几千年来中国人一直沿用的汉字。汉字是世界上仅存的表意型文字。由于较强的表意性，人们更着重于理解文字记录下来的意义,而对语音有所忽略。所以,尽管各地区有着很大的语音差别,但汉字却把这些人紧紧地联系在了一起。

### (二) 语法方面

汉语缺少形态变化,主要靠词序、虚词来表达语法意义。汉语没有丰富的形态变化,如名词,汉语没有表现性、数、格等词法范畴的外在形态,而印欧语则多形态变化,在英语名词中有数的变化,如 book(书,单数)—books(书,复数),we(我们,主格)—us(我们,宾格)。在法语中则有 homme(男人,阴性),femme(女人,阳性)。汉语中没有表达动词时、体、态等范畴的外在形式,汉语表达这些范畴主要是依靠一些虚词,如"着""了""过"等。

### (三) 词汇方面

汉语有简明扼要的四字成语这样的固定词组;有大量的量词;有很强的包容性和改造能力,如可以允许"吉普""沙发"这样的外来词,但也要把"盘尼西林"改造成"青霉素"等。

## 三、使用范围最广的语言——英语

英语是世界上分布地区和使用范围最广的语言。目前全世界有七亿左右的人在使用英语。除了英国本土和美国以外,还有不少国家十分普遍地在使用这种语言。这就造成了英语有多种变体,但是这些变体间的差别微乎其微,并不影响人们正常交流。

英语被一些语言学家叫作"开放型语言",相对于汉语来讲,英语的吸收能力十分强,它不断从其他语言中吸收词汇。英语的词汇量是世界第一的。据统计现有词汇就有 55 万之多,而其中的五分之三都是来自法语和拉丁语的,还有来自意大利语、德语等语言的。

和印欧语系的其他语言相比而言,英语在语法方面已是十分简单了。它正处于由综合性语言向分析性语言过渡的阶段,所以在语言分类上一般把它称作"综合—分析性语言"。这是因为,古英语中所具有的丰富的形态变化到现代英语里已所剩无几了,如古英语中的名词有阴性、阳性和中性之分,还有单复数之分,格的变化等。但现在就简化得多了,格的变化已明显减少,性范畴已基本上消失了。

# 第二节 / 语言的分类

## 一、语言分类的原因和分类方式

世界上的语言种类众多，每一种语言都有自己的特点，但随着语言学家的研究不断深入，研究的角度不断多元化，越来越多的语言学家对于各种语言间存在的在结构等方面的类型感兴趣。从不同的角度对语言进行分类，是为了能够更好地研究各种语言，研究各种语言间的关系，了解各种语言的结构体系。

通常来讲，语言学界目前主要有这样两种分类方式：一是从形态学角度，运用结构比较法对各种语言体系进行分类，这种分类法叫作类型分类，也叫形态分类。二是从发生学的角度，采用历史比较的方法，对相近的语言和方言进行比较，找出它们的对应关系，从而确定它们是否有共同的来源及这个来源是什么，这样的分类叫作谱系分类，也叫发生学分类。

## 二、类型学分类

### （一）根据词的结构和语素的关系分类

1. 词根语

词根语又叫孤立语，这种语言的主要特点是用词根构词，词形很少有形态变化。语言中的词在句中的语法关系主要是靠词序和虚词来表现。比如汉语中的"人""口""手"就是由词根构词的。这些词不会受性、数、格等语法范畴的要求而有任何形态上的变化。例如：

a. 学生喜欢教师。

b. 教师喜欢学生。

这两个句子，句中的词都不带构形的后缀，语法关系靠词序表达。句中"教师"和"学生"的位置改变了，句子所表达的意义也随之改变了。

汉语较接近于词根语，其他的语言有越南语、缅甸语、马来语、壮语、苗语、彝语等。

2. 黏着语

黏着语指将具有一定语法意义的附加成分接在词根或词干上来形成语法形式或派生词的语言。这种语言的特点主要是一个词可以有好几个词缀,每个词缀只表示一个语法意义。黏着语的词根和构形后缀的结合不紧密,结合处通常不发生语音方面的变化。词根和后缀都有相当大的独立性,构形后缀就像是黏附在词根上似的,所以叫作黏着语。日语就是最典型的黏着语,比如:

a. 私は　学生たちに　李先生を　日本語で　紹介しました。(我用日语向学生们介绍了李老师。)

b. さっき　私たちは　教室で　日本語の歌を聞きました。(刚才,我们在教室里听了日语歌。)

在 a 句中,"は"表示主语,"に"表示对象,"を"表示宾语,"で"表示方式,表示过去时敬体的连用形"ました"等都是词根后的黏着成分,每个成分在句中表示各自独特的唯一的语法意义。在 b 句中,"たち"表示复数,"は"表示主语,"で"表示处所,"の"表示领属关系,"を"表示宾语,表示过去时敬体的连用形"ました"等也都是黏着成分。

代表的语言除日语之外,还有突厥语系、芬兰—乌拉尔语系、班图语系的一些语言,另外还有朝鲜语、土耳其语等。

3. 屈折语

屈折语是指通过词形的丰富变化来表达语法意义的语言。它的主要特点是语言中词根或词干与构形词缀或词尾结合得很紧密,构形词缀或词尾必须和词根或词干结合在一起才能表明它是某个构形词缀或词尾成分,如脱离了词根或是词干就不能独立存在。这可以说是屈折语的外部屈折形式,这一点与孤立语有很大的不同。屈折语还有内部屈折的形式,主要是指用词内音位的交替变化来表示语法意义。英语就有丰富的屈折变化,例如:

a. foot—feet(足)

b. tooth—teeth(牙)

a 里的"foot"和 b 里的"tooth"由单数变为复数"feet"和"teeth"是通过词根内部的语音交换来实现的。但在现代英语中,由于语言的发展变化,使用较多的是外部屈折形式,而内部屈折形式只有个别词使用,通常我们会在不规则变化表中看到这些词。屈折语还有一个特点就是一个构形词缀或词尾可表示若干语法意义。这一点不同于黏着语。例如:

c. She likes singing.(她喜欢唱歌。)

d. Студенты боятся преподавателей.

(学生害怕老师。)

从 c 句中,我们可以看到在英语里,"likes"中的"-s"是附在动词后的附加成分,但它却同时表达了第三人称、单数、现在时、普通体等多种语法意义。而在 d 句的俄语中,构形后缀"студенты"表示复数、第一格,"боятся"表示现在时、复数、第三人称、"преподавателей"表示复数、第二格。

代表的语言有俄、法、德、英等印欧语系及闪—含语系的诸语言。

4. 多式综合语

又叫编插语、抱合语、合体语。有人认为它是一种特殊的黏着语。这种语言的主要特点是把句子成分作为附加成分包括在同一个词里。一般来讲,是把宾语、状语甚至主语作为词缀形式包含在动词谓语中,以动词为中心构成一个相当于句子的词形来完成一个句子的语法功能。这些词缀又都具有各自的词汇意义和语法意义。在这样的语言中,句子和词统一起来了。如北美印第安的契努克语中:

i-n-I-a-l-u-d-am。(我把它交给他。)

中心词根是-d-表示"给"的意思。六个前附加成分,分别是:

"i-"    表示最近过去时;

"-n-"    表示代词"我";

"-I-"    表示代词"它";

"-a-"    表示第二个代词、宾语"他";

"-l-"    表示前面的代词附加成分是间接宾语;

"-u-"    表示后面的"d"是动作的发出者;

后缀-am    表示动作的最终目标。

这样把表示词汇意义的部分和表示语法意义的部分结合起来,实际上构成了一个句子,却以词的形式出现。美洲印第安语言和古亚细亚一些语言属于这种多式综合语。

(二) 根据语法方式的不同分类

1. 综合语

这种语言主要的特点是用词本身的形态变化来表示词的语法关系和词在句子中的语法作用,就是词本身有格或其他范畴的变化。例如:

Я читала книгу матери.(我读过你母亲的书。)

其中用第四格 книгу 表示宾语,用第二格 матери 表示领属关系。

属于这种语言的有俄语、德语、立陶宛语、印地语等印欧语系的语言。

2. 分析语

这种语言主要特点是形态变化不丰富,用词序和虚词等词外手段表达语法意义。例如:

a. 学生的家长都来了。

b. 学生和家长都来了。

这里的"学生"和"家长"没有形态上的变化,句子的语法功能是靠虚词来完成的。

c. 学生爱老师。

d. 老师爱学生。

在这两句里,"学生"和"老师"也没有形态上的变化,句子的语法功能是靠词序不同表达出来的。属于这种语言的有汉语、保加利亚语等。

3. 综合—分析语

这种语言主要特点是用辅助词(冠词、前置词、后置词、助动词、助词等)来表达一定的语法意义。英语属于综合—分析语。例如:

young(年轻的)—the young(青年们)

英语中就用定冠词使非名词变成名词。这种语言还有法语、日语等。

(三) 根据句中主要成分的次序分类

按主语、谓语、宾语在句子中的排列次序可以把语言分为 SVO 型(主谓宾型)、SOV 型(主宾谓型)、VSO 型(谓主宾型)这三种类型。

1. SVO 型

大部分句子是按主谓宾的次序排列的语言,例如:

汉语:我学日语。

英语:You learn Chinese.(你学汉语)

英语和德语、法语语言都是这个类型的。

2. SOV 型

大部分句子按主宾谓的次序排列的语言,例如:

日语:彼は　フランス語を　勉強します。(他学法语。)

其他的如土耳其语等也是这种类型语言。

3. VSO 型

大部分句子按照主宾的次序排列的语言,如阿拉伯语、威尔士语、希伯来语等。相应的"我学日语。"这样的句子在这些语言中的表达顺序就是"学我日语"。

**(四) 根据构成句子的方式是侧重主题分类还是侧重主语分类**

1. 侧重主题型

这种语言的特点是:对句子结构可以用主谓关系进行描写,但有时会遇到困难,用主述题关系进行描写的话会更深刻。例如:

a. 这种菜快卖光了。

b. 这种菜价钱便宜。

汉语里句子的主语是没有任何形态标志的,只是靠词序来决定。如果用主谓关系来描写是有一定困难的。如 a 句从深层语义结构来讲是个被动句,但在表层上并没有显现出来,相比之下,按主述题关系来描写会恰当些。也就是"这种菜"做主题,"快卖光了"做述题 b 句中"这种菜"和"价钱"所指的客体并不一致,也是用主述题关系进行描写更好些。

属于这种语言的基本上是汉藏语系的,如傈僳语、拉祜语等。

2. 侧重主语型

这种语言的主要特点是虽然句子中也有主述题的关系,但不如主谓关系重要,对句子结构加以描写的是主谓关系,而不是主述题关系。例如:

英语:I bought a book.（我买了一本书。）

这个句子的主谓关系十分明确，便于描写。属于这种类型的语言还有印欧语系、芬兰—乌拉尔语系、闪语族的一些语言。另外，印尼语也是这种类型的语言。

### 3. 主语主题并重型

这种语言的特点是：语言中主谓关系和主述题关系同样重要，多数是句子中主题和主语并存。例如日语：

あなたは　目が　大きいです。（你的眼睛大。）

这里的黏着成分"は"表示主题，"が"表示主语，界限十分清楚。属于这种语言的还有韩国语。

### 4. 主题主语合并型

这种语言的特点是句子中的主语和主题是合并在一起的，不易分辨。如菲律宾语就是这种既不侧重主语，也不侧重主题的语言。菲律宾语是把主题纳入动词的框架内，二者不分彼此，这样就成了主语主题合并型的语言了。

## 三、谱系分类

### (一) 什么是谱系分类?

语言的谱系分类就是按照语言的亲属关系（共同来源）进行的分类。又因为这种分类方法是从语言发生学的角度进行的分类，所以也叫作语言的发生学分类。这种方法最早是在德国语言学家施莱歇尔的"谱系树"中得以体现的（见图 7-1）。

语言谱系树表明各种语言并不是孤立存在的，它们之间总有着千丝万缕的联系。有时不同语言的相似程度达到了像同一家族中的兄弟姐妹一样，而且可以找寻到它们的词汇和语法方面的有规律性的相似之处，顺着这些相似之处继续找寻，就找到了它们最早的共同来源。语言学界把这种由同一语言分化出来的各种语言之间的关系叫亲属关系，这些有亲属关系的语言叫作亲属语言。亲属语言共同的来源语就叫原始基础语或是母语。各语言间亲疏关系是不同的，按照亲属关系远近的不同，又分为语支、语族、语系。把关系最亲近的若干语言

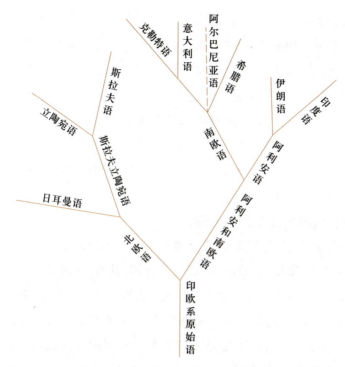

**图 7-1　语言谱系树示意图**[1]

合起来称为一个语支,若干语支合起来称为一个语族,若干语族合起来称为一个
语系。属于相同语支的语言,亲属关系最近。比如法语、意大利语、西班牙语就
有一个共同的来源——拉丁语,所以我们看到下面几个词语是比较接近的(见
表 7-1)。

表 7-1　亲属语言例字示例表

| 语种 | 例字 | |
|---|---|---|
| | 女儿 | 书 |
| 法语 | la fille | le livre |
| 意大利语 | la figlia | il libro |
| 西班牙语 | la hija | el libro |

---

① 岑麒祥编著,岑运强评注:《语言学史概要》,世界图书出版公司 2011 年版,第 207 页。

### (二) 九大语系

按照谱系分类的方法,现在一般将世界上的语言分为九大语系,分别是汉藏语系、印欧语系、乌拉尔语系、阿尔泰语系、闪—含语系、伊比利亚—高加索语系、达罗毗荼语系、马来—玻利尼西亚语系和南亚语系。

每个语系下又分出若干个语族,如印欧语系下就有日耳曼语族、拉丁语族、凯尔特语族、波罗的语族、斯拉夫语族、印度语族、伊朗语族、希腊语族、阿尔巴尼亚语族和亚美尼亚语族。各语族下又有语支,如斯拉夫语族就有南部语支、东部语支和西部语支之分等。

### (三) 我国境内的语言分布的语系

我国的民族众多,各民族语言分属于多个不同的语系。汉藏语系是最大的语系,包括汉语和壮侗、藏缅、苗瑶三个语族,共有 32 种语言。阿尔泰语系是第二大语系,包括有突厥、蒙古、满—通古斯语族,共有 18 种语言。南亚语系,包括有佤佤语、崩龙语和布朗语等,基本分布在云南省。马来—玻利尼西亚语系,主要有高山语,主要是生活在我国台湾地区的高山族使用。印欧语系有俄语和塔吉克语等,使用人口不多,基本上都分布在新疆少数民族自治区。

---

### 思考与应用

#### 一、术语解释题

语言的类型分类  语言的谱系分类  孤立语  黏着语  分析语
多式综合语  综合语  语系  语族  语支  原始基础语

#### 二、复习思考题

1. 为什么要给语言分类?

2. 可以从哪些角度给世界语言进行分类?

3. 屈折语的主要特点有哪些?

4. 世界上有多少个语系？分别是什么？

## 三、实践应用题

设计 10 分钟的教学课堂，介绍汉语在世界语言之林的地位、使用情况等。

# 第八章　文字

## 第一节　/　文字的性质和作用

### 一、文字的性质

#### (一) 文字是用来记录语言的书写符号体系

有了人类社会，就有了口头语言。口语只能用于人们的口耳交际，它要受到时空的限制，人们为了克服这种时空限制创制了文字。世界上各种文字都是用来记录语言的。

文字是符号，具备符号的特征，它能记录一个个语言单位。但符号不一定就是文字。文字可通过不同的组合，构成另一个语言单位，而其他符号，只能简单孤立地表达某种意义。文字是语言的视觉符号，它按照一定的规律规则组合成书面语言。

文字是一个系统。系统，是指同类事物按照一定的关系组成的整体，其各个组成部分之间既互相联系又互相制约。单个的、孤立的个体是不能成为系统的。文字是一套特定的书写符号，在文字的内部有着不同层次的组成部分和结构规则，它们使文字成为一个有机的整体。

#### (二) 字形、字音、字义是文字的三个要素

任何一种文字都是以一定的形体来标记语言的，这就是字形。字形是文字存在的形式，是文字的基本要素。文字是记录语言的，语言是语音和语义的结合体，所以文字有字音和字义。语言的语音和语义是字音和字义的基础和依据。

拼音文字通常是用一个字记录一个词，字和词是对应的，因此每个字都具有形、音、义三个要素。如英语"desk"，字形是"desk"，是由四个字母组成的；字音是［desk］，一个音节；字义是"书桌"。古代汉字基本上是一个字记录一个词，同

时一个字为一个音节,字形和字义相关联。现代汉语词汇有单音节词和复音节词,一般情况下,这些词一个字为一个音节,每个字记录一个词或者一个语素,如"山""水",记录的就是一个词;再如,"电话""计算机",其中每个字记录的是一个语素,每个字都有独立的意义。现代汉语词汇中有少量的词是联绵词或音译外来词,如"葡萄""垃圾""沙发"等词,其中每个字都具有字形、字音,却没有独立的字义。这样的字,三要素没有统一在一起,所以不能用来标记语言。因此,文字三要素的统一,是文字标记语言的前提。

字形、字音、字义之间的关系比较复杂,也就是说,这种统一不排除一字多音、一字多义或者一音多义的现象。无论如何,文字在标记语言时,字和词是相对应的。字形、字音、字义三者之间的联系是约定俗成的,有人为因素,不存在必然联系。然而这样的关系一旦形成,便呈现一种对应局面,具有相对的稳定性。

### (三) 文字依附于语言

语言是第一性的,文字是第二性的。文字是记录语言的,是在语言的基础上产生的。文字又可以反作用于语言。人们用文字记录语言,形成了书面语,之后再对书面语言进行文字加工,使书面语言逐渐臻于完善,这个过程是文字对语言产生积极影响的过程。

### (四) 文字具有全民性

文字是人类社会的产物,因而它为人类社会的所有成员服务。尽管在某一个时期由于种种原因文字可能为某个阶层所使用,而且文字的学习、掌握和应用也需要一定的条件,但是这不等于文字具有阶级性。文字是为全民服务的交际工具。

## 二、文字的作用

文字是人们积累知识、传播信息的工具和媒介。在文字产生以前,人们主要以口耳相传的方式来继承和传播知识,这种交流方式的特点和局限性决定了这样的知识是不完整的、不清晰的,甚至可能是不准确的。有了文字以后,人们用文字把历史文化遗产和社会实践经验记录下来,又经过后人的不断完善、丰富和发展,使这些知识完整、清晰、准确地保留下来,继而打破时空限制进行纵向和横向的传播。

文字克服了语言交际的局限性，完善了语言的交际功能，是人类最重要的扩大的辅助性交际工具。语音不能自然保留，存在时间短暂，尽管人们可以凭借记忆把有声语言储存于大脑，但会在一定时间后有所遗忘或者发生变化，而文字能帮助人们实现保留和记录语言的愿望。

语言无法跨越长距离的空间，这是语言交际的另一个局限性。人类可以利用电讯手段进行长距离交流，但是电讯手段远远不能像文字那样被广泛、频繁、反复地运用，也不能解决某些特殊需要。

文字的产生标志着人类进入了文明社会。伴随着文字的产生和应用，人类告别蛮荒时代，步入文明社会，并逐步走向更高一级的社会。世界上有些地方的居民，现在仍然过着原始落后的生活，没有文字是他们处于原始状态的共同特征之一。

# 第二节 / 文字的产生和发展

语言的产生至今已有几十万年的时间。文字产生在语言产生相当长时间之后。根据近年来考古学上的新发现来推测，文字出现的时间大约是在距今六千至一万年之前。

人类有了语言之后，随着社会的发展，交际需求有所增加。人们需要长期准确地保留思想和记忆，或者要把信息传递到更远的地方，主观客观上都要求能有一种工具来满足人们这种日益增长的交际需要。

## 一、文字产生和发展的历程

文字从产生到成熟，经历了一个十分漫长的历史过程。在文字产生以前，人们最早使用的记事方式有两种：实物记事和图画记事。

### (一) 实物记事

实物记事的方法主要包括结绳、结珠、讯木。

结绳是用在绳上打结的办法记事。我国上古时期的人们使用过这种方法，在史书上有过很多记载。《周易·系辞·上》说:"上古结绳而治,后世圣人易之以书契。百官以治,万民以察。"唐代李鼎祚在他的《周易集解》引《九家易》说:"古者无文字,其有约誓之事,事大,大其绳,事小,小其绳。结之多少,随物众寡,各执以相考,亦足以相治也。"古代秘鲁的印第安人在一根主绳上系上各种颜色的绳子,代表各类不同的事件。比如红绳代表战争和兵卒,黄绳代表黄金,白绳代表白银与和平,绿绳代表禾谷。他们还在绳上打结来代表数字,单结表示"十",双结表示"一百"。我国古代藏族常用结绳的方法。我国台湾的少数民族也使用过结绳记事的方法。现在仍有无文字的民族使用这种记事方法。

结珠是用一根绳子把颜色不同、大小不等的贝壳串起来用于记事。印第安人、伊洛魁人都用过这种记事方法。

讯木是在木棒或者木板上刻出各种符号、花纹,或者插进其他东西,用来记事、记数。《北史·魏本纪》记载,魏先世"射猎为业,淳朴为俗,简易为化,不为文字,刻木结绳而已"。《唐会要·吐蕃》记载吐蕃(今藏族)"无文字,刻木结绳以为约。征兵用金箭,寇至举烽。"《五代会要》记载"契丹本无文记,惟刻木为信"。

### (二) 图画记事

图画记事是用图画或者简单的图形来代表各种事物的方法,又称文字画。和实物记事相比,图画记事简便易行、形象明了,也能够代表比较复杂的事物,比实物记事前进了一步。文字画不同于古代的绘画艺术。绘画艺术是用来欣赏的,而文字画是用来传递某种信息的,它是一种辅助性交际工具。

北美奥杰布华人为了要求归还他们在苏必利尔湖上的渔业权,在1849年联名向美国总统递交的一份书信。书信的内容是请求准许他们迁移到五湖地区。这个书信是写在一块白桦树皮上,上面画的七个动物是七个部落的图腾,为首的是七个部落的盟主。代表盟主的动物的眼睛和心脏同其他六个动物的眼睛、心脏分别用线连接,表示他们意见一致。线的一端指向前方,代表这是七个部落的共同希望。另一条线连接着盟主的眼睛和湖泊,代表他们的要求。这幅文字画由一组叙事性图形组成,内容的表达由这些图形的象征意义共同完成(见图8-1)。

图 8-1 表示一组复杂的叙述性图画符号的示例①

下面是印第安人部落首领墓碑上的图画(见图 8-2)。鹿是这位部落首领的图腾,倒置的鹿代表死去。两侧的短横线代表数字。这幅图画的大意是:这位死去的首领名字叫"鹿",他出征七次,经过九次战斗,在一次连续两个月的征战中在白天被敌人用斧头砍死。这是一幅由多个图形按照一定的顺序组成的图画,内容的表达由这些图形连续完成。

图画记事在传达信息的时候存在很大的局限性。比如图画可能会由于画画人和看画人的生活经历、生活环境的不同而使他们产生不同的理解。

图 8-2 印第安人部落首领墓碑上的图画②

图画与文字有着本质的不同。①文字是约定俗成的,可以反复运用,图画则没有定规,是随意绘画的。②文字是有读音的,而图画是不能"读"的,只能是会意的。文字和语言有着直接的联系,每个字都对应着语言中的一个单位。图画记载的是事情的大意,没有固定的语言来描述。③文字是书写符号体系,图画不是书写符号,更谈不上体系了。

实物记事和图画记事都是能够起帮助记忆和提示作用的方法,它们和语言没有直接关系,不能记录语言,还不具备文字的性质和作用,因此都不是真正的文字。然而图画记事和文字的产生是有关系的。当简化了的图形逐渐固定表达

---

① 〔苏〕B·A·伊斯特林著:《文字的产生和发展》,左少兴译,王荣宅校,北京大学出版社 1987 年版,第 59 页。

② 参见刘伶、黄智显、陈秀珠主编:《语言学概要》,北京师范大学出版社 1987 年版,第 252 页。

某个语素或词,真正的文字——象形文字就产生了。

　　由最早的象形文字演变成今天各个民族使用的各种各样的文字,中间经历了一个相当复杂的过程。世界上比较古老的文字是表意文字,包括我国的甲骨文、古代苏美尔人的楔形文字、古埃及文字以及中美洲的玛雅文字。表意文字是通过象征性的符号的组合来表达词或语素的意义,其特点是字量大、笔画复杂、字形有表示意义的结构成分。这些古老的表意文字有的已经失传,有的已成为历史的陈迹,唯独汉字直到今天仍保持表意文字的特征。汉字是目前世界上使用的唯一的表意文字。

　　表音文字是标记语言的声音的。最早的文字产生以后,大约经过了3 000多年,当时居住在美索不达米亚和埃及之间的叙利亚和巴勒斯坦一带的闪美特人,大体在古代埃及文字的基础上创造了人类最早的表音文字。表音文字放弃了从词的意义入手来造字的方法,只去记录语言成分的读音,同时又将早期文字的图形加以简化和整理,采用固定的形体去记录相同的读音。闪美特人把某些早期文字的图形改造成一定数目的字母,并用那些有限的字母去拼写语言中所有的词。古代闪美特人居住的地带,商业和贸易十分发达,闪美特人的字母随着海上贸易四处传播,后来许多民族都先后受了这种字母的影响,改用表音文字。目前世界上大部分文字都是表音文字。在现代信息处理中,表音文字的优越性越来越明显。

　　文字学界对文字的发展向来有争论。一种观点认为文字发展从低级到高级要经历表意到表音的发展阶段。这是因为从使用字符的多寡和学习文字的难易程度看,显然表音文字使用的字符比表意文字要少得多,也容易学习,而表意文字所使用的字符多也复杂,就难学。如果承认文字的演变发展要跟这些因素挂钩,那么字符形式从复杂到简单,字符数量从多到少,似乎还是合乎情理的,人类语言中大多数文字的演变事实也大致上是这样的。不过近年也有些学者对这种观点质疑,他们认为不同的文字不一定就是一种低和高、先和后的关系。判断一个文字符号系统的高低优劣,应该以其功能为标准。只要能够很好地为各自的语言服务,根本就不存在所谓文字的高低甚至优劣之分。世界上的文字,确实可能存在表意到表音这样的不同发展阶段,但表意文字再如何向前发展则取决于不同语言的特点。这样看来,"表音"和"表意"只是文字发展的两个方向,而不是不同的阶段。这种文字发展的观点也是有一定道理的。

## 二、文字的类型

**(一) 根据书写符号的记录功能,文字可以分为表词语文字、表语素文字、表音节文字、表音素文字**

**1. 表词语文字**

表词语文字是指书写符号记录语言中的词语的文字体系。刚刚脱离图画的文字,其数量很少,还不能和语言中的所有词对应使用,用少量的文字记录相对丰富的语言,文字就只能记录语言中的词语了。表词语文字有的一个字代表一个词,有的代表一句话。中国云南丽江地区的东巴文字是属于这一性质的象形文字。东巴文字 █ 代表"看书", ▨ 代表"打雷"。丽江地区的纳西文字 ⚹ 代表"树生脚能走路"。多数古代文字是表词语文字。现代汉字也有这种情况,如用"瓩""浬""呎""吋"代表"千瓦""海里""英尺""英寸"等词。

**2. 表语素文字**

表语素文字是指书写符号记录语言中的语素的文字体系。表语素文字记录的是语素,一个书写符号就是一个语素。现代汉字除联绵词和音译外来词外,很多字是代表一个语素的。日语中有一部分文字属于表语素文字。

**3. 表音节文字**

表音节文字是指书写符号记录语言中的音节的文字体系。表音节文字的一个书写符号代表一个音节。日语的假名是表音节文字,如"あたま(头)"是三个音节"a""ta""ma"。

**4. 表音素文字**

表音素文字是指书写符号记录语言中的音素的文字体系。表音素文字的一个或几个书写符号代表一个音素。比如英语"hand"中的四个书写符号代表四个音素[h][æ][n][d]。英语、俄语、法语等文字属于表音素文字。

**(二) 根据书写符号和语言音义之间的关系,可以把文字分为表音文字和表意文字**

**1. 表音文字**

表音文字是书写符号记录语言中的语音的文字系统。表音文字利用一套字母来拼写语言中的语词,因此又称拼音文字。表音文字以语言的音节或者音位为书写单位,又分为音节文字和音位文字。

(1) 音节文字。音节文字是以音节为书写单位的表音文字。音节文字的一个符号代表一个音节。日文中的"假名"属于音节文字。如"はな(花)",两个假名分别表示"ha""na"这两个音节。

(2) 音位文字。音位文字是以音位为书写单位的表音文字。通常情况下,音位文字的一个符号代表一个音位。英、俄、阿拉伯等文字都是音位文字。如英语"flag"(旗),四个字母分别表示 /f/ /l/ /æ/ /g/ 这四个音位。有些语言存在特殊情况。英语中有时几个书写符号代表一个音位,如"ea"有时代表 /i/;有时不同的书写符号代表同一个音位,如有时"k"和"c"都代表 /k/。

音位文字又分为辅音音位文字和全音位文字。

① 辅音音位文字。辅音音位文字是只有标记辅音的字母没有标记元音的字母的表音文字。辅音文字的字母全部是用来代表辅音的,有的即使有元音,那也只是用一些附加符号来代表的。这是由于在使用辅音文字的语言中辅音区别意义的作用要比元音大。古希伯来文、古腓尼基文、早期阿拉伯文等都是辅音文字。

② 全音位文字。全音位文字是指既有标记辅音的字母又有标记元音的字母的表音文字,又称拼音文字。全音位文字是在辅音文字的基础上发展而来的。希腊文、拉丁文、斯拉夫文、英文、法文以及谚文、蒙文、藏文等,都是全音位文字。

表音文字书写符号的数量少。在同一个语言系统中,字母的数量并不多,只有几十个,比如英语有 26 个字母,俄语有 33 个字母等。这几十个字母能组合成这个语言系统所需要的所有文字。每个文字是由至少一个字母构成的。表音文字使用简便,它直接记录语言的声音,人们能够很容易地按照语言的声音和拼写规则把语言记录下来。

表音文字也有缺点,有的表音文字的表音作用并不完全。有的字母在记录语音时的读音和字母的读音不是一一对应的。这些都不是表音文字体系自身的问题,而是文字和语言在长期的使用过程中都发生了演变,使得文字和语言之间的关系发生了改变。

## 2. 表意文字

表意文字是用书写符号记录词或语素的意义的文字体系。早期的表意文字都是象形字。我国殷商时期的甲骨文中有一大部分是象形文字。由于图形只能用于描摹有形的事物,比较抽象的概念很难用图形来表达,人们便使用简单抽象的符号来丰富文字的表达内容。比如在"刀"上增加一点,表示刀锋,即"刃",这就使文字又向符号化方向迈进了一大步,这种进步也说明甲骨文并不是中国最早的文字。

汉字是历史悠久、至今仍在使用的唯一的表意文字。但是汉字的形体几经变化,这种演变的直接结果就是它已经没有了最初的象形特征,但是这并不妨碍汉字的表意性质。一方面,我们还可以通过汉字形体演变的过程去还原一些汉字或者字符的原始形态,另一方面,无论是象形符号还是抽象符号,它所记录的仍然是词或者语素的意义。

有的表意文字用书写符号综合表示词或者语素的意义和声音。古埃及的圣书字就是这样的表意字。在中国的古代,人们有时借用一个同音的表意字来记录另一个词,即假借;或是在一个表意字旁边加上一个音符,即形声字。许慎的"六书",即象形、指事、会意、形声、假借、转注,后三种可以说都和语音有一定的联系。形声字、假借字的出现反映了我们的祖先已认识了文字与语音的关系,有了用文字记录语音的意识,但是用来表音的汉字或者字符本身仍然是表意字,形声字的音符、假借字只能起间接表音的作用。所以这样的汉字仍然属于表意文字。

和表音文字相比,表意文字能使人产生对于事物的客观形态的联想。但表意文字也有缺点,比如一个字一个形,文字数量大;只表意不直接表音;结构复杂,笔画繁多等。

**(三) 根据书写符号形体上的特点,可以把文字分为象形文字、楔形文字、线形文字**

### 1. 象形文字

象形文字是一种用简化了的图形来描摹事物的表意文字。象形文字是在图画记事的基础上产生的,因此带有明显的图形性质和特征。大约 5 000 年前,两河流域的古代苏美尔人就已经有了象形文字。这是现在已经发现的世界最古老的文字。古埃及文字、中国的部分甲骨文以及古代克里特（米诺）文字和中美洲的古玛雅文字都是象形字，除汉字外，都已失传。

古埃及的圣书字大约在公元前3世纪开始流行，有碑铭体和手写体两种，手写体又发展成僧侣体和人民体两种字体。碑铭体是刻在金字塔和神庙石壁上的，古埃及人称之为神文。僧侣体主要用于书写宗教文献和传统文献，是写在一种用水草做成的纸草上的。古埃及圣书字属音节文字，由意符、音符、定符组成。定符是确定词的意义类别的符号，类似汉字中形声字的部首。圣书字的很多意符都是象形字，但写成手写体后，就完全失去了象形特征，呈现出线形文字的特征。

2. 楔形文字

楔形文字是在公元前3 000前后在古代西亚的美索不达米亚地区广泛使用的古文字。每个字是由数个楔形符号组成的。楔形符号是用芦苇秆在泥板上压刻的，由于笔尖被削成方尖形，所以写出来的就是一头粗一头细的楔形笔画。楔形文字最早出现在西亚两河流域、居住在今属于伊拉克的地方古苏美尔民族，它脱胎于高度象形的古代苏美尔文字，在使用和传播过程中经过形体演变，由表意到表音，在公元前2世纪演变为线形文字。

除了古苏美尔之外，古巴比伦、亚速、波斯等西亚国家都使用过楔形文字，这些不同国家的楔形文字虽然外形特点相同，但是它们和语言之间的音、义关系是不同的。古苏美尔的楔形文字是表意文字，而波斯的楔形文字则属于表音文字。楔形文字在历史上曾经是西亚地区的国际通用文字。公元前2 000年后，楔形文字逐渐消亡，直到公元18世纪和19世纪，这种古老的文字才被一批考古学家和语言学家解读。

3. 线形文字

线形文字是由简单而抽象的线条组成的文字。绝大多数表音文字的字母是由线条组成的，这样的文字都属于线形文字。

**（四）根据文字的发生方式，可以把文字分为自源文字和借源文字**

1. 自源文字

自源文字是指独自创立和发展起来的文字体系。这种文字从它的产生到发展都没有参照其他文字,其文字的形体和体系都是独创的。现在世界上发现的几种最古老的文字,如汉字、古埃及文字、楔形文字都是自源文字。

2. 借源文字

借源文字是指借用参照其他文字的形体或者文字体系而建立起来的文字体系。现在世界上的多数文字属于借源文字。

# 第三节 / 文字的借用与传播

## 一、字母的起源

字母是表音文字的书写符号。现在一般的看法是,最早的字母是在公元前一千多年以前,由居住在地中海东岸的北方闪美特人(闪米特人、塞姆人)创造的。

在闪美特字母诞生前,古埃及的圣书字和古苏美尔的楔形字早已在西亚地区的巴勒斯坦、叙利亚一带流传,居住在这里的闪美特人借用了圣书字和楔形字的字形作为表音的符号。例如,"牛"(aleph)这个字,最初是个象形字,后来经过形体的演变,成了"A"这个样子。闪美特人用"A"这个已经符号化了的象形文字来代表"牛"这个字的头音"a",A 就不再代表"牛"这个字,而是一个只表音不表意的符号了。这样,"A"就由最初的表意文字变成了一个表音字母(见图 8-3)。

图 8-3 "A"的演变示意图[①]

闪美特字母是一套线形书写符号。与象形文字、楔形文字比较,它数量少而

---

① 参见刘伶、黄智显、陈秀珠主编:《语言学概要》,北京师范大学出版社 1987 年版,第 256 页。

且书写简单。闪美特字母书写的是闪米特语，其特点是辅音稳定而元音多变，所以人们在书写闪米特语时只写辅音而不写元音，读者要根据上下文来补充所需要的元音。闪美特字母是辅音字母。

## 二、字母的借用和传播

现在世界上的表音文字所使用的字母，几乎都源于古代腓尼基人所创制的字母。腓尼基字母随着腓尼基人的航海活动而流传到其他地区，这些地区又根据自己的需要进行加工改造，逐渐形成了各种字母。

腓尼基字母的传播分为东西两个方向，在东方，先后形成了希伯来字母、阿拉米亚（阿拉马）字母、南阿拉伯字母。在阿拉米亚字母的基础上又产生了叙利亚字母和阿拉伯字母以及格鲁吉亚字母、亚美尼亚字母、古波斯语字母。在南亚，在阿拉米亚字母基础上产生了梵语字母。在西方，公元前9—10世纪，希腊人在腓尼基字母的基础上增加了元音字母，这是世界上第一次出现的元音辅音字母兼备的字母系统。希腊字母继续传播，演变为拉丁字母和斯拉夫字母。后来拉丁字母成为世界上流传区域最广的文字。斯拉夫字母也随着宗教的传播，成为东欧、东南欧的许多使用斯拉夫语和非斯拉夫语国家所使用的字母。

## 三、几种影响较大的字母

### （一）腓尼基字母

腓尼基是现在黎巴嫩、叙利亚沿地中海一带的小商埠总称。腓尼基人是讲闪美特语的卡那安人的一支，居住在黎巴嫩、叙利亚和以色列等地，善于海上贸易。腓尼基字母是腓尼基人大约在公元前13世纪制定出的一套字母，它是根据由古埃及文字演变出来的闪美特字母制定的。我们现在所能见到的最早的腓尼基字母，是刻于公元前10世纪的毕波罗斯（现黎巴嫩境内贝鲁特附近）国王阿希雷姆墓志铭上的一段咒语。腓尼基字母在腓尼基一直使用到公元前1世纪左右，大约在公元二三世纪，被阿拉米亚字母所取代。

腓尼基字母有22个符号，特点是从右向左横写，只表示辅音。每个腓尼基字母都有名称,而且每个字母都是有意义的词语,词义和字母的形状有联系。

## (二) 希腊字母

希腊字母是历史上非常重要的字母,大约形成于公元 10 世纪。希腊字母是希腊人根据腓尼基字母改革而成的。早期的希腊字母分东西两种,在公元前 4 世纪的时候得到统一,后在此基础上发展成为希腊字母。

希腊字母的特点是在腓尼基字母的基础上增加了元音字母,这是世界上的首创;修订了辅音字母;改造了字母的形体,使希腊字母形体简单、明晰、匀称、富于艺术美感;将从右向左书写改为从左向右书写。以后又规定了大写、小写和楷书、草书等字体。希腊字母是一套系统比较完善的音位字母,列示如下:

大写　ΑΒΓΔΕΖΗΘΙΚΛΜΝΞΟΠΡΣΤΥΦΧΨΩ

小写　αβγδεζηθικλμνξοπρστυφχψω

## (三) 拉丁字母(罗马字母)

大约公元前 8 世纪,居住在意大利的厄特鲁斯人借用希腊字母创制了一套厄特鲁斯字母。罗马人在约公元前 7 世纪根据厄特鲁斯字母创造了拉丁字母。最初的拉丁字母是 21 个,在大约公元前 2 世纪的时候,又重新加入早期被废除的"Y""Z"两个字母,到了 11 世纪时,又增加了由"I"分化来的"J"和由"V"分化来的"U""W"三个字母,成为现在通用的 26 个字母(大写楷体):

ABCDEFGHIJKLMNOPQRSTUVWXYZ

早期的拉丁字母通行于罗马以及罗马的附近地区,随着罗马的建立和它对外的征服战争,拉丁字母被传播到广大的西欧地区。后来,随着文化的传播,拉丁字母被传播到整个美洲、澳洲以及欧洲、亚洲、非洲的部分地区。基督教成为罗马的"国教"以后,拉丁文是唯一被允许用于书写基督教书籍的文字,客观上促进了拉丁字母的传播。古希腊、罗马文化是欧洲中世纪的文化基础,拉丁语因此成为最重要的罗马文化的传播工具。由于上述种种原因,让拉丁字母成为中世纪以来的国际性字母,现在世界上有三分之一的人口在使用拉丁字母,它也是目前世界上使用最广泛的字母。

我国的汉语拼音方案最早出现在公元 1605 年,采用的就是拉丁字母。1949 年中华人民共和国成立以后,我们以拉丁字母为基础为各少数民族创制了文字,

1958 年制定的《汉语拼音方案》也是以拉丁字母为基础的。

### （四）阿拉米亚字母

阿拉米亚字母是阿拉米亚人在公元前 8 世纪根据闪美特字母创制的,是闪美特字母向东传播的结果。公元前 7 世纪,阿拉米亚语成为西亚地区的通用语。公元前 6 世纪,阿拉米亚字母成为波斯帝国的法定文字之一。以后,阿拉米亚字母在西亚和中亚地区逐渐普及,又衍生出很多种文字,如希伯来文、巴勒斯坦文、维吾尔文、波斯文、安息文、满文、蒙文等。阿拉伯字母就是由阿拉米亚字母派生的。

### （五）阿拉伯字母

阿拉伯字母属于阿拉米亚字母体系,有 28 个符号,全部是辅音字母。元音符号只有在词典、小学教科书以及《古兰经》上才有,在一般书报上是没有的,读者要在文中推测元音。阿拉伯字母形体差别不太明显,从右向左书写。世界上使用阿拉伯字母的国家有埃及、叙利亚、约旦、黎巴嫩、伊朗、伊拉克、沙特阿拉伯、也门、阿尔及利亚、突尼斯、摩洛哥、阿富汗、巴基斯坦等。现在,全世界大约有 10% 的人在使用阿拉伯文字,字母列示如下:

ي ى و ه ن م ل ك ق ف غ ع ظ ط ض ص ش س ز ر ذ د خ ح ج ث ت ب ا

### （六）斯拉夫字母（基立尔字母）

公元 9 世纪,希腊正教的传教士基立尔兄弟为了便于在斯拉夫人之间传教,根据希腊字母创造了斯拉夫字母,因此又名基立尔字母。斯拉夫字母共有 43 个,其中的 24 个是从希腊字母中移植过来的,另外的 19 个字母是用字母的合并或分化的方法独创的。使用斯拉夫字母的国家现在有俄罗斯、保加利亚、乌克兰、塞尔维亚、蒙古以及哈萨克斯坦、吉尔吉斯斯坦、乌兹别克斯坦、土库曼斯坦等。俄文字母历史上经过多次修改,现有 33 个字母:

大写　АБВГДЕЁЖЗИЙКЛМНОПРСТУФХЦЧШЩЪЫЬЭЮЯ

小写　абвгдеёжзийклмнопрстуфхцчшщъыьэюя

### （七）梵文字母

梵语是印欧语系最古老的语言之一,是古印度的标准语言,也是印度的宗教用语和文学用语,最初叫《吠陀》梵语,公元前 4 世纪,语法学家巴尼尼对它进行组织整理,使之规范化。梵文字母源于阿拉米亚字母,初为 22 个字母,后为 48 个字母。梵文的字体有很多种,如悉昙体、兰札体、天城体等,最著名的是天城体,使用至今。缅甸、泰国、柬埔寨、老挝等国家的文字都和天城体梵文字母有关,我国的藏文字母是基于梵文字母创制的。

此外,假名和谚文字母流传得也比较广泛。

假名是日本人在公元 3 世纪以后根据汉字逐渐创制的用于记录日语的字母,有平假名和片假名两种字体。平假名是简化了的草体汉字,用于一般书写及印刷,如あいうえう。片假名采用的是楷体汉字的偏旁部首或笔画,主要用于书写外来语、电报或特殊的词汇,如アイウエオ。

公元 15 世纪 40 年代,朝鲜颁布推行《训民正音》,采用汉字笔画式字母,叫"正音字",即谚文。谚文字母是一种拼音字母,包括子音(辅音)和母音(元音)。朝鲜语的一个音节由子音、母音或子音、母音、子音或子音、母音、双子音构成,如"국가(国家)"一词的两个音节,"국"由子音、母音、子音组成,"가"由子音、母音组成;"많다(多)"一词的两个音节,"많"由子音、母音、双子音组成,"다"由子音、母音组成。

## 四、汉字的传播

汉字在公元 2 世纪时传入朝鲜。当时的朝鲜把汉字作为通用文字,这种情况一直延续到 15 世纪。在公元 15 世纪中期,朝鲜的文字是将汉字和谚文字母掺杂使用的,直到 1948 年,朝鲜民主主义人民共和国才全部采用谚文字母。

汉字大约在公元 3 世纪时传入日本。这时日本也把汉字作为自己的通用文字。直到公元 8 世纪,出现了汉字和假名掺杂的日文。汉字在日本曾被限制在 1 850 个,叫作"当用汉字",另有 92 个汉字,作为"人名特用字"。1981 年 3 月,日本公布的《常用汉字表》,共有 1 945 字,代替了《当用汉字表》。

汉字在公元 1 世纪传入越南,并作为越南的通用文字。公元 13 世纪出现了越南文字"字喃"。但是在公元 19 世纪以前汉字是和字喃平行使用的,公元 18 世纪以前的书面语多数用的是汉字。19 世纪后,越南开始采用由拉丁字母拼写的新文字。

历史上还产生过一些以汉字为基础的、形体类似汉字的文字,如创制于920年的契丹文、创制于1036年的西夏文、1119年参照契丹文创制的女真文等。

另外,在很早的时候某些汉语词汇被借用到国外其他民族的语言当中。比如"丝""茶""烟"等词被英、俄、意等语言借用。以后有"功夫"等词被西方语言借用。

目前使用汉字的国家除了我国以外,主要还有韩国、日本、新加坡、马来西亚等国。

# 第四节  /  文字的创制与改革

## 一、文字的创制

这里所讲的文字的创制,是指在现代社会中,在特定的历史条件下,为了适应社会发展的需要,政府或者语言学家在现有文字的基础上为那些只有语言没有文字的民族创制文字。

20世纪30年代以后,欧洲、亚洲、非洲的一些多民族国家,尤其是刚刚独立的殖民地国家,由政府或者语言学家为尚没有文字的民族创制文字。有的文字一直使用到今天。

通常情况下,文字的创制都是利用现有的文字或者借用其他民族的文字,而不是创造一种新的符号。创制文字要考虑哪种文字更适合该语言本身的特点。有方言分歧的语言创制文字要考虑哪种方言更有利于维护民族的统一和团结,更有利于推广使用。总之要顾及使用该语言的民族的社会经济文化以及历史因素。

我国在20世纪50年代为壮、苗、彝、瑶、侗、佤、布依、哈尼、傈僳、纳西等十几个民族创制了文字。这些新创制的文字都是以拉丁字母为基础的拼音文字。有的至今仍在使用,有的由于种种原因没有得以推行。

## 二、文字的改革

文字的改革是对文字系统进行局部或整体的改进或改变。文字的改革有三种情况。

### (一) 文字体系内部的改进

即不改变文字体系和文字制度,在原有的文字内部进行局部的调整。1956年,我国推行的汉字简化方案,涉及简化汉字 515 个,这些简化字和原来的字体相比,只是改变了字的形体,省去了一些笔画,没有改变汉字的体系。拉丁字母最初只有 21 个,后来经过改进,又增加了 5 个字母。

### (二) 文字体系的改变

即不改变文字制度,只改变拼写语言的符号系统。古英语是用鲁纳字母拼写,后改用拉丁字母。1928 年土耳其改阿拉伯字母为拉丁字母。1930 年,蒙古改原来的蒙文字母为拉丁字母,1940 年又改为斯拉夫字母。

### (三) 文字制度的改革

即在表意文字和表音文字两种文字制度之间进行改革。朝鲜原来使用表意文字汉字,1948 年改用谚文字母,成为表音文字。越南将表意文字字喃改革为使用拉丁字母的表音文字。

## 三、汉字的改革

我国的汉字改革运动已经有一百多年的历史了。文字改革的先驱者卢戆章在1892年提出了汉字要拼音化的主张。1913年,"读音统一会"制定"注音字母",改"反切法"为"拼音法"。1926 年,钱玄同、赵元任、黎锦熙等制定了"国语罗马字",开始了用拉丁字母拼写汉字的历史。1931 年,瞿秋白、吴玉章等制定了"拉丁化新文字",为 1949 年后《汉语拼音方案》的制定打下了基础。

中华人民共和国成立以后,我国的汉字改革工作一直在稳步前进。1951年,毛泽东指出文字必须改革,文字要走世界文字共同的拼音方向。1956 年 2 月,文字改革委员会发表了《汉语拼音方案(草案)》,同年,国务院公布了《汉字简化方案》和《关于推广普通话的指示》。1958 年 2 月,全国人民代表大会批准了《汉语拼音方案》。

党的十一届三中全会以后,随着工作重点的转移,文字改革工作也进入了一个新的历史阶段。1984年10月,文字改革委员会在北京召开了文字改革工作座谈会,会议确定了当前文字改革的任务是:①积极推广和普及普通话。②研究整理现行汉字并制定现代汉语用字的各项标准。③进一步推行《汉语拼音方案》,使《汉语拼音方案》在实际应用中完善化、规范化。④加强有关文字改革的社会调查和科学研究,进行各种规模的实验,并努力为社会服务。1986年1月,国家教育委员会和语言文字工作委员会在北京召开会议,制定了我国今后长时期语言文字工作的方针和任务。新时期语言文字工作的方针是贯彻执行国家关于语言文字工作的政策和法令,促进语言文字规范化、标准化,继续推动文字改革工作,使语言文字在社会主义现代化建设中更好地发挥作用。新时期语言文字工作的任务是做好现代汉语规范化工作,大力推广和普及普通话;研究和整理现行汉字,制定各项有关标准;进一步推行《汉语拼音方案》,研究并解决实际使用中的有关问题,研究汉语、汉字信息处理问题,参与鉴定有关成果;加强语言文字的基础和应用研究,做好社会调查和社会咨询、服务工作。2000年10月31日,第九届全国人民代表大会常务委员会第十八次会议通过《中华人民共和国国家通用语言文字法》,并于2001年1月1日开始施行,将推广和普及普通话和汉语汉字规范化的工作纳入法制轨道。

到目前为止,汉字的改革是汉字文字体系内部的改进。从理论上来说文字是可以改革的,但是对已有文字进行改革毕竟不同于创制新文字,必然要受到语言和其他各种因素的制约。从文字和语言的关系看,汉字适合汉语缺少形态变化和形音义统一单位的特点,适合记录单音节语素,能够区别同音词,适合汉语跨时空应用的需要。汉字是一种历史最悠久的文字,是世界上唯一保存下来的古老的文字系统,用汉字记载的历史文献极其丰富,汉字使民族悠久的历史文化传统得以记载和保存。如果汉字改革没有能妥善地解决好书面语的历史继承性问题,就很可能割断民族的历史文化传统。就目前情况看,汉字文字类型改革的时机还未成熟。

## 一、术语解释题

文字　表音文字　表意文字　表词语文字　表语素文字　表音节文字
表音素文字　象形文字　楔形文字　线形文字　自源文字　借源文字
字母　闪美特字母　拉丁字母　腓尼基字母

## 二、复习思考题

1. 什么是文字？

2. 文字的性质和作用是什么？

3. 文字对语言有什么影响？

4. 文字是怎样产生和发展的？

5. 文字有哪些类型？

6. 表音文字和表意文字各有什么特点？

7. 现在世界上通行的字母有哪些种？其来源是什么？

8. 什么是文字创制？

9. 什么是文字改革？文字改革有哪几种情况？

10. 谈谈汉字历史上改革情况。

## 三、实践应用题

阅读相关文献,关于汉字的性质有哪几种说法并谈谈你的看法。

下编

应用语言学

# 第九章　应用语言学

## 第一节　/　应用语言学的性质特点

作为一门独立的交叉性学科,应用语言学通过对语言进行描述、分析、理解,来解决现实世界实际应用中的语言问题。

### 一、应用语言学的定义

我们可以从狭义和广义两个方面来理解应用语言学。狭义的应用语言学指的是语言教学,特别是第二语言的教学,在这个意义上,应用语言学关心的是怎样运用语言学理论和研究成果解决在语言教学中遇到的与语言学相关的问题。广义的应用语言学是指应用于各个领域的语言学,其研究的目的是帮助人们运用语言学理论和语言学研究成果解决在其他领域中遇到的与语言学相关的问题。我们这里所说的是广义上的应用语言学。

### 二、应用语言学的性质

#### (一) 学科独立性

语言是人类最重要的交际工具,人们很早就认识到了语言的这一功能,并开始了对语言应用的研究。人们对语言的应用问题的研究最初是从对语言教学研究开始的,继之逐渐扩展到其他领域,目前已形成在语言学中与本体语言学、理论语言学并立的独立学科。

1. 独立的学科理论

过去一般认为理论语言学是对语言理论进行研究,应用语言学是对语言学理论的应用,缺乏其自身的理论体系。实际上,理论语言学并没有为应用语言学准备好足够的可以应用的理论,有许多应用语言学的理论是应用语言学在解决问题的实践过程中创建和完善的,应用语言学在应用中不断总结和提炼自己的理论,并以此来丰富理论语言学知识体系。

2. 完善的研究方法

应用语言学具备完善、系统的研究方法,早期的研究方法有定性法、定量法、试验法,目前有观察法、日记法、实验法、问卷法等,这些研究方法是应用语言学研究得以开展的必要条件。

3. 明确的研究目的和研究任务

狭义的应用语言学的研究对象就是语言教学。随着应用语言学研究的不断发展,其研究领域已扩大为改进现存的研究方法、理论解决与语言有关的问题、现象。

4. 具体的研究对象

应用语言的研究对象从早期的语言教学逐渐发展到以社会语言学、语言规划、心理语言学、儿童语言学、计算语言学、语言信息处理、神经语言学等为研究对象的学科。

5. 系统的学科基础

应用语言学具有自己独立的学科基础,如成立学术组织、研究机构,创办专门的期刊,出版研究专著、教材,设立应用语言学专业和课程,拥有本科生、硕士、博士研究生人才培养的大学和机构等,它是一门成熟的专业学科。

## (二) 学科交叉性

应用语言学是一门年轻的新兴学科,它从正式形成到现在时间不长,然而发展速度却很快。应用语言学以研究语言教学为起点,逐渐发展成为一门综合多元学科的交叉性应用型研究学科。

应用语言学的理论基础不仅仅是语言学,其涉及的研究范围非常广泛。应用语言学综合、汲取了本体语言学、心理学、社会学等多种学科基本理论,形成社会语言学、认知语言学、心理语言学等多种分支学科。

应用语言学的学科框架是具有跨学科性的。狭义的应用语言学的研究框架是语言学科、语言的相关学科、教育的相关学科,广义的应用语言学研究涉及的知识框架是语言规划、语言教学、语言信息处理,应用语言学研究分别与这些学科之间互相结合、互相作用、互相渗透。

应用语言学的研究范围具有学科交叉性,其研究的范围是所有与语言有关的现实问题。国际应用语言学学会 2011 年第 16 届世界应用语言学大会论文论题征集范围显示,应用语言学的研究范围涉及语言习得、语言教学、语篇分析、修辞学和文体学、语言规划、语言测试、社会语言学、语用学、词典学与词汇学、翻译和口译、跨文化传播、职业语言应用等方面。

## 三、应用语言学的特点

### (一) 实验性

社会科学中的调查和自然科学中的实验是应用语言学研究解决现实语言问题的必经途径。应用语言学的研究需要在计算机的辅助下,利用调查统计、科学实验的方法,对研究成果进行量化分析。

### (二) 应用性

语言学家应该具有社会责任和道德,运用他们所学的知识和理解力服务于人类,解决现实世界中与语言有关的问题,如以应用语言学的研究来指导和帮助语言教学、语言信息处理、词典编纂等,满足语言学的社会需求,服务人类的社会活动。

### (三) 系统性

应用语言学作为一个具有集合性、整体性的学科,其研究涉及多个方面,具有多个学科框架的支撑,相关学科又有各自的研究体系,这些相关学科之间既相对独立,又相互联系,同时,应用语言学研究处于动态发展之中,其研究成果在实验、实践中不断得到验证、反馈和优化。

### (四) 开放性

应用语言学所涉及的研究范围学科多、领域广,而且不断扩大,以至于人们很难确切地定义应用语言学的外延。卡普兰说应用语言学应该是语言学所有分支的集合点,也是所有的语言学分支同其他学科的交汇点。

## 四、应用语言学的地位

从学科归属来说,应用语言学是语言学的组成部分。语言学作为一个大学科,至少可以分为三个分支学科:一是对语言本体的研究,即本体语言学,如汉语研究、英语研究等;二是理论语言学,探索对语言问题的基本理论;三是应用语言学,目的是要解决语言学在各个应用领域中的实际问题。

本体语言学、应用语言学、理论语言学三者的关系是既有联系又有区别的。应用语言学和本体语言学二者之间也有一定的交叉,比如语法,常见语法错误是语言的应用问题,属于应用语言学,词法、句法则属于本体语言学范畴。

普通语言学元理论虽然分为研究本体语言学的理论语言学、研究应用语言学的应用语言学理论,其实理论语言学和应用语言学并不能完全分离,二者具有交叉性。在应用语言学没有成为独立学科之前,理论语言学中包含了应用语言学的一部分理论,在应用语言学成为独立学科后,应用语言学的理论推动了理论语言学的发展并丰富了普通语言学的元理论。

# 第二节 / 应用语言学的发展历程

## 一、国外应用语言学的发展历程

### (一) 应用语言学的萌芽

最早提出语法教学概念的是印度语法学家巴尼尼。在公元前 4 世纪,巴尼尼在对现实的语言问题研究的基础上,探讨了对梵文的讲授和保护问题。在古希腊时期,柏拉图和亚里士多德认为语法和修辞是哲学的研究基础。18 世纪中期至下半叶,有人开始研究英语的语法规范问题。1755 年,塞缪尔·约翰逊(Samuel Johnson)出版《英语大辞典》。他大量搜集文学著作、日常用语中的英语词句,用这些例词例句解释词义。

### (二) 应用语言学概念的提出

1870 年,波兰语言学家 J. 博杜恩·德·库尔特内(J.Baudouin de Courtenay)首先提出应用语言学这一概念。他将纯粹语言学与应用语言学加以区分,指出应用语言学是运用纯粹语言学知识解决其他科学领域中的各种问题。不过,博杜恩·德·库尔特内在提出这个术语时并未明确其研究对象、研究范围、研究方法等,因而此时的应用语言学尚未形成系统的理论体系。

### (三) 语言教学的发展对应用语言学的影响

#### 1. 早期的语言教学

欧洲的语言教学和外语教学历史悠久。在古希腊和古罗马时代就有了以传授古代经典为目的的语言教学。在罗马帝国之前,罗马人通过聘请希腊语教师、雇佣会希腊语的奴仆等方式学习希腊语。公元前 3 世纪前后,马其顿的统治者在小亚细亚和埃及的一些城市资助、建立大学,这些大学用希腊语讲授和研究希腊文学、古希腊语言等,促进了希腊语教学的发展。

随着罗马帝国的不断扩张,拉丁语逐渐成为西方的国际、国家、教会语言。在中世纪的欧洲,拉丁语是教学语言,语法、逻辑、修辞被作为主要学科。拉丁语在学校教育中的重要地位一直持续到 18 世纪末。

#### 2. 语言教学法的发展

在第二次世界大战前,传统的外语教学方法是语法—翻译法、直接法、阅读法。

语法—翻译法出现于 18 世纪末,发展于 19 世纪,在 20 世纪初为人们所普遍采用。语法—翻译法的特点是注重培养学习者的语言分析能力和读写能力,但在对学习者的语言应用能力以及口语表达能力的培养方面,这种教学方法能起到的作用比较小。

直接法不过于强调语法规则,免去翻译过程,使用全英语(即外语)教学,在教学中注重对学习者听力和口语能力的培养训练,尽管在对学习者口语交际能力的训练方面优于语法—翻译教学法,但在非母语环境下采用母语习得的方式进行二语教学,必然会受到二语与一语之间的差异与教师外语水平的影响和制约。

阅读法是由英国教法学家迈克尔·韦斯特(Michael West)在 20 世纪初提出的。该教学法重视对学习者阅读能力和技巧的训练、提高。

听说法是美国的结构主义语言学家基于行为主义心理学派的基本理论,借鉴直接法,提出来的外语教学法。该教学法注意对学习者进行发音、口语、句型的训练。第二次世界大战期间,由于美国急需大量能流利使用外语口语进行交际的军人,因此该教学法被广泛应用于对士兵的外语强化训练,成功解决了快速提高士兵外语听力和口语能力的问题。

### (四) 乔姆斯基学派对应用语言学的影响

20 世纪 50 年代末,乔姆斯基开始反对当时占统治地位的行为主义心理学派的"语言学习过程是行为或习惯的养成过程"的观点。他认为,人类的语言不是学习的结果,而是习得的结果,"人类天生具有语言知识体系。"①。人类的语言能力是与生俱来的,儿童从出生就具备了语言知识体系,即普遍语法。儿童天生了解语言的原则和方式,并能够利用普遍语法中的一系列参数组织语言、生成短语。这也就是儿童会很快学会一种语言(尤其是母语)的原因。乔姆斯基的理论未强调语言教学的作用,但揭示了母语习得的规律,因而在20世纪80年代,乔氏理论成为学者们研究二语习得的理论基础。

### (五) 应用语言学的正式形成

1946 年,美国密执安大学设立专门的学院,进行对外英语教学研究,并于 1948 年出版发行《语言学习》杂志。该杂志以"应用语言学季刊"为副标题,刊登语言(尤其是二语)教学的研究文章。这是世界上第一本应用语言学杂志。

在此后的 20 世纪五六十年代,各国越来越重视外语教育和外语学习以及外语教学研究。在此期间,美国建立了数千个语言实验室,培训了上万名外语教师。1958 年,英国爱丁堡大学研究生部成立应用语言学学院,培养专门的应用语言学人才。1959 年,美国在华盛顿成立应用语言学中心,开展英语和外语教学研究活动。1964 年在法国召开的第一届国际应用语言学大会和国际应用语言学协会的成立,标志应用语言学正式形成。

### (六) 交际语言教学法的出现

20 世纪 70 年代,海姆斯(Hymes)提出交际能力的概念,认为一个人的语言能力不只包括这个人生成语法正确的句子的能力,还包括他知道根据时间、地

---

① 王伟、左年念、王国念、何霜、赵秋荣编著《应用语言学导论》,中国地质大学出版社 2012 年版,第 3 页。

点、对象的变化使用恰当的句子,将语言研究的视线从语言的准确性转移至语境对语言的影响上。与此同时,韩礼德提出了系统—功能语法,他认为语言具有三种功能:概念功能、交际功能、篇章功能。他强调了语言的交际性和语言的能动性。在 20 世纪 80 年代早期,克拉申(Krashen)创立了一个习得理论—控制理论,他认为,二语能力并非通过练习获得,而是用大量的无意识习得获得。他还认为,学习者的情感状态会影响习得。[1] 交际语言教学法就是通过以上理论与实践发展而来的教学法。该教学法并不重视语法的准确性,它强调的是学习者获得信息的途径和方式。

## (七) 应用语言学学科的发展

在应用语言学正式成为一门独立学科后,传统的语言教学在不断发展,应用语言学的分支学科也在逐渐形成。第二次世界大战结束后,一些刚刚获得独立的原殖民地国家面临诸多的经济、政治、文化等领域的新问题,语言问题便是需要解决的社会问题之一,语言文字规划受到学者们的重视。

1952 年,美国语言学家哈佛·柯里(Haver C. Currie)在他的论文《社会语言学的设计:语言和社会阶层的关系》中首先提出 "社会语言学" 的概念。社会语言学其思想发端于索绪尔,在 20 世纪 60 年代兴起于美国。1964 年 5 月,在美国洛杉矶加利福尼亚大学首次召开的社会语言学讨论会,会后由威廉·布莱特(William Bright)主编的会议论文集《社会语言学》的出版,标志着社会语言学作为一门新兴独立学科的兴起。20 世纪 70—80 年代,社会语言学迅速发展。拉波夫(Labov)开始探讨社会因素对母语使用的影响;泰荣(Tarone)等人讨论社会因素对第二语言使用的影响。随着现代科学技术的发展,计算机被普遍应用到了应用语言学辅助教学当中,如计算机辅助外语教学、计算机辅助翻译研究等。

目前,应用语言学的研究领域已经发展到了社会生活的各个方面,比如心理语言学、生理语言学、生态语言学、神经语言学、儿童语言发展学、计算语言学、传播语言学、体态语学、词典编纂学等,新的应用语言学分支学科不断出现。

---

[1]　Norbert Schmitt 编:《应用语言学入门》,徐晶凝译,世界图书出版公司 2010 年版,第 8 页。

### (八) 应用语言学理论的发展

在应用语言学正式形成后的相当长的一段时间,人们认为应用语言学没有自己的理论。博杜恩·德·库尔特内就曾指出应用语言学是运用理论语言学的知识去解决各种实际问题的,科德称"应用语言学是理论的消费者或用户,而不是理论的生产者"①,后来,H.G.Widdows on 等人对此种观点由支持转而质疑,之后科德本人的观点也发生了变化,认为应用语言学需要理论去解释实践中的问题。科德退休后,H.G.Widdows on 等著名语言学家在话语分析、关联理论、中介语理论、二语习得、语料库语言学等方面的研究为应用语言学的理论建设做出了巨大的贡献。

## 二、中国应用语言学的发展概况

1898 年,上海商务印书馆出版发行马建忠《马氏文通》,标志我国独立的语言学学科的形成。1906 年,章炳麟在《国粹学报》上发表《论语言文字学》,指出汉语和汉字是音形义的结合,提出了独立的语言文字学的学科概念。1919 年"五四"时期的白话文运动,使白话文的书面语言应用地位有所提。20 世纪 30 年代的国语运动,使北京语音被作为标准语音得以推广。1949 年后,语言文字知识的普及和文化建设得到国家层面的重视。1955 年 10 月,全国文字改革会议和现代汉语规范问题学术会议在北京召开。1978 年,商务印书馆出版语言研究所编写的《现代汉语词典》。1980 年,中国语言学会成立,吕叔湘先生在会议上的发言中就语文教学、修辞研究等问题强调了语言应用研究的重要性。1981 年,语言学及应用语言学专业被纳入第一批学科目录之中。1984 年语言文字应用研究所成立。1986 年召开全国语言文字工作会议,会议讨论了新时期语言文字工作的方针和当前的主要任务,提出了普通话水平测试的等级要求。1992 年《语言文字应用》杂志创刊。1995 年召开首届全国语言文字应用学术研讨会并筹建中国应用语言学会。

1984 年语言文字应用研究所的成立、1992 年《语言文字应用》杂志的创刊、1995 年中国应用语言学会的筹建,是中国应用语言学独立学科形成的标志,我

---

① 高素珍、刘海燕:《应用语言学综观》,《济南大学学报》2005 年第 5 期,第 61 页。

国的应用语言学研究进入起步阶段。同时,应用语言学新的分支学科的逐渐形成,社会语言学、对外汉语教学、儿童语言研究、计算语言学等领域的学科研究也得到了迅速发展。1997 年 12 月全国语言文字工作会议再次召开,会议提出了语言要主体化多样化相结合、要重视语言文字工作的政策和语言文字工作的建设等应用语言学研究方面的工作。2000 年 10 月 30 日第九届全国人大第十八次会议通过并于 2001 年 1 月 1 日起施行了我国历史上第一部关于语言文字的法律——《中华人民共和国国家通用语言文字法》。

应用语言学理论方面,1978 年,桂诗春把国外应用语言学的研究成果介绍到中国,1988 年,他提出应用语言学是一个系统工程,开创了我国应用语言学理论研究的先河。1999 年,冯志伟在桂诗春的基础上进一步充实了应用语言学的系统工程论。2003 年,于根元系统性论述应用语言学的基本理论,指出应用语言学本身具有理论,交际理论是应用语言学理论总纲,他认为动态理论、中介理论、层次理论、潜显理论、人文性理论是应用语言学基本理论的几个下位基本理论。

我国应用语言学研究起步较晚,20 世纪 80 年代引进的应用语言学方面的教科书,如 S.P. 科德的《应用语言学导论》、J. 艾伦、S.P. 科德和 A. 戴维斯合著的《爱丁堡大学应用语言学教程》等对我国应用语言学起到了启蒙性的巨大影响。我国学者们借鉴国外理论,讨论了应用语言学的理论和方法,总结、梳理了中国在应用语言学理论上的成就,为应用语言学的理论建设作出了贡献。

## 第三节 / 应用语言学的研究内容

应用语言学一直以来都是一个研究内容丰富的学科,并随着语言应用的发展而不断扩大其研究内涵与外延,由此产生众多的分支学科,形成了外延丰富的研究体系和研究范畴。

### 一、应用语言学的学科体系

19 世纪末,欧洲掀起了一场语言教学的改革运动,这就是应用语言学最早的先驱。其后,在两次世界大战期间,美国为了适应战争的需要而设立了外国语培训计划,应用语言学才正式成为一门独立的学科。当时的人们对于应用语言学的理解比较简单,把它理解为"语言学在语言教学中的应用",直至今天,语言教学都是应用语言学研究中的重要组成。

随着时代的发展,应用语言学的应用不再局限于教学,而延伸出众多的实用领域。此时,人们对应用语言学的看法也由此转变为"将理论语言学的知识应用于解决其他科学领域的问题"[①]的学科。比如在国际应用语言学协会(AILA)设19个科学委员会,即有19个研究领域,分别是成人语言教学、应用计算语言学、儿童语言学、对比语言学与偏误分析、言谈分析、教育技术与语言培训、多语环境下的语言教育、语言与性别、特殊用途的语言(如聋哑人的手势语)、语言规划、语言测试、词典编纂与词汇学、母语教育、心理语言学、修辞学与风格学、第二语言习得、社会语言学、术语学、翻译等。该协会自1964年起,每三年召开一次国际大会商讨应用语言学的研究近况。仅1999年第十二届大会上就已经提出了33个领域,既包括了语言学科和交叉语言学科,如语言理论、词汇学与词典编纂学、方言、语用学、修辞风格学、对比语言学、计算机语言学、社会语言学、心理语言学、神经语言学、文化语言学、认知语言学等,又包括了众多的应用领域,如双语与多语制、儿童与成人语言机制、语篇分析、第一/第二语言习得、课程设计、语言测试及其翻译、需要分析、语言紊乱、教师培养等。

目前在我国,应用语言学的研究对象既包括语言教学、语言文字规划、词典学、人名学和地名学等传统的研究领域,也包括社会语言学、心理语言学、神经语言学、病理语言学、计算语言学、人类语言学、语言风格学、语言测试、术语学、计算语言学(包括语言信息处理)、儿童语言习得、翻译学、言语交际学、传播语言学、法律语言学、刑侦语言学、体态语等研究领域。总之,对应用语言学的研究领域应该持一种开放的态度。随着语言应用领域的扩展,应用语言学的研究领域也必将随之拓展。

从应用语言学的发展历程可以看出,应用语言学一直是一个以语言学为核

---

① 王伟、左年念、王国念、何霜、赵秋荣编著:《应用语言学导论》,中国地质大学出版社2012年版,第2页。

心学科的多学科交叉的产物,它天然地具备多学科的基础,是一门多边缘的跨学科的学问。它既需要语言学的知识,也需要其他相关学科的知识。同时,由于应用语言学的研究领域不断更新,研究范畴层出不穷,学者对其学科体系的划分也并未完全达成一致。

桂诗春根据应用语言学学科理论对其进行学科体系的划分,分为语言学科、边缘学科、非语言学学科三类。语音、语法、词汇、语义等语言学本体知识的应用属于语言学科;心理语言学、社会语言学、计算语言学、神经语言学等都归入边缘学科;教育理论、教育测量、计算机科学、统计学、多媒体教学手段等归入非语言学学科。

而于根元、冯志伟等人从实际应用出发进行分类,将语言教学、语言学与计算机的结合、语言学与心理学的结合、语言学与社会学的结合、语言规划列为不同的体系。

这些不同的意见表明了人们对"应用语言学"学科体系还存在着不同的认识。尽管如此,人们对于一点已经基本达成了共识,那就是应用语言学是一个不断发展的学科,它不仅仅是把语言学理论应用到某个领域的学科,其本身自成体系,有独立的研究目标、知识体系和研究方法,已经形成了其独立的理论基础和研究旨趣,甚至已经形成了一支专业队伍,因此,它完全可以成为独立的学科。应用语言学家不仅关注这门学问的应用领域,也关注其自身的理论、方法以及队伍建设、平台建设和成果的推广。

## 二、应用语言学的学科任务

应用语言学作为一门独立的学科,应该综合利用各有关学科的理论和方法,来建立和充实自己的科学体系,并在应用中不断总结和提炼自己的理论。总的来说,应用语言学的学科任务最为重要的有以下两点:

第一,关注解决实际问题。美国应用语言学家坎贝尔(R. Campbell)说:"应用语言学是一种解决问题的业务。"[①]可见,应用语言学不是纯粹的理论研究,

---

① 桂诗春:《什么是应用语言学》,《外语教学与研究》1987 年第 4 期,第 15 页。

它特别提倡问题导向的研究,主张立足生产生活实践,为解决实际的问题而展开研究。解决实际问题是离不开调查和实验的,因此应用语言学非常重视社会科学中的调查法和自然科学中的实验法,这两种方法都是典型的实证研究的方法。

第二,推动语言应用的理论研究。应用语言学提倡问题导向,但不排斥理论研究。语言本体研究需要理论指导,语言应用研究也不例外。语言本体理论与语言应用理论二者并不冲突,它们往往是相辅相成,互相促进的。语言本体的理论可以用来指导语言应用研究,同时,应用语言学理论也可以反哺语言本体理论研究。

### 三、应用语言学的研究范畴

于根元将应用语言学的学科门类可分四大块:一是语言教学;二是语言和现代科技的结合;三是广义的社会语言学;四是语言规划。应用语言学既要研究各部分的主要内容,又不是几部分研究的拼合或者加合,而是注重各部分之间的联系,尤其是大块内部各部分之间的联系。

应用语言学的研究范畴丰富而且开放,随着新的问题的出现,各种新的应用语言学的领域层出不穷。有一些已经被公认为是应用语言学重要的研究领域,如语言教学、语言规划、社会语言学、计算语言学、人类语言学、实验语音学、模糊语言学、儿童语言发展学、心理语言学、神经语言学、传播语言学、生态语言学、辞典编纂学、体态语学等。这些内容将在后面的章节中详细介绍。

## 第四节 / 应用语言学的基本理论

任何一个学科都要在理论和方法的指导下进行,没有了理论和方法,科学就失去了灵魂,应用语言学也不例外。应用语言学不只是对理论语言学的理论的运用,更主要的是它本身具有理论。应用语言学为"应用"而生,它主要是为了解决实践中出现的问题,而理论恰恰来源于实践,解决了实践中的问题往往就会有一定的新的理论诞生,至少可以推动原有理论向前发展。

于根元总结了应用语言学的六大理论,即交际理论、动态理论、中介理论、层次理论、潜显理论、人文性理论。

## 一、交际理论

语言是人类最重要的交际工具,这种交际包括思维和认识,也是含有文化的交际。确切地说,语言是人类最重要的认知、思维、交际的工具。也可以认为认知、思维是交际的一种方式。社会中的人需要协调,需要交际,语言也因此而产生和发展。语言存在于交际中,没有交际就没有语言。交际是语言发展变化的动力和目的,是决定语言现象的根本条件。总而言之,交际是语言的本质,这是交际理论的基本思想;应该为语言交际而研究语言,这是交际理论的研究目标。因此,交际理论是应用语言学的基本理论,是应用语言学理论的总纲。

## 二、动态理论

辩证法告诉我们,运动是绝对的。语言用于交际,交际显然是活动的。此外,语言又是时刻发展变化的,所以,动态是语言的本质。语言的某一个系统发生了变化,会引起另一个系统或整个语言系统发生变化,也就是说语言具有自组织性。语言发展的内部动力是人的认知和语用,外部动力是社会的发展。语言的发展一定程度上反映了社会的发展。

## 三、中介理论

运动的连续性决定了任何事物都是矛盾的统一体,语言跟其他现象一样,存在着中介状态。语言单位之间,语体之间,人们学习语言的过程中以及语言接触融合的过程中,都有所谓的中间状态。现代应用语言学理论把语言中的这些中间状态称为中介现象。语音上、词汇上、语法上、语用上,或者学习一门新的语言,都存在"亦此译彼"的中间状态。比如元音发音时不发生任何阻碍,辅音一定要发生阻碍,半元音(也叫"通音")则处于阻碍与不阻碍之间的状态,同时具备元音和辅音的双重特征。

## 四、层次理论

语言本身是分层次的,越是稳定的要素越居于底层;越是开放的、活跃的要素越居于上层。比如"民""生"两个语素都不够活跃,它们都不能单独使用,因此它们处于底层,也相对稳定,它们所表达的语素意义已经几千年未变了。由"民""生"两个语素可以构成新的词,这些词就是开放的、活跃的了,也就是相对上层的要素。底层能产性大,上层较能反映全息。语言应用也是分层次的。比如学习普通话,对待不同的人有不同的要求,播音员、教师要求就要高,其他不具备语言示范性的职业就会相对降低要求。

## 五、潜显理论

显,指的是显现在表层的、现实的状态;潜,指的是潜藏在深层的状态。该理论认为,可以把语言的世界分为显性的世界和潜在的世界两大部分。所谓显性语言就是到目前为止人们在使用的部分;所谓潜在的语言世界指的是按照语言的规则所形成的一切可能的语言形式的总和,但是它们还没有被这个语言社团所利用和开发。语言始终处在潜和显的过程中,语言研究的就是语言的潜和显及其相关条件。语言不是时空同样显现,也是为了交际。比如北京话"拥有"义的肯定和否定表达方式分别是"有"和"没有","过去完成"义否定表达用"没有 VP",肯定表达却不能用"有 VP",只能用"VP 了/过"。近年来,年轻人中"有VP"逐渐变得合法。这就是典型的从潜及显的过程。

## 六、人文性理论

语言的人文性是指语言在发展变化及应用过程中所表现出的文化特性。语言是文化的重要组成部分。它是文化的重要载体,记录和反映着文化的发展状态;同时,语言也促进文化的发展。另一方面,文化也影响语言的发展,这种影响不仅是对语言本体的,更是对语言应用的。同样是问候语,英语中见面打招呼用万能的"hello""hi"问候,而汉语则需根据亲疏远近和实际环境选择"老师好！""你好！""下课啦？""吃完啦？"等多种形式，这说明中国人更倾向于根据人与人之间的关系以及场合来选择话语形式，而西方人更强调平等。

# 第五节 / 应用语言学的研究方法

应用语言学主张采用实证的方法来开展研究工作。实证研究方法的哲学取向是实证主义，起源于自然科学研究。实证性研究方法可以概括为通过对研究对象大量的观察、实验和调查，获取客观材料，从个别到一般，归纳出事物的本质属性和发展规律的一种研究方法。

实证研究通常包括以下三个方面。首先，实证研究的目的一般来说是检验假说，即研究中首先设有一个或多个假设，假设的内容是预测两个或多个变量之间的联系或因果关系，然后加以验证。其次，实证研究运用严谨的、程序化的数据采集方法，如实验、调查、测试等。再次，实证研究，特别是其中的定量型实证研究要用到专门的统计学技术。

## 一、调查与比较

### (一) 调查

调查，即为了了解情况而进行考察。研究时，我们往往是从搜集到的材料中发现问题，进而才能分析问题，解决问题。因此调查的第一步就是要搜集材料，而搜集材料有以下三种方法：

1. 问卷法

问卷法是指调查者运用统一设计的问卷向被调查者了解情况或者征询意见的方法。问卷调查有很多优点，如标准化程度高，评分统一客观；可以大规模进行，调查范围广泛；简便易行，经济高效；匿名性强，真实客观；适合量化统计等。

问卷可以分为结构性问卷（也叫封闭式问卷）和非结构性问卷（也叫开放式问卷）。结构性问卷比较适合量化统计分析。一份完整的调查问卷一般包括以下七个方面的内容,即问卷标题、问卷说明、调查对象简况、填答说明、问卷项目、问卷答案、结束语。

2. 访谈法

访谈法是一种由调查人员和被调查者进行面对面谈话的方法,按照访谈的内容是否标准化可以分为结构式访谈、半结构式访谈和非结构式访谈。结构式访谈中所有问题以及问题的顺序,还有对被访者回答的记录方式是完全统一的;而非结构式访谈事先没有统一的问题,只有一条大致的主线,具体问题可以在访谈过程中边谈边形成;半结构式访谈则介于二者之间。我们通常主要采用半结构式访谈,既不至于偏题,又可以就重点问题深入探讨。

访谈法的程序分为三步。第一步是明确访谈目的、制定访谈提纲、准备好访谈工具、联系好访谈对象。第二步是实施访谈,与被访者交谈、做好访谈记录。第三步是整理、分析访谈结果。访谈实施的过程中要注意采用被访者能够接受的表达方式进行提问。访谈时态度要真诚、自然,还要用理性控制访谈不要偏离中心。

3. 观察法

观察法是研究人员通过直接观察被调查者从而获取材料的一种方法。根据调查者是否直接参与语言活动中,观察法可以分为隐蔽观察法和参与观察法。在应用语言学研究中,有些题目非常适合使用观察法,但是有些题目使用观察法很难搜集到所需的材料,因此在使用观察法时,一定要结合实际的研究项目考虑。课堂观察就是在语言教学研究领域经常使用的一种调查方法。

## (二) 比较

在科学研究中,比较是根本性的研究方法。应用语言学中的比较方法主要指的是两种语言系统之间的对比分析法。对比分析法可以用于任何语言之间,其作用是揭示语言之间的异同关系,并将比较的结论运用到语言应用领域中。举例来说,汉语的副词"也"与英语的副词"also"都能表达"类同义"。如"她说一口流利的法语,也能说一点意大利语。"(英译:She's fluent in Frenchand also speaks a little Italian.)而汉语的"也"还有语气意义,又如,"你来了怎么也不打声招呼?"显然"also"没有这种功能。这是两种语言之间的对比。对比也可用于同一种语言内部的分析,也称"最小对比对分析法"。再如,"吃完晚饭了"和"晚饭吃完了"两个短语之间的唯一区别即"吃完"和"晚饭"之间的语序不同,两种语序形成了"最小对比对",分析这一最小对比对之间的语义、语用差异能揭示汉语的一些本质上的特点。

## 二、定量与定性

实证研究有三条路径:定量研究、定性研究和混合研究。

### (一)定量研究

定量研究也叫量化研究,主要搜集用数值表示的资料或信息,并对数据进行量化处理、检验和分析,从而获得有意义的结论的研究过程。量化研究把能够体现共同特征的变量作为研究的中心,这些变量通过给范畴数据赋值得以量化计算,所有的量化研究都是通过对变量的测量和操控来分析变量之间的关系。由于其目的是对事物及其运动的量的属性作出回答,故称定量研究。

定量研究侧重于对数据的数量分析和统计计算,在研究方法上采用封闭式问题或严格预设的试验方法收集数据,并强调使用无偏见的方法和数理统计工具来分析可量化的经验观察,确定事物之间的关系以验证理论或假设。

### (二)定性研究

定性研究也叫质化研究,是根据社会现象或事物所具有的属性,从事物的内在规定性来研究事物的一种方法或角度。定性研究依赖于文本和图像资料,关注主体的意见、经验和感觉,强调自然场景中的行为和变化。研究设计的每一个方面不是严格规划好的,而是保持开放和流动,设计的数据主要是开放式的、非数值型的数据,主要采用非统计方法进行分析。

定性研究路径更接近人文主义研究范式,它偏重文本分析或叙事表达,注重收集文本信息,并从整体上进行理解和诠释,强调对被研究对象的理解、说明和诠释,常见的方法有行动研究法、观察法、访谈法、个案分析法以及民族志等。

### (三)混合研究

定量研究和定性研究在实际研究中经常混杂在一起。因为,定性研究与定量研究方法各有优劣,单纯的定性研究与定量研究都不能完美地解决研究方法本身的问题。而把两者结合起来可以避免各自的不足,因此学界逐渐形成了混合研究的方法。

混合研究法就是在数据收集和分析各个层面综合运用不同的质化和量化研究方法,开放式问题和封闭式问题,即时呈现和预设方法,定量数据和定性数据、定量分析和定性分析等都兼而有之。一个典型的例子是,在问卷调查后继续对调查对象进行访谈,综合运用两种数据收集程序和分析方法进行混合研究。

### 三、实验法

#### (一) 什么是实验法?

实验法是科学研究中,在高度控制的条件下,通过人为操纵某些可控制的变量,观察记录变量的变化和结果并加以解释的一种研究方法。应用语言学的目的在于解释语言在各种应用中的现象和规律,从而努力解决实际问题。因此,为了证实某些理论在应用过程中是否有效或者某个假说是否成立,实验法都是必然会使用到的一种方法。

#### (二) 实验的种类

根据实验目的划分,实验可以分为探索性实验和推广、验证性实验,前者是提出新的问题,检验新的假设是否成立的实验研究,后者侧重于对已得出的结论进行检验,对前人已经得出的结论加以确立、修订、完善或者否定。根据实验控制程度划分,实验可以分为前试验、准实验和真实验。

前实验的特点是可以进行观察和比较,可以操纵自变量,但对被试不随机抽样,也没有对照组。实验控制程度较弱,缺乏控制无关干扰因素的措施。

准实验是指不能随机分派被试者,不能完全控制无关变量的实验,只尽可能予以控制的实验。这种实验的显著特点就是不按照随机原则来选择和分配被试,直接以自然教学班作为实验组或对照组。

真实验是指能严格地随机分派被试者,区分实验组与对照组,能系统操纵自变量,完全控制无关变量的实验。按照自变量因素的多少划分,实验可以分为单因素实验和多因素实验,前者是指同一实验中研究者只操纵一个变量的实验,也称单一变量实验,后者是指在同一实验中研究者操纵两个或两个以上的自变量的实验,也称组合变量实验。

### (三) 实验的效度

总的来说,实验设计的好坏可用实验效度来衡量。实验效度是指一个实验研究的有效性,是衡量教学实验成败优劣的关键性质量指标。实验效度分为两类,即内部效度(Internal Validity)和外部效度(External Validity)。

内部效度反映自变量与因变量的因果联系的真实程度。它表明的是因变量的变化在多大程度上来自自变量。若研究者能清楚地对实验结果加以解释,合理地作出因果关系的推论,其内部效度就高,反之,其内部效度就低。

外部效度是就实验结果的推广能力而言的,研究结果是否能被正确地应用到其他实验情境、其他变量条件及其他时间、地点、总体中的程度,如果实验结果只适用于某一小范围,不能推广到同类事物、现象上,则表明其外部效度较差,反之,则外部效度较好。

## 四、预测法

预测是为了了解未来,并采取相应的对策。现代社会发展的速度正在加快,对语言问题的科学管理需要科学的预测作为基础。比如词典编写中,要对新词的生命力作出预测,推广普通话定出的目标也要作出预测等。

预测是有条件的。在社会预测问题上,美国社会学家丹尼尔·贝尔认为,社会预测的客观依据有两个:一个是规律性与重复性,另一个是连贯性与持续性。

社会学家提出的许多预测方法值得应用语言学借鉴。大体可以分为三类。

(1) 外推法。这是当代西方社会学者预测研究中最常用的方法。这种方法之所以具有科学性的客观依据,是过去、现在和将来社会发展趋势具有相对稳定性与连贯性。

(2) 专家意见征询法。这种方法一般适用于超长期和不确定的长期预测。首先要确定具有预测方面有关知识的专家,在此基础上选择一部分专家作为征询意见的对象,然后通过调查,收集专家的意见。

(3) 模拟法。即收集某种社会过程中大量可靠的初始信息,简化为指标组成的数学模式,然后再通过电子计算机编制预测,得出被模拟过程的趋势。

## 思考与应用

### 一、术语解释题

广义的应用语言学　第一届国际应用语言学大会　交际理论　人文性理论
《语言学习》(Language Learning)杂志　调查法　定量研究　定性研究
实验法

### 二、复习思考题

1. 谈谈应用语言学的性质和特点。
2. 简述国外应用语言学的形成和发展过程。
3. 为什么说应用语言学是一门多学科交叉的学科?
4. 应用语言学的学科任务有哪些?
5. 简述应用语言学的六大基本理论。
6. 实证研究有哪些路径?
7. 实验的种类有哪些?

### 三、实践应用题

1. 语言本体研究与语言应用研究有什么关系?
2. 阅读相关文献,谈一谈语言学家在新词语的预测方面提出过哪些途径。

# 第十章 语言教学

## 第一节 / 语言教学概述

### 一、语言教学及相关概念

#### （一）语言教学

语言教学是指运用特定的方法，将语言知识通过教育者有目的、有计划地传授给学习者，达到使学习者能够运用该语言进行交际目的的教学活动。广义的"语言教学"泛指一切语言的教学，包括本族语教学和非本族语教学。狭义的"语言教学"常常指本族语以外的教学。

#### （二）语言教学的相关概念

1. 第一语言教学与第二语言教学

第一语言和第二语言是按人们获得语言的先后顺序来区分的。第一语言通常是指人出生后首先接触并获得的语言。一般来说，一个人的母语通常是他最先获得的语言，但是由于种种原因，有些人最先获得的语言并不是他的母语，特别是在多语种社区，一个人可能会从主要使用一种语言转换到主要使用另一种语言，第一语言就指这个人在社区生活和学习中用得最自如的语言。针对第一语言进行的教学就是第一语言教学。

第二语言从广义上说是指一个人学了母语之后所学的任何一种语言。狭义的第二语言指的是在某些国家或者地区起主要作用的语言，虽然这一语言不是使用者的第一语言。针对第二语言进行的教学就是第二语言教学。

2. 外语教学与母语教学

外语和母语是按国家的界限来区分的。外语是指外国的语言。它不是学习者该国或地区的人使用的语言，不用作学校教学的媒介，也不是在国内的政府、媒体等用于交际的语言。外语教学是指在国内教外国语言的教学,目的是使学习者能与说该语言的人交际,或者阅读该语言的书面材料。

学界对"母语"这一术语没有统一的定义,一般认为它是指本民族的语言,也称"本族语",是一个人在幼年时期从父母那里习得的语言,它是一个人思维和交际的自然工具。我国学者李宇明认为"母语"是"民族共同语",它与第一语言最主要的区别在于"母语不是个纯粹的语言学上的概念,而是民族学领域里的概念"①。母语教学是针对母语进行的教学。

## 二、语言教学的目标、类型与基本过程

### (一) 语言教学的目标

教学目标是教学活动的出发点,它支配、调节和控制着整个教学过程,任何教学活动都是围绕着某种教学目标而展开的。语言教学的目标是为培养和提高学习者的语言能力和交际能力,也就是为了让一个人掌握一门语言,是为了让学习者能够从听、说、读、写诸方面掌握一种语言的知识内容,并且具备得体而有效地使用该语言的能力。就具体教学目标来说,第二语言教学的目标又受多种因素的影响,因学生的年龄、学习环境、学习目的等而有不同。很多时候,学生语言学习的目标就是语言教学的目标。

传统的语言教学以语言能力的培养为终极目标,认为一个人只要学会了某种语言全部的要素知识就可以掌握该语言,但是随着语言学和第二语言教学的发展,人们发现掌握了一种语言的语言要素知识并不意味着学习者能够熟练使用该语言,因此,现代的语言教学的目标除了培养和提高语言学习者的语言能力以外,还特别注重培养和提高学习者运用语言进行交际的能力。

### (二) 语言教学的类型

根据教学对象、教学目标、教学时间、教学内容和教学组织形式的不同,语言教学可以分为不同的类型。

除了上面提到的第一语言教学和第二语言教学、外语教学和母语教学外,语

---

① 李宇明:《论母语》,《世界汉语教学》2003 年第 1 期,第 51、55 页。

言教学还可以根据教学时间的长短分为长期教学和短期教学,第一语言教学一般都是长期教学,主要体现在学校教育过程中,但也有短期教学项目,如作文训练班、口才训练班、国学班等;第二语言教学一般把一年或者一年以上连续性学习的教学项目看成长期教学,一年以下的项目为短期教学。

根据教学组织的形式,语言教学还可以分为班级教学和个别教学。班级教学是把语言水平相同或者相近的学生编为一个班,按照统一的课程标准、教学计划,使用相同的教材和课程表对学习者进行语言方面的教学,这是语言教学经常采用的教学类型。个别教学是适应学生的个别差异,由一个教师面对一个或者两个学生而展开的教学,个别教学可以根据学生的不同特点、学习目的和学习时间制定教学计划、安排教学内容,使教学适应学习者的特点和需求,从而促进学习者语言知识与交际能力的提高。

还可以按照教育的性质分为常规教学和业余教学;按照教学的媒体分为网络教学、影视教学、广播教学;按照教学的对象分为儿童教学和成人教学;按照学习者语言的程度分为初级、中级和高级阶段教学等。

### (三) 语言教学的基本过程

语言教学一般要经历制定语言教学政策、语言教学总体设计、课堂教学组织和语言测试等过程。

#### 1. 制定语言教学政策

语言政策和语言规划是政府对语言发展的干预行为,在经济全球化和国际竞争的背景下,恰当的语言规划和语言政策对一个国家的经济发展、稳定起着至关重要的作用。因此,国家和政府常常会通过对语言教学施加影响来实现语言政策或者语言规划的目标,比如在多民族多语言国家,要通过政策干预主要教哪种语言,如何保护语言的多样性等。国家和政府也会投入一定的经费用于语言教学,使语言教学顺应国家发展的总体需要。

#### 2. 语言教学总体设计

语言教学的总体设计主要由专业人员按照国家语言教学政策的指导方针从教学目标、教学内容、教学类型、教学对象、教学原则、教学途径等各方面的要求出发,制定教学大纲或教学计划、编写或选择教材、培养或选拔师资、确定课程设置以及各门课之间的协调方式和教师的分工等。总体设计不仅能帮助我们找到最佳的教学方案，还能协调各个教学环节，从宏观上对教学全过程和全部的教学活动进行控制和把握。

3. 课堂教学组织

课堂教学是目标明确、有计划、有组织、有步骤地通过教师和学生的双边活动向学生传授知识和技能的过程，是一种最常用的教学形式，也是所有教学活动中最为重要的一个环节。课堂教学一般分为感知阶段、理解阶段、巩固阶段和运用阶段。任课教师需要运用一定的现代教育技术，有效的教学技巧和教学活动组织教学实现既定的教学目标，完成教学任务。

4. 语言测试

语言测试是依据一定的评估目的，以抽样方式通过有限试题诱导出受试者语言知识和能力的言语行为，然后借助于定量描述来推断受试者掌握的该语言的知识和能力，目的是为预测一个人在现实环境中使用这些知识和能力提供依据。

托福考试、GRE 考试、雅思考试等都是大型的语言测试。中国的 HSK（汉语水平考试）是测量母语非汉语者的汉语水平而设立的一项国际汉语能力准化考试，已经有了相当高的国际影响。

除上述过程之外，语言教学的过程还包括有关语言教学的研究。语言教学研究活动与语言教学活动是相辅相成的，语言教学活动为语言教学研究提出问题，不断拓展语言教学研究的范围；同时，语言教学研究也促进语言教学活动的成熟和发展。

## 三、第一语言教学和第二语言教学的关系

### （一）第一语言教学和第二语言教学的相同点

1. 二者都需要学习者具备一定的生理基础

无论是第一语言教学还是第二语言教学，一般都需要语言学习者具体健全的大脑和语言器官，大脑完全受损的人不能进行语言学习，发声器官、视听器官不健全的人需要有经过特殊教育训练的教师的教学才能学会语言。

2. 二者都需要一定的语言环境

语言的获得是后天通过与社会语言环境的互动而实现的。没有人类社会和语言环境的支持，即使具备了生理基础，也没有办法获得语言能力。

3. 二者都有培养学习者语言能力和语言交际能力的目的

两种语言教学都需要帮助学习者建立声音和意义、形式结构和语义结构的联系。第一语言教学是为了帮助学习者更好地适应生存环境、认识和了解周围的世界、并能有效地进行社会交际活动，第二语言教学也是一样，主要是通过帮助学习者掌握语言知识，培养学习者运用第二语言进行交际的能力。

4. 二者都需要遵循一定的程序进行教学

两种语言教学大致都要经过感知、理解、巩固和应用的阶段。一般都会首先帮助学习者感知和理解语言信息，然后通过一定的活动帮助学习者巩固和应用语言。

5. 二者都使用某些相同的教学策略

为了帮助学习者更好地掌握和运用语言，两种语言教学的教师都需要采用某些相同的教学策略以调动学生的学习兴趣，提高教学效率。如分析语言的特点提高学习者对语言知识的理解、设计游戏或者语言活动帮助学习者运用语言等。

### （二）第一语言教学和第二语言教学的不同点

1. 教学对象的特点不同

（1）教学对象的学习目的不同，第一语言学习者学习语言是为了生存和发展，为了生活和跟社团的成员交往；第二语言学习者的目的则具有多样性的特点，如受教育目的、学术目的、职业目的、旅游、短期居住、社交应酬、好奇心等多种目的。

（2）教学对象的认知特点和学习方式不同，第一语言的教学对象在学习第一语言之前，没有任何语言基础，是通过所谓的"语言习得机制"来接触和使用第一语言的；而第二语言学习者在学习第二语言之前，已经掌握了第一语言或者基本掌握了第一语言，受第一语言的影响，常常是通过第一语言的知识和认知来接触和使用第二语言。

（3）教学对象的学习环境不同，第二语言教学的语言环境一般来说主要是课堂教学,而且时间有限,因此,语言的自然输入较少,只有少数的第二语言学习者才有足够的课外语言环境来支持其学习,但是第一语言教学则有良好的课外语言环境提供充足的语言输入。

2. 教学侧重点不同

第一语言教学的重点是与学习者的认知发展同步,主要以帮助学习者建立概念、接受社会价值观念、形成并发展思维为主,而第二语言的教学要从培养学生最基本的言语能力开始,是以语言技能的教学为主要内容,在听、说、读、写等方面对学习者进行训练,这是因为学习者大多是已经建立起一套比较完整的概念系统和语音系统,特别是语义系统,并且已经具备了思维能力,学习者学习第二语言是需要学习的是如何用另外一种符号系统表达已知的概念和自己的思维过程。

由于语言是文化的载体,也是文化的一部分,因此,在第二语言教学要面对第二语言学习中的文化障碍和文化冲突,语言使用的文化规约也是第二语言教学的主要内容之一,而第一语言教学则不需要考虑这一方面,语言的使用环境在教学过程中不需要特别强调,学习者在与周围环境互动的过程中可以自然而然习得。

# 第二节 / 第一语言教学

第一语言教学的教育形式通常正规而系统,有详细的教学计划、教学大纲和相应的教材,有进行教学的场所和教师,有检验学习成果的测试等。其目标是使学习者通过教师的讲解、训练、实践等活动获得该种语言的语音、语义、词汇、语法、语用和文字知识以及听力理解、阅读理解、口语表达、书面语表达等语言技能和言语交际技能,还包括该语言的文学教育及思维教育。各国家和地区的第一语言教学通常是指该国的语文教学。

## 一、各语种的第一语言教学

### (一) 英语

英语是包括美国、英国、加拿大等 73 个国家的官方语言,学校以英语为第一语言进行教学,每个国家甚至是同一国家的不同地区都有不同的教学方式。

美国的各州自行确定语文教学计划、教学大纲和统编的教材,不实行全国统一标准。各州制定的教学计划和内容并不完全一致,有些学校将语言课程称为"英语",有些称为"语言艺术"。不仅如此,一些地方开设的英语课的种类多达几十种。如威斯康星州麦迪逊公立中学的高中英语课开有28种,包括写作、新闻、语法、文学、科幻小说、电影、戏剧、演讲等,文学还分现代文学、当代文学、英国文学、美国文学、欧洲文学等。学校课程的基本结构包括阅读、拼写和写作。语言教学主要教授的内容包括语音、词汇、语法等。这些内容的教学是通过知识的传授,但不仅仅是单纯传授知识,更多的是将知识有意识地转化为能力,重视实际运用。

英国长期以来语文考试在语言方面始终是以语法分析为主,对学生的作文则重在语法标点等方面的评分,不太关注内容表达方面的考量。

加拿大的英语教学也很有特色,以安大略省为例,其基础教育最高年级十年级学术课程中,语文教学大纲分为文学和阅读、写作、语言以及传媒学习四部分。配套的教材有2册,其中一册为阅读文选,收录的主要是加拿大作家的作品,另一册主要针对语言为工具这个特点设计的,分为学习技能、读、写、听说、看和研究六大部分。

### (二) 俄语

俄罗斯学校的语文教学分为语文和文学两门课。俄语的语文知识教学包括语音教学、词汇和成语教学、语法教学、词法教学、句法教学。由于俄语的语法比较复杂,语文课主要讲授语法,检查学生对字母拼写和标点符号应用的掌握情况,考试以听写为主。文学课包括文学欣赏和作文两部分。低年级的文学课主要讲授各国童话故事。5年级以后,则重点向学生介绍和讲解俄罗斯文学中的名著和名篇,培养孩子们对祖国文学遗产的浓厚兴趣,提高他们的文学欣赏水平。考试方式除让学生写作文以外,还有口试。口试要求学生对名著进行转述,用自己的语言和理解把所学名著的内容和思想转述出来,可以有不同的观点和理解。这种方法既可以检查学生对原著内容的理解,又可以培养学生的表达能力。除语文和文学课以外,很多学校还开设了语言历史课,讲授俄罗斯语言的起源和发展,让学生从小就了解本民族语言的来龙去脉。

### (三) 法语

法国语文教学的目的是培养学生的语文能力、开发智力和发展学生的自学能力。法国的语文教学分语法和文学两部分，在语法课中，一方面强调学习语法的知识、规则，另一方面则要求进行正确灵活的语言实践。语法部分所学内容有以下几方面：

(1) 关于语音、书法等内容。

(2) 关于词汇的内容。包括词类、词的来源、词汇与文化的关系、情感的表达、世俗词汇与宗教词汇的差异等。

(3) 关于句法部分的内容。包括句子的结构和成分、人称和性、数的搭配、时态和语态、品质形容词的修饰等级、人称代词使用的难点、动词时、式的含义及运用、不定式、从属关系的构成、间接引语、简单句和复合句等。

(4) 关于缀字法、作文方面的内容。包括造句及对话、描写、说明、概括、评论、诗歌的写作等。

整个法语语法的学习内容既系统又细致。在教学过程中，要求教师将句法和词法结合起来，尤其注意让学生学习日常通用的、对话的、礼貌的、文学的词汇。同时也要求教师在教学中对学生语言的知识和运用规则严格要求，但在对学生进行语言训练时，并不排除多种表达方式的选择，允许根据不同的场合选用不同的语言形式，比如词语的替代、转换、复用以及进行造句、作文、文字游戏、文学评论等。

### (四) 日语

日本的语文教学，包括阅读、写作、听说和语文知识。第二次世界大战后日本语文教育受美国语文教育的影响很大，日本的语文教育目标分为总目标和年级目标。如高中语文教育的总目标设计包含理解、表达、语言、语感、态度等方面的内容，体现了语文教育的综合性。其目标中特别强调的"语言文化"，是指依靠语言和文字进行的创造活动及其成果，不仅包括古典作品，也包括现代文学及各种论说、评论和讲演等。

## 二、我国的第一语言教学

《义务教育语文课程标准》(2022 年版)中明确指出："语文课程是一门学习

国家通用语言文字运用的综合性、实践性课程。"这里的"国家通用语言文字"指的是 2000 年 10 月 31 日我国第九届全国人民代表大会常务委员会第十八次会议通过的《中华人民共和国国家通用语言文字法》中所规定的"普通话和规范汉字"。2021 年 11 月 30 日《国务院办公厅关于全面加强新时代语言文字工作的意见》(国办发〔2020〕30 号)中进一步明确"坚定不移推广国家通用语言文字""坚持学校作为国家通用语言文字教育基础阵地""全面加强民族地区国家通用语言文字教育"等语言文字政策,强调在我国的各级各类学校中,均应以国家通用语言文字作为教育教学基本用语用字。因此,现阶段及未来,我国的第一语言教学——语文教学可以看成关于国家通用语言文字的教学,在教学过程中,使用全国统一编写的语文课程标准。

**(一)"语文"及我国语文教学的内容**

1. 什么是语文?

《现代汉语词典》对"语文"的解释是:语言和文字、语言和文学。[①] 广义的语文概念,有不同层次与角度的理解:①语文是语言文字、语言文章或语言文化的简称,其本义是语言文字。语言包括口头语言和书面语言,文学包括中外古今文学等。②语文是语言和文化的综合科。语言和文章、语言知识和文化知识的简约式统称等都离不开它。它是听、说、读、写、译、编等语言文字能力和知识,文化知识的统称。③语文是基础教育课程体系中的一门教学科目,其教学的内容是语言文化,其运行的形式也是语言文化。

"语文"的名称是以叶圣陶所说的"口头为语,书面为文"为根据确定的,语文是从教育的角度明确的一门以语言为核心的人文学科。

2. 语文教学的内容

语文教学是指我国学校教育教学中系统规范地进行语文学科的教学。我国的语文教学有统一的目标和教学计划,有官方制定的纲领性文件"语文课程标准"。分为"义务教育语文课程标准(2022 年版)"和"普通高中语文课程标准(2017 年版 2020 年修订)"。义务教育语文课程标准对语文课程的定性是:一门

---

① 《现代汉语词典》第 7 版,商务印书馆 2016 年版,第 1601 页。

学习国家通用语言文字运用的综合性、实践性课程。工具性和人文性的统一，是语文课程的基本特点。高中语文课程标准对语文课程的定性是：一门学习祖国语言文字运用的综合性、实践性课程。工具性和人文性的统一，是语文课程的基本特点。义务教育课程标准强调学习"国家通用语言文字运用"，突出基础性和规范性；高中语文课程标准强调学习"祖国语言文字运用"，突出内涵性与情感性。语文课程目标对语文教学的内容做了明确说明，其中义务教育课程标准列出的教学内容包括"识字与写字、阅读与鉴赏、表达与交流、梳理与探究"四部分。高中的课程标准中明确提出"语文学科核心素养是学生在积极的语言实践活动中积累与构建起来，并在真实的语言运用情境中表现出来的语言能力及其品质；是学生在语文学习中获得的语言知识与语言能力，思维方法与思维品质，情感、态度与价值观的综合体现。"[1] 高中语文学科核心素养主要包括"语言建构与运用""思维发展与提升""审美鉴赏与创造""文化传承与理解"四个方面。

(1) 识字与写字教学。义务教育课程标准中规定，学生要学会汉语拼音，9 年累计认识常用汉字要达到 3 500 个。其中，小学阶段要完成 3 000 个汉字的学习任务。汉语拼音的教学，始于小学一年级，在学生初步掌握一定数量的汉字后进行拼音教学。语文教材中教授的汉语拼音依据我国的《汉语拼音方案》进行了教学方面的调整，便于学生学习。语文教学中强调拼音的实用价值，提倡学以致用，呈现的都是经过精心选择、与儿童口语联系密切的生活常用音节。

识字与写字教学中，义务教育课程标准在附录 4 中列出"识字、写字教学基本字表"，共列出 300 个汉字，这些汉字构形简单，在使用中重现率高，其中的大多数都能成为其他字的结构成分。这些简单的汉字有利于儿童将文字与生活联系在一起，降低了初识字的难度，使学生更易于接受和学习。在语文教材中，通过造字法让学生了解汉字的起源，如"日、月、水、火、山、石、田、禾"等列出象形字的字形；课后练习中会标明汉字书写的笔画顺序，书后列出汉字常用偏旁名称

---

① 中华人民共和国教育部制定：《普通高中语文课程标准(2017 年版 2020 年修订)》，人民教育出版社 2020 年版，第 4 页。

表,包括偏旁和例字,学生通过这些内容来了解汉字的由来和字形演变,了解汉字的结构及笔画名称。

(2) 词汇教学。语文教学的一个重要任务就是要引导学生不断地积累词汇,扩大词汇量。语文教学中借助语素的活动情况和组合能力,可以进行词汇的积累,也可以规范学生组词,避免出现随意颠倒语素顺序的组词。除此之外,词汇积累的途径还有阅读与表达。阅读包括课内阅读与课外阅读,通过阅读积累词汇是语文学习的重要途径。语文教材收录带有规律性的词语群,如集中出现的成语。课外阅读会扩大和巩固学生词汇量,使陌生化的词语变为熟悉的词语。义务教育语文课程标准中要求,学生九年的阅读总量要达到 405 万字。通过阅读进行词汇的积累是最有效的语文学习方法。

语文教学中的词汇教学,多是随文学习。但在教学中教师也有意识地通过一些构词规律帮助学生掌握组词的方法,进行多角度的组词练习,如近义词、反义词等。

我国语文教学中的词汇教学,应注意区分古代汉语词汇和现代汉语词汇。古代汉语部分词汇的意义和用法与现代汉语有不同,如古今异义词、词类活用、一词多义等较为常见。

(3) 语法修辞教学。语法和修辞是语文教学的重要内容。口语及书面语的学习和表达中会出现丰富的语法和修辞现象,学生需要了解有关语法和修辞的知识,这有助于学生的言语表达,使其更准确、生动、形象。学习语法和修辞仅要求注重其实用性,而非要求系统全面地掌握理论知识。

① 语法教学。义务教育课程标准在附录 3 中明确了语法教学的知识要点:第一,词的分类:名词、动词、形容词、数词、量词、代词、副词、介词、连词、助词、语气词、叹词;第二,短语的结构:并列式、偏正式、主谓式、动宾式、补充式;第三,单句的成分:主语、谓语、宾语、定语、状语、补语;第四,复句的类型:并列、递进、选择、转折、因果、假设、条件。

语文教学过程中,学生需要借助这些语法知识学习复杂的句式,理清语句的逻辑关系,增强对语意的理解,规范言语表达。比如中小学语文教学要求掌握六种实词,名词、动词、形容词、代词、数词和量词,明确实词的含义及用法。

我国的语文语法教学中还包括古诗文教学中的语法现象,这也是中学语文教学中的重要内容。古诗文的语法教学是在了解和掌握现代汉语语法的基础上学习的,包括特殊句式结构、词的特殊用法等。

语文课程标准强调语法教学应注重实用性,不把掌握概念与否作为考核及评价依据,能正确使用即可。学生掌握一定的语法知识,就能在教师的指导下发现并修改错误,进而规避错误。

② 修辞教学。中小学语文教学中的修辞教学也称修辞格教学,是指关于一些具有稳定特点的特殊性修辞方法的教学。义务教育的语文教学中常见的修辞格,包括"比喻、拟人、夸张、排比、对偶、反复、设问、反问",高中会出现更多的修辞格,如"借代、双关、仿词、反语、婉曲、顶真、对比、映衬、通感"等,在文章中出现的形式往往体现为修辞格的综合运用。在语文教学中涉及修辞格的名称,是便于教师在引导学生认识语言现象和问题时称说,不需要专门进行概念及理论的深入讲解。修辞教学是中小学语文教学的重要内容,其目的是提高学生表达与鉴赏的能力,在进行口语和书面语表达时增强语言的表现力,使表达效果更准确、更生动,在阅读或鉴赏时,能通过修辞了解不同的语境意义。修辞教学中,教师要通过对这些内容的分析,使语言的张力得以展现。修辞教学中要结合文本的内容,充分考虑修辞同语音、词汇和语法的关系,重在研究修辞的使用对语言表现力的作用。无论是古诗文还是现代文,无论是口语还是书面语,无论是诗歌散文还是戏剧小说等,修辞教学一直是语文教学研究的一项重要内容。

### (二) 我国语文教学的成果与展望

我国的语文自 1904 年单独设科开始,历经一百多年,在语音、识字、语法、阅读、写作等方面取得了丰硕的成果。"言文一致"是近代语文教育改革的主要目标,19 世纪 90 年代为适应白话文的应用,先后有"切音""简字""注音字母""新文字"等运动;1911 年清政府通过了《统一国语办法案》,建议审定语言标准,编辑课本、词典和方言对照表;1918 年 11 月正式公布了注音字母,推动和促进了汉民族语言的统一;1919 年,蔡元培为首率先提出改编中小学课本。这些做法对语文教育的发展产生了深远的影响。"五四"新文化运动提倡白话文,将白话文著作引进中小学语文教材。1924年出版的黎锦熙的《新著国语文法》是我国第一部系统完整、体现了民族特色的现代汉语语法著述,它总结归纳了汉语组词造句的规律,并且形成了一套语法教学体系。1935年到1938年,由夏丏尊和叶圣陶主编出版了初中语文教材《国文百八课》,内容安排为每课一单元,有一定的目标,内含文话、文选、文法或修辞、习问四项,各项打成一片。其中"文话"是编排的纲领,"文选"配合"文话","文法修辞"又取材于"文选",使全书成为一个有机的整体。1949年后,"语文"这一名称被正式确认下来,不再称"国文"或"国语",语文教材也一律使用统编教材。中华人民共和国成立初期,语文教育非常重视现代口语的教学和语法、修辞等语言知识的教学。1951年,《人民日报》连续刊载吕叔湘、朱德熙的《语法修辞讲话》,全国掀起了学习语法修辞的热潮,许多学校成立了语法教学研究小组,有的学校还专门开设了语法课。同一时期,为了规范中学教学语法体系,由语言学界和语文教学界专家共同讨论研究,制订了"暂拟汉语语法教学系统",以中学汉语课本的形式推广到全国,极大地方便了中学语文教学,使语法科学深入社会的各个方面,并产生了极大的影响。这个系统后来由21位学者写成了一个纲要,并且合编为《语法和语法教学》。1958年人民教育出版社把《汉语》课本修订成《汉语知识》一书。"暂拟系统"在中小学一直沿用到1988年。"暂拟汉语语法教学系统"叙述简明、体系精要、描写全面、材料丰富,努力贯彻语法形式与语法意义相结合的原则,继承了前人语法研究的成果,又吸取了1949年后词类讨论和主宾语讨论的成果,是中国语法学界集体智慧的结晶,也是中国语法学发展史上影响最大的语法体系。中华人民共和国成立初期语文教学不仅在内容上更新,强调思想教育,同时注重全面训练语文能力,听说读写并重。改革开放后,1978年到1986年,颁布了《语文教学大纲》(试行草案),出版了新的语文教材,全国各地成立了多个语文教学研究会、教学法研究会等,成立了学术组织,创办了一批语文教学期刊,涌现出一批优秀的语文教育专家,语文教学呈现百花齐放的局面。1997年以后,关于提高语文教学效率的呼声渐高,语文教学进入新一轮改革阶段,进入21世纪,语文教学改革持续发展,国家先后制订了《义务教育课程标准》(2011年版)和《普通高中语文课程标准》(2017年版和2020年修订版),以上两个课程标准成为目前我国语文教学的纲领性文件。

我国的语文教学经过多年的探索实践,取得了丰硕的成果,未来我国语文教学仍将会持续改革,注重听、说、读、写的相互联系,注重语文与生活的联系,注重知识与能力、过程与方法、情感态度价值观的整体发展,以期取得更多的成就。注重语文学科核心素养的四位一体,注重在真实的语言运用情境中培养学生的语言文字运用能力,发展思维能力,提升思维品质。语文课程在推广普及国家通用语言文字,培养学生热爱祖国语言文字,增强文化自信和民族凝聚力方面具有不可替代的作用。互联网技术的应用与普及,大量具有时代特征的新词不断出现,这些词汇将会进入语文学习中,为中小学语文教学提供丰富的言语范例,未来我国的语文教学会取得更大的成就。

### (三) 我国少数民族的语言教学

我国是一个多民族、多语言的国家,其中一些民族有自己的语言和文字,各民族之间一直有相互学习语言的传统。为加强全国各民族的团结,增强民族凝聚力,促进各民族、各地区经济文化交流和社会共同繁荣发展,我国民族地区的儿童在学校教育阶段学习自己本民族语言的同时,还要学习国家通用语言文字——普通话和规范汉字,语文课程使用国家统编教材,在教学过程中,教师使用国家通用语言文字授课,目的是"确保少数民族初中毕业生基本掌握和使用国家通用语言文字、少数民族高中毕业生熟练掌握和使用国家通用语言文字"[①]。

考查民族地区国家通用语言文字学习者实际运用国家通用语言文字进行交际能力的考试是中国少数民族汉语水平等级考试,简称"民族汉考"(MHK)。该水平考试从低到高分为互相衔接的四个等级。考试项目包括听力理解、阅读理解、书面表达、口语表达四个部分。对经考试达到某一等级标准者,授予相应的等级证书。当前,我国许多地区已将该考试成绩作为招生、招工、人员任用以及入学、结业、求职、晋升、教育质量监测的重要参考依据。

---

[①] 2021 年 11 月 30 日国务院办公厅下发文件(国办发〔2020〕30 号)《国务院办公厅关于全面加强新时代语言文字工作的意见》。

# 第三节 / 第二语言教学

## 一、国外第二语言教学的发展阶段

第二语言教学作为一门学科只有一百多年的历史,大体上经历了酝酿期、确定期和发展期三个阶段。

### (一)酝酿期(19世纪80年代—20世纪初)

国外第二语言教学长期以来一直以语法翻译法作为主要的教学方法。但是到了19世纪后半叶,随着语言学和心理学的发展,第二语言教学领域出现了很多反对语法翻译法的声音,如马塞尔(Claude Marcel)、索夫尔(Sauveur)、埃内斯(Heness)分别都提出了与语法翻译法不同的教学主张。在这些改革运用中,以古安(Gouin)提出的直接法影响最大,他于1880年写了一本《语言教学与学习的艺术》一书,把正在发展的现代心理学的一些原则应用于语言学习,在他的教程里,以句子为单位,每个句子又与其他句子相衔接,逐级构成一个"系列",系列又构成一个更大的系列。这些系列中的句子都是学生感兴趣的行为和活动。

### (二)确定期(20世纪20年代—70年代)

随着语言学、教育学、心理学等第二语言教学支撑学科的发展,美国和欧洲很多国家都成立了专门的学术机构,创办了学术刊物,一些大的研究项目也在逐步开展,第二语言教学作为一门独立学科的地位得以确立。这期间涌现出许多的教学法,从20世纪20年代到70年代先后出现过阅读法、情景法、自觉对比法、自觉实践法、听说法、视听法、认知法、团体语言学习法、默教法、全身反应法、咨询法、暗示法、自然法、交际法等影响比较大的教学法流派。

### (三)发展期(20世纪70年代至今)

20世纪70年代以后,又出现了任务型教学法,但总的来说,第二语言教学法流派出现了综合化的趋向,各教学法流派在保留自己特色的同时,也逐渐接受其他流派好的理念和方法,教学法的研究重点转向指导原则的探索。另外,对第二语言习得的研究及应用,重视学习者在第二语言学习中的作用,改变传统课堂教学的方式也是这一时期的主要特点。

## 二、国外第二语言主要教学法流派

20 世纪以来，人们为了寻找有效的第二语言教学方法，在迅速发展的心理学、教育学和语言学理论的指导下，不断地对第二语言的教学目标、内容和方法进行研究探索，先后出现了数十种各具特色的教学法流派。

### (一) 翻译法

翻译法，也叫语法—翻译法，源于早期的希腊语和拉丁语教学，应该说是最古老的第二语言教学法。它盛行于 18 世纪末，代表人物是奥伦多夫（Ollendoff）。其语言学的理论基础是历史比较语言学，心理学理论基础是联想心理学。20 世纪初，这种教学法在许多国家的外语教学中占主导地位。我国初期的第二语言教学大都采用这种方法。

1. 翻译法的主要教学过程

翻译法的主要教学过程有如下几个步骤：①教字母的发音和书写。②开设语法课，系统地教语法。教语法时，先教词法，再教语法规则，最后做练习。③教原文。教课文时，先用母语介绍课文内容，然后逐字逐句进行翻译，最后是朗读课文并巩固课文。

2. 翻译法的基本特点

翻译法的特点主要有：①教授语法学家确定的"规范"的语言，多使用古老或过时的经典例句。②注重词汇的积累和书面语的学习，不注重口语。③语法的讲解中，对于规则或是不规则的语言现象都比较重视。④课堂教学使用本族语。⑤以翻译为主，通过大量笔头翻译和写作练习来检验学生对语法规则的掌握情况。

3. 翻译法的优点

翻译法的优点主要有：①创建了在第二语言教学中利用母语的理论。②主张讲授语法知识，重理性和演绎，发展学生的智力。③使用学生的母语，用翻译作为讲解和巩固的手段，学生在学习初期不会觉得困难。④注重书面语的教学，且重名家名著的原文阅读，学生的阅读水平比较高。⑤该教学法使用方便，不需要复杂的设备和教具，对教师本身的口语要求也不高。

4. 翻译法的缺点

翻译法的缺点主要有：①过于忽视口语教学。②依赖母语程度过高。③过分强调语法的重要性。④整个教学显得沉闷，很难达到将第二语言作为交际工具的目标。

从影响来看，翻译法对以后出现的一些教学法，如阅读法、对比法、认知法都有一定影响。

## (二) 直接法

直接法产生于 19 世纪后期，主要代表人物是贝力兹(Berlitz)和帕默(Palmer)。所谓直接法，就是直接用第二语言进行教学。他们认为第二语言教学应该以儿童获得第一语言的规律和过程为依据，不用学生的母语，不用翻译，也不注重语法形式。

1. 直接法的主要教学原则

直接法的主要教学原则有：①直接联系的原则，即不经过母语翻译，直接使每一个词与它所代表的事物或意义联系起来。②以口语为主的原则，即口语教学是该教学法的主要手段和目的。③句本位原则，即以句子为单位进行第二语言教学。④以模仿为主的原则，即通过模仿手段重复所学的句子，养成习惯，达到自动化地步。

2. 直接法的教学过程

直接法的教学过程主要有：①口头展示句子或课文。②模仿跟读。③纠正错误。④继续模仿，直到重复正确为止。

一课完成后，教师提问，学生回答，然后学生提问，老师回答。

3. 直接法的优点

直接法的优点主要有：①打破了翻译法一统天下的局面，开创了第二语言教学的新局面。②利用直观手段进行教学，有利于调动学生的学习积极性。③注重口语教学，有利于培养学生的言语能力。④不使用学生的母语，有利于培养学生用目的语思维的能力。⑤在非翻译手段和方式的利用方面，直接法制定出一整套行之有效的言语训练的方式方法，并对后来的许多语言教学法产生了很大的影响。⑥学生积极参与课堂教学，学习主动性比较强。

## 4. 直接法的缺点

直接法的缺点主要有:①没有注意儿童学习母语同成年人学习第二语言过程的不同,在教学中把二者混为一谈。②在教学中重视感觉,忽视思维和已有经验以及理论知识的作用。③在教学中完全不使用第一语言,在教授某些词汇,特别是抽象词汇时很费力。

### (三) 听说法

听说法于 20 世纪 40 年代在美国产生,当时叫"口语法"或是"陆军法",到了 50 年代发展为听说法。听说法的语言学基础就是结构主义语言学,把语言看成一个结构系统、一套习惯,所以听说法又称"结构法"。其心理学基础是行为主义心理学,把学习语言看成建立一种新的习惯,认为语言行为是通过刺激与反应的联结并加以强化而形成的习惯,强调语言的学习要经过大量的模仿和反复的练习才能建立一种新的语言习惯。代表人物有里弗斯(Fries)、拉多(Lado)等。

## 1. 听说法的教学原则

听说法的教学原则主要有:①听说领先,注重口语。②反复操练,形成自动化的习惯。③以句型为中心。④限制使用母语和翻译,但它不像直接法那样完全排除母语。⑤对比语言结构,确定教学难点,把外语教学的主要力量放在攻克难点上。⑥及时、严格地纠正学习者出现的错误,培养正确的语言习惯。⑦重视语音教学,广泛利用现代化教学技术手段,通过多种途径进行强化刺激。

## 2. 听说法的教学过程

听说法的教学过程主要有:①学生听会话示范。②要求全班或个人复诵。③教师特别注重并立即改正学生的发音、语调和流利度。④要求学生逐句背诵会话内容。⑤全班分两半,一半念问者的内容,一半念回答者的内容。⑥替换几个字或词组,由学生表演会话内容。⑦练习重要句型的结构,但少讲解。⑧介绍和会话有关的复习性文选或字汇练习。⑨写作练习:以模仿为主,进一步练习结构。⑩后续活动:到语言教室练习更深的会话。

## 3. 听说法的优点

听说法的优点主要有:①不完全排斥在教学中使用学生的母语,在一定程度上弥补了直接法的片面性。②强调在对第二语言和母语进行对比分析的基础上，根据学生的难点选择语言项目和安排语言项目的先后次序，合乎教学规律。③把语言技能分为听、说、读、写四个方面，在语言教学上是一个进步。

4. 听说法的缺点

听说法的缺点主要有：①偏重语言的结构形式，在一定程度上忽视意义。②注重听、说，而忽视读、写。③大量单调的机械操练，容易引起学生的反感情绪。

### （四）认知法

认知法又称认知—符号法，产生于 20 世纪 60 年代中期的美国，代表人物是美国心理学家卡鲁尔（Carrol）。认知法的心理学基础是认知心理学，强调学习不是简单的刺激和反应、模仿和重复的过程，而是学习者主动感知、记忆和思考的过程。其语言学基础是乔姆斯基的转换生成语法理论，认为语言是一种受规则支配的体系，语言的掌握是一种有意识地、创造性地使用的过程。因此，认知法提倡演绎法的教学原则，在理解和掌握规则的基础上，启发学生发现语言规则，反对机械模仿，提倡有意义的练习，主张听说读写全面发展。

1. 认知法的教学特点

认知法的教学特点主要有：①强调在学习中充分发挥学生智力的作用。②在理解、掌握语法规则的基础上，进行大量有意义的练习，提倡演绎法的教学原则。③以学习者为中心，重视培养学生对学习的信心和兴趣。④全面发展听、说、读、写四项技能。⑤主张恰当地利用母语，特别是进行母语与目的语的对比。⑥主张正确对待、分析学生的错误，对影响交际的错误要及时纠正，对一般性的错误不用进行过多的纠正。⑦广泛运用视听教具，使外语教学情景化、交际化。

2. 认知法的教学过程

认知法的教学过程主要有：①理解语言阶段。这一阶段的教学目的是让学生理解所提供的语言材料和语言规则的意义、构成和用法。②培养语言能力阶段。这一阶段有两个目的，一是对学生所学语言知识的理解情况进行检查；二是培养学生实际运用语言知识的能力。③语言运用阶段。这一阶段中主要的教学目的是培养学生运用所学的语言材料进行真实交际的能力。

3. 认知法的优点

认知法的优点主要有：①强调培养学生的创造性思维。②主张外语学习必须理解语言规则，语言练习必须有意义并结合学生的生活实际。

4. 认知法的缺点

认知法的缺点主要有：①使用认知法时，讲解语法必须恰到好处。若费时过多或讲解过于详尽，就可能回到语法—翻译法。如何处理语法教学和机械操练与有意义练习的比例仍然是认知法需要探讨的问题。②未强调培养学生的交际能力。认知法更多地强调了对语言知识的掌握、理解和运用，对语言的交际性认识不足。

**（五）交际法**

交际法又称为"交际语言教学"，早期称为"功能法"，产生于 20 世纪 70 年代初的西欧，是以语言功能和意念项目为纲、培养在特定的社会语境中运用语言进行交际能力的一种教学法。创始人为英国语言学家威尔金斯（Wilkins）、英国语言教育家亚历山大（Alexander）、威多森（Widdowson）。交际法的语言学理论基础是社会语言学，特别是社会语言学家海姆斯的交际能力理论和功能语言语言学家韩礼德的功能语言理论和话语分析理论，主张学习语言要从功能到形式，从意念到表达，在教学教程中创造接近真实交际环境的语境，根据教学需要选取真实而实用的语言材料。其心理学理论基础是人本主义心理学，强调以学生为中心，通过"需要分析"来选择应该学习的语言功能和语言形式。

1. 交际法的教学原则

交际法的教学原则主要有：①交际性原则。明确提出第二语言教学目标是培养创造性地运用语言进行交际的能力，强调语言运用的正确性和得体性。②功能和意念相结合原则。根据学习者的实际需要，选取真实、自然的语言材料。③情景性原则。教师提供交际情境，让学生自由地表达自己的思想。④单项技能训练与综合性技能训练相结合的原则。⑤课堂教学过程中审慎使用母语。⑥适当容忍错误的原则。交际法对学习者在学习过程中出现的语言错误有一定的容忍度，强调言语交际的内容和信息的传递，不苛求语言形式。⑦学以致用的原则,针对不同专业的学习者安排"专用语言"的教学。

2. 交际法的教学过程

交际法的教学过程主要有:①展示语言。通过对话、图片、事物等向学生展示较为真实和自然的语言材料,要突出该语言材料的情景和功能。②练习语言。把语言点放在有控制的语境里练习,目的是更好地理解和熟记表达功能的语言形式。③产出语言。学生运用所学习的语言材料在模拟真实的交际情境中,根据交际需要和目的,自由地表达自己的思想。

这一教学过程被称为第二语言教学的3P模式,即展示(Presentation)—练习(Practice)—产出(Production),被广泛应用于第二语言的课堂教学中。

3. 交际法的优点

交际法的优点主要有:①明确提出培养学生语言交际能力的目标,把基础知识的传授和能力的发展巧妙地结合在一起,重视语言的实际运用。②从学生的实际需要出发,确定学习目标,大大地增强了学生的兴趣。③教学过程交际化,注意课堂教学中学生与教师的互动关系。④提出功能—意念的范畴,并依此制定了教学大纲,突破了传统的以结构为纲的教学大纲的编写模式,并发展"专用语言"教学。

4. 交际法的缺点

交际法的缺点主要有:①如何科学地设定功能、意念项目,需要进一步的研究。②如何把语言结构和功能结合起来,也是一个急需解决的难题。③对学生出现的错误采取容忍态度的"度"也很难把握。

### (六) 任务型教学法

任务教学法从20世纪80年代兴起,是以具体的任务为学习动力或动机,以完成任务的过程为学习的过程,以展示任务成果的方式来体现教学成果的一种教学法流派,它改变了传统的课堂练习方式,组织学生完成老师精心设计的任务,在完成任务的过程中,不知不觉地习得语言。其核心思想就是要模拟人们在社会、学校生活中人们运用语言所从事的各类活动,把语言教学与学习者在今后的日常生活中的语言应用结合起来。主要代表人物:普拉杜(Prabhu),纽南

(Nunan),威利斯(Willis),斯根翰(Skehan),艾利斯(Ellis)等。

### 1. 任务型教学法的教学原则

任务型教学法的教学原则主要有:①真实性原则。即课堂任务必须贴近学生真实生活。②形式—功能性原则。在语言运用过程中强调语言形式与语言功能相结合。③任务相依性原则。每节课中的任务之间要有联系,每一个小任务完成后可以完成一个大的任务。④做中学原则。学生一边完成任务一边学习新的语言。⑤脚手架原则。教师要给学生完成任务所需的语言支持。

### 2. 任务型教学法的教学过程

任务型教学法的教学过程主要有以下几个阶段:①任务前阶段。在这一阶段教师要引入任务,主要是介绍话题、激活语言,进行语言准备活动和规划任务实施。②任务中阶段。这一阶段,首先是各组学生完成任务,然后各组学生准备汇报完成任务的情况,最后向全班或者互相交换口头、书面报告。③任务后阶段。这一阶段,教师要和学生一起分析完成任务需要的语言点,并针对重要的语言点引导学生进一步学习和练习,巩固掌握任务完成过程所运用的语言点。

### 3. 任务型教学法的优点

任务型教学法的优点主要有:①完成多种多样的任务活动,有助于激发学生的学习兴趣。②在完成任务的过程中,将语言知识和语言技能结合起来,有助于培养学生综合的语言运用能力。③促进学生积极参与语言交流活动,启发想象力和创造性思维,有利于发挥学生的主体性作用。④在任务型教学中有大量的小组或双人活动,每个人都有自己的任务要完成,可以更好地面向全体学生进行教学。⑤活动内容涉及面广,信息量大,有助于拓宽学生的知识面。⑥在活动中学习知识,培养人际交往、思考、决策和应变能力,有利于学生的全面发展。⑦在任务型教学活动中,在教师的启发下,每个学生都有独立思考、积极参与的机会,易于保持学习的积极性,养成良好的学习习惯。

### 4. 任务型教学法的缺点

任务型教学法的缺点主要有:①教学内容相对缺乏系统性,很难做到循序渐进。②语言形式较难控制,语言结构的系统性较弱。③由于任务的设计也是一项耗费精力的工作,教学活动延伸至课外,教师实际的工作时间、精力和责任被延长和扩大。④不强调随时纠正错误，不利于培养学生使用语言的精确性。

## 三、汉语作为第二语言教学

### （一）汉语作为第二语言教学的发展

1. 学科开创期（20 世纪 50 年代初—70 年代末）

我国汉语作为第二语言教学始于 1950 年的"清华大学东欧交换生中国语文专修班"。限于当时的政治社会环境和条件，与教学相关的所有基础几乎是从零开始。这一时期学生人数很少，前十年留学生总人数不足三千人，而且都是当时社会主义国家阵营的学生；教学层次单一，均为汉语预备教育。教学师资匮乏，师资队伍中仅有赵元任、邓懿、王还等少数教师有过在国外教授汉语的经验。教材方面，刚开始使用的都是散编的教学材料，现编现用，到 1958 年才有了第一本正式出版的教材；教学研究上，以教学体系的探索为主，实质性的研究还没有开展，学科建设没有明确而统一的规划，汉语作为第二语言教学处于教材和教学的摸索之中。

2. 学科确立期（20 世纪 70 年代末—80 年代末）

改革开放后，吸引了大量留学生来到中国学习汉语。全国多所高校顺应形势所需，陆续成立了专门的对外汉语教学机构，为汉语作为第二语言教学发展成为专门学科奠定了教学的组织基础。1983 年"中国教育学会对外汉语教学研究会"的成立被学界认为是"对外汉语教学"学科正式确立的标志。从 1983 年开始，相继有大学开设对外汉语教学本科、研究生专业，逐步实现了汉语作为第二语言教学师资专业化培养的长久性的制度安排。汉语水平考试（初中等）于 1986 年首次举行，同一年，《汉语水平考试大纲》颁布。1987 年"国家对外汉语教学领导小组办公室"官方机构成立。1989 年《汉语水平考试（HSK）大纲》颁布。研究方面，《语言教学与研究》(1979 年)、《世界汉语教学》(1987 年)创刊，开辟并形成了学科研究交流的理论场域。到 20 世纪 80 年代末，学科建设的框架基本形成。

3. 学科发展期（20 世纪 80 年代末—2004 年）

在中国国家汉语国际推广领导小组办公室（以下简称国家汉办）的规划推动下，1988 年至 1998 年间相继颁布了《1988—1990 年对外汉语教学科研课题指南》和《1998—2000 年对外汉语教学科研课题指南》两个课题指南,对本学科的研究做了全面的、系统的规划,引领汉语作为第二语言教学从单纯经验型施教进入科学型专门学科的发展轨道。汉语作为第二语言教学学科建设研究体系逐步成熟,成果丰富;汉语作为第二语言出版物也高度繁荣,从单一的教材出版发展为专业研究书刊出版,出版物类型也逐步丰富起来。

在此期间,教学理论、教学方法和课堂教学活动方面的研究建树颇丰,有大量研究专著出版,全面呈现了学科研究的繁荣景观。标志学科发展和研究水平的著作为汉语作为第二语言教学学科框架和教学理论的建构奠定了基础。一些兼有研究和工具书性质的书籍也在这一时期大量出版。一些研究性刊物也在这一时期相继创刊、发行。这些出版物充分反映了该时期学科研究关注点正在逐步细化的特点,同时也在一定程度上为学科发展创造了良好的探索和研究氛围。标志学科规范化和标准化水平的课程和考试大纲在国家汉办的支持下也先后出版。

4. 学科深化期(2004 年至今)

2004 年我国第一家孔子学院在韩国成立后,汉语作为第二语言教学对象的特点、教学目标、教学环境都发生了极大的变化,这些变化促进学科研究不再仅限于“两个课题指南”所规划的领域,以非目的语环境的汉语学习者为对象的研究和基于语言学、心理学和教育学等基础学科理论的研究越来越多。在研究方法上,运用量化研究或者质化研究与量化研究相结合的方法对学科某一领域内的问题进行说明和总结的文章、著作也不断增多。

为了满足每年向国外派出大量的汉语教师和志愿者的需求,教育部于 2007 年批准全国 24 所高校设立汉语国际教育硕士专业,专门培养这一领域的教学和研究人才。此后,“对外汉语”这一名称逐步被“国际中文教育”取代,充分反映了因教学对象的变化而带来的整个学科研究内容的巨大变化。

目前汉语作为第二语言学科发展已经基本完成了阶段性教材完善、教学基础理论和方法研究、学习者能力评价、师资培养传承等基础性建设工作。未来的学科发展走向可以从学科自身发展需要和现有研究者的基本素质、学科背景与理论素养等多个方面来加以推测和思考。

### (二) 汉语作为第二语言教学的任务

从教学方面来看,汉语作为第二语言教学的主要任务是如何让汉语学习者在短时间内更快更好地掌握和运用汉语。要完成这一任务,必须有大量的合格的汉语教师,他们应了解汉语学习者的基本特点和语言学习的基本规律,对语言学、教育学、心理学、教育技术和中外文化等学科有比较充分的了解,并把这些转化为教学能力,促进学习者在语言学习和文化理解上有较快的发展。

从学科的角度看,汉语作为第二语言教学的任务包括汉语教学的研究和学科建设两个方面。教学方面的研究主要围绕教什么,怎么教和怎么学三个方面进行研究,学科建设方面主要集中在学科性质、任务、结构体系以及培养专业师资、推动科研发展、推广汉语水平考试等多个领域,目的是保证学科持续、良性地发展。

从国家和民族事业的角度看,汉语作为第二语言教学肩负着推广汉语、传播中国文化、展现中国社会、增进国家之间的沟通和了解、培养愿意和中国进行友好交流、热爱中国文化的国际友人的重任。

### (三) 汉语作为第二语言教学的教学模式

教学模式一般是指具有典型意义的、标准化的教学或学习的范式。一般来说,一个完整的教学模式应该包括理论基础、教学目标、操作程序、实现条件和评价五个基本要素。对外汉语教学的教学模式是从汉语的特点出发,结合第二语言学习的一般性理论,在汉语教学过程中形成或者提出的教学范式。当前,还未产生严格意义的汉语作为第二语言教学的教学模式,但是可以在教学实践中看到以下一些具有自己特点的教学模式的雏形。

1. "语文分开,集中识字" 模式

这种模式主要针对缺少汉字基础的学习者,主张把口语教学和汉字教学分开,在教学中,先安排一定的时间让学习掌握基本的听说能力,然后再让学习者学习汉字的书写。这一模式受传统识字教学理念的影响,将汉字的识字教学和写字教学分开,先让学生识字,再让学生写字,主要目的是减少学习者对汉字的畏难情绪。

2. 词汇集中强化教学模式

这是中级汉语教学阶段常用的一个教学模式,主张在中级阶段,以词语教学为重点,把词汇按照语义场进行分类,通过词语在语义网络中的循环记忆达到扩大词汇量的目的。

3. 分技能教学模式

这种模式主要以汉语综合课为核心教学内容,再根据综合课的核心教学内容,按照听、说、读、写四项语言技能分别设置课程,对学习者进行专门的语言技能方面的训练。这是国内汉语教学常见的一种模式,受到多种教学法流派的影响,认同交际能力的培养是语言教学的根本目的。

### (四) 汉语作为第二语言的教学内容

1. 语言要素教学

主要是指语音、词汇、语法和汉字教学。汉语学习者要掌握汉语发音的基本方法、一定量的词汇和语法结构知识、能够正确书写汉字才能为用汉语进行交际打下基础。

2. 言语技能教学

这是指听、说、读、写技能的教学,它是以要素教学为基础,并受语言交际规则的制约,因此,言语技能的教学除了要帮助学习者准确运用语音、词汇、语法和汉字知识,还要学会在恰当的语境中得体语用这些知识,因此,言语技能教学也要注意对学习者进行语言交际规约和交际策略方面的指导和训练。

3. 文化知识教学

汉语作为第二语言的文化知识的教学主要是指对学习者进行和语言交际与语言系统自身所包含的文化因素、基本国情和文化背景知识的教学。

## 第四节 / 语言测试

### 一、语言测试的主要发展阶段

语言测试是对语言能力进行测量与评价的一种手段。作为一门人文科学与自然科学的交叉学科,从诞生至今,共经历了以下几个发展阶段:

（一）传统时期或前科学时期（从考试制度建立到 20 世纪初 40 年代—50 年代）

中国是最早建立并使用考试制度的国家。西方的考试制度是由传教士从中国带回去的。16 世纪末意大利传教士利玛窦（Matteo Ricci）向西方学者们详细介绍了中国的考试制度，之后考试在欧洲国家逐渐建立发展，19 世纪中叶，考试制度在英国社会地位稳固且影响广泛。19 世纪末，传统考试从欧洲传入美国并继续发展。

这一时期的语言测试被学术界称为前科学测试，仍受语文学影响较大，考查没有量度依据，主要依靠直觉判断，缺少精确的手段与评价标准。主要采用作文、口试、翻译等方法。

（二）心理测量—结构主义时期或科学时期（20 世纪 50 年代初至 70 年代）

在该阶段，以布龙菲尔德等为代表的结构主义语言学家提出了语言是一套形式结构。在此理论背景下，语言测验也有了进一步发展。此时的语言学家更关注技能，即操作语言系统这一套符号的技能。学界普遍认为拉多于 1961 年出版《语言测验》一书，被认为是语言测验成为一门相对独立学科的标志。拉多和另一位学者卡鲁尔（Carroll）提出技能/成分说，催生了分立式测试的产生与流行，其中最典型的就是托福考试。分立式测验将语言分为听、说、读、写四项技能，考查语音、语法、词汇等语言要素。

（三）心理语言学、社会语言学时期或后现代时期（20 世纪 70 年代到 80 年代初）

随着心理语言学和社会语言学的发展，语言学界的学者们开始注意语言的功能性、社会性和语言应用之间的联系。70 年代美国语言学家乔姆斯基提出了语言能力与语言行为的概念。随之学界逐渐意识到语言表现与语言能力之间联系的重要性。随着测量学界对分立式测试认识与研究逐渐加深，以学者奥勒（Oller）为代表又提出"一元能力假说"，认为语言能力是没有结构的，是一个单一的不可再分的能力，以反对技能/成分说完全不考虑语言使用的情境。70 年代末，在美国兴起了一场"能力运动"，其主要标志是美国外语教学委员会（ACTFL）制定的能力大纲。

这一时期语言测试学界学者们提出了综合式测试，出现完形填空等试题形式。

### （四）交际法语言测试时期（20 世纪 90 年代初至今）

20 世纪 90 年代，一元能力假说被学界否定，学者们又提出交际能力的概念，认为语言交际能力应包括语法上的准确性和交际中的可接受性。巴赫曼（Bachman）提出语言交际能力模型，包括语言能力、策略能力和心理生理运动机制三个部分。[①] 这一模型解释了语言能力和语言表现的内在联系，为之后语言测试的继续发展提供理论支持。

此阶段的语言测试强调给受试者更多主动性，更多机会运用其交际功能，主要表现为通过交际运用去进行测试。交际性语言测试目前来看是一种发展的趋势，任务式测试和档案式评价等新型语言测试也在不断产生和发展。

## 二、语言测试的种类

### （一）按测试目的分类

1. 学能测试

即学习能力测试，其目的在于通过测试考查受试考生学习语言的潜在能力。测试的结果用于评估考生是否适合学习某种语言，预测其将来学习某种语言的可能结果。学能测试在考生学习一种新语言之前对其进行测试。

2. 分班测试

又叫安置测试，其目的在于估计学生目前现有的语言水平，然后将学生按照不同水平程度分类，尽量将水平相近的学生分班或分组，方便开展语言教学。

3. 诊断测试

主要发生在语言教学过程中，其目的是发现学习者在语言学习过程中存在的问题，了解学习者遇到的困难，检查学习者在哪些方面有弱项与欠缺，方便教师进一步调整教学，帮助学生解决这些问题。

4. 成绩测试

也叫成就测试或者学业测试。其目的是考查学生对过去较长一段时间内所学内容的掌握情况。测试内容多与所设课程有关，一般来说，一门课程在一个阶

---

① Lyle F. Bachman：*Fundamental Considerations in Language Testing*，Oxford University Press，1990，P.80.

段完成后会安排一次成绩测试,主要考查之前所学的内容,检验学生是否能取得相应的学习成就。

5. 水平测试

也称为能力测试。其目的主要在于检测考生现有的语言水平与能力。其特点是不以任何课程、教材或者教学大纲为基础,只考查被试考生的语言水平。水平测试属于教学过程以外的测验,具有选拔性质。常见的水平测试分为普通语言水平测试与专项语言水平测试两种。比如汉语水平考试(HSK)、托福(TOEFL)是专门考查一般领域使用语言综合技能的考试,都属于普通语言水平测试。

### (二) 按测试方式分类

1. 分立式测试和综合式测试

这主要是根据所测试语言技能或知识项目的分与合的不同。

(1) 分立式测试。也叫分散式测试,受结构主义语言学理论影响,认为语言由语音、词汇、语法等要素构成,再将这些要素中分出许多语言点设计测试题目。每一道试题提供的信息单一而且答案明确,如常见的词汇或者语法测验部分的多项选择题或填空题。

(2) 综合式测试。主要考查考生综合运用语言的能力。综合测试的试题常常涉及许多语言知识,比较接近真实的言语交际活动,如常见的作文、完形填空、简答、论述等题型。

2. 笔试、口试和基于计算机的测试

(1) 笔试是最传统、最常见的测试方式。一般事先提前用纸印好试卷,然后考生将答案写在试卷或答题卡上,测验结束后,收回试卷或答题卡,由评分员进行评分。笔试优点在于适合大规模测试,且测验时间长,题量比较大,但是局限性在于只能测试听力、阅读和书写的能力,不能测试口语能力。

(2) 口试以口头方式进行,专门用于测试口语能力。常见的口试主要分为直接式和半直接式两种形式。

直接式口试。也叫面试,常常由考官与考生面对面交谈或者电话/视频远程实时交谈。考生按照要求回答问题或作出口头表达,考官根据考生的现场表现进行评分。这种测试方式的优点在于考官与考生之间有互动,能够尽量模拟真实的口语交际环境,口语测试的真实性比较强。

半直接式口试。用录音设备把考生的回答或者口语表达记录下来,由评分员统一进行评分。这种方式方便评分员较为客观地对考生的口语水平进行评价,但是由于录音过程中没有考官与考生之间的互动,比较难体现口语交际的真实性。

(3) 基于计算机的测试。随着计算机与互联网技术的不断发展与进步,测试的方式逐渐发展出新的形式。基于计算机的测试的优点在于利用互联网络,不再受传统纸笔测试对时间与空间的限制。

### (三) 按评分方式分类

#### 1. 主观测试

由评分员基于评分标准对考生的回答作出判断,如简答题、论述题、作文等测试。主观测试的优点在于允许考生在答题时的猜测可能较少,学生很难单纯靠"蒙"去完成主观测试;同时考察较深,考生有更多机会充分表现自己的语言能力。但其缺点在于评分具有主观性,即使有统一的评分标准,但是由于评分员仍然需要加入自己的判断,就难免会对标准的把握上存在差异。

#### 2. 客观测试

有明确的答案与评分标准,不需要评分员自己作出判断。一般来说,客观测试可以用机器进行阅卷评分,更为准确、快捷,如考试时可以填涂答题卡的多项选择题、判断正误题、配对题等。其优点在于评分十分可观,测试的内容可以容纳更多,而且方便统计。其缺点在于客观试题的形式允许考生猜测,也就是说考生的部分得分不一定代表其真实能力;另外对语言测试来说,语言输出方面的能力比较难以通过客观测试的方法进行测评。

### (四) 按参照系统分类

参照系统指的是对测试结果的解释方式。在完成测试之后,如何解释考生的测试结果,如何知道考生的测试分数具有什么意义,这是由测试所采取的参照系统决定的。

#### 1. 常模参照性测试

评价时以学生所在团体的平均成绩为参照标准(常模),根据其在群体中的相对位置(或名次)来报告评价结果。其理论基础是正态分布。当针对一个特定群体设计一项测试,题目具有高区分度,使被试之间微小的差别都能通过测试得以显现。这样得到的分数结果在这个群体里最终呈现或接近正态分布时,计算出该组分数的平均数即"常模",同时也可以计算出标准差。接下来就可以拿某一特定被试分数与常模进行比较(高于或低于常模),并用标准差解释分数的具体高低。一般具有选拔目的的测验常使用常模参照测试。

2. 标准参照性测试

也叫目标参照性测试。事先制定好一个标准作为测量的依据,然后将受试的分数与既定的标准进行比较。标准参照性测试的必要条件是预先要有一个科学的标准,作为语言测试,应以语言学理论作为基础,针对语言交际各种技能制定详细的标准,测评受试掌握语言的能力水平。该种测试一般用于了解学习者对所学内容的掌握程度是否到达要求,因此一些成绩测试采用标准参照体系。

## 三、试题的类型

### (一) 多项选择题

多项选择题属于客观题,在语言测试中使用非常广泛。该题型一般针对一个问题,设计几个备选答案,要求被试从中选择出正确的答案。由题干和选项两部分组成,在选项中可以设置一个正确答案(即单选题),也可以设置两个及以上的正确答案(即多选题),但是除了正确答案以外,往往要设置一些干扰项,以起到干扰迷惑被试的作用。

多项选择题的优点是:①考查范围广,可以测试各项语言知识与技能;②诊断性强,可以将测试内容细化分解,有助于教师及时发现问题;③能产性强,评分客观,测试信度高。

其缺点是:①命题难度较大,除正确选项以外,还需要合理地设置干扰项,相对费时费力;②存在猜测因素,被试作答的成绩存在猜测的因素,不能完全反映其真实的语言能力。

### (二) 判断正误题

判断正误题也叫是非题。本质上是一种只有两个选项的选择题。题干是一个陈述句,两个选项为"是"和"否",要求被试作出判断,从中选择一个正确答案。

判断正误题的优点是：①命题较为容易，不需额外设计选项等内容，耗时较少；②被试作答迅速，较为节省精力与时间。

其缺点是：①猜测概率太大，影响测试的信度；②考查难度较低，其形式限制了测试的内容设置，主要适合考查听力理解和阅读理解时对语言材料的主题或者细节的理解。

### (三) 配对题

配对题也叫匹配题，俗称"连线题"，其表现形式常常分为左右两组，一组为题干，另一组是相对应的选项。配对题的多个题干共用若干选项，其选项具有双重的身份，既是一个题干的对应正确答案，同时也是其他题干的干扰项。

配对题的优点是：①文字量小，篇幅较短，方便精简试卷。②减少了猜测因素，因为选项较多且互相干扰，使得被试猜测的概率下降。

其缺点是：①命题较不容易，配对题的形式是"多对多"，命题者要考虑的因素就会增加很多；②答题较不容易，同样由于配对题的特殊结构形式，被试在做题时要反复地思考多项题干与多项选项，增加了其记忆与思考的难度。

### (四) 完形填空题

完形填空题也叫综合型填充题，一般是选择一段文本，删去一部分词或句子，形成空缺处，要求被试把删去的部分补充出来。完形是格式塔心理学的核心概念，人们在观察物体时会下意识地将其空缺部分补全，即心理学上认为人具有完整倾向。应用语言学家研究发现，人们的完形能力也反映在语言能力方面，由此开发设计完形填空题以检测被试的语言能力。

完形填空题的优点是：①主要考查被试的阅读理解能力，且主要针对被试对文本语篇所传信息的理解过程，而不是理解结果；②不受猜测的影响，与多项选择题主要测量辨认能力相比，完形填空题更适于测量语言的运用能力，因此测试效度较高。

其缺点是：评分不客观，有时候满足一个空缺处的答案并不唯一，这也对命题有很高的要求。

### (五) 写作题

写作题是典型的主观型试题。设定一个题目或者相关材料，要求被试根据具体要求书面表达自己的观点。写作题的构成一般有三个部分:题目、提示和要求。题目又包括命题式、半命题式和自拟式三类。其中命题式题目是不可更改的;半命题式常常以填空的形式出现,写作者可以自行补充题目空缺的部分;自拟式题目则由写作者完全自行决定。提示语既可以是文字,也可以是图表。要求部分则要准确,将字数、文体等尽量表述清楚。

写作题的优点是:①直接用于测量学生的写作输出能力;②命题比较容易。

其缺点是:①由于题量小因而导致信度较低;②评分标准的制定不易,且评分员对评分标准的把握也容易带有主观性。

### (六) 面试题

面试题也属于主观性试题,主要用于测量被试的口头语言表达能力。常见题型有朗读、口头翻译、看图说话、听后复述、问答、角色扮演、小组讨论等。

## 四、测试的质量

一套测试历经研发、实施,最终取得的测试结果,是否能够成功地反映出被试的水平与能力,这就需要对测试本身的质量进行评价。一般来说,评价测试质量的标准主要包括试题的难易度和区分度、测试的信度与效度等几项指标。

### (一) 试题的难易度

难易度针对测试中的具体题目的难易程度进行评价。难易度显示全体被试回答某个试题的正确率。试题难度常常用 P 表示,R 代表回答正确的被试人数,$\overline{N}$ 表示全体被试人数。难度计算公式为:

$$P = \frac{R}{N}$$

整项测试的难易度也可以计算,公式为:

$$\overline{P} = \frac{\Sigma Pi}{K}$$

$\overline{P}$ 是整项测试平均难度,$\Sigma$ 表示连加,Pi 表示第 i 个题目的难度,K 表示题目数。

一般来说,大规模语言能力测试的全卷难度应控制在 0.5 左右比较适宜。

### (二) 试题的区分度

区分度是针对测试中的具体题目对被试的区分能力。测试的主要目的就是将被试之间的差距反映出来,使水平高、能力强的被试大概率答对,使水平低、能力弱的被试大概率答错。如果题目使不同水平能力的被试作答结果一样,甚至水平高的被试答错而水平低的被试答对,那么这样的题目的区分度就非常差,也会使得试题质量下降。区分度一般用某个试题的得分与整个测验总分之间的相关系数表示。

### (三) 测试的信度

信度是指测试的稳定性或一致性。一项设计科学的测试,对同一个被试群体进行多次测试,每次的测量结果应该是一致的,那么这项测试就是令人信赖的。通常以信度系数表示信度。信度系数在0到1之间,系数越大,表明两次测试结果之间的相关程度越高,信度也就越高。

影响信度的因素主要有:

(1) 题目数量。一般从理论上来讲,题目数量越多,信度越高。

(2) 题目的区分度。题目应将不同被试的水平差别区分开,题目的区分度越高,测试的信度就越高。

(3) 题目的难易度。如果题目太难或者太容易都会导致被试得分普遍偏低或者普遍偏高,影响题目的区分度,进而影响信度。

(4) 评分的客观性。一般来说,客观测试的评分信度较高;而主观测试的评分信度相对较低。

(5) 被试的情况。接受测试的考生也存在着生理与心理状态的变化,应试动机的积极与否,都会对测试结果产生影响。

### (四) 测试的效度

效度是指测试的有效性,即测试实现测试目的的程度与效果。效度用以检验一项测试究竟测量了什么、该测试对目标内容的测量精确性和真实性如何。测量结果与要考查的内容越吻合,则效度越高;反之,则效度越低。

测试的效度从不同角度可以细分为不同的种类。

#### 1. 内容效度

内容效度也称内在效度,表明某项测试的试题内容与要测试的内容的一致性程度。也就是说,是否考查了要考的内容。一般从三个方面进行判断:

（1）测试内容与测试目标内容的相关性。测试内容应当与测试目标内容高度一致，不应与目的、范围不一致。

（2）测试内容的代表性。一次测试的内容囿于篇幅所限，不可能穷尽所有的目标内容，因此测试内容的试题内容需要选取部分样本。

（3）测试内容是否适合测试对象。主要指测试试题内容的难度和区分度方面是否标准。举一个极端例子，如果被试将试题全部答对或全部答错，那么该测试内容的效度就无从谈起。

2. 效标关联效度

除了检测内容效度以外，还需要利用一些公认的测试标准从外部证明测试的有效性。测试标准叫作效度标准，简称效标。效标与测试之间关联程度越高，说明测试的效度越高。效标关联效度分为两类：

（1）共时效度。将一次测试结果与另一次同时或时间相近的测试结果进行比较，用以说明该项测试能否判断被试语言能力的当前现状。

（2）预测效度。将一次测试结果与同样被试后来参加的测试结果进行比较，用以说明该测试能否预测被试语言能力将来的发展情况。

3. 构想效度

构想效度也称为结构效度，指语言测试与语言学原理的一致性。语言测试与语言理论密不可分，当测试与相关语言学理论一致性高，那么其构想效度就高。一项语言测试的构想效度高，也就是说该测试能够解释和证明相关语言学理论的有效性，从而也证明了自身的有效性。

---

### 思考与应用

**一、术语解释题**

语言教学　第一语言　第二语言　外语　母语　第一语言教学
第二语言教学　外语教学　母语教学　语文　语文教学　语文课程标准
语文课程性质　《汉语拼音方案》　语法教学　修辞　修辞教学

《新著国语文法》《国文百八课》 暂拟汉语语法教学系统　翻译法
直接法　听说法　认知法　交际法　任务型教学法　语言测试
水平测试　分立式测试　多项选择题　完形填空题　难易度　效度

## 二、复习思考题

1. 语言教学的目标是什么？

2. 语言教学一般有哪些类型？

3. 语言教学的基本过程是什么？

4. 第一语言教学和第二语言教学的关系是什么？

5. 广义的语文教学的含义有哪些？

6. 举例说明语言学知识在语文教学中的作用。

7. 词汇积累的途径有哪些？

8. 语法教学的作用是什么？

9. 修辞教学的功能是什么？

10. 我国的语文教学在语法上的成就有哪些？

11. 汉语作为第二语言教学的任务有哪些？

12. 汉语作为第二语言教学有哪些常见模式？

13. 汉语作为第二语言教学的内容是什么？

14. 简述中国少数民族汉语水平等级考试。

15. 语言测试与评估的发展分为几个阶段？其理论依据分别是什么？

16. 综合测试适用于诊断测试吗？为什么？

17. 具有选拔性目的的考试应当选择哪种参照测试？为什么？

18. 哪些试题类型存在猜测因素？

19. 效标关联效度有哪两种？

20. 影响信度的因素有哪些？

## 三、实践应用题

1. 请指出下列语句中特殊的语法现象与现代汉语有何不同？

(1) 狐鸣呼曰:"大楚兴,陈胜王"。(《陈涉世家》)

(2) 吾得兄事之。(《鸿门宴》)

(3) 沛公军霸上。(《鸿门宴》)

(4) 故国神游,多情应笑我,早生华发。(《念奴娇·赤壁怀古》)

2. 鲁迅的小说《祝福》主要讲述了祥林嫂的不幸遭遇和悲惨命运,但是小说的标题却是"祝福",作者运用了什么修辞方法,所起的作用是什么?

3. 请指出以下语句的错误并改正。

(1) 经过刻苦努力,他在期末考试中取得了各门功课平均都在90分的好成绩。

(2) 妈妈的烙饼和馒头很好吃。

(3) 我遇到困难的时候,同学们总是虚心而热情地帮助我。

(4) 指南针、造纸、印刷术、火药是我国的四大发明之一。

(5) 多读好书,可以丰富和提高我们的知识。

4. 张老师在设计汉语课时安排了如下教学活动:

① 学生选课前进行汉语口语面试

② 学生开学前填写汉语学习情况调查问卷

③ 每次课上听写单词并进行批改

④ 为每个学生建立一个学习档案袋

⑤ 每个月底进行一次月考

⑥ 小组合作表演成语故事大赛

⑦ 期末学生填写汉语学习自我评价表

⑧ 期末举行汉语综合考试

请问在这些教学活动中,哪些属于典型的语言测试? 为什么?

5. 在美国某孔子学院新学期开学之前,李院长遇到了一些问题:

① 有许多人报名学习汉语课程,但是这些报名的人有的从来没学习过汉语,有的学过一点儿汉语,还有的汉语比较流利。新学期应该安排几种教学班?

② 许多学生在咨询时非常关心一个问题:在学完一个学期后,自己究竟能

学会哪些汉语知识呢？

③ 有的学生打算在孔子学院学习一两年后，报名去中国的大学读本科，他们怎样才能知道自己的汉语水平是否能够达到申请去中国读大学的标准呢？

请你从语言测试种类的角度出发，为李院长提出解决问题的建议。

6. 请你根据这篇课文设计试题，测试学生对课文、词语或语法点的学习与掌握情况。试题应包括至少两种类型。

早上闹钟响了，可是我没听见，醒来一看，已经是七点四十了。我急忙从床上爬起来，到楼下一推自行车，没气了。没办法，我只好扔下自行车，跑到公共汽车站，发现每辆车都是满满的，我好不容易才挤了上去。可是车刚走了两站就坏了。我只好下来，打了一辆出租车，倒霉的是又堵车了，慢得像乌龟爬。就这样，我终于迟到了。

7. 王老师在期末设计了一套汉语综合试卷，并安排班级里 20 名学生进行期末考试。考试结束后，王老师统计了学生的答题情况（如下表），请你根据该统计情况，计算判断王老师的该套测试题的难度是否合适？

| 题号 | 答题总人数 | 答对人数 |
| --- | --- | --- |
| 1 | 20 | 15 |
| 2 | 20 | 10 |
| 3 | 20 | 12 |
| 4 | 20 | 5 |
| 5 | 20 | 20 |

# 第十一章　社会语言学

## 第一节　/　社会语言学概述

### 一、社会语言学的性质与特点

#### （一）什么是社会语言学？

社会语言学（sociolinguistics）是 20 世纪 60 年代在美国首先兴起的一门边缘性学科。它主要是指运用语言学和社会学等学科的理论和方法，从不同的社会学科的角度去研究语言的社会本质和差异的一门学科。《中国大百科全书·语言文字卷》给社会语言学的定义是"研究语言与社会多方面关系的学科，它从不同的社会科学（诸如社会学、人类学、民族学、心理学、地理学、历史学等）的角度去考察语言进而研究在不同社会条件下的语言变异。"[1] 学者们对如何界定社会语言学有一些不同的看法。[2]

#### （二）社会语言学的性质

社会语言学是语言学的一个分支。语言可以因受不同社会环境的影响而表现出不同的变异情况，反过来通过语言也能观察社会的某些特点和变化，社会语言学是研究语言和社会之间的相互影响以及由此引发的一些语言变化的学科，不仅运用语言学的研究成果，而且运用社会学等学科的理论和方法研究语言的

---

[1] 《中国大百科全书·语言文字卷》，中国大百科全书出版社 1988 年版，第 336 页。

[2] 有的学者认为，此研究应以语言为重点，联系社会因素的作用研究语言的变异，研究语言在社会环境中的存在、使用、变化的情况；有的学者认为是语言的社会学，研究语言和社会的各种关系，使用语言学的材料来描写和解释社会行为，还有人主张社会语言学要研究社会与语言的共变。详细内容参见徐大明、陶红印、谢天蔚著：《当代社会语言学》，中国社会科学出版社 1997 年版，第 22—24 页；郭熙著：《中国社会语言学》（增订本），浙江大学出版社 2004 年版，第 1—8 页。祝畹瑾主编：《新编社会语言学概论》，北京大学出版社 2013 年版，第 5—9 页。

社会属性和差异,从性质上来讲,社会语言学还是以语言学研究为主。

社会语言学是联系各种社会因素对语言进行的研究,探讨语言在社会环境中的变化、功能及其使用的一般规律,社会语言学的研究显然主要是外部研究,但并不是纯粹的外部研究,它要联系民族、文化、社群等来研究语言,而不单单研究语言本体,但是也涉及内部研究、对比研究和应用研究。本体的研究涉及语言的变化和功能,社会语言学研究也涉及语言的变化和功能,但是二者不同。本体研究语言的变化是就语言本身进行的,如研究汉语的语音演变,古代汉语的平、上、去、入演变到现代汉语入派三声成了阴、阳、上、去是内部的历时变化;本体研究语言内部功能,如词语之间搭配的功能是内部功能。社会语言学研究更注重解释是什么引起语言变化,关注不同年龄、性别的人各自的语言特点等。再如,本体研究外来词侧重外来词的类型,但是社会语言学考察一种语言里面在何种条件下出现什么外来词;为什么有些话,有时可以说,有时不可以说。

总的来说,社会语言学是交叉性学科(与单纯注重语言自身相对)、应用性学科(与基础理论学科相对)、语言应用性学科(与研究语言结构相对),社会语言学与语言教学、计算语言学成为应用语言学的重要分支。

### (三) 社会语言学的特点

#### 1. 综合性

社会语言学要借助于社会学、人类学等其他学科的理论和方法来观察和研究语言现象和语言问题,因此研究社会语言学的问题既要语言学方面的理论知识,也要社会学、人类学、文化学、民族学、教育学等诸方面的理论知识。社会语言学家要在研究中努力寻找语言学和其他学科的最佳契合点,这样才能充分发挥社会语言学的综合性优势。

#### 2. 应用性

随着社会的发展,各学科的实用性较之过去有很大的加强。社会语言学以来自于社会中的活的语言为研究对象,它的应用性就更强了。目前,社会语言学的成果为解决语言规划、语言教育、双语教育等方面的问题提供政策性依据。此外社会语言学研究成果还在商业、法律、医学、行政文书、文学、美学以及哲学研究等方面有着突出的实用价值。

3. 实验性

社会语言学的研究是在联系社会的基础上来研究语言问题和语言现象的，因而，社会语言学在研究中就必然要借助一定的社会调查法和科学实验的方法以及现代统计、测量的方法，也必然要具有较强的实验性。

## 二、社会语言学的研究角度

社会语言学研究的范围十分广泛，西方的社会语言学学者来自不同的社会学科，其学术背景和理论兴趣不一致，研究的侧重点和研究方法也各不相同，因此西方的社会语言学研究呈现出多样性的特点。西方社会语言学的研究角度有下面两种较有代表性的说法。

### (一) 四大分支学科

周庆生认为西方社会语言学已形成 4 大分支学科。[①]

(1) 社会方言学。亦称狭义社会语言学，由语言学家创立。主要研究都市居民的话语，注重方言跟社会因素的共变关系，采用定量分析法，创立了语言变异的理论。

(2) 语言社会学。由社会学家创立。擅长研究社会多语现象、双语教育、双语体、语言规划和语言政策等论题。

(3) 人类语言学。亦称语言人类学，由人类学家创立。早期注重语言与文化的研究，20 世纪 60 年代以来在言语民族志和话语分析领域，建树颇多。

(4) 语言社会心理学。由社会心理学家创立。擅长研究语言态度的变体、语言与社会认同、语言与族属和民族语文的活力。

### (二) 五种类型

祝畹瑾将英语国家的社会语言学研究按照研究角度分为五种类型。[②]

(1) 语言学的社会语言学。研究对象是言语，核心问题是研究语言的变异规律。代表性学者有美国的威廉姆·拉波夫（William Labov）、英国的彼得·特鲁吉

---

① 周庆生：《当代社会语言学鸟瞰——中国、西方、亚洲和苏联》，《满语研究》1995 年第 2 期，第 40—50 页。引用时略有改动。

② 祝畹瑾著：《社会语言学概论》，湖南教育出版社 1992 年版，第 8—12 页。

尔(Peter Trudgill),他们的研究目标是为了充实和完善语言学。

(2) 社会学的社会语言学。也称语言社会学,研究重点是社会所面临的重大语言问题,其研究成果常被用于语言决策和语文建设。

(3) 民族学的社会语言学。主要从民族文化角度考察语言使用情况以及语言在人类交际活动中的作用,核心是人类的交际能力,最终目标是建立综合性的人类交际学。代表性学者有戴尔·海姆斯(Dell Hymes,)和约翰·甘柏兹(John Gumperz)。

(4) 社会心理学的社会语言学。研究重点是语言态度,全社会或某个社会集团对使用某种语言变体的评价和态度是社会语言学的一个重要组成部分。这类研究主要通过心理实验方法获取研究素材,如华莱士·兰伯特(Wallace Lambert)首创用配对变语实验巧妙地获得双语社会里两个不同的语言社团对两种语言的评价。

(5) 语用学的社会语言学。研究会话的结构、规则、风格、语篇分析等。哈维·萨克斯(Harvey Sacks)、伊曼纽尔·谢格洛夫(Emanuel Schegloff)、盖尔·杰斐逊(Gail Jefferson)等人致力于以会话参与者为中心来分析会话的构造规则,迈克尔·塞尔弗思坦(Michal Silverstan)研究标准语,提出文化语用理论,其观点已经被广泛接受。

上述五种角度的研究也并非泾渭分明,相互间有渗透、有重合,这也可以看出社会语言学研究的范围十分广阔。

### 三、社会语言学的研究方法

社会语言学研究的一般程序是首先要选择项目,然后确定研究的范围和对象,搜集资料,分析资料得出结论,最后撰写调查报告。社会语言学通常采用调查的方法,通过对语言材料的定量统计分析语言变项和社会变项之间的关系,得出概率性的结论。

社会语言学调查研究的主要步骤如下:

#### (一) 调查

调查是社会语言学最重要最基本的研究方法。通常来说,社会语言学的调查分为实地调查和通信调查、全面调查和抽样调查、口头调查和书面调查、录音录像调查等,其中通信调查和抽样调查比较常用,最常用的调查方式是抽样调查法。具体的方法有访谈法、观察法、问卷法和实验法等。调查要按照调查的目标先设计好调查过程和调查变项,并制订好调查表格。特别要注意的是,调查中应该努力减少研究范围之外的因素对研究的干扰,以便能更清晰地观察到研究范围之内的因素对语言变体的影响。

### (二) 描写

社会语言学重视描写,要尽可能地对调查的语言应用的各种变异情况和产生变异的原因、变异的规律以及语言运用的层次分化状况等方面作全面描写。

### (三) 分类

对调查结果进行分类,主要是分清在语言运用和变异中的一些相似点和不同点,在相似点中再进一步地区别不同情况和不同层次,从而总结出社会因素对语言影响的不同类型。

### (四) 分析和统计

完成以上的步骤后,得到的分类结果还必须进行数学统计和数量分析。分析分为定量分析和定性分析两种。比较而言,定量分析在社会语言学领域里更为重要一些。然后将结果量化,主要是对调查所得的材料进行数量分析和统计,从而得出科学的数据,再制成图表,具体说明语言运用中的各种变异情况等。

### (五) 写出调查报告或论文

最后要将研究结果用文字或图表呈现出来,写出调查报告或论文。要交代研究的目的、方法、调查的范围与对象、数据及其分析、结论等,并按相关文体要求把研究成果总结成文。

## 四、社会语言学的兴起和发展

### (一) 社会语言学兴起的前提条件

从社会历史看,20 世纪前期,世界格局发生新的变化,许多旧殖民地独立成为新兴国家,这些国家独立后,面临如何选择一种通用的交际语以及制定合理有效的语言政策等问题。20世纪中叶,西方社会失业人数剧增,种族矛盾加剧,人口流动频繁,欧美国家由于移民或其他历史原因造成的双语或多语混杂现象,使语言问题变得更加复杂。如何协调各种语言和语言变体,充分发挥语言的各种功能等种种问题迫切需要研究和解决。传统语言学已不能满足解决这些问题的迫切需要了。

从语言学内部看,结构主义语言学和转换生成语言学着重研究语言系统内的形式的分类、分布和语言的共性特征,不涉及语言的社会功能、语言的差别和变异问题。许多语言学家越来越明确地认识到,这样片面的研究不能反映现实世界语言使用的真实情况,语言研究除了要阐明语言内部结构外,还应该把语言的内部研究和语言的外部研究结合起来,把语言放到社会当中来研究,进而把语言结构同外部社会条件之间具有什么样的关系弄清楚。社会语言学把语言的差别和变异作为研究对象,对传统语言学起到了补充和修正的作用。20世纪20年代的伦敦功能学派和北美人类语言学派社会为社会语言学的建立提供了很好的理论基础。

从学术背景看,当时哲学由认识论转向语言哲学,言语行为理论也得以确立,这些背景开阔了语言研究者的视野。后现代主义的兴起为社会语言学的兴起提供好了哲学支撑,当代学科发展的综合化趋势、不同学科及学派之间的相互影响,都是促使社会语言学兴起的重要原因。从20世纪30年代开始,社会科学普遍采用抽样调查和统计学的方法,从把握事物总体的数量关系来揭示事物之间的内在联系。由于人类学家和社会学家的介入,社会语言学也采用定量研究的方法来发现社会变量和语言变量之间的共变关系。录音设备、电子计算机的出现提供了技术手段,研究方法和技术上的突破是社会语言学赖以形成和兴起的重要条件。

### (二) 国外的社会语言学

社会语言学作为一门新的学科于1964年诞生。1964年海姆斯编辑的《文化、社会中的语言》、海姆斯与甘柏兹合编的《人类文化语言学》等著作出版,拉波夫的《社会分层与音系的相互关联》发表。1964年5月,在美国洛杉矶加利福尼亚大学召开了第一次社会语言学会议,会上谈到了许多有关语言和社会关系的问题，如语言规划、各国社会语言学形势的问题等，这次会议标志着社会语言学初步形成。同年夏季查尔斯·弗格森（Charles Ferguson）主持"美国语言学会语言学讲习班"，各路专家同意以"社会语言学"命名新的学科，秋季，美国社会科学院组成社会语言学委员会。

之后社会语言学迅速发展起来。1966年起，美国的社会语言学家开始进行有计划的、综合性的大规模实验研究，主要课题是黑人和少数民族的语言问题。70年代，对社会语言学的理论进行了总结。70年代以后，应用方面的研究工作做得比较多，同时对提出的种种理论加以深入的研究和修正。80年代以后，社会语言学逐渐趋于成熟，出现了许多研究著作、提出了许多理论模式、解决了不少问题。美国是现代社会语言学的发源地，其研究最为突出，有约书亚·费什曼（Joshua Fishman）主编的《国际社会语言学杂志》和海姆斯主编的《社会中的语言》两本专业学术杂志，而且许多大学把社会语言学作为语言学专业的核心课程。在英国、法国、苏联、日本等国家，社会语言学研究成果颇丰，印度、东南亚的一些国家也有相关研究。在多数发展中国家和地区，社会语言学的任务往往是族际交际语或标准语的选择、民族共同语的规范以及如何为没有文字的民族语言创制文学、改进现有文字等。除了语言变化，语言与权力、语言竞争、语言社会化、语言生态、语言污染也是近20年来西方社会语言学研究的热点，提出了语言市场理论。

### （三）国内的社会语言学

在中国，罗常培等学者很早就关注语言和文化的关系问题，但社会语言学研究真正开始于20世纪70年代后期。70年代末80年代初，《语言学动态》等杂志介绍了国外社会语言学的一些研究成果。在这些译介的推动下，中国社会语言学的研究开始蓬勃发展起来，其中陈原的研究对中国社会语言学的建立和发展起到了极大的作用。80年代以后，中国的社会语言学研究发展更为迅速，一些大学陆续开设了社会语言学课程并招收一定数量相关专业研究生，成立了一些专门的研究机构，如国家语委语言文字应用研究所社会研究室、中国社会科学院少数民族语言研究中心社会语言学研究室等，2003年成立了中国社会语言学学会。近些年召开了多次全国社会语言学学术研讨会和社会语言学国际学术研讨会，出版了一定数量的社会语言学专著,也涌现了一大批从事这方面研究的学者。中国社会语言学研究领域涉及语言生活状况、语言变体、语言与文化、语言接触、双语双言、语码转换、移民语言、濒危语言、言语交际、语言规划等诸多方面。

# 第二节 / 社会语言学的研究内容

社会语言学的研究内容或范围极其广泛,社会语言学在学科体系中的地位也越来越重要。由于国家、民族、社会背景、学者们的学术背景以及研究目的不同等原因,语言学家对社会语言学的研究内容、研究对象的界定不尽相同,存在一定的差异。

## 一、国内关于社会语言学研究内容的有代表性的观点

### (一) 三个方面

张廷国、郝树壮认为社会语言学研究内容应该包括三个大的方面[1]:①研究语言的变异,联系社会因素去探究语言变异发生的原因和规律,并常用统计的方法和概率的模式来描写这些变异现象。又称微观社会语言学或小社会语言学。②研究社会中的语言问题,如双语、语言的接触、人们对待语言的态度、语言社区、多语制、语言选择、语言替代、语言政策、语言规划、标准语以及语言与文化的关系等问题。又称为宏观社会语言学或大社会语言学。③研究人们如何在实际的语境中使用语言进行交际,不同的社会阶层以及不同的社区使用语言的区别。又称为话语文化交际学。

### (二) 七个方面

戴庆厦认为社会语言学的研究内容大致可以包括社会因素对语言结构的影响、社会因素对语言功能、语言地位的制约作用、与语言使用有关的问题、社会因素引起的语言关系、个人因素对语言的影响、社会因素在语言上的种种反映、语

---

[1] 张廷国、郝树壮著:《社会语言学研究方法的理论与实践》,北京大学出版社 2008 年版,第 4 页。

言因素对社会因素的影响七个方面。[①]

### (三) 十一个方面

游汝杰、邹嘉彦认为社会语言学可以分为广义社会语言学和狭义社会语言学，社会语言学的研究范围应该包括语言变体、语言交际、双语双言现象(双语现象、双言现象、双方言现象、多语现象)、语言接触、语言转移、言语民俗学、语言和文化和思想、语言与社会的种种关系、语言计划和语言教学、语言习得和其他十一个方面，其中语言计划和语言教学、语言习得两项属于社会语言学的应用。[②]

### (四) 十二个方面

祝畹瑾认为社会语言学研究所包含的内容十分庞杂，将其概括成下列诸方面：①国家或地区、城镇或村落机构或部门、街区或邻里等等使用语言的状况及其历史、地理、人文背景。②按种族、民族、阶级、阶层、性别、年龄、职业、受教育程度等说话人的社会属性区分的言语共同体，或由说话人的实践活动建构的实践共同体使用语言变体的状况、缘由，以及由此而产生的影响。③各种语言变体包括地域方言和社会方言、标准话和非标准话、正式语体和非正式语体、世界性语言和本土化语言等的结构特点及其社会功能，尤其是传递社会意义的功能。④人际言语交往中各方使用语言的状况、变化及其用意和效果。⑤交际情景与选择语码之间的关系以及语码选择与人际关系的相互作用。⑥社会以及不同群体或个体对各种语言或语言变体的认同、态度和评价以及由此产生的对于学习、使用和传播语言变体的影响和效应。⑦由语言接触和语言态度引起的语言使用上的变化及对语言结构的影响。⑧由于经济、政治、社会、军事等方面的原因造成人口流动或迁徙而导致的语言使用格局上的变化及对语言生命力的影响。⑨社会语言生活中存在的实际语言问题，以及为此而采取的对策如语言规划、语言政策、语言教育及其效果。⑩对以上方方面面进行调查研究的方法。⑪对以上方方面面的理论探索。⑫社会语言学研究成果的应用。[③]

---

① 戴庆夏著：《社会语言学教程》，中央民族大学出版社 1993 年版，第 2—3 页。
② 游汝杰、邹嘉彦注：《社会语言学教程》，复旦大学出版社 2004 年版，第 8 页。
③ 祝畹瑾著：《新编社会语言学概论》，北京大学出版社 2013 年版，第 30—31 页。

通过以上介绍可以发现,虽然学者们的观点并不完全一致,但是对社会语言学研究内容的广泛性的共识是一致的。

由于社会语言学的研究内容日益丰富,涉及的范围越来越广,大多数语言学家同意英国语言学家韩礼德(M.A.K.Halliday)的提法,把社会语言学分为广义和狭义两种。广义社会语言学也被称为宏观社会语言学;狭义社会语言学也被称为微观社会语言学,这样社会语言学的研究内容就可以分为微观问题研究和宏观问题研究两种类型。

## 二、微观问题研究

社会语言学的微观研究主要是针对个体性的、局部性的问题,其研究对象主要是社会生活中人们实际使用的语言,尤其是以社会因素与语言变异之间关系的研究为主。语言变异的研究自拉波夫之后,逐渐成为现代社会语言学的主要内容之一,有人又将这种微观研究称之为“小社会语言学”。

语言变异是指语言因各种外在因素的影响而产生的种种差异。变异理论是微观社会语言学的基本观点,是把语言放到社会环境中研究,搜集语言材料,使用计量分析、统计概率等方法,具体分析语言中的各种变异现象,语言研究者通过对变异成分的分析来考察变异同社会因素之间的关系,如语言的性别变异、年龄变异、阶层或阶级变异、跨境语言的变异、各种语言与其方言间的关系、标准语与地方土语的关系等。以语言的性别变异为例,语言的性别差异在各种语言中都是广泛存在的,从 20 世纪的 70 年代以来,对语言性别变异的研究已经成为社会语言学微观研究的一个重要组成部分。

对语言微观问题的研究早期在国际上以拉波夫的“城市社会方言学派”为代表。1972 年拉波夫的《社会语言学模式》一书出版,他认为,语言变异由社会变异和语体变异两方面构成的。社会变异指语言随使用者的社会属性而变,语体变异是指语言随语境而变。拉波夫认为现实生活中的语言多种多样,任何活的语言都有变异形式,但语言的变异总有一定的模式。如元音后的卷舌音“r”,纽约人有时发这个音,有时不发这个音,拉波夫之前的学者把这种现象称为“自由变异”,认为什么时候发、什么时候不发没有什么规律可循。拉波夫发现表面上看来杂乱无章的现象实际上具有很强的规律性,纽约人对元音后卷舌音"r"是否发音的选择跟说话人的社会背景和说话时的相关语境有密切的联系,讲话人所属的社会阶层和讲话风格决定了他的发音选择。通过交谈、观察、录音等调查方法,拉波夫获得了大量的第一手语料,又经过一系列的精确分析,拉波夫认为:社会经济地位越高的阶层,讲话中发卷舌音的比率就越高,同时,无论任何社会阶层的人,在越是正式的场合、越是在意自己言语的时候,讲话时卷舌音出现的频率就越高。在拉波夫的启发下,对语言变异的研究从语音扩展到语法、词汇、惯用语、语体等方面,研究对象也发展到社会各阶层。可以说拉波夫开启了社会语言学的微观研究的大门,并为这一研究领域提供了科学的研究方法。

我国社会语言学家陈原、陈松岑、陈建民、张清常、祝畹瑾等的研究也是属于微观问题研究这一范围的。

## 三、宏观问题研究

社会语言学的宏观研究主要指研究国家或地区语言状况及其与社会环境发展之间的关系,如语言规划、语言政策、语言改革、双语教育、语言接触、移民集团的语言维持、语言更换、语言的扩散融合和消亡等。社会语言学的初期阶段,从宏观方面的研究更多一些。

美国社会学派的代表人物——费什曼的研究核心是处理带有整体性和全局性的社会语言问题,也就是集中在宏观语言学研究范围内。以费什曼为代表的这一学派又被称作"语言社会学"。费什曼主要研究双语交际、双语教育、语言政策、语言规划等问题,如语言和语言教育是怎样在促进社会的稳定和发展上发挥作用的;外族移民一方面是怎样维护自己的母语的,一方面又是怎样进行语言更换的;政府是怎样制订语言规划和语言政策的等宏观问题。

在我国,宏观社会语言学的研究较受重视,成果也是显著的,如这一两个世纪以来的汉字改革、白话文运动、拼音化运动、推广普通话等。

## 四、微观问题与宏观问题相结合的研究

随着社会语言学研究的深入发展,人们逐渐地达成了共识,很多问题需要从

宏观和微观结合起来的角度进行研究。有的学者认为研究某种语言的规范化问题时,一方面要从宏观的角度研究社会的历史、文化、政治、经济对语言过去、现在和将来的影响,另一方面还要从微观的角度考察该语言的结构特点以及使用过程中的种种变异。比如普通话的语音规范问题,就需要将宏观研究和微观研究结合起来。普通话是以北京语音为标准音,但北京语音内部并不完全统一,差异也很大,需要对北京语音进行微观的调查和分析,形成具体的材料和数据,从而为普通话确定合适的语音规范。

## 第三节 / 社会语言学的主要流派和代表人物

由于不同学者对社会语言学的研究视角和研究方法不同,对社会语言学内部分支和分类的看法也不尽相同,因此形成了不同的学派。通常认为社会语言学的主要流派有下面五种:

### 一、社会方言学

社会方言学主要考察语言变异与社会因素之间的关系,因阶级、职业、年龄和性别等社会因素而形成的社会方言是他们研究的中心问题,以拉波夫、特鲁吉尔为代表。

英国人巴兹尔·伯恩斯坦(Basil Bernstein)1964 年提出了不同社会阶层的人掌握不同的语言语码的观点,他是第一个把语言与社会结构以及人们的阶层地位联系起来的学者。他通过对住在伦敦不同地区的 15 岁至 18 岁的青少年进行调查,得出了这样的结论:工人阶级的孩子掌握的是"有限语码",中产阶级的孩子则掌握了"有限语码"和"复杂语码"。

拉波夫是美国城市方言学派的代表人物。拉波夫 20 世纪 60 年代对纽约市社会方言所做的调查开创了社会方言研究的传统,其 1966 年出版的《纽约市英语的社会分层》是社会方言研究的代表作,在 1972 年出版了《社会语言学模式》一书。

拉波夫主张把语言放到社会中研究,通过交谈、观察、录音等调查方法,进行深入细致的调查研究,掌握了丰富的第一手资料,再对其经过一系列的精确分析,研究语言变异。拉波夫提出语言变异由社会变异和语体变异两方面构成。他认为方言的差别不仅是由地域造成的,而且也是由社会造成的。地域上的远近仅只是造成方言差异的原因之一,社会的不同层次和结构也是造成方言差异的重要原因。还发现,语言的差异并不是纯语言的,而是由一定的社会环境决定的。语言本身无所谓好或坏,无所谓完善或不完善,对某种语言的评价是由使用该语言的人或社会集团的社会地位、文化修养等因素决定的。语言的演变就存在于实际的社会生活中,对某种方言进行追根究底的调查,研究语言与语言使用者的社会地位、性别、年龄、文化程度、经历、家庭环境等参数之间的相依关系,由此就可以看到语言变迁的实际过程。在拉波夫看来,说话人使用某一说法而不用别的说法,这跟说话人的社会背景和说话时的相关语境有密切的联系。

特鲁吉尔是小城镇社会方言研究的代表人物,特鲁吉尔关于英国诺里奇方言语音变项的研究也是语言变异研究的典型案例。

## 二、语言社会学

语言社会学主要研究带有整体性和全局性的社会语言学问题,主要研究双语和多语交际、双语和多语教育、语言政策、语言规划、语言规范化和非规范化(如洋泾浜语、克里奥尔语)、标准语的选择、语言的相互接触和影响等问题。

费什曼是美国知名语言学学者,是语言社会学的创始人,也是语言政策和语言规划学科的领军人物,他对印地语、双语制和多语制、语言规划、语言复兴和保存、语言转用、小族语和全球化等方面的研究,在社会语言学界产生了重要影响,他创办和主编的《国际语言社会学期刊》促进了社会语言学的国际传播。2006年,费什曼出版了《不要让你的语言任其自然》一书。在这本书中,费什曼用大量的事实说明本体规划和地位规划之间存在着密切的关系,他认为,在语言的本体规划中隐含着语言的地位问题,语言的本体规划不能任其自然,而应该受到语言地位规划的制约,因此人们很难脱离语言地位规划来探讨语言本体规划问题。

1966年,艾纳·豪根(Einar Haugan)发表了《方言、语言和国家》一文。文章对方言、语言和国家三者之间的关系进行了深入的讨论,特别强调了语言和国家之间的关系。在《语言冲突和语言规划》一文中,他又详细地讨论了形式和功能问题。他认为,形式和功能二者之间会产生矛盾,形式上的统一会导致功能上的单一,而功能上的多样化必然会引起形式上的复杂化。如何平衡这些关系,是语言规划的制定者应该考虑和需要解决的问题。

1969 年,德裔加拿大学者海因茨·克洛斯(Heins Kloss)发表了题为《群体双语研究的可能性》的报告。在这个报告中,克洛斯在豪根关于语言规划的形式和功能关系研究的基础上,引入了"语言地位规划"和"语言本体规划"的概念。克洛斯认为,本体规划和地位规划的最大差别在于:如果没有专家(主要是语言学家和作家)的参与,语言的本体规划是无法进行的,而语言的地位规划可以作为政府公务员例行工作的一部分,用不着有太多的社会语言学知识。豪根和克罗斯的这些研究,为语言规划的研究奠定了理论基础。

1989 年,罗伯特·库普尔(Robert Cooper)在剑桥大学出版社出版了《语言规划与社会变化》一书。库普尔的语言规划理论被称作"八问模型",因为他试图用"八个问题"来分析语言规划活动。这八个问题是:①谁是语言规划的制定者? ②语言规划针对什么行为? ③语言规划针对哪些人? ④语言规划要达到什么目的(或出于什么动机?)⑤在什么条件下进行语言规划? ⑥用什么方式进行语言规划? ⑦通过什么决策过程进行语言规划? ⑧语言规划的效果如何? 库普尔认为,通过八个问题,人们可以研究语言规划的不同案例,从而寻求其普遍性和特殊性。

1997 年,罗伯特·开普朗(Robert Kaplan)和小理查德·巴尔道夫(Richard Baldauf)发表了《语言规划:从实践到理论》,提出了"语言规划的生态模型",并用"语言规划生态模型"分析了澳大利亚、马来西亚、墨西哥、南非、瑞典、美国的语言生态系统。这些研究成果也可以作为其他国家语言生态系统描述的借鉴。"语言规划生态模型"也引起了人们对于濒危语言的关注。

## 三、交际民族志学

交际民族志学是把民族志学的方法和会话分析结合起来,研究语言在各种语境下的使用情况,对互动社会语言学的影响深刻。交际民族志学由戴尔·海姆斯(Dell Hymes)于20世纪60年代提出,是一种分析自然交际语料的方法,被民俗学家广为接受。

海姆斯是美国社会语言学中的"人类学派"的代表人。这一派的研究重点是怎样分析人类的交际行为,认识语言在不同社会中的功能。他们在语言的使用上,更是着眼于言语的交际方式、特点和规约。他们的研究方法是以具体情景中的典型言语事件和其组成因素为分析对象,并对此进行定性分析。这一派又被称作"言语民俗学"。

1971年,海姆斯发表了题为《论交际能力》的报告。在这个报告中,海姆斯提出了"交际能力"这个社会语言学的基本概念,他指出,交际能力包括如下四个方面的内容:①语法的正确性:懂得什么是合乎语法的话;②语言的可接受性:懂得什么是能够接受的话;③语言的得体性:懂得什么样的语言适合什么样的场合;④语言的可行性:懂得某种语言形式在现实生活追踪使用的可能性有多大。

海姆斯把语言能力看作人在社会中的各种使用语言能力的总称,他把社会因素纳入了语言能力的范畴。他的这种理论对于语言教学法产生了影响,在语言教学中开始关注"语言交际"的作用和"跨文化交际"的作用,产生了"交际教学法"。在语言测试领域,出现了"交际性语言测试"理论,以语言交际能力作为语言能力的一个标准。

## 四、语言社会心理学

语言社会心理学从心理学的角度研究全社会或某个社会集团对语言及其变体的评价和态度,其理论基础是社会角色理论、符号互动理论、参照组理论、学习理论、社会认知理论和动机理论等。语言社会心理学既是社会心理学与语言学的交叉,又是社会语言学与心理语言学的交叉,它研究语言与社会化、社会知觉、社会态度、人际关系、公共关系、心理沟通、两性差异、社会心理的种种关系,还研究作为交际单位的话语。它主要通过心理实验的方法获取研究素材。华莱士·兰伯特(Wallace Lambert)、霍华德·贾尔斯(Howard Giles)是这一流派的主要代表人物。

1958 年至 1966 年，兰伯特和他的同事首次采用配对实验法（matched guisetechnique）来测验市民们对英语和法语的评价，结果发现：一个种族——语言集团的成员对另一个种族——语言集团成员的某些固定印象往往取决于人们的性别、年龄、使用的语言变体、双语状况和社会阶级背景等因素。之后不少语言学家也做了类似的调查。配对实验法成为调查和研究语言态度最有效的方法，至今广泛使用。

20 世纪 60 年代后产生的社会语言学和心理语言学分别从不同层面研究语言的社会层面和心理层面，并产生了向社会心理的深层研究发展的趋势。1971 年欧洲成立了社会心理语言研究小组，主要是开展对言语交际的社会心理研究，在社会心理学界出版了语言与社会心理研究丛书。1980 年美国语言学家克莱尔（Claire）和贾尔斯合著的《语言的社会心理关系》一书出版，提出言语适应理论（accommodation theory），揭示了人们在交际中的趋同、趋异和语言保持现象。苏联的这方面研究也很深入，1988 年苏联语言学家特里泽（Т. М. Дридзе）出版了《语言与社会心理学》一书。进入 20 世纪 80 年代至 90 年代以后，社会语言学家运用言语适应理论对使用双语或多语的语言集团进行了大量深入的调查和研究，使语言社会心理学的研究范围不断扩大，理论不断深入。

## 五、互动社会语言学

互动社会语言学研究的是会话策略、语境化提示和语境制约、会话释义和会话推断，即通过观察交际双方在会话过程中的"互动"来推断交际者在采取某个行动时所依据的社会概念，并检验言语与非言语信号是怎么在释义过程中被理解的。其核心概念是：①会话策略；②语境化提示；③会话推断。

"互动"这个概念源自社会学，欧文·戈夫曼（Erving Goffman）、哈罗德·加芬克尔（Harold Garfinke）、哈维·萨克斯（Harvey Sacks）以及盖尔·杰斐逊（Gail Jefferson）等社会学家对语言的互动研究作出了开创性的贡献，后来约翰·甘柏兹（John Gumperz）把互动的理念引入到社会语言学研究中，并在 1982 年出版的《会话策略》一书中正式提出"互动社会语言学"这一概念。

甘柏兹认为,属于一个社会组织的成员是社会意义的创造者和传播者,他们具有相应的推理认知能力强调情境知识和社会语境。戈夫曼强调社会互动,是对甘柏兹的语境推理的补充。甘柏兹同样也强调情景知识自我和社会语境,他还做了面子研究,布朗(Brown)和列文森(Levinson)在此之上提出普遍礼貌原则,产生了很大的影响。坦嫩(Tannen)是目前美国影响较大的互动社会语言学家,她注重研究不同种族和不同性别的人,而且特别强调谈话的节奏性,其关于男女性别谈话差异的《你误会了我》曾位于美国国内畅销书之列,在美国学术界内外产生了很大的影响。

互动社会语言学是社会语言学的分支,继承和发展了交际民族学和会话分析的相关理论,吸纳了人类学、民族志学、语言学等学科的优势,并结合自己的学科特点兼容并蓄,形成了自己的特色。

## 思考与应用

### 一、术语解释题

社会语言学　狭义社会语言学　广义社会语言学　社会方言学　语言社会学　交际民族志学　语言社会心理学　互动社会语言学

### 二、复习思考题

1. 社会语言学的特点有哪些?

2. 社会语言学有哪些研究角度?

3. 社会语言学通常有哪些研究步骤?

4. 社会语言学兴起的原因是什么?

5. 社会语言学的微观研究对象有哪些?

6. 社会语言学的宏观研究对象有哪些?

7. 简述拉波夫的研究方法与观点。

8. 海姆斯的"交际能力"包括哪些内容?

### 三、实践应用题

1. 调查普遍礼貌原则在汉语会话中的表现。

2. 试以 3—5 个字母词为例开展大学生网络字母词使用情况调查。

3. 选择具有地方特色餐馆服务员为调查对象,调查他们所使用的语言状况。

4. 观察少数民族大学生日常生活中的语言使用情况,围绕少数民族大学生母语和汉语语码转换的主题展开调查。

# 第十二章 语言规划

## 第一节 / 语言规划概述

### 一、什么是语言规划?

#### (一) 语言规划简况及其内涵

1. 语言规划的简况

语言规划(Language Planning)由威因里希(Ureil Weinrich)在 1957 年首先提出,1959 年豪根(Einar Haugan)在论文《现代挪威标准语的规划》中正式使用了这一术语,并定义为:"在非同质(nonhomogeneous)的语言社团里为指导写作者和讲话人而对正词法、语法和词典进行规范的活动"①。随着社会语言学的出现和发展,他认为语言规划是对语言变化的评价和抉择。这一新定义在语言学界产生了广泛的影响。

继豪根之后,越来越多的人对语言规划进行了大量研究。尤其是很多新兴国家的语言规划实践取得了很大的社会成效,进一步推动了语言规划的发展。受后现代主义思潮的影响,语言规划也曾走入低潮期。另外,一些新兴国家的语言规划在实践中遇到了挫折,也影响了人们对发展语言规划的信心。20 世纪 90年代之后,语言规划又恢复了热度,立足于维护国家稳定的高度,关注弱势人群的语言权利,维护语言的多样性。

我国是世界上最早实施语言规划的国家之一。据史料记载,早在西周时期就有过语言文字规范的举措。之后的每一个朝代,都有过以文字规范为内容的语言规划实践活动。清代末年的切音字运动是拼音字母运动,它

---

① 陈章太主编:《语言规划概论》,商务印书馆 2015 年版,第 2 页。

是中国现代意义上语言规划的开端。1984年语言文字应用研究所的成立,1992年《语言文字应用》创刊,成为应用语言学的研究阵地,引发广泛好评。

2. 语言规划的内涵

语言规划包含两层意思:①语言规划是对语言文字的形式和功能进行的有目的、有计划调整的一种社会活动,这种调整既包括语言文字形式的调整,也包括语言文字功能的调整;②对语言规划理论进行研究的活动。

(二) 语言规划是一种干预活动

语言规划是一种有目的、有计划地对语言形式和功能进行干预的活动。语言规划的实施者主要是国家机构、社会团体和学术部门,因此这种干预活动主要来自三个方面。

(1) 国家机构的干预。即由政府、语言文字主管部门组织的干预活动,这种干预是起主要的和决定性作用的,一些语言文字方面的法律法规,各种规范标准都属于这一类。

(2) 社会的干预。即社会组织或者学术机构进行的一些社会性的语言文字规范活动,这种活动的影响也是非常广泛的。

(3) 学术部门的干预。即通过一些专家学者、文化名人的学术文化影响,对语言文字应用进行引导,确定语言文字使用规范。

实际上,因势利导也是一种干预,我们称为"零干预"。

(三) 为什么要进行语言规划?

语言和文字常常发生变化,不可避免地会发生和社会需求不相适应的情况,因此,语言规划是对语言形式和语言功能不适应社会生活一面进行的改革。语言文字形式主要包括语音、词汇、语法以及文字等,语言文字功能则包括语言文字在社会生活中的使用场合、使用对象等。有人认为,语言和文字的规划应该分开来谈,其实,对文字的规划不必单独划分一类,理应包含在语言规划的范围内。

(四) 语言规划与语言政策、语言立法的关系

语言规划与语言政策、语言立法的关系极为密切。语言规划通常是某种语言政策的体现,表现为国家或社会团体对语言问题的根本态度。因此,语言规划

应该具有连贯性的特点,特别是官方政策法规不宜朝令夕改,那样将会给社会发展和人们的交际带来不稳定的因素。语言文字本身具有的系统性也要求语言规划保持一致,避免出现顾此失彼的状况。

## 二、语言规划学的学科性质

语言规划是语言学及应用语言学的一门分支学科,从所包含的内容来看,它也是社会语言学的一门分支学科。一般来说,社会语言学可以从微观和宏观两个层面进行理解:微观社会语言学主要关注语言变体和社会阶层之间的关系问题,宏观社会语言学则更加关注国家的语言选择、语言政策等问题,语言规划研究的核心内容属于宏观层面的社会语言学问题。

应用语言学也有广义和狭义之分,广义的应用语言学则包含所有与语言学相关的涉及语言学应用的研究领域,因此,语言规划也是应用语言学的研究内容。

当然,语言规划不仅仅属于应用语言学和社会语言学理论的应用研究,其自身也有着明确的研究对象和研究方法,具备自己的理论框架,语言规划的研究成果也必将为应用语言学和社会语言学的研究提供理论依据或研究内容。

按照语言学传统的说法,语言是人类最为重要的交际工具和思维的工具,如今,语言的文化功能也越来越被大家所关注。语言规划学可以说是关于语言功能的学问,研究各种语言的功能如何发生和运作,如何运用这些原理更好地发挥语言的功能。

随着信息时代的到来,语言的经济属性和经济价值越来越显著。"作为一种新兴产业,语言服务产业已成为国民经济的重要组成部分,语言服务产业研究也成为应用经济学研究的新领域。"[1] 语言产业产生的巨大的社会效益和经济效益令人震惊。各个国家也无不认识到了这一点,在语言规划方面倾注了越来越多的关注。

现在的语言学研究已经是多学科交叉,具有大量的边缘学科,系统庞大。语

---

① 国家语言文字工作委员会组编:《中国语言政策研究报告(2017)》,商务印书馆 2018 年版,第 263 页。

言规划学在学科中间,已经获取了自己的独特地位,具有不能为其他学科所替代的学科价值和社会意义。特别是语言的选择和功能的实施,是一个负载着重要价值的行为。它的管理属性更加突出,服务国家发展使命越来越凸显,语言功能的解释力与预见能力成为关注的焦点,这更需要加强语言规划的理论建设。把语言规划从社会语言学中分离出来,是我们对语言学学科性质认识的学术态度。

虽然人类语言规划的实践历史悠久,但关于语言规划的研究却只有几十年的历史。语言规划研究的内容,概括起来有以下几个方面:语言地位规划、语言本体规划和语言声望规划。语言规划学具有理论意义和学术意义,但实践价值更加直观,因此,语言规划必须关注语言生活,深入了解语言生活的实际情况,语言规划工作才能更加适合社会的发展。

## 三、语言规划的任务

语言规划的一项主要任务就是确定哪一种语言作为全国范围的通用语。具体说,语言规划的基本任务主要有以下几个方面。

### (一) 优化语言资源配置,发挥社会各集团语言能力

国家通用语、民族语及方言都属于语言资源,语言规划的任务就是充分发挥这些语言资源的效益,恰当地理顺它们之间的关系,使国家通用语言文字能够在全国范围内普及使用,同时也要充分发挥其他语言或方言的作用,各语言相互补充、各显所长,形成和谐的社会语言生活环境。

国家通用语言文字普及之后,少数民族语言的发展也相应发生变化。如甘肃境内的保安族,现在人口不足2万人[①],由于大部分人外出务工学会了普通话,民族语言说得少了,现在已经濒临失传。因此,我国制定了相关的法律法规,保护其语言的传承,使语言资源能够继续发挥其语言能力。《中华人民共和国民族区域自治法》第49条规定:"民族自治地方的自治机关教育和鼓励各民族的干部互相学习语言文字。汉族干部要学习当地少数民族的语言文字,少数民族在学习、使用本民族语言文字的同时,也要学习全国通用的普通话和汉文。"这条

---

① 赫琳主编:《中国语情年报(2015)》,社会科学文献出版社2018年版,第96页。

法律充分体现了我国制定了符合各民族、各地区的语言政策,优化配置各种语言资源的目的,使国家通用语言和少数民族的语言都能充分发挥其作用。

### (二) 加强对社会共同体的认同感,提高全社会语言凝聚力

语言和民族紧密联系,语言常常是一个民族的标志[①],因此,语言规划的一个重要任务就是加强各语言集团对社会共同体的归属感、认同感,提高全社会的语言凝聚力。

我国是一个民族众多的大家庭,各个民族之间相互尊重、平等和睦。多民族的语言和各地的方言丰富且复杂,因此,社会交际就会存在语言上的障碍,如何在这样的语言环境中消除障碍,加强各地区各民族之间的联系,最终提高全社会的凝聚力就显得尤为重要。

实现这一任务的途径,是推广国家通用语言。在我国就是推广普通话,推普工作这些年来成果显著,大大促进了民族间的交流,同时也加速了社会经济的发展。但是普通话的推广仍然任重道远,据考察,在少数偏远地区,普通话的普及率很低,为了改变这一状况,国家实施了"推普脱贫攻坚行动计划"[②]工作已取得阶段性的胜利,普通话的普及率大幅提高,当地人们的生活得到了改善。

推广民族共同语的同时,还要处理好普通话和民族语言之间的关系。如果处理不当,会影响民族感情,不利于民族团结。我国在这方面积累了良好的实践经验,政府一直十分注意尊重和保护少数民族的语言文字权利,大力发展民族地区的文化。1949 年后,党和政府帮助多个少数民族创制文字,编写权威性的民族语言材料;在信息时代,帮助他们跟上时代的步伐,加快掌握先进的语言应用手段。

在不断发展变化的社会新形势下,语言规划还要不断根据出现的新的语言环境及时作出政策的制定和调整,如港澳地区的官方语言和普通话之间的关系问题,语言规划就要正确地引导并且采取相应的措施。

### (三) 提高个人语言能力,提升本国语言影响力

一个人的语言能力在很大程度上影响个人的发展,一个国家的语言能力也

---

① 胡明扬主编:《语言学概论》,语文出版社 2000 年版,第 6 页。

② 2018 年 2 月由教育部、国务院扶贫办、国家语委印发《推普脱贫攻坚行动计划(2018—2020 年)》(教语用〔2018〕1 号)。

同样会影响这个国家的发展与壮大。社会上有很多行业,需要利用外语来获得信息,语言水平的高低便是决定这个行业发展的重要因素。据调查,我国的旅游业走出国门很难,即便一些旅游机构设在国外,也是普遍接待国内游客,这是因为我们的语言能力很有限。我国的律师所能够达到用外语进行诉讼的寥寥无几,这不单纯是行业发展的问题,也是很多事务权益能否得到保障的问题。因此,语言规划要制定相应的政策,帮助公民大力提升自己的语言能力。

个人提高语言能力很重要,国家语言影响力的提升更是至关重要。中国是历史悠久的文明古国,现在在世界上的影响力也日趋扩大,汉语的使用人口相当多,很大程度也是因为我国的人口基数大。当今世界上,英语的国际影响力一家独大,取代了历史上的法语和拉丁语曾经的霸主地位。很多国家都在通过语言尽力扩大自己的影响力,因此,语言规划要尽力使本国的语言国际影响力得到提升。

## 第二节 / 语言规划的理论

语言规划的理论是指在实施语言规划行为过程中形成的基本认识,这种认识是既有感性经验的积累,也有理性规律的总结。概括起来,包括语言规划的原则、特点、范畴和功能等四个方面。

### 一、语言规划的原则

语言规划的原则是指在语言规划行为过程中整理出来的实施语言规划行为必须遵守的准则。

#### (一) 科学性原则

语言规划的科学性原则,是指制定和实施语言规划,要符合语言规划行为的规律。语言规划涉及的范围广,领域多。随着科学技术的进步和社会的发展,新情况、新问题层出不穷。客观上要求语言规划决策要遵循科学性原则。

决策科学性的标志是:①实事求是提出问题。对语言问题的把握全面、迅速、准确。②鞭辟入里地分析问题。对语言问题的分析深刻、解释明确。③严密论证解决问题。解决语言问题的方法、策略清晰有度,责任明确、具体。④尊重规律判断问题。对语言问题的未来走向预测科学、及时、正确。

### (二) 政策性原则

语言规划的政策性原则是指实施语言规划的主体一般是国家或政府,国家或者政府为了解决语言问题而制定、实施的政策。语言政策是国家和政府关于语言地位、语言作用、语言权利、语际关系、语言发展、语言文字使用与规范等的重要规定和措施,是政府对语言问题的态度的具体体现。语言规划的政策性原则一般要考虑政治性、民族性和时代性。

### (三) 稳妥性原则

语言规划的稳妥性原则,是指语言规划辐射的范围大、跨越的领域多,涉及的人群复杂。解决语言问题必然涉及语言蕴涵的文化因素,语言的约定俗成的习惯等因素。因此,解决语言问题的目标要适当、方法要得当、过程要顺当、效果要恰当。

### (四) 经济性原则

语言规划的经济性原则,是指在保证语言规划质量的前提下,降低语言规划成本、提高语言规划效益的准则。

具体表现在以下三个方面:①决策科学合理。决策具有科学性就能减少不必要的人力、财力、时间上的浪费。②规范简便好用。规范标准是语言规划研究的成果,如汉语拼音的使用颠覆了中国人识字的观念,解决了汉字难认问题,极大地提高了识字效率。③效益多元拓展。语言规划的制定、实施促进了语言的规范性、拓展了语言的社会服务性、推进了语言价值观的更新,增强了社会效益和经济效益。

## 二、语言规划的特点

以国家经济社会发展大局为参照点,语言规划表现出四个显著的特点,即干预性、跨学科性、群众性、阶段性。

### (一) 干预性

这主要指国家政权利用政策杠杆对语言的发展进行有意识地推动和引导。

比如 1757 年印度沦为英国的殖民地，英语成为事实上的官方语言，1947 年印度独立，宪法规定，印度联邦的共同语为印地语，通过宪法之日起 15 年后，英语应停止作为官方语言使用。

**(二) 跨学科性**

这是指语言规划涉及语言学、政治学、社会学、民族学、信息处理等众多领域。对象复杂，动机多元，从事该领域研究难度大、风险高。

**(三) 群众性**

这是从落实的角度获得的特点。语言规划主要解决语言形式、功能与经济社会发展不相适应的矛盾。语言文字法发布后，语言规划涉及一国之内的一切人和组织，没有广大民众的参与，语言政策不会成功。1949 年以后的扫除文盲工作就是经典案例。

**(四) 阶段性**

这是语言规划纵向的历时表现。从宏观的视角看，语言规划是国家对语言进行管理，具体的规划对象受国家经济社会发展水平制约。比如 1949 年以后，我国的语言规划表现为三个黄金时期：①1949—1966 年推行文字改革，承担了"五大任务"；②1985—1999 年实现语言文字的规范化、标准化和信息化；③2000—2020 年构建和谐语言生活，提升国家语言能力。[①]2020 年以后进入了新时代的语言文字工作，所谓的阶段性是从总体上对语言规划主题的判断。

## 三、语言规划的范畴

语言规划的范畴是随着语言观的变化而变化的。语言规划是一种社会管理手段，它关注的范围主要包括语言问题、语言资源、语言权利和国家语言能力。

**(一) 语言问题**

语言文字是工具，是社会运转的调节器。语言问题是语言文字工具属性的表现，它随着国家经济社会发展而有不同表现，是社会管理必须面对的问题。语言规划面对的问题一般包括以下几个方面。

---

① 李宇明:《新世纪 20 年的中国语言规划》,《北华大学学报(社会科学版)》2021 年第 1 期,第 21 页。

1. 语言关系问题

任何社会范畴中的语言关系都是非常复杂的,语言关系既体现了不同语言(方言)之间的关系,也体现了不同语言(方言)持有者即不同的语言集团之间的关系。比如强势语言与弱势语言之间的关系;国家主体语言与外语的关系;国家主体语言与民族语言的关系等。这些语言关系问题涉及社会稳定、国家安全。

2. 语言态度问题

语言态度是指人们对语言的看法,它是一种社会心理现象,与语言使用者所处的政治、经济、文化、民族、宗教等环境因素有关。语言态度影响人们对语言的使用,它是说话人后天获得的,是语言社会性的体现。比如人们对自己的民族语言、乡音有特别的认同感,还可能迁移为对说话人的认同感,这就是语言的态度。

3. 语言制度问题

语言制度是指一个社会共同体用来安排各个社会集团相互之间语言关系的规则。具体有三个方面:①语言地位的制度安排。②文字的创制和选择制度。③语言文字的教育制度。即一个地区、一个学校选定何种语言文字进行教学。这个是国家意识的建立机制。

4. 语言集团问题

一个国家内部或者一个社会存在的不同群体,常常表现为群体内部的语言基本一致、群体外部的语言分歧很大。这些不同的群体就形成了不同的语言集团,比如地域方言、社会方言、网络语言等。

## (二) 语言资源

语言是资源,是资源观念的更新。语言不仅可以作为工具使用,作为对象还可以开发利用、创造价值,这是对语言性质认识的深入。首先,语言是文化资源,是文化的重要组成部分和载体。每一种语言都有其特殊的语言学价值,蕴涵着各民族的智慧和传承。其次,语言是经济资源。随着科学技术的进步,语言职业和语言产业已经逐步形成,语言的经济资源的特性会越来越显著。

### （三）语言权利

语言权利是人权的组成部分，是公民意识和个人权益意识边界的拓展，是语言观在社会发展进程中的折射。它衍生出语言平等、语言保护、语言教育、语言服务、语言安全、国家安全等概念。语言权利已经成为各国制定语言政策、实施语言管理的重要内容。语言权利包括个人的语言权利和群体的语言权利，牵涉公民的生存权和发展权，维护公民的语言权利十分重要。我国政府非常重视语言权利问题，《中华人民共和国宪法》《中华人民共和国民族区域自治法》《中华人民共和国国家通用语言文字法》等法律文件，都对中国公民的语言权利做了明确的规定。

### （四）国家语言能力

国家语言能力是语言规划的新观念，是对语言文字工作服务国家经济社会发展的重新定位，是语言文字功能认识达到的新高度。美国学者布莱希特（Brecht）和沃尔顿（Walton）（1993）等率先提出"国家语言能力"（National language capacity）概念，把它定义为"国家应对特定语言需求的能力"①，凸显了国家非通用语战略规划的意义。这个概念的提出立刻引起了美国政界和学界的高度关注。2011年该概念引入我国，迅速成为语言规划领域研究的热点，认为国家语言能力是一个国家处理国内外事务所具备的语言能力，其外延广泛。从研究成果看，它主要包括五个方面：①语种能力；②国家主要语言的国内外地位；③公民语言能力；④拥有现代语言技术的能力；⑤国家语言生活管理水平。

## 四、语言规划的功能

语言规划通过系列语言政策和法令作用于社会的不同层面，它的功能也是多样的。从国家层面观察，语言规划的功能表现为以下五个方面。

### （一）统一语言信仰

任何社会内部都需要一种通用的语言文字实现规范、简便、有效的交流。官方语言的确定与推广，保障了国家语言交际畅通。这样的语言规划实践就形成

---

① 文秋芳：《国家语言能力的内涵及其评价指标》，《云南师范大学学报（哲学社会科学版）》2016年第2期，第24页。

了"同一言语社区的成员对于什么是得体的语言实践也具有大致相同的一套语言信仰。有时会形成一种公认的语言意识形态。"[1] 人们自觉地认为讲标准话是自己应该做的事情。

### (二) 推进语言功能的演变

所有的语言都会随着时间的变化而变化,语言规划的人为干预,会推动语言功能的演变。语言的演变有两个方向:一个是语言功能的扩大,一个是语言功能的缩小。功能缩小的语言会走向衰亡。

### (三) 促进文化的传承和认同

语言是传递信息、表达感情的基本手段,人们往往通过语言来寻找自己的身份。"当国家通用语言普及到一定幅度并形成较大的普及惯例时,就会使少数民族语言和汉语方言具有挤压感,易于产生语言矛盾,甚至发生语言冲突。"[2] 语言地位上的变化直接影响不同语言群体的物质利益和精神利益。因此,语言规划不仅要规划语言的工具职能,也要规划语言的文化职能。

### (四) 催生大批的双言双语人(多言多语)

提高语言沟通效率和保护语言多样性都是语言规划的目标,语言沟通往往影响语言的保护,不恰当的语言保护势必影响语言沟通。培养大量的双言双语人可以兼顾语言保护和语言沟通。1949 年后为了解决语言沟通问题,在全国推广普通话,在民族地区实施双语教育政策,造就了大量的双言双语人(多言多语)。双言双语能力是未来公民的素质,是强国智民的必由之路。[3]

### (五) 促进多层次语言观的形成

语言观是人们对语言本质的看法和认识。人们的语言观随着社会的发展需要而变化,语言观的变化影响语言规划目标的制定和语言政策的落实。1949 年后中国建设 70 多年,语言文字工作经历了不同的时期,各个时期语言规划工作都伴随着语言观的变化。

---

[1] ［以］博纳德·斯波斯基著:《语言政策——社会语言学中的重要论题》(中译本),商务印书馆 2011 年版,第 17 页。
[2] 李宇明:《语言的文化职能的规划》,《民族翻译》2014 年第 3 期,第 22 页。
[3] 李宇明:《双言双语生活与双言双语政策》,《语言政策与规划研究》2014 年第 1 期,第 4 页。

# 第三节 / 语言规划的分类

## 一、语言地位规划

### (一) 什么是语言地位规划？

地位规划是调整语言文字的功能即针对语言外部进行的规划活动，目的是方便社会成员对语言文字的使用，确定语言文字在社会中的地位，故称"地位规划"。

### (二) 语言地位规划的内容

#### 1. 语言政策的制定

语言政策的制定是语言地位规划中最重要的一项内容。语言政策，简而言之，表现为政府对社会语言问题的态度。中华人民共和国成立之后，为了加强国家统一和民族团结，迅速发展国家的教育、科技、文化事业，加速经济建设，制定了推广普通话、进行文字改革、规范现代汉语、保障和发展少数民族语文的语言政策。这些政策的制定和实施适应了当时社会的政治、经济和文化等形势，促进了社会发展、民族团结。语言政策是国家总的方针政策的一部分，在制定语言政策的时候，必须要和当时的具体国情相联系。

#### 2. 语言文字地位的确定

(1) 通用语言和官方语言的确定。确定语言文字的地位最重要的工作是确定一个国家或者地区的通用语言和官方语言。共同语是一个社会集团内部各个群体之间互相沟通和交际的工具。在多种语言或者方言并存的国家或者地区，一般会选择一种或者数种语言或者方言作为标准语、共同语或者官方语言。对标准语、共同语和官方语言的选择和确定，是第二次世界大战后一些新兴独立国家的重大问题，大多数国家以本民族的语言作为标准语或者官方语言，也有一些亚洲、非洲和南美洲的国家选择原宗主国的语言作为他们的官方语言。

确立和推广通用语和官方语言的目标，除了确定其全国通用语言或官方语言的地位之外，另外一个就是进一步把该语言推广成为国际上通用的语言。比如历史上曾经成为国际通用语言的拉丁语和法语，以及现在的英语，日语，都是在不断通过各种途径努力提高自己在世界上的地位,进而扩大本国的影响力。这些规划政策无不说明语言在一个国家的战略地位。当今的世界上,推广自己国家的通用语已经发展成为一种重要的语言规划活动。

(2) 创制和改革文字。在确定了标准语和官方语言之后,创制和改革文字便成为语言地位规划的一项重要内容。创制文字主要是为那些还没有文字的民族和社会创制适合他们的文字,我国曾在 1949 年以后为多个少数民族创制了文字。改革文字则主要是对现有的文字系统中不太适应社会交际发展的文字进行改革,包括对字形、字音的改进,对注音方法的制定和修改等。

3. 语言立法

语言立法是语言地位规划的重要内容,很多国家都有自己的语言文字立法。通过立法,可以确定该国家的官方语言和标准语的使用,确定某些语言的法律地位,使各民族的语言权利和公民个人的语言权利得以保证,避免或减少由于语言的原因引起的矛盾和冲突,从而使语言更好地为社会服务,充分发挥其交际功能。

语言立法有两种形式,一种是在《宪法》这样的国家根本法律中作简要明确的规定,确定国家的语言文字政策,保护公民的语言权利,这种形式是多数国家都有的;还有一种是制定专门法,比如新加坡、比利时、法国、加拿大等国家就制定了专门的语言法。

我国改革开放以后,国家发展迅速,法律建设也大大加强。2000 年 10 月 31 日,第九届全国人民代表大会常务委员会第十八次会议通过了我国第一部语言文字专项法律——《中华人民共和国国家通用语言文字法》(以下简称《国家通用语言文字法》)。这部法律由国家主席发布,2001 年 1 月 1 日施行。它是中国的第一部,也是世界上为数不多的一部语言文字法。《国家通用语言文字法》的制定实施,是我国政治生活和社会生活中的一件大事,更是我国语言生活的一件大事。这一法律的制定十分必要,我国语言、方言分歧很大,有的甚至达到方言之间难以交流的程度。这种状况会很大程度上妨碍社会交际,影响国家发展的速度。因此,必须有一项法律明确普通话的地位,促进国家通用语言文字的普及,使语言适应社会发展的需要。

## 二、语言本体规划

### (一) 什么是语言本体规划?

语言本体规划,是对语言文字本身进行的规范化、标准化工作。目的在于增强语言文字的社会功能,使人们使用起来更加便利。

### (二) 语言本体规划的内容

1. 规范语音、词汇、语法等语言要素的标准

语言的规范化和标准化是语言本体规划最为重要的内容,制定语音、词汇、语法的各项标准是语言规范化和标准化的重要工作。

(1) 语音方面。在我国历史上,从先秦时期人们就一直在积极寻求一种共同语的语音,为现代汉民族共同语的形成奠定了基础。到了 1913 年,中华民国教育部开始组织审定汉字的标准国音,1919 年商务印书馆出版了《国音字典》,这就是"老国音"。1923 年,《国音字典》又以北京语音为标准做了修订。1926 年 11 月全部更改完毕,称为"新国音"。从此,北京语音开始正式成为民族共同语的标准音。

"新国音"的语音标准在 1949 年以后沿用下来。1955 年,北京召开现代汉语规范问题学术会议,会议决议指出:普通话作为现代汉民族共同语,以北京语音为标准音。当然,这里的"北京语音"并不一定是北京话的读音,而是北京话语音系统及其系统各个音类典型的有声方式。普通话是规范的全民共同语,语音必须要有一个标准,而北京地区为代表的北方方言区的影响,决定了北京语音的示范作用。北京话当中也有一些过于口语化的土音,还存在一些语音的异读现象,不利于共同语的规范,于是我国从 1956 年开始对北京话的土音进行了多次审定,制定了标准读音。1985 年公布了《普通话异读词审音表》,2016 年商务印书馆出版了《现代汉语词典》(第 7 版),作为工具书规范。

(2) 语法方面。五四运动时期的白话文运动主要是提倡书面语不再使用文言文而改用白话文。五四运动爆发后,白话文运动迅速发展,白话文被广泛应用在各种应用文以及各类文学作品当中,结束了之前文言文的统治地位。1951 年 6 月 6 日,《人民日报》发表重要社论《正确地使用祖国的语言,为语言的纯洁

和健康而斗争！》,语言规范的重要性被明确地指出,更加引起社会各界的重视。这期间,《人民日报》连载了吕叔湘、朱德熙的《语法修辞讲话》,起到了巩固语法规范的作用。之后数年,全国范围内掀起了学习语法的热潮。1955 年 10 月,北京召开了现代汉语规范问题学术会议,吕叔湘和罗常培在会议上作了报告,从理论上正式提出了汉语语法规范的要求。与此同时,教育部在 1955 年 11 月 17 日发出《关于在中、小学和各级师范学校大力推广普通话的指示》,国务院在 1956 年 2 月 6 日发布《关于推广普通话的指示》,这些文件以政策指令的形式强调了汉民族共同语的语音、词汇和语法标准。1986 年 1 月,全国语言文字工作会议在京举行,会议提出了"贯彻、执行国家关于语言文字工作的政策和法令,促进语言文字规范化、标准化"的方针,标志着我国的语法规范工作从此进入了一个新时期。各类报纸刊物开辟专栏,引导人们从不同角度对汉语语法进行探讨,解决语言文字方面的实际问题。

(3) 词汇方面。词汇是各个方言之间除了语音之外差异最大的部分,而且,词汇尤其是一般词汇也是语言中最活跃的要素,随着社会的发展,交际范围的扩大,语言接触愈来愈频繁,大量新词不断涌现,有很多可以作为词汇中新的组成部分,但同时也存在很多不规范的或格调不高的成分,需要剔除,尤其是一些网络语言在这方面表现突出。为了保持我们的普通话继续纯洁和规范,对词汇进行语言规划十分必要。

2. 创制和改革文字

(1) 文字的创制。1949 年以后,我国政府帮助没有文字的少数民族创制了文字,包括壮文、苗文、布依文、傈僳文、哈尼文、纳西文等;除了进行汉字改革之外,还帮助少数民族进行文字改革,如维吾尔文、哈萨克文等。

(2) 汉字的改革。汉字改革主要包括两大方面的工作,一是汉语拼音化运动,一是汉字简化。

汉字产生之初是表意文字,特点是一字一形,学习起来比较困难。先人们在接触了表音文字之后,很多人有了把汉字换成拼音文字的想法,认为这样将会大大加快社会发展的进程。鸦片战争之后出现的方言罗马字,是汉字拼音化的最早形式,清朝末年,还出现了切音字,"五四"时期出现的国语罗马字,以及

20 世纪 30 年代出现的拉丁化新文字都是想要将汉字变成拼音文字的大胆尝试。虽然最后没有成功，但是在尝试的过程中在语言的拼写技术等方面积累了经验。

汉字的字形从甲骨文、金文到后来的大篆、小篆、隶书、楷书，总体上是一种趋简的变化形势。1949 年后进行了两次汉字简化，成效和结果各不相同。中华人民共和国成立之后，国家面临着文盲数量众多、国民文化水平普遍不高的问题，更加重视汉字简化问题。1950 年，教育部着手进行汉字简化工作，编制了《常用简体字登记表》，初步选出了 500 个常用简化字。1952 年，中国文字改革研究委员会成立，开始研究和草拟简化汉字笔画和精简字数的方案，于 1954 年底编成了《汉字简化方案草案》，1956 年，国务院全体会议第 23 次会议通过了《关于公布〈汉字简化方案〉的决议》（以下简称《决议》），1 月 31 日，《人民日报》发表了国务院的《决议》和《汉字简化方案》。《汉字简化方案》三个表共收 515 个简化字和 54 个简化偏旁。这次汉字简化整体计划合理、操作严谨，社会反响良好，简化后的字形基本上延续到现在仍在使用。1977 年 12 月 20 日，我国发表了《第二次汉字简化方案（草案）》，但是这一次汉字简化有些操之过急，字体过于简化，社会各界反映不好，最后被废止。

3. 规范文字的标准

社会的发展对文字的标准化和规范化提出了较高的要求。这方面的工作主要是字数精简、字形整理和笔顺规范等。1955 年 12 月，文化部和文字改革委员会共同发布了《第一批异体字整理表》，淘汰了异体字 1 055 个，后来的统计结果字数还有增加。字形整理工作是 1964 年 12 月文化部和文字改革委员会发出的《印刷通用汉字字形表》，表中收字 7 000 个。汉字规范化的另外一项重要工作是规范汉字的笔顺，1997 年 4 月 7 日，国家语言文字工作委员会和新闻出版总署发布《现代汉语通用字笔顺规范》，将之前的不规范现象予以规范。

## 三、语言声望规划

### （一）什么是语言声望规划？

语言声望规划是指在语言地位规划和语言本体规划中与社会文化和心理因

素有关的规划活动。在地位规划和本体规划背后,有一些文化和心理因素起作用,它们主要起到一些价值判断的作用,而作用的大小与规划者和规划的接受者的声望直接相关。

### (二) 语言声望规划的内容

1. 语言规划者的声望

(1) 语言规划机构或者文化学术名人本身具有的权威性的声望。声望规划对语言规划机构的权威性要求很高。一个国家的权威机构推行的语言政策很自然会具有很多得天独厚的条件,比如影响大,力量强,资金雄厚,保障力度大等;同样,一个在社会上影响力很大的人宣传或带领完成一项举措,也会因其较大的影响力而变得更加容易实现。如法国高度重视法语的推广,由总统和总理担任语言规划最高职务,这无疑会大大推动规划活动的开展。

(2) 语言规划机构或者文化学术名人所进行的地位规划和本体规划活动产生的声望。规划机构和规划个人如果单纯依靠自己的影响,而规划活动本身不具有令人瞩目的声望也是达不到良好的效果的。

2. 语言规划接受者的声望

(1) 语言规划机构或者主要负责人在接受者心目中的声望。

(2) 语言规划机构或者主要负责人进行的地位规划和本体规划活动在规划接受者心目中的声望。这就要求进行规划活动一定要真切体会接受者的感受,了解和听取他们的意见,以便及时调整语言规划政策。如"二简字"的最终废除,就是因为在语言规划接受者的心目当中,这项工作偏离了大家的实际需求,不利于语言文字功能的充分发挥,所以最后没有被社会接受。

---

**思考与应用**

### 一、术语解释题

语言规划　语言规划的原则　语言态度　语言制度　语言权利
国家语言能力　地位规划　本体规划　声望规划　中国当代语言规划

## 二、复习思考题

1. 语言规划是一种有目的、有计划对语言形式和功能进行干预的活动,这种干预有几种类型?

2. 试述语言规划的原则。

3. 简述语言规划的特点。

4. 试述语言规划的范畴。

5. 谈谈语言规划的功能。

6. 语言规划的任务主要包含哪些方面?

7. 语言地位规划主要包括哪些内容?

8. 语言本体规划主要包括哪些内容?

## 三、实践应用题

1. 据调查,我国的旅游业走出国门很难,即便在国外,也是普遍接待国内游客;我国的律师所,能够达到用外语进行诉讼的寥寥无几,这些情况说明了什么问题,应该如何解决?

2. 世界各国都在不断尝试推广本国语言,如日本一直推出各种相关的语言规划政策,在世界范围内推广日语;法国为了推广法语,成立的语言推广组织由国家总统和总理亲自担任领导职务等。据了解,随着全球化深入发展,各国对中文学习的需求持续旺盛,全球有 180 多个国家和地区开展中文教学,81 个国家将中文纳入国民教育体系,开设中文课程的各类学校及培训机构 8 万多所,正在学习中文的人超过 3 000 万。这些情况说明了什么问题?

# 第十三章 计算语言学

## 第一节 / 计算语言学概述

### 一、什么是计算语言学?

"计算语言学"这一术语是美国国家科学院自动语言处理咨询委员会在1966 年的机器翻译译文质量评估报告中首次提出的,但目前仍没有统一的严格定义。如《现代语言学词典》对计算语言学的定义是:"语言学的一个分支,用计算技术和概念来阐述语言学和语音学问题,已开发的领域包括自然语言处理、言语合成、言语识别、自动翻译、编制语词索引、语法的检测以及许多需要统计分析的领域(如文本考释)。"[①] 俞士汶认为,计算语言学"通过建立形式化的数学模型来分析、处理自然语言,并在计算机上用程序来实现分析和处理的过程,从而达到以机器来模拟人的全部或者部分语言能力的目的。"[②]

综合众多学者的看法,计算语言学可概括为:计算语言学是一门学科,研究的对象是语言及其相关领域,采用的方法是计算技术,其研究范围涵盖了语言学、计算机科学、数学与统计学等众多学科领域。

计算机对自然语言的研究和处理既有理论部分又有方法部分。理论部分从语言学的角度提出自然语言处理的问题和理论,把需要研究的语言学问题加以形式化,使之能以一定的数学形式或者接近于数学的形式,严格而规整地表示出来。而方法部分则是把上述的严格而规整的数学形式表示为算法,使之计算上形式化,最终根据算法编写计算机程序,使之在计算机上加以实现。由此可见计算语言学与自然语言处理之间有着密切的关系,自然语言处理也即为计算机语

---

① [英]戴维·克里斯特尔著:《现代汉语词典》(第四版),沈家煊译,商务印书馆 2000 年版,第 74 页。
② 俞士汶主编:《计算语言学概论》,商务印书馆 2003 年版,第 2 页。

言学的应用部分。

目前计算语言学的应用研究领域包括自动分词与词性标注、句法分析、语义分析与消歧、机器翻译与语音翻译、文本分类信息检索与问答系统、智能信息处理（自动文摘与信息提取），口语信息处理与人机对话等。

汉语不同于印欧语言，汉语自动分词就是让计算机系统在汉语文本中的词与词之间自动加上空格或其他边界标记，而分词的主要困难则来自分词规范、歧义切分和未登录词的识别。词性标注不仅针对汉语，其他语言也同样需要标注，即运用计算机自动地给文本中的词标注词类。句法分析是指对输入的单词序列判断其构成是否合乎给定的语法，分析出合乎语法的句子的句法结构。机器翻译与语音翻译的目标则都是将一种语言转换生成与之意义上相对应的另外一种语言。

## 二、计算语言学的研究对象和方法

### （一）计算语言学的研究对象

计算语言学从"计算"的角度看待"语言"的性质，将"语言"作为某种特殊类型的"计算"对象，因此"计算"与"语言"毫无争议地构成了计算语言学的核心研究内容。对于自然语言现象和规律的研究，一般包括语音、词汇、语法、语义、语用和篇章等，利用"计算"技术对上述各个层面进行系统地研究也就构成了计算语音学、计算词汇学、计算语法学、计算语义学、计算机语言学习、语料库语言学等相关具体的计算语言学研究领域。为了实现上述计算语言学各个具体研究领域的研究目标，数学家、计算机科学家则要完成语言的建模和算法开发等"计算"工作，而在某些特殊应用领域，研究者甚至还要专门研制特定的硬件满足需求。

### （二）计算语言学的研究方法

计算语言学研究方法的哲学视野可分为理性主义和经验主义。理性主义研究方法认为，人的很大一部分语言知识是生来具有的，由遗传决定的。经验主义研究方法认为人的知识只是通过感官输入，经过一些简单的联想与通用化的操作而得到的。计算语言学中，理性主义通过人工编汇初始语言知识和推理系统来创建自然语言处理系统;经验主义则试图从大量的语言数据中获取语言的结构知识。计算语言学的研究历经了从经验主义到理性主义,再到经验主义,直到现在的两者相互融合的哲学路径。

在自然语言的具体处理当中,基于规则方法的哲学基础是理性主义方法。基于规则的方法的基本根据是"物理符号系统假设",这种假设认为人类的智能行为可以使用物理符号系统来模拟,物理符号系统包含一些物理符号的模式,这些模式可以用来构建各种符号表达式以表示符号的结构。基于规则方法的技术主要包括有限状态转移网络、有限状态转录机、递归转移网络、扩充转移网络、短语结构语法、自底向上剖析、自顶向下剖析、左角分析法、Earley算法、CYK算法、富田算法、复杂特征分析法、合一运算、依存语法、一阶谓词演算、语义网络、框架网络等。

而基于统计方法的哲学基础则是经验主义方法。基于统计的方法使用概率或随机的方式来研究语言,建立语言的概率模型。基于统计方法的技术主要包括隐马尔可夫模型、最大熵模型、n元语法、概率上下文无关语法、噪声信道理论、贝叶斯方法、最小编辑距离算法、Viterbi算法、A*搜索算法、双向搜索算法、加权自动机、支持向量机等。

无论是基于规则的理性主义方法,还是基于统计的经验主义方法,都各有优缺点,在具体研究及系统实现时应该取长补短、相互融合达到最佳的效果,这也是目前产生的众多实用产品的开发策略。

## 三、计算语言学的学科性质

计算语言学是一门非常典型的交叉或边缘学科。在探讨计算语言学的学科性质时,我们只有搞清楚计算语言学与计算机科学、计算语言学与语言学、计算语言学与数理语言学、计算语言学与自然语言的相互关系,才能深刻认识计算语言学这一特定学科的基本性质。

### (一) 计算语言学与计算机科学

计算机科学是系统性地研究信息与计算的理论基础以及它们在计算机系统中如何实现与应用的实用技术学科。它通常被形容为对那些创造、描述以及转换信息的算法处理的系统研究。计算语言学则把计算机科学处理问题的一些基本思想、基本方法引到语言学研究中来,从新的角度观察语言学,建立和传统语言学不同的语言学理论,这些语言学理论要精确地描述和解释语言的结构、现象和规律,建立语言的严谨的可计算的形式化模型。另一方面,计算机科学提供相应的算法,在这些模型的基础上,进行计算、推导、分析、转换、生成等,从实现角度来对模型进行检验。计算语言学的理论研究与成果应用要以计算机科学和技术为基础,计算语言学也应该和必然推动计算机科学的深入与普及。

### (二) 计算语言学与语言学

语言学是以人类语言及其相关问题为研究对象的学科,探索范围包括语言的性质、功能、结构、运用和历史发展,以及其他与语言有关的问题。计算语言学是语言学的一个分支,计算语言学与语言学既有联系又有区别。冯志伟分别从研究目标、研究方法和研究要求方面详细地比较了计算语言学与传统语言学的不同。

计算语言学要面对整个自然语言现象,它必须研究计算机处理语言的带有普遍性和总体性的一般问题,而传统语言学家喜欢深入研究某一特殊的语言现象,更加重视研究语言中的某些特殊问题。

计算语言学的研究成果必须要通过自然语言处理来检验,即计算语言学的理论要说得通,更要重视理论的实用性,而传统语言学则要求讲道理,重视逻辑的完美性。

计算语言学研究语言时必须先分析后理解,理解是分析的结果,而传统语言学是先理解后分析,理解是分析的必要前提。

传统语言学主要是描述性的,而计算语言学要求的语言学理论必须具有可操作性,计算语言学最根本、最关键的方法就是要指出各种语言形式出现和变换的条件。

### (三) 计算语言学与数理语言学

数理语言学是应用数学思想和数学方法来研究语言现象的一门新兴的语言学科。数理语言学主要包括代数语言学、统计语言学、应用数理语言学三个方面。计算语言学相当于应用数理语言学,是数理语言学的一个分支。

### （四）计算语言学与自然语言

计算语言学研究和处理的对象是自然语言，而不是人工语言或其他的形式语言。自然语言是人类在生产生活过程中产生的用于交流和思维的工具。由于自然语言的结构复杂性和语义歧义性使得自然语言处理成为人工智能领域最为复杂和困难的问题之一。

# 第二节 / 计算语言学的兴起和发展

## 一、计算语言学的萌芽期

20世纪40年代末到60年代初期，是计算语言学发展的萌芽期。最早对自然语言进行计算机处理的领域是机器翻译。1946年，世界上第一台计算机问世，同年，英国的布斯（Booth）和美国的韦弗（Weaver）开始了机器翻译的研究。1954年，美国乔治敦大学用IBM-701计算机进行了世界上第一次机器翻译实验，用计算机把俄语翻译成英语，开启了计算机应用的一个大有可为的领域。此后，世界各国高校和科研院所掀起了一股机器翻译的研究热潮。

早期的机器翻译系统把机器翻译类比为解码，用词对词的方式进行翻译，忽视了对语言系统的研究，使得机器翻译系统难以付诸实用。20世纪60年代初期，一些有识之士开始进行反思，认为要提高机器翻译的研究，就必须加强面向计算机的语言研究，不仅要研究词汇的自动分析，还要开展自动句法分析。

在计算语言学的萌芽期，有三项基础性研究奠定了计算语言学的理论基础：一是图灵（Turing）提出的"算法计算模型"[1]，一是乔姆斯基提出的"形式语言理

---

① 图灵提出的"算法计算模型"被认为是现代计算机科学的基础，他的研究导致了正则表达式和有限状态自动机的研究。正则表达式和有限状态自动机都是用来描述形式语言的工具。所谓"算法"（algorithm）是用于求解良说明的计算问题的工具，算法描述一个特定的计算过程，该过程取某个值或值的集合作为输入并产生某个值或值的集合作为输出。（［美］科尔曼等：《算法导论》第三版，殷建平等译，机械工业出版社2013年版，第6页。）

论"[1]，一是香农（Shannon）提出的"概率算法"[2]。

## 二、计算语言学的发展期

### (一) 计算语言学发展期概况

20 世纪 60 年代中期到 80 年代末期，计算语言学在机器翻译、语音翻译系统、语音识别、语言理解等领域的研究取得了较大的进步，这与计算机科学、数学、语言学、统计学、逻辑学等相关学科的相互协作密不可分。

在计算语言学的发展期，机器翻译系统逐渐实现实用化。法国数学家沃古瓦（Vauquois）提出了一个完整的机器翻译过程——"机器翻译金字塔"，用于俄法语言机器翻译，已经接近实用水平。这一时期的机器翻译研究者认识到，机器翻译必须保持原语与译语在语义上的一致。美国斯坦福大学威尔克斯（Wilks）教授提出了"优选语义学"，把语义问题放在机器翻译的第一位，他在优选语义学基础上设计的英法机器翻译系统，能够解决句法歧义、代词所指等问题，使译文质量显著提高，为语义分析的自动化奠定了基础。此外，加拿大还开发了实用性机器翻译系统，用于天气预报服务。欧盟、日本、荷兰还着手开发多种语言机器翻译。

### (二) 计算语言学发展期的理论

在计算语言学的发展期，产生了许多计算语言学理论，较有代表性的理论是：①乔姆斯基的管辖约束理论；②盖茨达（Gazdar）的广义短语结构语法；③卡兹（Katz）和弗托（Fodor）的义素分析法；④菲尔墨的格语法；⑤西蒙斯（Simmons）和斯乐康（Slocum）的语义网络。

这些理论的研究，为计算语言学的进一步发展奠定了基础。此外，统计方法在语音识别研究中的运用，逻辑方法在自然语言处理、语义解释中的运用，韩礼德系统语法在自然语言理解中的运用，也都取得了较大的成功。

---

① 这里所说的"形式语言学理论"，是从计算语言学的角度说的，主要指乔姆斯基提出了上下文无关语法，把计算机程序设计语言和自然语言看作同一平面的符号系统，用统一的形式化语言进行描述。（冯志伟：《自然语言处理的形式模型》，中国科学技术大学出版社 2010 年版，第 11 页。）

② 香农引入热力学概念"熵"，然后用人工统计概率的方法，测量语言的信息量，这种概率算法可用于语音自动处理研究。

## 三、计算语言学的繁荣期

20世纪90年代到21世纪初期,随着语料库方法在机器翻译中的引入,机器翻译开始处理大规模真实文本,这是机器翻译史上的一场革命,也使自然语言的计算机处理进入了繁荣期,具体表现为三个方面的显著变化。

### (一)开始建立带标记的语料库

以大规模真实文本的语料库为基础,可以获得更为客观、更为准确的语言知识,但是一个语料库如果未经加工,即使规模再大,其研究价值和使用价值也是有限的。美国宾夕法尼亚大学于1992年创办了"语言数据联盟",拥有大规模的不同语言的口语和书面语的语料,而且是带有句法、语义和语用等不同层次标记的语料。类似的语言资源大大推动了自动语义分析的研究。

### (二)概率和数据驱动的方法几乎成了计算语言学的标准方法

句法剖析、词类标注、参照消解、话语处理、机器翻译的算法全都开始引入概率,并且采用从语音识别和信息检索中借过来的基于概率和数据驱动的评测方法。

### (三)网络数据技术日趋完善

网络技术的发展催生了网络信息检索和网络信息抽取的巨大需要,数据挖掘技术日趋成熟。互联网主要是由自然语言构成的,90%的网络信息都是以自然语言为载体的,如何有效处理海量的网络信息,是自然语言处理的一个关键问题。

## 四、当代计算语言学发展的特点

### (一)研究方法和焦点变化

理性主义的研究方法受到质疑,经验主义的研究方法开始回归并成为自然语言处理的焦点。"理性主义"是指以乔姆斯基理论为代表的生成语言学的方法;"经验主义"是指以大规模语料库的分析为基础的方法。基于大规模真实文本的语料库所进行的自然语言处理研究,可以克服理性主义的局限。

### (二)机器学习研究成为趋势

所谓"机器学习",简单地说,就是让计算机自动地从浩如烟海的知识库中获取知识。机器自动学习的方法来自数据挖掘,它分为三种类型,即有指导的学习、无指导的学习和半指导的学习。机器自动学习的这些方法已经日渐成熟,并广泛应用于自然语言处理中。

### (三) 统计数学方法越来越受到重视

面对知识资源的大规模语料库和拥有海量信息的互联网,知识的获取必须使用统计数学的方法。构建语言模型是自然语言处理的核心工作,而基于统计的语言模型,可以估计语言成分出现的可能性,更能客观地反映语言知识。

### (四) 出现了强烈的词汇主义倾向

自然语言处理的重要问题——句法歧义问题的解决,往往和词汇的特性有关,因此,词汇知识库的建设十分重要。美国的 WordNet(词网)、FrameNet(框架网络)以及我国的词汇知识库建设,都反映了这种强烈的词汇主义倾向。


## 第三节 / 计算语言学的基础理论

在计算语言学发展的 70 年的时间里,产生了大量形式模型和自然语言处理技术,根据计算机处理自然语言的不同分析平面。计算语言学基础理论的形式模型体现在语法、词汇、语义和语用四个方面。

### 一、语法的形式模型

#### (一) 短语结构语法

短语结构语法是乔姆斯基在美国描写语言学派的"直接成分分析法"和后布龙菲尔德学派的"成分结构语法"基础上,进行了形式化描述而提出的形式模型。这种以"成分"为基础的语法,是自然语言处理中具有代表性的形式模型。乔姆斯基认为,有限的规则可以生成无限的句子,自然语言中的句子不仅有词的序列,更重要的是,句子有"短语结构",根据短语结构规则,可以生成无限的句子。

短语结构语法用树形图来描述它的形式模型,一棵树就是一个句子的"结构"(见图 13-1)。句法树形图由若干线和节点组成。每个节点有一个短语类别或词类的标记,代表一个结构。由某个节点指向下一个节点的"线"代表一个结构的组成成分。上位节点和下位节点之间的关系是控制关系。上位节点也叫"父节点",下位节点也叫"子节点",一个子节点只能有一个父节点,一个父节点可以有多个子节点。树形图中,最上面的节点(S)代表句子,最底层的节点代表词。

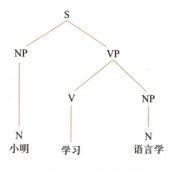

图 13-1　树形示意图

在"小明学习语言学"的句子树中,S 代表句子的顶层节点,它由名词短语 NP 和动词短语 VP 构成。NP 的子节点是名词,VP 由 V 和 NP 构成,V 的子节点是动词,NP 的子节点是名词。

短语结构语法是自然语言处理中使用最为广泛的形式模型。

### (二)广义短语结构语法

广义短语结构语法是以上下文无关语法为基础的短语结构语法,始创于 20 世纪 70 年代末,主要代表人物是英国语言学家盖茨达(Gazdar)和美国语言学家普卢姆(Pullum),两人 1985 年合著的《广义短语结构语法》系统地阐述了他们的理论思想。

乔姆斯基曾提出,短语结构法不适合以数学的语言来描述句子。对此,盖茨达等人认为,这是乔姆斯基对短语结构语法做了不必要的形式化限制造成的。他们在语法系统中增加了"特征制约部分"和"语义解释部分",扩大了短语结构规则的概括范围,把短语结构语法发展为广义短语结构语法,同时保留了短语结构语法原来具有的优点。

广义短语结构语法也使用树形图来描述句法结构,但与短语结构语法不同的是,它的句法结构是单一的,一个句子只有一个结构,而且句子之间不可以进行转换。广义短语结构语法是自然语言处理中具有重要影响的形式模型。

### (三)依存语法和配价语法

#### 1. 依存语法

依存语法是法国语言学家特尼耶尔(Tesnière)提出的。依存语法的代表作是特尼耶尔的《结构语法基础》(1959)，他用了 20 年的时间才完成。依存语法认为，句子中的词与词之间具有依存关系，句子的意义是通过依存关系表达的，两个独立的形式和它们连在一起成为整体，是性质不同的形式。依存语法主张"动词中心论"，认为动词是句子的中心，它支配其他成分，而动词却不受其他成分的支配。因此，依存关系主要指动词对其他词的控制关系。

依存语法也使用树形图。动词处于上位节点，其他成分处于下位节点。处于动词节点下的成分有名词词组和副词词组，前者叫作行动元，后者叫作状态元。行动元的数目不能超过三个，状态元的数目理论上说是无限的。如"今晚，在教室，阿尔弗雷德给查理一本书"中，"阿尔弗雷德"是第一行动元，作主语，"书"是第二行动元，作宾语 1，"查理"是第三行动元，作宾语 2，"今晚""在教室"是状态元。

2. 配价语法

特尼耶尔在依存语法中提出了"配价"的概念，德国学者把依存语法引入德国后，将该语法称为"配价语法"。特尼耶尔把动词所支配的行动元的数目叫作动词的配价，他根据动词配价的不同划分动词的小类。没有行动元的动词，叫作零价动词，有一个行动元的动词叫作一价动词，有两个行动元的动词叫作二价动词，有三个行动元的动词叫作三价动词。德国语言学家继承了这一配价思想，他们用"补足语"和"说明语"来指行动元和状态元，并把补足语分为必有补足语和可有补足语。

依存语法和配价语法在自然语言处理中很受研究者的欢迎，它们在机器翻译、人机对话、语料库文本的自动标注等领域中发挥着重要作用。

## (四) 格语法

格语法是美国语言学家菲尔墨提出的。菲尔墨认为句子存在深层结构，这个深层结构由中心动词和若干名词短语组成，每个名词短语在深层结构中都有"格"，如施事格、受事格、工具格、处所格等，这些格经过转换之后，在句子的表层结构中成为主语、宾语、介词宾语等。

根据格语法理论，句子是由情态部分和命题部分组成的。情态主要是动词的时、体、态、式、肯定/否定等成分，命题由动词(V)和格(C)组成，格由一个格标

记(K)和名词短语(NP)组成。格语法也用树形图来表示句子结构,格语法的句子树如下所示(见图 13-2):

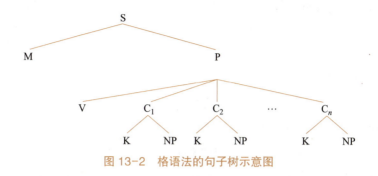

图 13-2　格语法的句子树示意图

关于"格"的数目,菲尔墨没有给出一个明确的清单,我们把菲尔墨 1968 年至 1977 年提出的格进行归纳,对比较常见并且名称比较稳定的格加以介绍。

(1) 施事格:动作(事件、状态)中可察觉的外部的发生者(发动者、控制者、经历者),一般为有生命的人或物。

(2) 使成格/结果格:表示动作或状态所形成的客体或有生物,它是理解动词词义的客体或有生物。

(3) 方位格:又译作"处所格",表示动作或状态的处所或空间方向。

(4) 受事格:表示由动词确定的事物或所影响的事物,是事件或状态中可察觉的主要的参与者。

格语法在自然语言处理中广为使用,在机器翻译、人工智能等领域发挥着重要作用。

### (五) 概率语法

在自然语言处理中,各种基于规则的理性主义方法,在处理自然语言的歧义时都显得无能为力,概率语法的提出把理性主义方法和经验主义方法有效结合起来,取得了很好的成果。

所谓概率语法是指用统计的方法计算上下文无关语法重写规则的使用概率,通过概率来解释语法中的例外现象、判断句法分析的正确性。概率语法是对上下文无关语法的改进,主要包括两方面的研究:一方面是给上下文无关语法的规则加上概率,这种语法叫作"概率上下文无关语法";另一方面是考虑中心词对于规则概率的影响,这种语法叫作"概率词汇化上下文无关语法"。概率语法是当前自然语言处理的新趋势。

## 二、词汇的形式模型

### (一) 词汇语法

词汇语法是基于词汇主义的形式化的语言理论,词汇主义(lexicalism)是当前自然语言处理的普遍趋势。

词汇语法的理论基础和操作原理都来自结构主义语言学,特别是后海里斯主义的语言学理论。词汇语法的突出特点是:①通过词汇的各种特性来描述语言的语法规则。②不回避口语材料和反例,强调句法的可接受程度。③尽量进行穷尽性研究,尽可能提高词汇覆盖面。④以符合足句条件的核心句为基本观念,把句子各部分之间形式上的关系放在主导地位,排除会话情景等语用因素以及篇章分析等修辞因素。

概言之,词汇语法坚持"格式定量,配价恒量,语义低量,词汇覆盖面高量"的做法。

### (二) 词汇语义学

词汇不是单词的列表,而是高度系统化的结构。词汇的结构和词位意义的系统化有关。研究词位和词位意义之间关系的词汇研究叫作词汇语义学。词汇语义学对自然语言处理中的知识本体等研究具有重要作用。

"词位"是指词典中的单独条目,由正字法、语音、意义、结构形式组成。词位的意义部分叫作词位含义。词位和词位含义之间的关系复杂多样,这些关系可以描述为以下四种类型。

#### 1. 同形关系

形式相同而意义上没有联系的词位之间的关系叫作同形关系。具有同形关系的词位叫作同形词。同形词包括同音异义词和同形异义词。

同形关系在自然语言处理中十分重要,例如在拼写校正、语音识别、文本—语音转换系统中,同音异义词和同形异义词是引发错误、导致识别困难的主要因素。

2. 多义关系

一个单独的词位具有若干个彼此关联的含义的现象,叫作多义关系。具有多义关系的词叫作多义词。多义词中的各个含义是彼此相关的,而同形词的各个含义是不相关的。

在自然语言处理中,不要求区分同形词和多义词,研究者把它们都看作一个具有两种以上含义的词,属于词义排歧研究领域的问题。

3. 同义关系

在自然语言处理中,“同义关系”有专门的定义。如果两个词位可以互相替换而不改变句子的意思或者不改变句子的可接受性,那么这两个词位具有同义关系。

在机器翻译等领域的研究中,同义词的意义色彩、搭配约束和使用域,对自然语言处理的质量有明显的影响。

4. 上下位关系

如果两个词位中,一个词位是另一个词位的次类,那么就说它们之间存在上下位关系。比如“汽车”和“交通工具”之间的关系就是上下位关系。“汽车”是下位词,“交通工具”是上位词。上位词是概括性较强的词,下位词是特征性较强的词。

根据上下位关系,可以把词语组织到一个词汇系统中。这种词汇系统对自然语言处理中的知识本体研究具有重要作用。所谓“知识本体”是指对一个领域中的客体进行分析,找出它们之间的关系,用以描述这个领域中各个客体所代表的概念。知识本体实际上是概念的规范系统。

知识本体有四种不同的类型:通用知识本体、领域知识本体、语言知识本体和形式知识本体。知识本体的任务是研究代表各种事物的范畴的形式特性和分类。知识本体是理解和处理知识的重要工具,借助计算机的强大处理能力,可以把人类的全部知识进行整理和组织,组成一个有序的知识网络。知识本体在数据库建设、人工智能等方面具有重要的意义。美国普林斯顿大学于1985 年研制的词网,实际上就是一个语言知识本体,它提供了十分丰富的词汇语义信息。

### 三、语义的形式模型

人工智能的核心课题是关于知识表达的研究,而知识表达离不开语义分析。传统语言学对自然语言的研究,为人工智能的知识表达的研究提供了理论基础。

#### (一) 义素分析法和语义场

##### 1. 义素分析法

"义素"是词的理性意义(即义项)的区别特征,是意义的基本要素。从义素的角度看,词的理性意义是若干义素的集合。义素是通过比较一组词的理性意义获得的。一组词的义素分析可以用义素矩阵的方法来表示,义素矩阵是一种语义形式化描述的方法。义素分析法主要用于机器词典的开发,与传统词典不同,机器词典采用义素分析法来描写语义信息,大大减少了存贮空间,便于辨别同义词,便于确定词语之间的搭配关系。

##### 2. 语义场

"场"原是物理学术语,物理学的"场"即相互作用场。"场"后来被引入语言学中,"场"的概念产生了引申和虚化,用于指称词义之间的非物质的"空间分布"。通俗地说,若干个意义上紧密相连的词义,通常归属于一个总称之下,就构成了语义场。

语义场分为静态的词汇场和动态的联想场,前者指词义的聚合关系,后者指词义的组合关系。在语义自动处理方面,针对词汇场和联想场分别提出了语义场模型和语义网络模型。

语义场模型是指根据词义类聚关系划分出不同的场型,比如分类场型、构件场型、有序场型、对立场型、同义场型等,其中分类场型和构件场型是基本的语义场型。不同的场型之间还存在不同的关系,例如嵌套关系、交叉关系、传递关系等。

#### (二) 语义网络

"语义网络"原是心理学术语,美国人工智能学者将其引入人工智能领域。语义网络用有向图来表示,有向图由"三元组"(节点1、弧、节点2)连接而成,一个语义网络可以由若干个"三元组"构成。语义网络相当于一种知识单位,在人工智能中,语义网络内各个概念之间的关系,主要由 ISA、PART—OF、IS 等谓词来表示。谓词 ISA 表示"具体—抽象"关系,谓词 PART—OF 表示"整体—构件"关系,谓词 IS 表示一个节点是另一个节点的属性。

## 四、语用的形式模型

语用的自动处理一般是研究与话语有关的问题,主要涉及修辞结构理论和言语行为理论。

### (一) 修辞结构理论

修辞结构理论是曼(Mann)和汤普森(Thompson)于 1987 年提出的,这是一种基于文本局部之间关系的文本组织理论。修辞结构理论认为,文本(又译作"语篇")中各个段落之间的组织、段落中各个句子之间的组织,应该具有某种连贯关系,否则就不能很好地结合在一起,形成可以接受的文本。

修辞关系是修辞结构理论的核心概念。修辞关系是指两个互不重叠的文本跨段之间的关系。常见的修辞关系有详述关系、对比关系、条件关系、目的关系、序列关系、联合关系、环境关系、动机关系和使能关系等。修辞结构理论采用树形图对文本结构进行形式化描述。修辞结构理论主要用于语料库建设、自动文摘、文本自动分析、机器翻译等领域。

### (二) 言语行为理论

言语行为理论是哲学家奥斯汀(Austin)和塞尔(Searle)等人提出的。言语行为理论认为,从行为的角度看,言语就是说话人通过"说事"来"做事"。从说事和做事的角度看,任何句子不外乎三类行为:以言表意行为、以言行事行为和以言取效行为。区分这三类行为,才能更好地理解人类是如何"以言行事"的。塞尔在奥斯汀的基础上,修改和发展了言语行为理论,重新对言语行为进行了分类。言语行为理论为自然语言处理中的"会话智能代理"提供了理论基础。

## 第四节  /  计算语言学的应用

### 一、文献处理

利用计算机从众多的文献资料中找出符合特定需要的文献或情报的过程，叫作情报自动检索，又称信息自动检索或信息检索，目前已经成为科技情报工作现代化的核心内容，同样也是计算语言学中的一个重要应用领域。

对任何研究领域的专家学者，梳理出本专业领域或某个课题的研究进展及发展脉络都非常重要。严格意义上来说，本小节介绍的关于文献处理的内容仅是计算语言学的一个研究分支，它起源于图书情报的资料查询及文摘索引，更从属于文献计量学的范畴，其目标就是找到提取文档信息的模型和算法，它对几乎所有的研究者都有着极其重要的应用价值。

信息检索中常常使用到的自然语言处理技术包括去除停止词、取词根、词性标注、词义消歧、句法分析、概念抽取、命名实体识别与指代消解等。

在文献搜索及处理领域，引文空间软件 CiteSpace 近年来备受关注，众多领域的学者利用 CiteSpace 对本专业的文献进行归纳梳理。CiteSpace（引文空间）是由华裔学者陈超美创制的一款文献计量学软件，着眼于科学分析中蕴含的潜在知识，是在科学计量学、数据可视化背景下逐渐发展起来的一款引文可视化分析软件。由于是通过可视化的手段来呈现科学知识的结构、规律和分布情况，因此通过此类分析得到的可视化图形也被称为"科学知识图谱"。CiteSpace可以呈现四类可视化图谱：第一类是作者、研究机构、国别；第二类是参引文献之间以及被引作者之间的共引关系；第三类是关键词和术语；第四类是研究基金。

### 二、机器翻译

随着信息时代的来临和世界各国人们交流的需要，人们对机器翻译的需求越来越大。机器翻译是利用计算机来实现不同语言之间的翻译，其目标就是利用计算机及软件系统把一种自然语言（称为"源语言"）的文本转换成另外一种自然语言(称为"目标语言")的文本。机器翻译是计算语言学的一个非常重要的应用研究领域。

由于机器翻译本身是一个非常复杂的研究问题,它困扰着计算机、语言、数学等众多领域的研究学者,直到目前仍未得到很好的解决。如果从总体方法上来划分,机器翻译主要有理性主义方法和经验主义方法,它经历了从最初的直接翻译法,到基于中间语言的翻译方法,直到目前最为流行的基于语料库技术和统计机器学习方法这样的一个技术发展脉络。基于记忆的翻译方法、基于实例的翻译方法、统计翻译方法和基于神经网络的方法是近期机器翻译系统中取得重要进展的典型代表。尤其是最近几年来,基于大规模语料库的统计翻译方法取得的一系列重要进展,从根本上改变了人们对统计翻译方法最初的认识和观点。

虽然当前的机器翻译系统研究取得了重大进展,但还远没有达到人们所预期的"信、达、雅"的翻译目标。当前被广泛应用的在线机器翻译系统有:谷歌在线翻译,有道词典及有道在线翻译,金山词霸,爱词霸及百度在线翻译,必应词典及必应在线翻译,灵格斯在线翻译系统等。虽然这些在线机器翻译系统给出的翻译结果并不能拿来直接"应用",但在计算机辅助翻译领域,很多机器翻译的产品都以接口方式嵌入在类似于像 SDLTrados Studio,Memoq,Déjà Vu 等这些机助翻译软件中,最大限度地帮助专业翻译人员完成翻译工作,而且从目前的实际应用效果上来看,无论是翻译效率还是翻译质量,在线机器翻译系统也的确在辅助人类完成翻译工作的方面提供了巨大的帮助。

机器翻译除了要完成文本的互译工作之外,另外一个重要领域就是语音翻译。语音翻译是利用计算机相应软硬件系统来完成从一种语言的语音到另外一种语言语音的自动翻译转换过程。一个松散连接的单向语音翻译系统由三个主要的技术模块组成,即自动语音识别器,机器翻译引擎和语音合成器。语音识别器用于将源语言语音识别成文字,机器翻译引擎实现源语言语音识别结果到目标语言语句的翻译,语音合成器则将目标语言的文字表达转换成语音输出。

由于应用需求非常广泛,众多的科研机构及公司投入了巨资开展此类方向的研究工作,并且也已经出现了面向应用的产品,如美国海军军事医学研究院的短语翻译器 Phraselator,德国联邦教育研究部的 Verbmobil 口语翻译系统,中国科学院自动化研究所的 CASIA 口语翻译系统等。近年来我国科大讯飞公司的多款翻译机系列产品已经走进千家万户，目前覆盖近 200 个国家的语言即时互译，目标就是跨语言沟通无障碍，其应用效果及良好的用户体验感赢得了用户的认可。

### 三、语料库

在当今自然语言处理的热门研究领域之中，无论是汉语的自动分词、词性标注、句法分析、语义消歧，还是机器翻译、文本分类以及信息检索与信息抽取，在基于统计方法的自然语言处理背后，我们都能看到各种各样语料库的存在。语料库是存放语言材料的数据库，而这些语言材料则代表了某一语言或其变体。在进行语言材料收集建库时，根据不同的研究目标我们重点关注语料库的规模、领域、体裁、时代、语体、语种等相关属性。

按照不同标准我们可以将语料库做出多个类型划分，按用途语料库可分为"通用语料库与专用语料库"，按语料分布时间语料库可分为"历时语料库与共时语料库"，按语料是否添加了额外的语言学信息，语料库可分为"标注语料库与生语料"等等。

在现有的众多语料库之中，国内外一些经典语料库值得我们关注，其中英语语料库包括布朗家族语料库、英国国家语料库、当代美国英语语料库、国际英语语料库等，汉语语料库则包括国家语委现代汉语通用平衡语料库、北京大学汉语语料库、北京语言文化大学 BCC 汉语语料库、中国传媒大学媒体语言语料库等。

语料库在众多自然语言处理中都有着极其重要的作用，基于统计方法的自然语言处理通常以大规模语料库为基础，因此又称为基于语料库的自然语言处理方法，如基于大规模语料库的语音识别、自动文本校对、句法分析、机器翻译，以及基于语料库的语言模型训练以及语言模型的评价等。

语料库语言学是基于语料库进行语言研究的一门语言学分支学科，目前已经成为语言学研究的主流方法之一。在理论语言学、对比语言学、认知语言学、语用学、系统功能语言学、翻译、二语习得、语言教学、话语分析、词典学等几乎所有语言学分支学科和研究领域我们都能看到语料库的应用。

语料库语言学与计算语言学二者之间既有区别又有联系。计算语言学的研究成果极大地推动了语料库语言学的发展,而且随着语料库规模的不断增大,其对计算语言学的依赖程度也不断加大。

## 四、大数据

1980 年,美国著名的未来学家阿尔文·托夫勒(Alvin Toffler)在《第三次浪潮》一书中预见了大数据的出现。2001 年,美国格特纳公司的分析师道格拉斯·兰尼(Douglas Laney)首次从大数据特征的角度对其进行了相对明确的定义,他强调大数据必须具备 3V 特征,即容量大、多样化和速度快。2008 年 9 月,《自然》杂志推出了名为"大数据"的封面专栏。2009 年开始,"大数据"成为互联网技术行业中的热门词汇。

全球知名的麦肯锡咨询公司 2011 年 5 月发布了一份关于大数据的详尽报告认为数据已经渗透到当今每一个行业和业务职能领域,成为重要的生产因素,而人们对于海量数据的运用将预示着新一波生产率增长和消费者盈余浪潮的到来。大数据正在改变我们的生活以及理解世界的方式。大数据具有体量浩大、模态繁多、生成快速、价值巨大但密度很低的特性。各个国家的几乎所有相关研究领域都对大数据时代带来的重大变革给予了极大关注,计算语言学领域的研究学者也同样如此。

语言学是研究语言的本质、结构和发展规律的学科。"大数据"最大的价值并不在于数据本身,而在于如何将数据与知识、社会、文化、行为、人联系在一起,并通过数理统计方法,更科学地发现数据背后隐藏的有关人类认知、行为的模式以及人与社会、自然交互的规律。大数据助力语言规律研究,推动语言学科学化、国际化。

大数据时代不仅极大地推动了语言学本身的研究进展,计算语言学的发展同样受到了大数据和深度学习的双重驱动,大数据突破了自然语言处理获取必要知识的瓶颈,也为深度学习提供了足够规模的训练数据,因此在这样的环境中,计算语言学必然会取得长足进步。

对"大数据"背景下的汉语语言学研究,詹卫东认为:"汉语语言学研究应该更加注重语言工程的研究和开发,以提高汉语大规模语言资源的数量、类型及易获得性,因此,汉语语言资源建设应努力实现语言范畴形式化、语言数据专项化和语言知识可视化;其次,汉语语言学的研究应更加开放、更具多元化视角、更加注重多学科的交叉和融合。"①

### 🖳 思考与应用

#### 一、术语解释题

计算语言学　语言数据联盟　机器学习　短语结构语法
广义短语结构语法　依存语法　配价语法　概率语法　词汇语法
词汇语义学　同形关系　知识本体　语义网络　修辞结构理论
信息检索　机器翻译　语音翻译　语料库

#### 二、复习思考题

1. 简述计算语言学的应用领域。

2. 简述计算语言学与自然语言处理的关系。

3. 简述计算语言学与计算机科学的关系。

4. 计算语言学与传统语言学的关系。

5. 简述计算语言学与数理语言学的关系。

6. 简述计算语言学与自然语言的关系。

7. 如何理解计算语言学中的研究对象"语言"和"计算"?

8. 基于规则的自然语言处理方法有哪些?

9. 基于统计的自然语言处理方法有哪些?

10. 计算语言学的发展主要经历了哪些时期?

11. 计算语言学萌芽期的基础性研究是什么?

---

① 詹卫东:《大数据时代的汉语语言学研究》,《山西大学学报(哲学社会科学版)》2013 年第 5 期,第 70 页。

12. 计算语言学发展期的代表性理论有哪些？

13. 计算语言学繁荣期的显著变化有哪些？

14. 当代计算语言学发展的显著特点是什么？

15. 短语结构语法和广义短语结构语法有何相同点和不同点？

16. 依存语法中动词支配的成分有哪些？

17. 在格语法中句子的成分有哪些？

18. 词位和词位含义之间有哪些关系？

19. 知识本体有哪些不同的类型？

20. 根据词义类聚关系，语义场可以分为哪些场型？

21. 根据修辞结构理论，常见的修辞关系有哪些？

22. 根据奥斯汀的言语行为理论，句子不外乎哪些行为？

23. 常用在线机器翻译系统有哪些？

24. 常见的语音翻译产品有哪些？

25. 语料库分类标准是什么？

26. 经典英语语料库有哪些？

27. 典型汉语语料库有哪些？

28. 简述计算语言学与语料库语言学的区别与联系。

29. 简述大数据的特性。

30. 大数据对语言学研究的作用？

## 三、实践应用题

1. 阅读《19万文本数据解读"老司机"的语义演化》全文，分析数据挖掘在分析网络新词方面有何优点。

2. 阅读《一文了解语义角色标注》，并按照其指导尝试进行操作。

3. 阅读《初学者|不能不会的NLTK》，并按照其指导尝试进行操作。

4. 比较各类在线机器翻译系统的优缺点。

# 第十四章　心理语言学

## 第一节　/　心理语言学概述

### 一、什么是心理语言学？

心理语言学是一门只有几十年历史的边缘性学科。它是用实验的方法来研究人们学习语言和使用语言的心理过程，同时探讨语言行为规律的一门学科。

心理语言学研究几个不完全相同、但又有联系的题目：

(1) 人们是怎样理解和产生语言的？这称为实验心理语言学。

(2) 儿童是怎样习得母语的？称为发展心理语言学。

(3) 心理学的研究成果是怎样应用到其他领域的？这可以称为应用心理语言学。这些领域有的很广泛，如第二语言教学等，有的很专门，如人工智能等。

(4) 怎么建立心理语言学的计算机模型？这可以称为计算心理语言学。它是一门研究怎样通过计算机手段模拟语言的心理过程的新科学。

心理语言学还对语言心理活动的物质基础感兴趣。研究语言的生理和神经基础。这个领域越来越专门化，已经分化成一门独立的交叉学科，叫作神经语言学。

另外语言和思维的关系是一个有深远意义的哲学性问题，吸引了哲学家、人类语言学家、社会语言学家、计算语言学家和心理语言学家的兴趣。他们对这个问题的观察有不同的角度和方法，心理语言学家从认知度角度，使用实验的方法来研究它，具有其自身的特点。

现代科学发展的特点是交叉影响、相互渗透，学科的边缘并不是很清晰。也有一些语言学科从另外的角度研究本来属于心理学语言学的课题，如语用学。

综上，我们可以归纳心理语言学的几个特点：①它是研究语言的心理和习得的过程的。②这个过程以认知为基础。③它主要采用实验方法来进行研究；在一些领域还包括自然观察法和语料库方法。

## 二、心理语言学的认知基础

心理语言学认为语言的使用以认知为基础，它牵涉两个方面的问题：①人们需要什么知识才能使用一门语言？ ②他们在交际过程中内心是怎样使用这些知识的？

人们对母语的使用往往是无意识的，这就使他们产生一种错觉，以为语言交际是一个很简单的过程，无须多少知识。但是一旦学习另一种语言时，我们就感觉必须掌握关于这种语言的知识，才能使用它。可是我们仍然没有意识到还有一些根本的关于语言和交际的知识是从我们使用母语能力中转换来的。米勒（Miller）指出，语言使用牵涉五个方面的知识，即 ①语音信息；②语法信息；③词汇信息；④概念知识；⑤信念系统。

前三种知识和语言结构有关，后两种与心理有关。概念知识是关于客观世界的知识，说话人必须对他所生活和谈论的世界有所了解。信念系统也属于关于客观世界的知识，说话人用以评论他所听到的内容。

## 三、语言的生物和生理基础

### （一）语言进化论

语言的出现是人类进化史中比较晚期的产物，是区别人类和其他动物的重要标志。和别的行为一样，言语行为受大脑控制，只不过语言特别精细和多彩多姿，它在大脑中的表征也特别复杂。我们之所以要考察语言的物质基础——生物和生理基础，因为：

第一，研究大脑那些和语言有关的区域有助于澄清语言理解和产生的过程：我们可以知道语言能力的许多方面，不仅是抽象化的结果，而且分别在大脑的不同区域里有不同的表征。

第二，它也丰富了我们对语言习得的研讨。如果儿童习得语言是受专门的大脑机制所决定的，那么那些缺乏这种语言机制的物种能够有多少语言？这个问题也就不辩自明了。

现代生物学的新成就表明：生命的历史是系统发展的历史，如果某一物种在长时期内不能分化出另一个独立的种群。它就会产生某种独特的属性，人类的发音器官和语言能力也是人类进化的结果，而且发展成为物种的属性，以别于其他的物种。

1. 人类发音器官的专门化

人类的发音器官和其他动物的发音器官有不少相同之处，都有嘴、唇、舌、牙齿、腭等。功能也大体一样，不是用来进饮食，就是用以发音。但是人类的发音器官能发出一个个清晰的音节，这些有限的音节可以搭配成无数的声音组合，使语言成为人类独有的符号系统。人类的这种发达的发音器官是长期进化的结果，和劳动与直立分不开。

2. 人类语言能力的发展

成为人类的物种属性而被遗传下来的不单是发音器官，还有语言能力。那么语言能力是人类独有的吗？这个问题可从两方面考察：一方面，看看儿童在没有任何语言输入的情况下，是否能够依靠本身天生的能力，创造某种语言系统。另一方面，看看我们能否教一些大脑缺乏语言专门化功能的物种学会人类的语言。

1977 年，美国宾夕法尼亚大学的研究人员戈尔丁-梅朵多（Goldin-Meadow），费尔德曼（Feldman）记录了 6 个聋孩（其父母均有听觉）发明手势语的案例，鲜明地说明了语言能力是如何独立地发展的。戈尔丁-梅朵多认为，就是在恶劣的环境里，儿童都有某种自然倾向和能力去发展一种自成体系的交际系统，这种"应付"能力使人们得出这样的结论：就是在语言没有准备的条件下，人类都准备学习语言。这种语言能力应该说是人类的一种属性，是人类演化的一大成果，但是要把这种能力发挥出来，却必须具有一定的条件，那就是人类社会。

科学家同时又致力于教黑猩猩学人类语言。发现黑猩猩能够对人类语言中 60 个词作出反应，是最聪慧的类人猿之一。20 世纪 50 年代，海斯（Hayes）夫妇教一个小黑猩猩维基（Viki）学说人类语言，花了 6 年时间才教会它发出 4 个像英语的声音。这个试验说明猿类的发音器官并没有说人类语言的生物基础。60年代,加德纳(Gardner)夫妇汲取了这个教训,训练另一个黑猩猩华秀(Washoe)学美国手势语,用了22个月的时间教会它34个词。华秀(Washoe)不但能够恰当地使用这些词,而且能用它来表达概念。70年代,普雷马克(Premack)又尝试用各种形状和颜色的塑料符号来教黑猩猩莎拉(Sarah)学人类语言。美国的莱蒙(Lemmon)和俄克拉荷马(Oklahoma)建立了一个灵长目动物研究所,继续观察学过美国手势语的10多名黑猩猩。这些试验表明:

(1)黑猩猩都能习得符号。它们不但能对符号作出反应,还能理解符号所概括的概念。

(2)黑猩猩有组合符号的能力。有的心理语言学家因此认为黑猩猩能发展出某种语法。

但是能否因此就推翻语言是人类独有的论断? 目前来看,还不可以,这是因为:

(1)人类的语言能力指的是什么? 界限在哪里?

(2)试验表明黑猩猩能学到手势语,但也表明它们学不到人类的有声语言。

(3)黑猩猩的手势语是强化训练得来的,并非如人类一般,是大脑走向成熟的阶段习得语言和认识世界的。

(4)语言的产生和发展是在人类社会里进行的,人类之所以有语言是以人类社会为前提的,黑猩猩不能说人类的语言,除了缺乏生物基础外,还因为它们没有人类社会的基础。

### (二)语言能力的遗传性

围绕语言能力的遗传性这个问题出现了几种不同的观点:

(1)环境决定论:语言能力完全是后天的,是环境作用的结果。

(2)天生论:语言能力完全是天生的。

(3)相互作用论:小孩生下来不一定具有某种语法、语音、语义的范畴或规则,但是他却具有某种组织经验的潜在能力,进而发现、了解和产生符号,并用于交际。这种潜在的能力是天生的,但是只有在和环境的相互作用中才能得到发挥。因此语言能力是客观因素和人类的潜在能力相互作用的结果。

根据现代遗传学的基因学说,基因是储存特定遗传信息的功能单位。在个体发展中,一定的基因在一定的条件下,控制着一定的代谢过程,从而表现为一定的遗传特性和特征。当然,受基因决定的不是行为本身(如它不能让人生下来就懂得语言等),而是引起这种行为的倾向(如习得语言的能力等)。由于基因的多效性的作用,倾向也会有变异(如记忆能力就能发展等),但是从表现来看,基因变化可能局限在一定的范围内,而让物种的许多其他的特征完全稳定地保存下来。首先变异的是那些抗拒力低的基因,而保存下来的是那些建立得很牢固的基因。

近年来,有些科学家试图运用基因学说去研究语言能力的遗传性问题。研究的方向有两条:调查有语言缺陷的人的家族史;对有语言缺陷的人的家族作染色体调查。

### (三) 大脑和语言

美国人史密斯(Smith)在 1862 年曾经获得了一份古埃及人写在草纸上的文稿,上面提到大脑损伤的后果,这份纸卷的有些部分是关于公元前 3000 年的。它提到 48 个个案,其中一个个案说到言语能力的丧失可能和头部外伤有关。这很可能是历史上第一次提到失语症。古希腊希波克拉底学派的学者已经注意到脑部损伤会引起对侧瘫痪。到了 18 世纪,差不多所有语言紊乱的现象都被人注意到了。但是真正从临床解剖学的角度观察的是 19 世纪的法国人布洛卡(Broca)。他在 1863 年的巴黎人类学会的第一次会议上宣布他的发现:一个大脑第 3 左颞回受到损害的病人丧失了说话能力,因此大脑的这个区域(后称为布洛卡区,而这种病也就称为布罗卡失语症)应该是"言语中枢"。虽然布洛卡的科学论据还不很充分,但是 100 多年来的神经生理学和解剖学的发展证实了布洛卡的说法,而且还揭示更多的事实。

1874 年,德国人维尔尼克(Wernicke)又发现大脑后第 3 颞上回如果受到损害,得病的人不容易理解口语和一些书面语。这个区域也就叫作韦尔尼克区。布罗洛区和韦尔尼克区与语言功能都有联系。从此以后,失语症的研究吸引了许多医生、生理学家和心理学家的注意。言语牵涉心理、生理和解剖三方面的问题。大脑受到损害是解剖方面的问题;如果这些损害影响言语,那是生理功能解体的问题,由此而产生的紊乱则是心理方面的问题。因此有的科学家主张建立独立的言语神经生理学,简称为神经语言学。神经语言学是脑科学、行为科学、临床科学的综合。

## 四、语言的心理机制

语言处理是语言的原则和心理机制共同作用的结果。外部信息处理成语言,都必须使用一系列的心理结构来编码、存储和提取,其核心部分是记忆。

### (一) 记忆的功能

记忆的目的是把信息储存起来供以后使用。有时差不多是即时使用,如查到一个电话号码,记下来去拨号。有时是短期内使用,如交际时要记住对方的话。有时是供以后不定时长期使用,如在学校里学门功课。要完成这些功能,一个好的记忆系统应该具有以下性质。

1. 编码

(1) 处理层面。对记忆系统的第一个要求是把要记忆的信息放在合适的形式里,以备日后使用。这就是编码。编码是对经验的抽象和解释。

(2) 联系原则:贴近和频率。联系原则认为在一起发生的感知、思想和其他的心理活动会在记忆里联系在一起,所以只要其中的一些环节在以后出现,它就会触动其他相连的事情。这些相伴的经验不一定有什么必然的联系,而且往往是任意的,但是这种自动建立的联系却很有用。很多记忆术都以这个原则为基础。

但是从学习和记忆的角度来看,贴近联系是一种比较弱的形式,更加重要的原则是频率和练习。那就是两件事物贴近地出现的频率越多,他们的联系就越强。这个原则可以提高有效联系的频率。

(3) 节点、链节和连接主义。我们的记忆包括了心理实体的连接,这构成了人类记忆的关联模型的基础。在这些模型里,记忆的内容包括了一些项目的心理表征和与它们有关的连接。用图论的术语来说,这些项目叫作节点,节点的连接叫作链节,这些语义网络模型的共同的假定是网络一部分的激活可以通过链节传递到别的节点。这种关联的传播就是记忆的提取。

## 2. 记忆的提取

通过把经验中的内容和记忆中相似的内容相匹配,然后提取有关的信息,是我们记忆的首要的、也许是唯一的方法。提取过程可分为两个阶段:第一个阶段是提供大量的材料,其中多数和刺激或问题多少有点关系。第二个阶段是按照进一步的信息进行选择,然后再将结果传递第三个阶段——意识的阶段。

## 3. 遗忘

人类的记忆不可能记住所有经历过的信息。有些信息在编码时便丢失了。即使在编码以后,记忆系统还会继续放弃一些次要的信息,只保留最重要的信息。但是回述和再认会提高记忆的强度,降低遗忘率。在遗忘过程中扔掉的是那些不使用的材料:不使用就丢掉,这是信息遗忘的第一种途径。信息遗忘的第二种途径是记忆之间的互相干扰。当新信息和已知信息融合或掺杂在一起时,记忆就会发生变化:有时是新信息受到歪曲,有时是已知信息被改变。

## (二) 记忆的结构

记忆的功能是在不同的记忆结构中实现的。记忆结构就是心理结构,它是信息处理模型的主要组成部分,来自环境的信息通过记忆结构来编码、储存和提取。环境输入的是各种声音、文字、图像和感觉事件,它们在记忆的每一种结构里有不同的表现方式。

(1) 感觉记录器。以感觉为基础,它把我们日常碰到的各种颜色、声音、图像、文字、气味的原始的、未经分析的形式储存在记忆里,为时甚短。

(2) 短时记忆。亦可称为工作记忆。这相当于对事物的意识:当你在某一时期意识到某一事物的存在,该事物就可以说是保存在短时记忆里。

(3) 长时记忆。又叫永久记忆。它是我们保存世界知识的仓库,包括一般的知识和我们的个人经验。

# 第二节 / 语言习得

## 一、研究语言习得的重要性

语言习得是认知科学和心理语言学的一个重要的,也是争议甚多的课题。研究语言习得有不同的角度。一个是心理学家的角度,观察的是儿童的语言结构的发展,多采用描写和记录的办法。另一个是语言学家的角度,特别是认知语言学家的角度,关注语言的组块性、语言是人类独有的、语言与思维的关系、遗传与环境的交互作用等问题,多采用观察和实验的方法来验证所提出的假设。这两个角度都很重要,而且它们互为补充。

儿童语言习得是语言习得的典型例子。对正常的儿童来说,学会一种语言是一件极为自然的事情。拿说英语的儿童为例,他们从说一个字开始,到会说两个字,约需 26 个月。到会说简单及复杂的句子,约需 34 个月。他们是如此容易地学会了自己的语言。成人则不同,从掌握语音词汇到句法会话,人往往要付出很大的努力。小孩子是如何习得语言的? 为什么会出现这样的差别呢?

心理语言学家的一个重要任务就是研究第一语言和第二语言习得的过程,揭示语言习得的规律。完成这一任务不仅仅有助于我们进一步理解语言的本质,而且有助于我们了解人类的认知能力和智力因素,理解语言习得的过程,从而指导我们的语言教学活动。事实上语言习得不单是语言学问题,它本身还具有跨学科的性质。而当今的语言习得研究也的确越来越多地借助于其他一些学科如教育学、心理学、神经学、社会学、统计学等,甚至交叉学科如认知心理学、心理语言学、社会语言学、跨文化交际学等的研究成果,与之相互渗透、相互影响。语言习得研究不仅仅关注语言本身,还开始关注语言习得的心理过程、认知过程,注意语言与社会、语言与文化之间的关系。这些跨学科研究是语言习得研究的热点和前沿,同时也极具现实意义,如可创新外语教学的理念和模式、为制定语言政策和规划提供参考、用于儿童语言的诊断和康复等。

## 二、语言习得及其理论

### (一) 语言习得概念

要厘清"语言习得"这一概念,有必要将它和"语言学习"进行区分。

"习得"就是"学会","语言习得"就是通过学习而获得语言。人们学习语言总是从学习言语开始的,学会一种言语现象,如学会一句话,也可以说是对这种言语现象的习得。一种言语现象往往要经过多次反复和实际应用才能学会,只有学会了大量的言语现象,并且逐渐形成了用这种语言思维并能创造性地自由运用这种语言的能力,才算习得了这种语言。可见,语言习得是一种过程,也就是通过学习而获得语言的过程。我们把这样的过程叫作语言习得过程。

每一个语言器官健全的人都至少会说一种语言,有的人因为有一定的客观条件,会说两种甚至多种语言。这说明,凡是语言器官健全的人都具有获得一种或多种语言的能力。但是具有获得语言的能力不等于就能获得语言,要获得语言就必须学习语言。我们把学习语言的活动或行为叫作语言学习。语言学习包括在自然环境中学习和在学校里的课堂上学习。

有一种语言学习理论把"有意识地"学习语言叫作语言学习,把"无意识地"学习语言叫作语言习得。第二语言是有意识的学习,所以把第一语言学习叫作语言习得,把第二语言学习叫作语言学习。我们主张从另一个角度来区分"学习"和"习得",这就是:"学习"是一种行为,"习得"是一种过程,"学习"是为了"习得","习得"是"学习"的结果;"学习"中包含着"习得",但是"学习"不等于"习得","学习"和"习得"的关系是一种包容关系。

### (二) 语言习得理论

#### 1. 行为主义心理语言学

斯金纳认为,人们的行为实际上是对外界所作的一系列反应,往往会受到外界的影响与控制。即语言习得的过程是人们通过刺激反应和条件反射养成的一套语言习惯,因此,儿童的语言既不随着他们生理、智力认识的成熟而发展,也与语言习得的特殊能力毫不相干。行为主义心理语言学家不研究语言能力,因为语言能力属于思维能力范畴,既看不到也无法测量。他们强调语言表现,强调学习语言的重要性。在语言学习过程中,学习者的任务是对外界的条件作出迅速的反应,进行接受性的学习。

2. 传统心理语言学

传统心理语言学家认为,语言不是一套习惯,而是一组语言规则。语言学家的任务不在于研究人们的语言表现,而是要发现、解释语言表现的内在规律。儿童习得语言的过程也同样是发现这些语言规则的过程。乔姆斯基认为,人类具有语言习得的特殊能力,这种先天的语言智力组织存在于人们的大脑中,为成熟期所控制。语言智力组织储藏着关于如何划分语法成分和句法结构、语言的深层结构和句法转换规则等语言知识,具有进行语言信息处理的特殊功能。乔姆斯基把存在于人脑中的语法知识称作普遍语法,即人类所有的语言的深层结构都存在一种共同的句法规则和语音规则。

3. 语义心理语言学/认知心理语言学

语义心理语言学和认知心理语言学都强调语义的重要性,强调语言的内容和意思先于语言的结构和语言形式。这两个学派都认为语言习得是建立在儿童认知能力发展的基础上的。所不同的是语义心理语言学属于心理语言学的一个分支,其理论基础是生成语义学。认知心理语言学属于心理学的一个分支,其理论基础为皮亚杰的认知发展心理学。但在重大问题上,如在语言的本质、语言习得的能力等问题上,这两个学派的意见基本上是一致的。

## 三、第一语言学习及其理论

### (一) 第一语言学习

第一语言和第二语言是从学习的先后顺序的角度命名的。区分第一语言和第二语言的目的是研究它们的学习和习得规律的异同。

### (二) 第一语言学习的相关理论

第一语言学习的主要理论有模仿强化说、先天能力说和认知说等。(这部分内容参见本教材第十五章"应用语言学的其他重要领域"第四节"儿童语言发展学")

### 四、外语学习及其理论

#### (一) 外语学习

在非目的语的环境中学习第一语言以外的语言，这种语言就称为外语。外语是从国别的角度命名的，指的是外国语言，是相对本国语言而言的。

狭义的第二语言把第二语言和外语严格地区分开来，少数民族人在汉族人居住区讲汉语，或汉族人在少数民族地区生活，他们各自讲的对方的语言就是他们的第二语言。本国人在本国境内学习其他国家的语言，应称为外语。第二语言和外语尽管有不少相似之处，但两者却存在着明显的差异。与第二语言相比，外语至少有以下几点明显的不同：①缺乏语言环境；②语言输入量不足；③外语学习者往往带有明显的工具性动机，学习语言的内驱力明显不如第二语言学习者；④能获得的语言交际能力远不及第二语言学习者。

#### (二) 外语学习相关理论

**1. 克拉申的监调模式**

克拉申的监调模式是外语习得理论中最有影响的一个学说，克拉申把成年人的外语学习分成两种过程：一种是在老师的辅导下，有教材、有系统地学习。这种学习是有意识的。另一种则是在自然的语言环境中习得语言。这种语言能力的获得是无意识的，在主观上学生没有作任何努力。监调发生在说话前，或说话后，使用此方法的频率因人而异。此外，这个方法的使用受到三个条件的限制，即 ①得有足够的时间来监调；②监调的重点是句子的句法结构；③说话者一定懂得语法规则，知道如何调节。由此，克拉申认为成年人语言学习成绩的差别在很大程度上取决于他们是如何运用监调方法的。

**2. 学习策略**

外语学习策略，主要包括以下几种观点：

(1) 学习策略是学习者在学习过程中使用的具体的促进学习的方法、技巧或行动。

(2) 把学习策略看作抽象的行为或内隐的学习规则系统。

(3) 学习策略是学习的过程和程序。里格尼（Rigney）认为学习策略是促进语言习得、记忆、提取和语言表达的程序和步骤。

### 3. 学习动机

学习动机是影响外语学习效果的重要情感因素之一。加拿大语言学家加德纳与兰伯特曾发表《二语习得中的动机变量》一文；之后，加德纳从社会心理学视角继续从事外语学习动机相关研究，并提出动机包含学习目标、努力行为、实现学习目标的愿望及学习语言的积极态度4个方面。二人研究设计了态度/动机测量表（AMTB），这一工具已成为最权威的外语学习动机测量工具。

## 第三节 / 心理语言学的应用

心理语言学已经应用于通信技术、医学和人工智能研究。但是它的最重要的用途还是在教学方面，包括幼儿教学、外语教学、聋哑人语言教学等。

### 一、语言教学

语言教学是为了使学生学会听、说、读、写，能用语言进行交际的教学模式。

#### （一）语言学习

##### 1. 第一语言学习

语言是一种工具，通过它我们可以认识到周围的许多事物，儿童对母语的学习主要是从语音、词汇、语义、语法四个角度来进行。

（1）儿童的语音。儿童语言发展的主要阶段是哭喊、婴儿语、幼儿语、说话。在最初的几个月，儿童发出的哭喊声多半是口音或类似元音的音；到了八至十个月，能发出不同的音，且习得模仿能力，而这种习得能力是其说话的开始；从两岁到三岁半，他的语音系统——开始是个有限系统——变得愈来愈像成人的语音系统。

（2）儿童的词汇。一般儿童所能说出的词最早出现在第一年，一直到第二年，其词汇都增长得很慢；但第二年之后，词汇的增长便极为迅速；而到了八九岁，儿童吸收词汇的速度再一次放慢。

（3）儿童的语义。儿童语义学习包含三个阶段：第一阶段通过哭喊对不舒服的物理刺激做出反应；第二阶段通过借助手势并进行喊叫以引起周围环境的改变；第三阶段直接使用喊叫来使听话者明白其表达意图。

（4）儿童的语法。儿童一般是通过类推学会语言的语法的。其最初的句子多为单词句、祈使句，到了会数数的年龄，才能拥有掌握句子结构的能力。基本到十岁以后才能真正懂得语法。

2. 第二语言学习

第二语言的习得在很大程度上一定会受到第一语言的干扰；在社会上的不同接触以及导致这些接触的不同因素也会影响第二语言的学习；年龄、智力、意向、情感等心理因素对该语言的习得也有着不可忽视的作用。

（二）语言教学方法

1. 教学方法的适用性

教学方法的适用性，主要受以下因素的影响：①学生对教学方法适用性的影响；②教师与教学方法的关系；③教师与学生的关系对教学的影响。

2. 心理语言学的应用

（1）第一语言获得。神经外科学的许多报告证实，只有人脑的左半球才有主管语言和抽象思维的功能。任何其他动物，甚至与人类亲缘关系最近的猩猩的大脑都没有语言结构。人类获得语言能力的基础是从遗传得到的，但仅有这先天基础，如果不向客观环境学习，仍得不到语言。

（2）第二语言获得。第二语言学习的成败，有两方面因素，一是学习者方面，一是教授者方面。就学习者方面，学好第二语言必须具备两个条件：一是动力，一是才能。

## 二、脑科学

### （一）脑科学时代的到来

人类大脑的形成是亿万年来生物演化的结果，它是由不同的神经细胞所构成的复杂生物组织。理解大脑的结构与功能是当今社会最具挑战性的前沿科学问题。脑科学对各种脑功能神经基础进行解析，不仅对诊断和治疗人类大脑疾病有重要的临床意义,而且由脑科学所启发的类脑研究可推动新一代人工智能技术和新型信息产业进一步发展。

### (二) 脑科学的研究内容

现代神经科学的起点是神经解剖学和组织学对神经系统结构的认识和分析。脑科学研究的关键是要实现对神经元集群活动的实时观察,并通过特定神经环路的结构追踪及其活动操纵,研究其对脑功能的充分性和必要性,进而在全脑尺度上解析神经环路的结构和功能。脑科学领域的重大问题是从图谱制作到机制解析。

### (三) 脑科学与人工智能

人工智能与脑科学之间有着千丝万缕的联系。通过计算机视觉技术,人工智能可以通过一个人的动作来了解对方,通过互动引导人群与外界的交流。人工智能还可以在婴幼儿时期对孩子的大脑进行扫描,配合数据分析,得出罹患自闭症的概率,从而尽早对自闭症进行治疗。除了计算机视觉,人工智能的另一大领域就是自然语言理解。现在,人工智能已经可以通过对话交流,对抑郁症患者的有效治疗起到积极作用。人工智能大显身手的另一脑科学领域则是对老年痴呆症诊断与治疗。无论是应用软件(APP)上的测试还是 MRI 脑部扫描,都可以对老年人群进行未雨绸缪的关怀,尽可能降低老年痴呆症对老年人生活质量乃至生命长度的危害。

### (四) 脑科学的发展建议

脑科学是未来若干年自然科学领域国际竞争的焦点,抢占国际制高点的关键是整合交叉学科力量,加速研发新技术,并前瞻性地部署未来技术。

心理是脑的机能,但心理学的研究不仅限于脑科学。

## 三、通信技术和人工智能

### (一) 通信技术

日常生活中,人类对各媒体的需求与日俱增,这在一定程度上推动着网络通信技术突飞猛进地发展,主要体现在如下几个方面:①移动网络通信技术的发展;②光通信技术的发展;③无线通信技术的发展;④卫星通信技术的发展。

如今，人工智能的重要性几乎得到了所有行业的认可。随着 5G 时代的到来，移动互联网、物联网、云计算等各类通信和数据处理技术导致数据流量爆炸性增长。CT 领域的传统无线通信借网络已进入"IT+CT+DT 时代"。

## （二）人工智能

1936 年，图灵提出"可计算机器"的概念，为人工智能乃至现代信息科技奠定了基础。1946 年，世界上第一台电子计算机 ENIAC 诞生；1956 年，在达特茅斯会议上，学者们一起将"人工智能"一词提出来，"人工智能"研究领域正式确立。人工智能（AI）是研究、开发用于模拟、延伸和扩展人的智能的理论、方法、技术及应用系统的一个综合性研究领域。该领域的研究主要包括机器人、语言识别、图像识别、自然语言处理和专家系统等，其目标是模仿人脑从事推理、证明和设计等思维活动，使机器能够像人一样从事复杂性工作。

人工智能将深刻改变人类生产生活方式和思维模式。作为计算机科学与统计学、脑科学和认知科学等多学科交叉的前沿领域，它致力于使机器拥有类似人类的感知、认知、操控、交互能力，并与人类协同工作，减轻人类的工作量，提高人们的生活品质，并已经从实验室走进人类生产生活。随着机器学习、自然语言处理、计算机视觉、人机交互、生物特征识别、虚拟现实/增强现实等关键技术的突破，人工智能技术通过产业化开发转化使医疗影像辅助诊断、视频图像身份识别、智能翻译、智能监控、工业机器人、无人驾驶、声纹识别、脸部识别、指纹识别等系统与产品能快速进入人们的生活与工作环境，将会对教育、医疗、养老、环境保护、城市运行、司法服务、交通、农业、金融、文化等领域产生重大影响。整个人类社会的产业结构、经济格局、生活方式、工作环境等将被重构。我们已经看到，人工智能机器人正在很多领域取代人的活动，包括繁重粗糙的体力劳动和比较复杂的脑力劳动。2018 年 6 月 18 日，20 多台京东配送机器人走上街头，为不断登场的无人银行、无人超市、无人餐厅、无人驾驶等形成的"无人时代"再次刷新数据。人工智能也正在改变着人类的职业结构，会有越来越多的职业被人工智能替代。

## （三）计算心理语言学

计算心理语言学是近年来随着心理语言学和计算机科学的不断发展而产生的一门跨多学科的研究领域，其研究的重点在于以现有的心理语言学研究成果为基础,采用计算机技术模拟心理语言学提出的各种关于言语理解和言语产生的模式,一方面帮助心理语言学家验证心理语言学理论的正确性;另一方面为人工智能中自然语言的处理提供理论基础。

### 1. 语音听辨

语音听辨是语言理解过程的一个关键性环节,大量的心理语言学实验表明在语音听辨的过程中,人们需要综合利用多种信息,其中包括语境、言语的节奏、语音特征等。

### 2. 句法处理

句法处理是计算心理语言学研究最早最多的领域。句法处理主要关注句子歧义的问题。目前,句法分析有两种代表性的计算心理语言学模型,即移进归约句法分析模型和联合空间模型,都属于词汇驱动型。

### 3. 语篇理解

语篇理解是一个涉及多个因素的过程,它不仅仅包括词汇、句法的理解,更重要的是对语义的把握;语篇的理解不只取决于文章本身,还要求读者的背景知识作支撑,总起来说,语篇理解是一个从字面到现实或虚幻世界各种情景的映射。关于语篇理解的代表性模型有两个,一个是由金西(Kintsch)和凡·戴伊克(Van Dijk)在 1978 年提出的命题模型;另外一个是夏基(Sharkey)在 1990 年所提出的语篇理解的关联模型。

## 思考与应用

### 一、术语解释题

心理语言学　布罗卡区　韦尼克区　语言习得

### 二、复习思考题

1. 心理语言学研究的内容是什么?

2. 语言使用过程的几个环节牵涉的知识有哪些?

3. 简述第一语言学习理论。

4. 传统心理语言学的观点是什么?

5. 信息喂食族是如何诞生的?

6. 简述计算心理语言学的应用。

## 三、实践应用题

1. 查阅资料,说明语言能力是否为人类所独有。

2. 设计一个试验,说明长时记忆、短时记忆与感觉记录器的特点。

3. 走访幼儿园,观察幼儿语言学习的规律和特点,并记录下来。

4. 调查小学一年级学生,在汉语拼音学习与英文字母学习过程中的问题,提出解决策略和建议。

5. 结合自己的经历,谈谈大数据时代对我们生活、工作、学习、教育等的影响。

6. 谈谈你身边的人工智能产品及其发展。

# 第十五章　应用语言学的其他重要领域

## 第一节 / 人类语言学

### 一、什么是人类语言学？

人类语言学，又称语言人类学，是运用人类学和语言学的理论和方法，对言语社团中语言和人类文化的各种关系进行研究的应用语言学的一个分支学科。其中的各种关系既有语言结构与社会文化结构的关系、语言与传统的关系，也有语言与信仰的关系，等等。

### 二、人类语言学的研究对象和范围

只有人类才有真正的语言。从理论上讲，凡是与人类相关的语言现象或与人类语言相关的现象都可以纳入人类语言学的研究范围内。但是，诸如计算语言学这样的研究如何利用计算机来分析、处理和理解自然语言的学科就不必归入人类语言学范围内了。

人类语言学家重视人类语言和人类文化的多样性，他们关注世界上不同种族、民族所使用的一切语言，包括发达的强势语言、不发达的弱势语言和少数民族语言，也包括濒危语言和无文字的语言。总之，人类语言学所关注和涉及的领域十分广泛，如①语言的起源，②语言和思维的关系，③语言和思想，④语言和世界观，⑤语言和认知及人类知识，⑥语言和社会文化，⑦语言和人类精神，⑧语言和民族（种族、族群、社群、阶级或阶层），⑨语言和性别，⑩语言和职业，⑪语言和地域，⑫语言和人类迁徙，⑬语言的传播或远征，⑭语言的发展和演变，⑮语言扩散和语言收缩，⑯语言的衰退（濒危和消亡），⑰弱势语言或濒危语言的保护和记录，⑱新发现语言的研究，⑲语言的分化（接触、统一或融合),⑳双语或多语言现象,㉑语言的地位(价值、功能、声望和生命力),㉒语际关系和语言竞争,㉓语言和国家发展及世界政治变迁,㉔语言规划和语言政策等。

可以说,人类语言学在各领域中的研究成果都是多学科合作探索的结晶,因而从某种程度上讲,这些成果将具有更为广泛的社会价值。

## 三、人类语言学的代表人物及其观点

从事人类语言学研究的学者出发点和兴趣不尽相同,理论背景不同,观察问题的角度也不同,如人类语言学要着重研究未开化民族、部落语言,特别是没有文字记录的语言;研究自然产生的话语;要联系人类文化和人类社会情况来研究语言等。在这里我们仅介绍影响较大的几位学者,从他们的观点中可以体会到人类语言学的巨大魅力。

### (一) 洪堡特

洪堡特是 19 世纪语言学领域中最深刻的思想家之一。虽然洪堡特生活的欧洲还没有人类语言学,但他的思考已触及了后来人类语言学的多个领域。他的代表作《论人类语言结构的差异及其对人类精神发展的影响》,更是综合了哲学、历史、文化、语文等多种视角的一部影响深远的作品。

洪堡特较早地认识了在人类的发展进程中,语言已经是不可分离的一部分了,"即使在纯语法研究的领域里,我们也决不能把语言与人、把人与大地隔绝开来。大地、人和语言,是一个不可分离的整体。"[①]

洪堡特重视具体文化的独特性,也尊重各民族的语言文化。洪堡特认为,世界必须由多个民族构成,人类语言也必须保持多样性,因为这是"人类精神的内在需要"[②],就像大自然必定多姿多彩一样。

关于语言与民族,洪堡特认为:"民族的语言即民族的精神,民族的精神即民

---

① 戴昭铭主编:《人类语言学在中国——中国首届人类语言学国际学术研讨会论文集》,黑龙江人民出版社 2007 年版,第 52 页。
② 戴昭铭主编:《人类语言学在中国——中国首届人类语言学国际学术研讨会论文集》,黑龙江人民出版社 2007 年版,第 51 页。

族的语言,二者的同一程度超过人们的任何想象。"①谈到语言的创造性,洪堡特认为:"语言绝不是产品,而是一种创造活动。"②关于语言对思维的影响,洪堡特认为:"每一语言都包含着一种独特的世界观。……人从自身中造出语言,而通过同一种行为,他也把自己束缚在语言之中;每一种语言都在它所隶属的民族周围设下一道樊篱,一个人只有跨过另一种语言的樊篱进入其内,才能摆脱母语樊篱的约束。"③

### (二)鲍阿斯

鲍阿斯,美国人类学家、语言学家,1858 年生于德国,1886 年移居美国。哥伦比亚大学人类学教授,美国人类协会会长。

鲍阿斯从人类学的角度,调查和描写了上千种没有文字材料的印第安语言。1911 年,鲍阿斯编辑出版了他的《美国印第安语言手册》第一卷,他还为这个手册撰写了序言,总结了对美国印第安语调查和研究的初步理论。全文涉及 15 种语言素材,共分为五个部分,即种族和语言、语言的特性、语言的分类、语言学和民族学、美洲印第安语的特点。从这一年开始,美国揭开了人类语言学的序幕,而这个手册也成了现代人类语言学的第一里程碑。

鲍阿斯在种族和语言部分论述生理类型、语言和文化间的关系时,认为这三者间没有必然的联系。在语言学和民族学部分,鲍阿斯指出,语言是民族学现象的一种。通过研究语言可以了解人的心理现象。他还进一步阐述了语言和思维的关系问题,指出单就语言本身不足以妨碍思维的抽象概括,语言本身也不能决定文化的高低。

在鲍阿斯看来,"纯语言调查是全面调查世界诸民族心理的重要组成部分。"④这种把语言学看作是民族学的一个分支,充分显示了鲍阿斯人类语言学

① [德]威廉·冯·洪堡特著:《论人类语言结构的差异及其对人类精神发展的影响》,姚小平译,商务印书馆 1999 年版,第 52 页。
② [德]威廉·冯·洪堡特著:《论人类语言结构的差异及其对人类精神发展的影响》,姚小平译,商务印书馆 1999 年版,第 56 页。
③ [德]威廉·冯·洪堡特著:《论人类语言结构的差异及其对人类精神发展的影响》,姚小平译,商务印书馆 1999 年版,第 72 页。
④ 戴昭铭主编:《人类语言学在中国——中国首届人类语言学国际学术研讨会论文集》,黑龙江人民出版社 2007 年版,第 4 页。

的观点。

鲍阿斯认为语言对于了解和描写一个社会的文化的作用非常重要,在研究方法上他坚持让学生亲自调查某一个单一文化或社会特定环境中的语言,通过直接观察和亲身经历收集资料,学习和分析某种语言。

## (三) 萨丕尔

萨丕尔是美国语言学史上值得人们怀念和崇敬的学者。萨丕尔跟从鲍阿斯,研究美洲的印第安语,他继承了鲍阿斯重视对具体语言进行描写的观点,是杰出的人类语言学家。

萨丕尔的《语言论》主要谈到了以下几个方面的内容:什么是语言;语言的成分;语音;语言的形式;语言结构的类型;语言、种族和文化。

在语言结构的类型这部分内容里,萨丕尔根据所表达的概念类型(基本概念、派生概念、具体关系概念、纯关系概念)[①],并参照形式表达的手段以及词根和附加成分的融合程度,将语言分成了四种:简单的纯关系语言、复杂的纯关系语言、简单的混合关系语言、复杂的混合关系语言。他认为引起语言变化的重要原因之一就是语言间的接触。在谈到语言、种族和文化的内容时,萨丕尔认为语言形式跟种族和文化没有必然的联系。

著名的萨丕尔—沃尔夫假说,其主要的思想来自萨丕尔。萨丕尔认为现实世界很大程度上是不自觉地建立在人们的语言习惯上的;语言不仅所指经验,而且规定经验。沃尔夫(Whorf)就是从这一思想出发进而提出了颇受争议的假说理论的。这个假说有两个部分:一是“语言决定论”,即一个人的思维完全由母语决定,因为一个人只能根据其母语中编码设定的范畴和区别定义来认识世界;二是“语言相对论”,即语言结构有无限的多样性,因此一种语言系统中所编定的范畴类别和区分定义为该语言系统所独有,与其他语言系统中所编定的范畴类别和区分定义不同。由于这种观点并未经过严密的科学论证,所以通常称之为“萨丕尔—沃尔夫假说”。

---

① 基本概念和纯关系概念是各种语言都有的,基本概念是独立的词或根词,代表事物、动作或性质,纯关系概念通常也是独立的词,如介词,派生概念和具体关系概念往往用语法手段表示,派生概念和纯关系概念是根据词根和句子关系以及抽象程度区分的。

### （四）马林诺夫斯基

波兰裔英籍人类学家马林诺夫斯基（Malinowski），曾长期在伦敦经济政治学院任人类学教授。马林诺夫斯基最大的贡献在于他提出了新的民族志写作方法。从马林诺夫斯基起，几乎所有的人类学家都必须到自己研究的文化部落住上一年半载，并使用当地的语言和土著人进行日常的交流，真正参与到部落生活中去。

马林诺夫斯基在调查非洲语言的过程中发现，要研究一种语言，必须调查它的社会文化，"在决定几个语言成分的意义和功能时，我们不得不作人种调查，描写风俗习惯，并说明社会情况。"[①]他强调，要想彻底理解一个形式的意义和语法关系，必须了解人种学情况。

马林诺夫斯基在《原始语言中意义的问题》中指出，要用语言表达的全部事物是随着文化水平、地理、社会和经济的情况而变化的，强调了"语言环境"的重要性，他说的语言环境不仅指上下文，而且包括文化水平和可能影响意义的一切因素。[②]

马林诺夫斯基的《珊瑚园及其魔力》提出了一些新观点，进一步发展了有关语言环境重要性的思想，如语言研究的真正的语言事实是在实际语言环境中的完整话语；意义不是存在于语音的某种东西；意义存在于语音与环境的关系中；书面语言或文学语言也不是思想的表达，其意义也取自于语言环境等。[③]

马林诺夫斯基提出的这种语言环境理论是人类语言学的一个重要内容。这一观点对伦敦语言学派的创始人弗斯产生了重要影响，他继承了马林诺夫斯基的观点，把语言看作一个社会过程。

## 四、中国的人类语言学研究状况

20世纪上半叶，林惠祥首次阐明从人类学的视角研究语言的目的和范围。罗常培率先运用田野调查资料和文献资料，论证了语言分类对民族分类的重要意义。《语言与文化》一书是罗常培在大量的田野调查工作及相关论文的基础

---

① 刘润清编著：《西方语言学流派》，外语教学与研究出版社2013年版，第276页。
② 刘润清编著：《西方语言学流派》，外语教学与研究出版社2013年版，第276页。
③ 刘润清编著：《西方语言学流派》，外语教学与研究出版社2013年版，第278—279页。

上写成的,影响深远。

20世纪八九十年代,人类语言学也像其他边缘交叉学科一样崭露头角。除了理论界对人类语言学如何界定的探讨外,关于人类语言学的课程如何安排和教材如何编写等问题也相继引发了广泛的讨论。邓晓华的《人类文化语言学》可以说是中国第一部公开出版的最接近人类语言学的教科书。目前中国研究者们的研究视角集中在保持语言生态平衡、维护语言的多样性,保护弱势语言文化、抢救濒危语言文化等方面。

# 第二节 / 实验语音学

## 一、什么是实验语音学?

实验语音学,就是用实验的方法来研究语音现象的学科。实验语音学早期又名仪器语音学,是用各种实验仪器来研究、分析语音的一门学科,是语言学的一个重要分支。由于实验手段在语音学研究中越来越不可或缺,以至于今天我们所说的语音学,在狭义上就是指实验语音学,虽然语音学中的众多学科研究角度不同,但都是需要通过实验来进行研究的。

传统的语言学家多凭口耳来模仿语音并依靠音标对语音进行描写。近代有了能研究言语生理状况的医学器械,以及能测量、分析语言声学特征的物理仪器,人们把它们应用到语音研究上,揭示出许多前所未知的语音现象。这些现象又反过来丰富、修正了传统语音学的若干解释和理论。

实验语音学把语音当作物理、生理现象来研究,主要研究它的音高、音长、音强、音色四个要素,并从人对语音的感知、发声的角度去展开深入的探讨。

## 二、实验语音学的研究领域

### (一) 发音语音学

传统的语音学十分注重口耳训练,要求人们突破自己的发音习惯的局限,提高辨音、发音、析音和记音的能力。由于传统的语音学注重从发音生理方面研究语音，所以也可以叫作发音语音学。发音语音学属于语音学与生理学的交叉学科，也是一个应用学科。

发音语音学要求把语音分割成最小单位来予以分析、听辨和模仿。这种最小的语音单位叫作音素或音段。音素主要根据音质的不同而从语音序列中分割出来。比如"bà(爸)"这个音节中"b"和"a"音质不同，所以是两个音素。从语音序列中划分出最小单位——音素，是出于语音研究的需要，也为记录语音提供了方便。音素是可以进行分析的最小的语音单位，也是记录语音的文字或音标的最小单位。

由于人们的发音器官彼此并不完全相同，加上其他主客观的因素，每个发音者个体的语音都带有其独特的音色。即使是说同一种语音的人，听起来音色也各不相同。因此，发音语音学在辨别不同的语音单位时设立了一个基本前提：任何一种语音中不同语音单位之间的音质区别，同个人音色特征的区别不相关。按照发音语音学的观点，不同的元音或辅音是不同的语音单位；相同的元音或辅音则是相同的语音单位。但这并不排斥相同的元音或辅音在不同人的口中，可以带有个人的独特的音色。同时，发音语音学也认为，不同的个人特色并不能使这些原因的相互区别产生混乱，即各人所发出的有差别的同一个元音或辅音仍可被认为是同一的。这个基本前提使得发音语音学对语音的分析一开始就带上了主观色彩，但是实践却证明这是行得通的。

发音语音学是从生理方面对人类的语音所进行的科学研究，发音学的实验手段有电子腭位仪、x 光摄影和 x 光摄像、电子声门仪等。学者通过种种实验手段对发音活动进行观察测量，然后对语音的形成和性质作出科学的判断，发音语音学对基础语言教学、第二语言教学、艺术语言技巧以至医学等有关方面有极为重要的作用。

发音语音学已经有很长的研究历史了。1888 年国际语音学协会第一次公布了国际音标表，可以说标志着这一领域的研究进入了高峰时期。在制定国际音标工作中起主要作用的有两位语音学家——保尔·巴西(Paul Passy)和亨利·斯威特(Henry Sweet)，他们就属于能精细地分辨和掌握各种语音的专家。发音语音学的另一位权威琼斯曾经指出,语音学的任务是解决以下五方面的问题:①提高听辨能力;②提高发音技能;③用音标记录转写语音;④掌握语音的超音段成分;⑤正确熟练地掌握新的语音,速度应达到平均每分钟发300个音节,即平均每秒发5个音节。琼斯提出的这些要求说明发音语音学研究极端重视口耳训练,对于语音教学有着重要的实用价值。

学习发音语音学,有助于人们正确、有效地掌握各种各样的语言,对成年人学习另一种语言来说,具有特殊意义。对成年人来说,进行口耳训练不如对少年那样容易收效,但是正因为学习另一种语言需要改变口耳等器官已经形成的旧习惯,所以口耳训练对成年人来说更为重要。在国外,发音语音学中的代表作有丹尼尔·琼斯(Daniel Jones)的《英语语音学大纲》,保尔·巴西(Paul Passy)的《比较语音学概要》,以及继承了发音语音学传统的彼得·赖福吉(Peter Ladefoged)的著作《语音学教程》等。国内的发音语音学力作有赵元任的《现代吴语的研究》,袁家骅等的《汉语方言概要》等。

### (二) 声学语音学

声学语音学主要研究语音的声波现象。人们通过对言语声波所进行的物理声学分析,在语音学理论和实际分析方面得到了许多新的启示和有意义的突破。

把言语声波用声学仪器记录下来,就可以测量出其声学特性参数,语音从看不见摸不着的东西变成了既具体可量又精确入微的科学研究对象。这种研究带来的第一个应用性结果是人们可以按照语音的声学特性参数来研制人工合成语音。其次,由于每个人的语音都有自己的特点,正像人的指纹各不相同,语音学家开始利用语图仪等研究个人的声纹。声纹的研究现在已经应用于司法、保密等社会生活的各方面。声学语音学的实验分析,目前已经广泛地应用于语言学著作中,在计算机输出语音(人工合成语音)和计算机输入语音(语音的自动识别)方面的研究中,声学语音学取得了巨大的成就,并仍有着广阔的发展前景。

早期的声学语音学代表著作有朱斯(Joos)的《声学语音学》,波特(Potter)、科普(Kopp)、格林(Green)的《看得见的语言》等。声学语音学在以后发展中的经典著作有范特(Fant)的《言语产生的声学理论》等。赖福吉(Ladefoged)的著作在把声学语音学同其他部门语音学相结合方面作出了贡献,如他的《实验语音学的三个领域》。

### (三) 听觉语音学

听觉语音学研究人们对言语声波的感知。听觉语音学通过听觉实验等手段，对各种语音单位或言语声波的感知进行研究，在改进语言听力教学、治疗失语症以及人工合成语音、言语识别等方面，具有重要的意义。

## 三、我国实验语音学的主要成果和发展前景

19世纪末20世纪初，实验语音学在欧洲诞生。赵元任、刘复和王力等学者将实验语音学带回中国并开展了最早的富有成效的研究工作。

1922年，赵元任发表了《中国言语字调的研究方法》，这是中国发表的第一篇实验语音学方面的论文。1924年，刘复的《四声实验录》正式出版。1927年，王力以《博白方言实验录》获巴黎大学博士学位。上述三位大师的研究可谓开创了中国实验语音学的先河。

20世纪30年代初期，在赵元任的领导下，学者们开始用实验的方法研究方言，如罗常培就在其《临川音系》中开始用实验的方法研究临川方言的声调。1930年，赵元任还创造性地用五度制来描述汉语各方言的调值，对汉语乃至普通语言学的研究作出了重要贡献。1933年，赵元任在《中国字调跟语调》一文中全面、系统地论述了他对汉语字调、语调和二者间相互关系的看法。

20世纪五六十年代，我国实验语音学事业方兴未艾，出现了王均、周殿福、李荣、林焘、吴宗济等优秀的实验语音学者，《普通话发音图谱》(吴宗济、周殿福合著)等成果问世，为新中国实验语音学研究奠定了基础。《汉语拼音方案》也是在这一时期出现的一项重要的实践性成果。

改革开放以后，中国加快了与西方语言学界的沟通，实验语音学空前繁荣起来。音段、音节、声调、轻重音等方面的研究都取得了丰硕的成果，研究的角度也涵盖了实验语音学中的生理、声学和感知等几个重要方面。在普通话语音的研究中，得到了元音、辅音的主要声学参数和生理参数，对音节的构造特点、声调的声学和知觉特点、词重音的模式和轻音的声学性质等方面的研究也都获得了重要成果；在语调研究上，新的尝试和新的思路也已经出现。实验研究的方法也被

应用于方言和少数民族语言的研究中。在语音学开始全面发展的时候,汉语的语音合成工作也开始展开。

特别是近三十年来,实验语音学呈现出空前的蓬勃发展。研究内容不仅限于音段分析,开始更多地投入体现音段之间相互关系的协同发音的研究中,连读变调问题、时长研究、语调研究、语音结构与句法结构之间的关系等都受到了前所未有的重视。

此外,语音学不断地加强与其他学科的合作成了一种潮流。比如计算机语音合成,实验语音学家为这一工作打开了思路并提供了基本原则;石锋、王蕴佳、毛世桢、朱川等一大批学者将汉语语音研究与国际汉语教学结合起来,为汉语在国际上的传播提供了理论基础和教学依据;鲍怀翘、孔江平等运用实验语音学的研究方法对少数民族语言进行研究,对深入了解民族语言的语音特点具有十分重要的意义。

当然,实验语音学领域仍然有很多工作需要开拓。在这方面,石锋、廖荣蓉、林茂灿等人都有所思考。总体来看,普通话、方言和少数民族语言的语音系统声学参数数据库还有待建立,音段和超音段的协同发音规则也需要进一步深入研究;韵律特征的研究方法还有待统一;连续语音中的协同发音值得继续探讨;汉语词、短语、句、篇章的组合过程中,音段和超音段的变化模式的规则需要深入挖掘。从跨界学科研究来看,实验语言学与自动识别、人工智能、语言自动化等语言工程领域的合作还需进一步加强;语音学在先天发音器官残疾患者的发音矫治、舞台语言的声学特征研究等方面,也应该发挥更大的作用。

# 第三节 / 模糊语言学

## 一、什么是模糊语言学?

模糊语言学就是把模糊集合论与现代语言学相结合而形成的一门新兴学科,它是运用模糊集合论与现代语言的基本原理来分析语言的模糊性的。

## 二、模糊语言学研究的主要内容

### (一)语言内部模糊性的研究

#### 1. 语义研究

模糊语义是指语言单位的意义所指对象的范围不易确定。模糊语义的研究是模糊语言学研究的重点,而其中最重要的是模糊词义。所谓模糊词义就是指有些词的意义所概括的范围没有明确的界限。一般来讲,模糊词如从意义角度分可以有名词性模糊词、形容词性模糊词等。名词性模糊词,如英文的颜色词"green"、汉语中的方位词"南方""寒带"等,它们的具体界限都是不明确的。形容词性模糊词,模糊性比较明显,如汉语中的"长"和"短",英语中的"pretty"和"beautiful"等,它们的精确程度都很难确定。如果把模糊词的外延分为上、下两限,我们又可把模糊词分为三类,其一是外延上限有一定限度,而下限没有明确限度的。比如,"高个子"的上限可以是世界上最高的成年人,而其下限则不能确定。其二是外延的上限没有明确限度,下限却有一定限度的模糊词。比如,"冷水"的外延下限可以定为最低的水温,而其上限则不明确。其三是外延的上限和下限都没有明确界标。比如"青年",它的上下限都处于"模糊区间"内,所以都没有明确的界限。

在模糊语义与精确语义间的转化中,有这样一些条件。

(1)语义感染。有些词语与其他词语搭配之后,由于语义感染作用,其语义界限有可能发生某种变化,如"天气"一词的语义是精确的,但当它与"好"一起搭配成为"好天气"时,由于受"好"的感染而变得模糊起来了,何为"好天气",是模糊的,但如果我们再说"最好的天气",又由模糊变得确定了。

(2)硬性规定。有些词语的语义界限变化是在某种需要而作出的硬性规定这一条件下促成的。如教师可以给出一个明确的规定,告诉学生"经常到校上课"的确切意思是出席率为75%以上。

(3)说话时前提条件不同。如前提条件是只有两个人的话,那么"胖子—瘦子"的语义界限就十分清楚,而当有三个人或更多人在场时,语义界限就不是那么分明的了。

（4）特指和虚指条件的不同也决定语义界限的模糊与否。如"那个人有点'那个'"，其中的前一个"那个"就是特指，有明确的语义界限，而后一个"那个"就是虚指的了，我们并不清楚所说的是什么情况。

2. 语音研究

所谓语音的模糊性就是指绝对正确语音标准附近的语音系统及其变化规律。我们现在常用模糊隶属度对语音进行模糊分析。

模糊集合的理论可以很合理地解释音位的概念。我们知道，确定音位是有其标准的，即区别意义、互补原则、相似原则等。如果我们将某种语言中所有的音素看作一个无限的元素集，那么按前面提到的确定音位的标准，音位就可以定义为在该无限元素集上的有限个模糊子集。这个集合中较典型的音位，它的隶属度可为 1；其余的各变体我们就可以根据不同的具体情况分别定为不同的隶属程度，而不属于某音位的音素，它的隶属程度就是 0 了。某种语言，音位的划分与归并比较复杂。我们完全可以采用模糊隶属度来完成这一工作，任意给定一个音素，再根据这一音素对于哪一个音位的隶属程度较大来确定它应当归入哪一个音位。

3. 语法研究

关于模糊语法的讨论开始于 20 世纪 70 年代。解释语法中的模糊现象开始于 20 世纪 70 年代。如词类的划分一直是语法研究的中心问题，争论很多，其中的原因之一就是各词类之间存在模糊现象。

如英语中的"paint""fire"等词就具有名词性和动词性两种词性，其模糊程度取决于"paint"对名词或动词的隶属程度。其实在汉语中这类现象也很多，如"教育""锁"等词，也是既可以做名词，也可以做动词。除此之外，汉语中的实词与虚词以及名与动、名与形、形与动等各词类之间的分类大都是模糊的。另外，语素与词、词与短语、短语与句子间等，也都存在模糊现象。目前，这方面的研究仍是语法研究中的热点问题。

（二）言语模糊性的研究

言语中模糊语音现象很普遍。我们在言语中发具体音时是很难做到十分精确的。比如对元音，我们一般是从舌位的高低度、前后程度以及嘴唇的圆展程度来描写,但是高到什么程度算高、低到什么程度算低、前到什么程度算前、后到什么程度算后、圆到什么程度算圆都不是非常清楚的,因为它们本身就是模糊的。同样,辅音的发音部位和发音方法也不可能做到绝对精确。即使发同一个音素,两次发音都只是相似,而不能绝对相同。

言语的模糊语义可以分为言语的模糊句义和言语的模糊词义两种类型。句义的模糊性通常是通过含有模糊义的词来体现的,比如"他是一个矮胖子",因为"矮、胖"的词义具有模糊性,从而使整个句义也带有了一定的模糊性。

言语中的模糊词义往往体现在概念义与感情义、风格义、搭配义等在具体语境中的结合方面,如语言中的大多数词既可以出现在正式文体中,也可以出现在非正式文体中。在正式和非正式之间存在着一个渐进的、模糊的中间阶段,因而,许多词的文体意义是模糊的。

言语中许多语法范畴的含义有模糊性。比如复句、句组、句段、篇章等一系列言语语法的范畴之间的界线现在不是很清楚,粘连与不粘连、连贯与不连贯之间也不能划出一条十分精确的界线。这也是篇章语法的一个研究课题。

### 三、模糊语言学主要的研究方法

模糊语言学的研究方法主要受美国扎德(Zade)的模糊集合论的影响。扎德在 1965 年发表的《模糊集合》的论文中明确指出:"模糊集合是其成员隶属度构成一个连续集的所有成员组成的一个类。"在扎德看来,对现实的自然界中碰到的对象进行分类,总是找不到精确判定其资格的根据。他说:"美人或是高个子这些概念并不能构成一般数学意义上的类或集合,但事实上,这种不能精确划分的类在人类的思维中却起着重要的作用"。所以,扎德提出用模糊集合的方法来定的伸缩性,集合中的元素对集合的归属性并非十分明确。也就是说,元素对集合的隶属度除了用传统方法中的 0,1 两个真值来表示之外,还可以取这两值之间的任意一个实数来表示。隶属度越接近 1,属于程度就越高,隶属度小一些的,属于程度也就低一些。这种隶属度表达一方面刻画了人类特有的灵活性思维,一方面又是计算机可以理解的定量形式。因此相应的,运用这种方法后,也可以使计算机增加灵活性了。

可以说，扎德提出的模糊理论引起了人们思维上一次巨大的变革，也对语言学的研究产生了巨大的影响。近些年来，模糊集合论在人们的探索下不断完善。在实践中，不少领域正在兴起"模糊热"，尤其是一些大型、复杂的系统，如自动控制。模糊集可以处理模糊性，将其用不同的隶属度表现出来，这就带来了更大的伸缩性，实践证明，采用模糊系统操作起来效能很好。

## 四、模糊语言学主要的代表人物

### (一) 雷可夫

雷可夫(Lakoff)是美国的语言学教授，他的代表著作是1987年出版的《女人，火和危险的东西：范畴对人脑揭示》。雷可夫早在20世纪70年代就将模糊集理论引入到了语义研究中。他指出语义界限有一定的模糊性，他以鸟类为例，认为知更鸟是典型的鸟类成员，而蝙蝠属于此类就牵强得很。雷可夫认为表达鸟类所指意义的一个有效办法是把有关的成员按其属于鸟类的不同程度排列起来。排列可用每一个成员与鸟类的典型成员的相似度为衡量标准。

雷可夫还提出模糊性可以由形式语义学来处理，而且这一研究将提出很多有意义的问题。就他看来，其中模糊限制词问题是最有研究价值的。雷可夫为模糊语言学作出了很大的贡献，他的研究曾引起了极大的关注。

### (二) 麦考莱

麦考莱(Macaulay)是美国的语言学教授，他在1981年出版了《语言学家总想知道但却难以启齿去问津的逻辑》一书。在这本书中，他全面地考察了模糊集合理论在语言学中的应用。他谈到了模糊谓词逻辑和等级真值的问题。在对等级真值的阐释中，他指出，用0与1之间的实数来表示真值可以正确地处理模糊概念，从而避免仅凭主观判断划出不切实际的界限。他又指出，不能单纯地运用模糊集概念，我们还要同时作出一些硬性的规定。尽管如此，活动范围还是比以前的非此即彼宽泛得多了。如"高"就表示一个相对性很强的概念。对一个很"高"的普通人，我们可能把他算为一个矮个子的篮球队员。而对一个较"高"的六岁孩子来讲，我们知道，他通常要比大多数矮个子的成年人还要矮得多。这也就是说，"高"概念是相对的，不是绝对的。他对扎德1972年提出的形式化

公式做了一些改进,他认为有两种不计真值只计量值的公式 [①]:

1. $|x$ 很高 $|=1$,如果 $x$ 比平均高度高出 3 n,否则 $|x$ 很高 $|=0$

2. $|x$ 很高 $|=\begin{cases}0,\text{如果 t}(x)\leqslant 0.7\\5(\text{t}(x)-0.7),\text{如果 }0.7\leqslant\text{t}(x)<0.9\\1,\text{如果 t}(x)\geqslant 0.9\end{cases}$

麦考莱对模糊集理论及其运用作了较详尽的研究。他在模糊语言学研究方面的贡献是人们所公认的。

# 第四节 / 儿童语言发展学

## 一、什么是儿童语言发展学?

很早以前人们就发现,所有生理、心理发育正常的儿童都能在出生后四至五年内顺利地获得听、说母语的能力。那么,儿童是怎样从小就获得听话和说话能力的?这些能力的发展过程和规律是怎样的?受到哪些因素的影响?学者们对这些问题非常感兴趣,他们从各自专业的角度对儿童语言获得过程进行了深入的研究。20 世纪 50 年代以来,受到现代语言学和心理学发展的影响,特别是受到乔姆斯基的转换生成语法理论和皮亚杰(Piaget)的发生认识论的影响,经多个学科专家的共同努力,学术界逐渐形成了一门新的学科——儿童语言发展学。

儿童语言发展学也称发展语言学,主要研究儿童获得母语的机制、过程及其内在的原理和规律。儿童的语言发展涉及心理、生理、教育、社会等因素,是一个复杂的过程。因此,儿童语言发展学是一个交叉学科,跨多个科学领域,它与普通语言学、心理语言学和心理学、生理学、生物学、神经学、社会学、哲学、认知科学等都有十分密切的关系。当然,语言学家更关心儿童是如何获得对母语的理解和表达能力的,他们把儿童如何获得语言作为自己的核心研究课题之一。

---

① 张乔著:《模糊语义学》,中国社会科学出版社 1998 年版,第 39 页。

儿童语言发展的研究成果可以为儿童心理发展的基本理论提供依据,为思维和语言关系这个理论问题提供资料。此外,儿童语言发展研究还可为幼儿语言教材的编写和语言教学提供依据,可用作诊断儿童个体语言发展速度和水平的指标,并可为儿童语言障碍的诊断和矫正治疗提供理论支持。

## 二、儿童语言发展的规律和阶段

### (一)儿童语言发展的规律

#### 1. 社会性

儿童可以获得语言,首先是源于人类的自然因素,如人类具备独特的发音器官和脑结构,这都是人得以区别动物的根本标志。而社会性是儿童语言发展的外部因素,也是决定性因素。只有在正常的社会环境中,儿童才能顺利地获得语言。狼孩无法获得语言,就是因为其脱离了社会。

#### 2. 差异性

儿童语言并不是从成人语言中简单派生出来的。在儿童语言发展的过程中会形成若干个语言系统,每一个系统都有其自己的规则和构造。儿童语言是相对独立的活动,它具有自己的目的、动机和层次构造。此外,儿童学习母语和成人学习第二语言的机制和过程也是不同的,儿童语言获得是在自然环境下接受语言输入,而成人的第二语言习得是在人为的、非自然的课堂里学习的。

#### 3. 连续性

儿童语言发展是一个连续的过程,具有连续性。在儿童语言发展的过程中,不断有新的语言现象引进到已有的语言系统之中,如新的语言单位、新的语言规则和新的语言运用规则等;在引进新的语言现象之后,儿童还将对其进行系统整合,即把它们纳入原有的框架之中,用原有的规则去解释它,同化它。

#### 4. 顺序性

儿童语言发展是分为不同的发展阶段的,不同阶段的出现是有序的,不能超越或者颠倒顺序。此外,具体的语言现象出现也是有序的,这个顺序也是不能颠倒的。比如儿童总是先掌握简单的词汇,然后是学习词组,再到短句;而词汇当中,总是先掌握具体名词,之后是动词,然后才是抽象的形容词、代词等。

## （二）儿童语言发展的阶段

儿童从完全不会说话到基本会说话要经历一个较长的时间。研究者经过大量的观察和实验发现，儿童的语言获得过程大致还是相同的。不同的研究者的划分标准不尽相同，我们这里主要以5岁前儿童说话的现象为标准进行划分。

（1）四周婴儿的喊叫，是言语的萌芽，这时的婴儿还常对声音作出反应。

（2）2至6个月为咿呀学语期，这时他们还不能发出清晰的声音，但开始能够理解面部表情和语调。

（3）6至9个月为幼儿语期，这时已能发出像"bà""mā"这样的简单的语素，在一定的情境和自身刺激的情况下可以进行语音组合，能对手势和简单的指令做出反应。

（4）9至12个月为模仿期。这时可以听到他说的第一个单词句，但还不能理解语言的一般功能。

（5）1岁至15个月的儿童对语言很感兴趣，不断重复说出他熟悉的几个词，能听懂一些话。

（6）16个月至两岁为说话期。这时已能完全理解别人说的话，开始用短语表达需要，基本能用别人听得懂的语言表达思想。

（7）3岁儿童语言行为的发展主要表现在对词的进一步理解上，开始对事物有了分类鉴定和比较的能力。

（8）4岁为多话期，他们喋喋不休地提一些诸如"为什么"和"怎么样"的问题。

## 三、儿童语言获得理论

一个生理和心理都未发育成熟的儿童可以在短短两三年的时间内基本掌握母语的语法规则。儿童究竟是如何获得这一能力的呢？为了回答这一问题，学者们开始关注与儿童语言获得机制的专门研究。由于研究出发点、研究方法和研究对象的迥异，一时间出现了众多学术流派，长期以来人们对儿童语言获得机制的理论解释见仁见智，一直都争论不休。概括来说，主要有以下几种典型的观点。

（一）环境论

1. 模仿说

传统的模仿说认为儿童学习语言是对成人语言的临摹，儿童的语言只是成人语言的简单翻版。这种观点自从奥尔波特（Allport）首先提出，在20世纪20年代至50年代之间一直流行。这种观点过于强调成人在儿童语言获得过程中的作用。

2. 强化说

从巴甫洛夫（Pavlov）的经典条件反射学说和两种信号系统学说到斯金纳（Skinner）的操作性条件反射学说，都认为语言的发展是一系列刺激反应的连锁和结合。斯金纳还专门写了《言语行为》一书，强调语言获得过程中环境影响的重要性。该观点认为，人的行为是人对外界一系列环境刺激做出的反应，当所作出的反应获得肯定结果，再经过反复刺激得到进一步强化时，这种刺激—反应的条件反射便建立了。语言与人类其他行为一样，是通过强化、训练、塑造或模仿逐渐形成的。主张对言语行为进行"功能分析"。

（二）先天决定论

1. 先天语言能力说

先天决定论否定环境和学习是语言获得的因素，强调天赋的作用。这一学说的代表人物是转换生成语言学开创者乔姆斯基。先天论观点否认学习在语言发展中起主要作用，认为决定人类幼儿能够说话的主要因素不是经验和学习，而是先天遗传的语言能力，这里的"语言能力"指的是语言知识，即普遍的语法知识。先天论坚持人脑有制约句法获得的高度抽象的构造，儿童对语言将会是什么样子天生就有一个轮廓，即语言获得机制。

乔姆斯基驳斥经验和学习理论的根据可以概括为四点：

（1）儿童获得语言的过程在四岁内就能完成。在如此有限的时间内掌握本族语的基本语法现象，不可能是归纳过程的结果。

（2）语言是一个有高度组织性的抽象规则系统。这是人类先天具有的普遍语法能力（人类具有先天的普遍观念、原则），亦即先天的普遍语法知识。这种先天的语言能力，即是对语言的语法的了解。知识不是经验的结果，而是经验的前提。

（3）语言获得过程就是由普遍语法向个别语法转化的过程。这个转化是由语言获得机制实现的。语言获得机制是以生来就有的普遍语法作根据,对具体的少数语言素材——输入的本族语言素材,提出一些初步的语法假设,然后再将这些假设逐个和具体素材的结构加以匹配和检验,接受彼此符合的假设,修改不符合的假设或重新建立新的假设,最后建成一套个别语法系统。这个过程是儿童自己完成的,并非周围使用语言的人所强加的。

（4）儿童获得的是一套支配语言行为的特定的规则系统,而不是像行为主义所假设的那样是一大堆的具体句子,即不是句子的表层结构,而是这些句子的实质,即深层结构。

2. 自然成熟说

这一观点是由心理学家勒纳伯格(Lenneberg)提出的。勒纳伯格赞成先天决定论,但在理论基础上和乔姆斯基不同,他是以生物学和神经生理学作为理论基础的。勒纳伯格在其经典著作《语言的生物学基础》提出了三个重要观点:

（1）生物的遗传素质是人类获得语言的决定因素,人类大脑具有为其他动物所没有的专管语言的区域,故语言为人类所独有。语言是人类大脑机能成熟的产物,当大脑机能的成熟达到一种语言准备状态时,只要受到适当外在条件的激活,就能使潜在的语言结构状态转变成现实的语言结构,语言能力就能显露。

（2）语言以大脑的基本认知功能为基础,人类大脑的基本功能是对相似的事物进行分类和抽取。语言的理解和产生在各种水平上都能归结为分类和抽取。

（3）语言既是大脑功能成熟的产物,语言的获得必然有个关键期。过了关键期,即使加以训练,也难以获得语言。同样,大脑的单侧化也是在关键期内出现的。

### （三）环境与主体相互作用论

1. 认知相互作用论

持这一观点的代表人物是儿童心理学家皮亚杰(Piaget)。认知相互作用论从认知结构的发展来说明语言发展,认为儿童的语言能力仅仅是大脑一般认知能力的一个方面,而认知结构的形成和发展是主体和客体相互作用的结果。他们的主要观点如下:

（1）语言是儿童许多符号功能中的一种,符号功能是指儿童应用一种象征或符号来代表某种事物的能力。

（2）认知结构是语言发展的基础,语言结构随着认知结构的发展而发展。

（3）个体的认知结构和认知能力是不断发展的,它来源于主体和客体之间的相互作用。

（4）儿童的语言结构具有创造性。

2. 社会相互作用论

社会交往说认为儿童不是在隔离的环境中学语言,而是在和成人的语言交往实践中学习。认知心理学家布鲁纳(Brunner)等人认为和成人语言的交流是儿童获得语言的决定性因素。

# 第五节 / 神经语言学

## 一、什么是神经语言学?

神经语言学是用神经科学的方法研究语言习得、语言掌握、语言生成以及言语理解的神经机制和心理机制,还研究人脑是怎样接收、存储、加工和提取言语信息的学科。

神经语言学的研究成果对认识自然语言的本质,探索言语活动的奥秘有重大的理论意义,同时对语言教学、失语症的康复、聋哑人语言教学等应用领域都有重大的现实意义。语言本身就是个极为复杂的社会现象,而人类的大脑更是我们目前所知甚少的一个领域,这两者相结合使神经语言学充满了魅力,但研究过程中的困难也是可想而知的。这门学科同样也具有较强的综合性、前沿性、实验性,对研究者的学识、综合能力等方面要求较高。

## 二、神经语言学的研究内容

神经语言学的研究内容主要是人类神经系统与人类语言、言语之间的关系。

其实,我们人类在言语方面的神经机制主要就是脑机制。具体来讲,神经语言学研究的主要有以下几方面:言语生成与理解的神经机制分析,言语交际的神经机制分析,语言掌握的神经机制分析,有关言语或其他神经机制分析。这里仅简要地介绍一下前两方面。

（一）言语生成与理解的神经机制分析

1. 言语生成过程

（1）言语表述动机。言语表述动机就是在语言中表达特定内容的需要,如表达陈述、承诺、某种愿望等。它是言语表述的起点,又是言语交际的心理条件,是言语表述的必要动力,思想本身也由特定的动机所驱使。

（2）语义初迹。语义初迹是一种由表述动机触发起来的能呈现语义关系的网络体系。形成思想的主题和述题、由义素构成的潜在语义和一些诸如时间、目的等这样的潜在的语义系统,这三者是语义初迹的三要素。

（3）内部言语。这个环节是从同时出现的语义初迹向扩展的外部言语过渡的必要阶段。只有语义初迹是不够的,因为它既不包括语言的具体词汇单位,也不包括语言的具体语法结构,而且语言和思维的联系极为密切,只有在语言的参与下,才能把语义初迹转化为话语表达出来的思想。内部言语就是完成这种转化的重要环节。

（4）外部言语。外部言语是从具有述谓结构的内部言语扩展而来的,外部言语生成后,就进入传递信息的言语交际之中。压缩的内部言语可能扩展出许多变体,而我们听到的外部话语,就是从多个变体中最终确定的一个。这个最终的选择要经过极其复杂的心理演算过程。第一,要保持由表述动机促成的语义初迹中的主题述题关系等要素在整个生成过程中,从而把传递相应信息的定向确立下来,防止出现无关因素的干扰。第二,外部言语一般是出现在特定的言语环境中,生成话语的动机也要考虑到语境的因素,努力与语境相适应。

2. 言语理解过程

（1）语音感知。通过听觉器官接收外部传入的语音声波信号,并由听神经传递到大脑皮层。

（2）词汇识别。把从外部语音输入的音位组合与听者心理词汇中词的音位组合单位进行对照,通过聚合性加工来检索到这个词,通过这个词的音义联系来获取这个词的词义。

(3) 语法关系的确定。在辨识词的过程中,还需要通过语法规则系统支持,进一步将各词之间的语法关系意义进行对照比较,从众多的语法关系意义中找出最匹配的一组,来建立词之间的组合关系。

(4) 多维语义图式的建立。根据已确立的语法关系,把已确立的线性词序列的构成成分整合成同时呈现的语义关系体系。

(5) 内在含义的推导。多维语义图式建立后,还需要在这个图式基础上继续推导出语句的内在含义。

## (二) 言语交际的神经机制分析

言语交际过程就是人际借助语言传递话语信息,交流思想的过程。随着研究的深入,语言学家又在探索,在现实的言语交际过程中,除了现实的社会言语活动外,每个人是怎样生成话语,理解话语,并且彼此交流信息的呢? 他们又具有怎样的神经机制? 于是,现代语言学就扩展了言语机制这个新的研究领域。

神经语言学的研究表明,在言语交际中,人与人之间在展开社会言语活动的同时,每个交际者神经系统中都会有一个内部的活动过程,这个过程包括说话者(或书写者)进行的言语生成和表达的过程以及听话者(或读者)进行的言语感知和理解的过程。这个内部的活动过程就是言语的神经机制,它和外部的言语过程相结合,共同构成统一的言语交际过程。

研究言语交际神经机制的方法目前有三种:其一是发生学的实验方法;其二是自然言语及其语误的方法;其三是病理学的实验方法。我们在这里仅介绍病理学的实验方法。

神经语言学家普遍认为研究言语交际神经机制问题中,尤其是在分析局部脑损伤情况下的言语变化及这种损伤对言语交际造成的后果问题上,最直接、最有成效的方法就是病理学的方法。这种方法是法国的学者布洛卡于1861年首先使用的,他运用这种方法分析了左半球第一额回损伤所导致的失语症。此后,较有成就的就是苏联的学者鲁利亚(A. P. ЛУРИЯ)等人。鲁利亚把人脑分为三个基本机能联合区,他认为任何语言的言语交际活动都是这三个机能区域协调

活动的结果,每一处脑损伤都会不同程度地造成言语交际方面的障碍。这三个机能区分别是:

(1) 网状结构。就是脑干、大脑内侧皮层或边缘皮层。这一区域如受到重创,就可能使大脑皮层的紧张度降低,从而使选择性心理活动不能正常进行。

(2) 感觉区。就是位于大脑左半球后边的大脑左颞叶、右顶枕部的第二皮层区。这个区域如受损就可能使对言语信号的接收和加工环节出现问题,影响对信息的正常处理,从而造成交际方面的障碍。

(3) 运动区。就是位于大脑半球前半部的大脑额叶。这一区域要是受伤了,就会影响对言语信息的主动加工,从而失去了对言语交际的正常调节和控制能力。

神经语言学家认为,这种病理学的实验方法可以帮助研究者在观察和分析大脑在不同损伤的情况下产生的言语交际的变化,并且能够较客观地阐明人脑的神经系统各环节在言语交际中所起的作用。

### (三) 失语症

近些年,关于神经语言学与语言康复的相关研究比较集中,尤其是将神经语言学研究成果与失语症研究相结合。

失语症是由于大脑受到某种伤害而造成的在言语理解功能或是言语表达功能方面的障碍。目前失语症的研究受到了生理学家、心理学家、临床病理学家和语言学家的广泛重视。

一般认为,失语症有以下几种类型:表达性失语症、理解性失语症、命名性失语症、失读症、失写症、失算症六个基本类型。

1. 表达性失语症

表达性失语症是大脑左半球皮层前部,也就是额叶皮层,尤其是其中的布洛卡区受到了损伤而造成的失语症。因此有人也将其称作布洛卡失语症。典型的表现是难以形成言语动机,或是言语呈特殊的电报体、不能正确使用代词、介词等虚词。

2. 理解性失语症

理解性失语症是由于大脑左半球的顶叶、枕叶和颞叶交界处的角回和缘上回发生病变或受伤造成的。此区域具有整合功能,受损后患者会保持词汇—语义方面的理解力,但结构—语义方面的理解能力就受到影响。

### 3. 命名性失语症

命名性失语症是最常见而又最不容易确定其脑损伤部位的一种失语症。主要是对身边的事物无法说出其名称,或是说错名称。

### 4. 失读症

失读症是由大脑左半球的顶枕区,主要是顶叶角回的损伤而引起的症状。主要的表现是患者无法正常阅读书面材料,对书面语的理解有障碍。

### 5. 失写症

失写症一般是由大脑左半球的顶枕区,主要是顶叶角回的损伤或是由额叶中回后部的爱克斯纳区受损而造成的。前者一般同时伴有失读症。失写症的主要表现是患者听说能力正常无误,但不能写字,或者大量写错字,或写出的字杂乱不堪。

### 6. 失算症

失算症主要是由于大脑左半球枕叶和顶叶受损,有时也因左半球角回受损而造成的。表现一般是患者认识数字,多少能做些简单的算术题,但无法计算数字超过十位数的题。

## 三、神经语言学的研究方法

神经语言学是一门综合交叉性较强的学科,在研究方法方面,起初是采用心理学的研究方法,后来在学科的发展过程中形成了自己的研究方法。具体来讲,就是发生学实验方法和病理学实验方法。可以说,这两种方法目前仍是神经语言学领域里较适用的方法。而这两种方法比较起来,还是病理学实验方法解决问题的成效更高些。

近年来,神经语言学采用了新的研究方法。如脑电图描记法就是对神经语言学的研究起了较大作用的一种新方法。这种方法是把记录电极固定在头皮上,通过颅骨记录脑部的电位变化。电极一般要放在和各脑区相对应的头皮上,将一对电极之间的电位差变化连续地记录在脑电图记录纸上,这样就会得到各类脑电图波形。

另外,还有一种较新的方法,就是测试大脑半球言语功能的方法。如通过把左侧脑半球麻醉来研究右侧脑半球的言语功能,或者是反过来,研究左侧脑半球的言语功能。还可以利用弱电流刺激大脑皮层来协助确定言语功能定位等。

科学家们正努力寻找更新的方法,如他们正在采用正电子放射横断面层析X射线摄影机来直接观察正常人大脑处理语言信息的情况,他们希望这一新方法的使用能使神经语言学的研究手段更加现代化,能在探索人类大脑言语机制方面有更大的贡献。

# 第六节 / 传播语言学

## 一、什么是传播语言学?

传播学是随着美国广播和电视事业的发展,在 20 世纪 40 年代末、50 年代初开始在美国发展起来的。半个多世纪以来,传播学已发展成为一门综合性的基础科学,成为教育学、心理学、新闻学、社会学、政治学等社会科学的理论基础。

传播语言学,是一个含有许多既相互独立又相互联系的子系统的有机整体,是以信息论、系统论、控制论为研究方法,运用语言学、传播学、跨文化交际学等学科的理论和成果解释、研究传播语言现象及其规律的一门涉及面广泛的综合性学科。

语言作为一种信息系统,在社会的交际活动中起着重要的作用。语言符号承载的信息是传播过程中的要素。对传播中所使用的符号的研究构成了传播研究的重要组成部分。要使语言成为大众传媒理想的工具,就必须了解传媒语言的特色,掌握其规律。因此,传播和语言是息息相关的。语言学是传播语言学的一个重要理论基础。

传播语言学还涉及跨文化交际学、符号学、语义学、语用学、修辞学、文学、民族学、翻译学等许多学科。它是通过不同学科的相互作用和相互结合而产生的，具有交叉性、跨学科性。

## 二、传播语言学的研究对象

传播语言学是研究人类在信息传播活动中语言的运用和理解规律的一门学科。目前对传播语言学的研究首先将其归为语言学的分支学科，以传播学基本理论对语言进行研究。因此传播语言学的研究内容集中在信息、符号、编码、解码等。当下对传播语言学的研究主要集中在语言文字信息的处理和认知心理学方面。

语言是一种符号，是构成传播内容的最为基本的元素。那么，作为传播的符号语言应该具有什么性质？语言符号的内部可以分成多少类别？语言符号与其他符号的区别？语言符号在传播过程中的意义类型是什么？搞清楚这些问题是深入地解剖传播内容的途径。因此，对语言符号的研究是传播语言学的主要内容之一。语言符号所运载的是一种信息，信息是传播过程中的主要要素之一。弄清语言信息的本质与特征，探讨语言信息的类别，研究语言信息的定量表示以及语言在承载信息时的转换功能，即传播过程中的编码和解码过程的语言的作用等问题，也是传播语言学研究的主要内容。

传播需要由传者和受者共同参与，缺乏任何一方就构不成传播。传者的语言运用要遵循什么规则？会遇到什么障碍？要通过什么方法去加以克服？传者个人的因素对语言应用有什么影响？语言运用的心理过程是什么？从传者的角度讨论语言运用的问题也是传播语言学的研究内容。从受者角度说，受者对语言信息的理解直接与传播的效果联系在一起，传播语言学要研究受者对语言的理解策略问题，研究受者在解码时的心理过程，研究影响解码的各种因素等问题。

另外，传播语言学还要研究语言传播的过程和模式，语言传播的媒介，语言传播的效果以及语言传播的干扰等问题。除了传播语言学的理论研究外，还需要把一些语言问题放在传播语言学的框架中加以深入剖析，以解决实际问题。

### 三、语言传播的类型

#### （一）语言传播的结构类型

语言传播的结构类型根据所参与传播行为的主体数量作区分，大致可以分为三种结构类型：

**1. 二人传播**

二人传播是指发生在两人之间的信息传递行为，是生活中最基本、最重要的传播。在二人传播中，双方因角色、身份、地位等信息的不同，常需要进行角色转换，同时在二人传播中开头和结尾都有一定的语言程式。

**2. 群体传播**

群体传播位于传播系统的最高级，群体传播的双方都是群体，所以群体传播也叫多人传播。群体传播的特点在于群体角色与群体中的个人角色关系密切，群体的目标要求语言的传播具有从众性；群体中的二人传播会影响群体传播的质量；重视适应阶段可以有效提高群体传播的效率和质量。

**3. 公众传播**

公众传播指个体传者对群体受众的信息传递。公众传播常在演讲、报告等场合中进行。公众传播的特点在于传播内容具有一定的局限性，需适合所处的情境，且语言设定需与受众喜好相符，同时传者的信誉对传播效果起到重要的作用。

#### （二）语言传播的心理类型

以自我状态的不同作为标准，语言传播的心理类型可以分成三类：

**1. 互补性传播**

互补性传播的双方相互作用是平行的。所谓平行，是指传播双方相互作用是符合正常人际关系的传播类型，传播双方的反应在自然中进行，并符合双方的愿望。互补性传播的过程都比较顺利，并能达到传播的效果和目的，因此，只要能正确理解自己和他人的自我状态，对之能作出相互反应的，都叫互补性传播。

**2. 交叉性传播**

交叉性传播是指在某一种传播行为中，传播的双方都不明白对方的自我状态,因而使传播不能顺利进行或不能达到预期的效果。

### 3. 隐含性传播

隐含性传播是一种比较复杂的传播行为方式。在传播行为中,传受双方的传递或反应,不仅反映某种自我状态,而且隐晦、含蓄地表示着其他身份状态。隐含性传播是一种不易辨识和把握的传播方式,我们平时所说的"指桑骂槐""含沙射影""杀鸡给猴看"等都可以看作隐含性传播,在大多数情况下,隐含性传播是冲突即将发生的一种征兆,因为它意味着传播行为中的一方对另一方所表现出来的自我状态的一种有意识或无意识的不满。

### (三) 语言传播的功能分类

从语言传播的功能角度考虑,可以将传播行为分成两类:

### 1. 满足性传播

满足性传播的侧重点不在于交流以外的功利性或实用性目的,而在于传播行为本身,以及经由这种传播而达到的一种自我满足,可分为以下三种类型:

(1) 满足性二人传播的特点在于它主要着重于传播过程的本身,以及传播对于人的一般社会性需要,尤其是人际感情需要的满足功能。从传者角度考虑,为了满足性传播得到成功,或者富有成效,在语言运用中必须注意开放的因素;从受者角度考虑,在传播中并不总是被动地担任"听"的角色,二人传播中的一个重要特点是角色的转换十分频繁。

(2) 满足性群体传播的特点在于它能使群体中的成员通过传播得到情感与心理上的满足。满足性群体传播行为经常发生在群体内"联谊会""座谈会""节日庆祝会"等这种涉及社交和情感交流的场合。

(3) 满足性公众传播是指那些没有直接功利性目的,主要为了使受者在精神、情感、心理诸方面得到某种愉悦和满足,提供精神上的娱乐的一种传播。

### 2. 手段性传播

手段性传播的侧重点在于把传播本身视为手段和工具,寻求某种功利性的结果和目的,可分为以下三种类型:

(1) 手段性二人传播的基本特点在于它把传播看作一种工具或手段,带有某种功利性的目的。传者与受者间的地位往往是不平等的,传播中的话题往往是具体化的。手段性群体传播的目的在于，通过传播行为，完成某种具体的任务，达到某种功利性的目的。

（2）手段性群体传播的范围具有一定的层级性。群体中每个成员之间的观点不会完全一致，各个成员之间的关系也有亲有疏，手段性传播有时可用于群体中的两个成员之间，他们的传播目的和传播特点同手段性二人传播相仿。另一层级的传播是群体中的两个小群体之间。由于观点的差异，群体内的"结盟"现象是不可避免的，持相同或相近观点的人，往往有意或无意地联合起来结成"联盟"，反对其他"联盟"的意见，这时，手段性传播的目的性就十分明确。同时，手段性群体传播具有内外不同的功能。作为群体内的手段性传播，它的主要功能是内部协调。作为一个群体与另一个群体的手段性传播，它具有环境交换功能。

（3）手段性公众传播是指传者出于一定的社会功利性目的，有意识地影响受众的一种公众传播，可以分成告知性公众传播、劝服性公众传播和激励性公众传播。

# 第七节 / 辞典编纂学

## 一、什么是辞典编纂学？

辞典编纂学包括词典（统括字典）编纂学和百科全书编纂学，是辞典学的实践部分，是研究辞典编辑规律和方法的学科。它同理论辞典学，历史辞典学相对。编纂辞典就是对语言知识或语言以外的人类一切知识加以选择，取其精华，按不同层次加以概括的过程。

## 二、辞典编纂学的价值

辞典的功用就是辞典编纂的意义所在。陈炳迢先生在《辞书概要》中归纳了三点：

（1）字典和词典是帮助识字、学习语文知识的工具，是进行语文教育和语言规范化的重要手段。此外,双语、多语词典在帮助读者学习、翻译另一种语言文献方面,是不可缺少的工具。

(2) 辞典是普及科学技术知识的重要工具,是打开科学之宫的"金钥匙"。

(3) 辞典,特别是百科全书和类书,是知识资料汇编,是科研资料的"宝山玉海",读者检阅征引,可以收到事半功倍之效。辞典是普及和提高人们文化素养的基本工具书。它以紧缩的体积荟萃民族的或国际性的灿烂文化。民族语文辞典,又是在广阔的土地上维护语文统一、促进民族语规范化的重要手段。各种专科辞典,是促进人类文化交流和发展的工具,是全人类的共同财富。

编纂辞典就是揭示民族的和人类的文化宝藏,把它陈于世人面前,是造福人类社会具有重要意义的文化建设。

## 三、辞典编纂学的研究内容

辞典编纂学研究内容包括语文词典编纂、双语词典编纂、专科词典编纂和百科全书编纂。

### (一) 语文词典编纂

陈柄迢主编的《辞书编纂学概论》中把语文词典编纂法分为语文词典的类别、词目单位、词的语义分析、词的同一性、选词和立目、选词的原则、注音、释义、引证和举例。

语文词典包括描写语文词典、历史语文词典、古今兼收语文词典、规范性语文词典、语义词典、特种词语词典、部分词语词典。

词目单位是辞书里经过编者精选和处理作为注释对象的词汇单位;它同词汇单位相对应,有语素、词和各种固定短语(包括各种熟语)。

词的语义分析从语义单位、词义的义素合成、超义位成分、多义现象、词与词之间的语义关系、词义的变化方面来分析。词的同一性从词在语音上、变换形式上、书写上的同一性来分析。

选词包括单字、复词、词组、特种词语、专名、口语词汇。语文词典的立目,确定哪些词语符合选词要求,可以立为词目,哪些词语不合词典需要不宜立为词目,哪些是标准体式可立为正条,哪些是非标准体式而作为副条或参见条。

选词原则是编者据以挑选词目的准则,辞书的性质和类别各异,不同词典没有也不应该有完全相同的选词原则。语文词典的注音根据词典的目的和性质,对语音系统有所选择。方言词典以方言音系为注音依据,普通语文词典以民族共同语的语音系统为标注对象。释义对词目的意义作义素分析,包括对词的附加意义和色彩作标注。释义是词典的中心工作。引证是指引用古书的注疏或旧辞书的现成解释。用例的数量据词典的性质、目的、规模而定。

## (二) 双语词典编纂

双语词典是汇编特定语言(来源语)的词语,以另一种语言(归宿语)加以翻译或解释、按一定形式排检、供查阅的工具书。分为两大类型,即以学习源语言为目的的语文性对照词典和不同专门领域的专业性对照词典。其中最基本、最常见的是描写性语文词典。从理论上说,单语词典所具有的类别,也就是双语词典的类别,但由于语言或社会的种种原因,实际上的双语词典的类别要少得多。

双语词典编纂的选词原则和范围取决于编纂宗旨和词典类型。通常双语词典的选词范围可以从词条性质和词典规模两个方面来加以确定。双语词典的词条一般由词目、音标、语法说明、词目信息、词例、谚语、派生词、同义词、反义词、词源等构成。

双语词典编纂方面的研究大致有九个方面:①双语词典类型研究,②双语词典收词原则和范围研究,③双语词典中对译问题研究,④双语词典设例问题研究,⑤双语词典设立词源问题研究,⑥双语词典编纂标准化问题研究,⑦双语词典评价标准研究,⑧少数民族语言的双语词典编纂研究,⑨双语词典编纂中国化问题研究。

## (三) 专科词典编纂

专科辞典是收录并注释各种专门学科、专门行业或者某一专题(如人名、地名)等的专有名词、术语和有关知识内容的专业辞典。专科辞典最重要的特点就是专业性强,专业化程度高。

专科辞典编纂按收录范围,分为百科词典、多科辞典、单科词典和专题词典。专科辞典按读者对象,可以分为提高性词典、普及型词典、初级词典。按词典的规模,则有大型、中型和小型之分。

专科辞典的收词应以本学科或专业为主体,主体部分的词应尽量收集完备,必要的条目不能缺漏,以保持学科的体系性与完整性。专科辞典所反映的学科一般还包括该学科所属的分支学科,要安排与处理好学科所属各分支学科之间的关系。词目主要是专门术语、专有名词。释文就是对词目所要反映的知识内容进行具体的描写或说明。释文程式包括释文项目的设置和安排的顺序。不同专科辞典释文的写作程式,可以概括为:①简称或别称,②定义或概括语,③基本内容。

专科辞典编纂研究的问题:①专科辞典与百科辞典的界限问题,②专科辞典的收词问题,③专科辞典的释文,④专科辞典的编排,⑤附录的选编,⑥编写体例的理论研究与实践经验总结,⑦专科辞典的中国化问题研究。

### (四) 百科全书编纂

百科全书(Encyclopaedia)一词来源于希腊文 enkyklios 和 paideia 二词,是"普通"和"教程"的意思,即供教学用的教材,后来词义逐渐变化扩大,有一切知识都包括在内的意思。这个词现代含义是指概述人类一切学科和门类知识或特定领域知识、按词典形式组织知识并编排的、完备的供查阅的工具书。

百科全书按知识范围分为综合性百科全书、专业性百科全书、专题性百科全书,按地域范围大小分为国际百科全书、地域性百科全书,按读者对象分为高级百科全书、普及型百科全书、初级型百科全书,按规模分为大型百科全书、中型百科全书、小型百科全书,按编排分为按字母顺序编排的百科全书、分类编排的百科全书、大类编排的百科全书。

百科全书条目的编写严格地服从于百科全书的特点和内容要求。根据主题的性质,条目可以区分不同类别,每一类条目各有自己的编写程式和特点,具体可以分为学科或分支学科概述性条目、基本理论和学说条目、重要事件条目、基本事实、基本现象、基本概念条目、重要学派和流派条目、重要团体、机构条目、重要著作和出版物条目、人物条目等。

百科全书的检索系统是供读者查阅全书各种知识资料的工具。广义地说,包括基本检索系统即正文条目的排检系统和辅助检索系统两大类。辅助检索系统包括卷首的目录系统、释文中的标题系统和参见系统、卷末的索引系统三部分。

## 🔲 思考与应用

### 一、术语解释题

人类语言学　鲍厄斯　实验语音学　发音语音学　听觉语音学
模糊语言学　模糊集合论　儿童语言发展学　模仿说　先天语言能力说
社会相互作用论　神经语言学　失语症　传播语言学　隐含性传播
满足性传播　编纂学

### 二、复习思考题

1. 谈谈人类语言学的研究对象和范围。

2. 简介马林诺夫斯基的人类语言学语言观的表现。

3. 琼斯提出语音学需要解决哪五方面的问题？

4. 模糊语义与精确语义间的转化有哪些条件？

5. 简介模糊语言学家麦考莱。

6. 儿童语言发展有哪些自身的特征和规律？

7. 勒纳伯格在其经典著作《语言的生物学基础》中提出了哪几项重要观点？

8. 认知相互作用论代表人物的主要观点是什么？

9. 简述言语生成过程的几个环节。

10. 简述言语理解过程的几个环节。

11. 简述传播语言学的理论基础。

12. 简述传播语言学的研究对象。

13. 简述语言传播的类型。

14. 简述辞典编纂学的价值。

15. 简述辞典编纂学的研究内容。

## 三、实践应用题

1. 分小组调研所在院校的少数民族同学使用汉语和本民族语言的情况,体会人类语言和文化的多样性。

2. 阅读有关资料,结合自己的经验说说如何利用实验语音学理论进行汉语作为第二语言的语音教学?

3. 结合初中、高中课本选文的优秀篇目,谈谈对语言模糊性的理解及模糊性词语在文中的表达效果的认识。

4. 阅读有关资料,结合自己的经验说说儿童语言获得与成人学习第二语言有何不同?

5. 查阅资料,介绍一下神经语言学最新的研究成果在教育中的应用。

6. 结合具体广告谈谈广告语言的修辞艺术。

7. 找一段网络语言,谈谈其类型化特点。

8. 结合初中、高中课本选文谈谈文学语言的表现样式分析。

9. 与专科词典比较,谈一谈《现代汉语词典》中术语的编纂体例及释义特点。

10. 熟悉《新华字典》的编纂特点,说明其编纂的价值和意义。

▶
拓展资源

▶
思考与应用参考答案
(付费获取)

当代语言科学的发展突飞猛进,在基础、对象、目标、性质、研究方法和表述形式等方面同传统语言学相比已表现出许多根本不同的特征:理论语言学方面,学派林立,理论繁多,范围扩大,方法更新;应用语言学方面,研究语言应用的学科层出不穷,研究与语言学交叉的学科方兴未艾。目前,《语言学概论》性质的教材(指的是 1949 年后国内的教材)严重滞后、陈旧,语言学的教材建设和语言学的研究成果极不相称,远远不能满足语言学日益发展的教学需要。

事实说明,传统的语言学观需要与时俱进,建立在这种语言学观基础上的"语言学概论"课程和教材也须跟进。基于当代语言科学发展和目前《语言学概论》教材的实际情况,我们提出以下几个基本想法作为编写《普通语言学概论》的指导思想。

## 一、语言学的研究对象不仅仅是语言问题,还应该包括与语言相关的问题

语言学的研究对象应该包括两个方面,一个方面是对人类语言的本体问题的研究,这方面的研究是理论语言学的任务;另一个方面是对与语言相关问题的研究,这方面的研究是应用语言学的任务。这两个方面相辅相成,都应该在"语言学概论"课程的教材中体现出来。

## 二、应用语言学不只是对语言和语言学的应用,其本身也有理论

应用语言学有没有理论?长期以来有个说法,应用语言学是语言学理论的应用,本身是没有理论的。理论上来看,对语言的本体问题的研究自然是有理论的,有一般规律;对与语言相关问题的研究也是有理论问题的,也有一般规律,两者都可以从个别中概括抽象出一般原理和规律来。解决与人类语言相关问题的实践是应用语言学理论的来源,有实践必然产生和发展理论。事实上来看,"交际理论""动态理论""中介理论""层次理论""潜显理论""人文性理论"等

就是学界近些年来总结出的应用语言学的理论。

## 三、普通语言学不等同于理论语言学

普通语言学是研究人类语言及其相关问题的一般原理和规律的科学,它把所有个别和一般相结合的各种具体语言中的一般原理和规律作为研究对象。它是对理论语言学和应用语言学的一般原理和规律、个别原理和规律进行高度抽象和概括所形成的语言学元理论,对理论语言学和应用语言学的课题均具有解释力。我们赞同普通语言学是具有元语言理论性质的科学。把普通语言学看作一种元理论的创始人是德国语言学家保罗和瑞士语言学家索绪尔,我国语言学家方光焘、吴为章、胡壮麟等认同这样的看法。如果从概括多种语言研究的成果抽象出共同规律这个视角出发,那么和普通语言学相对而言的应该是个别语言学;如果从着重概括一般性理论这个视角出发,那么和理论语言学相对而言的应该是应用语言学。因此,传统语言学将理论语言学作为普通语言学的代名词反映了理论认识上的历史局限性,同时也验证了辩证唯物主义"发展"观点的正确性。

## 四、理论语言学和应用语言学的关系

1. 理论语言学和应用语言学两者共同构成普通语言学元理论的基础来源

从普通语言学的基础来源上看,一方面,从个别的语言本体研究中抽象概括出个别的理论,再从个别的理论中抽象概括出关于语言本体问题的一般的理论,形成理论语言学的理论;另一方面,从个别的与语言相关的问题中抽象概括出个别的理论,再从个别的理论中抽象概括出与语言相关问题的一般的理论,形成应用语言学的理论。普通语言学正是从理论语言学和应用语言学两方面的理论中抽象概括出的元理论。因此,对于普通语言学的元理论来说,理论语言学和应用语言学二者缺一不可,二者共同构成普通语言学的元理论。

2. 理论语言学和应用语言学具有交叉性

语文学和传统语言学时期,虽然还没有理论语言学和应用语言学这样的学科,但是事实上两者是融合在一起的。即使进入现、当代语言学时期,出现了理论语言学继而又出现了应用语言学,但两者之间的界限也很难分得清楚。例如社会语言学有人把它归为理论语言学,也有人把它归为应用语言学。

3. 理论语言学关注的是语言本体问题,应用语言学关注的是与语言相关的问题

理论语言学所关注的问题一般是形态学、语音学、语义学、词汇学和语法学等语言的本体问题。这些问题属于内部语言学(微观语言学)的范畴,所以理论语言学的理论基本上属于语言本体问题的理论。应用语言学所关注的是语言教学、语言规划、计算语言学、心理语言学、数理语言学等与人类语言相关的问题。这些问题属于外部语言学(宏观语言学)范畴,所以应用语言学的理论基本上属于与人类语言相关问题的理论。理论语言学的本体问题的理论和应用语言学的与语言相关问题的理论均属对象理论,对此二者进行高度的抽象概括,就会得出关于语言及其相关问题的理论——普通语言学元理论。

## 五、“语言学概论”课程和教材是普通语言学元理论的入门课和教材

学界对语言学概论的学科性质的认识基本上是一致的:即学科性质属于普通语言学或一般语言学,“普通语言学概论”课程属于普通语言学的入门课程。如果把语言学看成一个学科群的话,那么普通语言学应该是这个学科群里面的元理论部分,“普通语言学概论”性质的课程和教材应该是属于具有元理论性质的普通语言学的入门课程和教材,无论是内容还是体例框架都应该包括理论语言学的理论和应用语言学的理论这两个方面。

南开大学马庆株教授在中国语文现代化学会语言理论和教学研究专业委员会主办、四川大学文学与新闻学院、乐山师范学院文学与新闻学院承办的第 2 届语言理论与对外汉语教学研究国际学术研讨会(2011)上,倡导并计划编写一本《语言学及应用语言学概论》教材。2018 年 7 月,承蒙马庆株先生宏图大志的启发,也恰逢东北师范大学本科教学综合改革(第二期)开始,我们语言学教研室申请了我校的编写《语言学及应用语言学概论》教材的课题,并获批。之后,我们分别在第 14 届全国高等师范院校文学院院长 / 中文系主任联席会议(2018 年9 月)、第 6 届语言理论和教学研究学术研讨会(2018 年 9 月)、吉林省语言学会

2019 全体会员大会暨第 14 次学术年会(2019 年 10 月)上,就教材编写的相关问题向专家学者们作了大会报告,得到了与会专家学者的肯定,也有幸获得了他们中肯的意见和建议。

2018 年 9 月 22 日,高等教育出版社向全国师范类院校发出邀约,拟建设一批具有较强思想性、科学性、民族性、系统性、时代性的师范类中文专业教材以及配套的数字化教学资源。经过一段时间的调研、征集,《语言学及应用语言学概论》被列入教材研发项目之中。

2018 年 10 月开始,我们多次、多种形式地邀请了国内有关专家学者、一线教师等参加的教材编写研讨会。同时,一直保持着和高等教育出版社文科出版事业部的领导和编辑密切联系,征得指导。经多方征求意见,反复斟酌、论证,最终把教材名称定为《普通语言学概论》,确定了教材编写工作的相关事宜。师范性、科学性、系统性、时代性和条理化、清晰化、通俗化、网络化是我们编写本教材所追求的目标。

本教材具体编写分工如下:

绪论、第一章:胡晓研(东北师范大学文学院教授);胡雪婵(东北师范大学文学院副教授)。第二章:刘艳茹(吉林大学文学院教授);梁驰华(广西玉林师范学院文学与传媒学院副教授);徐红(东北师范大学文学院讲师)。第三章:金晓艳(东北师范大学国际汉学院教授);刘艳茹。第四章:谭宏姣(吉林师范大学语言研究所教授);周玉琨(大连外国语大学汉学院教授);徐红。第五章:彭爽(东北师范大学文学院教授);周玉琨;彭湃(大连医科大学国际教育学院讲师)。第六章:李青苗(东北师范大学文学院副教授);李彦凤(广东海洋大学文学与新闻传播学院讲师)。第七章:王薇(东北师范大学文学院副教授);王晓旭(北华大学文学院讲师)。第八章:李炜(长春师范大学文学院副教授);王晓旭。第九章:李炜;鹿钦佞(上海外国语大学国际文化交流学院副教授)。第十章:李云霞(东北师范大学文学院副教授);吴若愚(新疆伊犁师范大学中国语言文学学院教授);杨吉琳(吉林师范大学文学院教授);金晓艳。第十一章:徐红;李彦凤;李娜(辽宁师范大学文学院副教授)。第十二章:关彦庆(长春理工大学文学院教授);李青苗;刘宝强(贵州凯里学院人文学院教授)。第十三章:李晗蕾(哈尔滨师范大学文学院副教授);刘科成(东北师范大学外国语学院副教授);彭爽。第十四章:李娜;王薇;彭湃。第十五章:王薇;鹿钦佞;李娜。汉英术语对照表由刘科成副教授负责。

本教材由主编胡晓研教授和彭爽教授作全书的统稿工作,每章列到第一位的编者为该章负责人,全书由国内著名语言学家马庆株教授审订。

我们对审订全书稿的国内著名语言学家马庆株教授表示由衷的谢意。

我们对那些曾给我们提出过宝贵意见和建议、关心、支持和帮助本教材编写工作的朋友们、对高等教育出版社文科出版事业部中文分社的梅咏分社长、吴军编辑一并表示衷心的感谢。

本教材参阅了大量的国内外有关的论著,采用了其中一些观点和材料,没有一一注明出处,特向这些论著的编著者表示感谢。囿于时间及编写水平所限,本教材定会存在不足之处,我们诚恳希望使用本教材的同志与读者提出宝贵的意见和建议。

胡晓研

2019 年 12 月于东北师范大学

## 郑重声明

高等教育出版社依法对本书享有专有出版权。任何未经许可的复制、销售行为均违反《中华人民共和国著作权法》，其行为人将承担相应的民事责任和行政责任；构成犯罪的，将被依法追究刑事责任。为了维护市场秩序，保护读者的合法权益，避免读者误用盗版书造成不良后果，我社将配合行政执法部门和司法机关对违法犯罪的单位和个人进行严厉打击。社会各界人士如发现上述侵权行为，希望及时举报，我社将奖励举报有功人员。

反盗版举报电话　（010）58581999　58582371
反盗版举报邮箱　dd@hep.com.cn
通信地址　北京市西城区德外大街 4 号　高等教育出版社法律事务部
邮政编码　100120

## 防伪查询说明

用户购书后刮开封底防伪涂层，使用手机微信等软件扫描二维码，会跳转至防伪查询网页，获得所购图书详细信息。

防伪客服电话　（010）58582300